COLLECTION
FOLIO HISTOIRE

Renaud de Rochebrune
Benjamin Stora

La guerre d'Algérie vue par les Algériens, I

Le temps des armes. Des origines à la bataille d'Alger

Préface de Mohammed Harbi

Denoël

Dans la même collection

LA GUERRE D'ALGÉRIE VUE PAR LES ALGÉRIENS, II.
DE LA BATAILLE D'ALGER À L'INDÉPENDANCE, n° 286.

Renaud de Rochebrune, journaliste, écrivain, éditeur, auteur de plusieurs ouvrages d'histoire, dont *Les Patrons sous l'Occupation*, a collaboré à de nombreuses publications, dont *Le Monde*. Il fut rédacteur en chef à l'hebdomadaire *Jeune Afrique*, où il écrit toujours, et est membre du comité de rédaction de *La Revue*.

Benjamin Stora, historien, professeur des universités, spécialiste de l'histoire du Maghreb contemporain, de l'immigration, des guerres de décolonisation et en particulier de la guerre d'Algérie, est l'auteur de nombreux ouvrages et documentaires. Il est aujourd'hui président du Musée de l'histoire de l'immigration.

Préface

LE PARADIS ET L'ENFER

Par sa problématique, cet ouvrage se présente comme une contribution à une meilleure compréhension entre les peuples algérien et français. Acteurs, lieux, événements, enjeux de mémoire y sont évoqués sobrement. On y trouve des récits d'itinéraires qui suscitent l'émotion, ceux des premiers militants algériens montés sur l'échafaud, Abdelkader Ferradj et Ahmed Zahana, entre autres. Bénéficiant de l'accumulation historiographique, de témoignages et de la recherche la plus récente, remettant en perspective interprétations et représentations, cette synthèse propose au lecteur un regard réfléchi et lui offre une vision originale d'une guerre dont est issu le présent de l'Algérie.

Les Algériens, en général, cultivent un rapport singulier à leur histoire. C'est à la fois leur paradis et leur enfer. Placés en situation d'infériorité par l'oppression coloniale, ils ont développé, malgré leurs divergences, un système de défense idéologique face à cette histoire, qu'on retrouve largement dans la diaspora. Les blessures du passé sont si profondes que, malgré la liberté acquise, elles continuent à mordre et à susciter débats et controverses.

Après la nuit de l'oppression, les Algériens ont cherché à renouer les fils cassés de leur mémoire. À la fabrication par le colonisateur d'une légende noire pour dévaloriser le passé et l'image des Algériens, le nationalisme a opposé un tableau idyllique et mythique du passé. Son projet était politique. Il s'agissait de libérer intellectuellement les nouvelles générations de l'emprise coloniale. Cette détermination a orienté le récit historique. L'offensive contre l'arrogance française a pris une autre tournure après 1962. Le nouvel État a mis l'Histoire au service de la construction de sa propre légitimité et lui a assigné, en la monopolisant, la tâche de consolider son pouvoir. Chacune des directions qui se sont succédé à la tête du pays a cherché à imposer sa marque, autrement dit son discours historique. Faute d'une véritable anamnèse, chaque bataille du passé conserve son pouvoir détonateur.

Aussi l'émergence du métier d'historien en Algérie s'est-elle opérée dans un contexte peu favorable à la recherche historique. Cela apparaît clairement après les événements sanglants d'octobre 1988 qui ont mis fin au système du parti unique. Une donnée politique nouvelle est également apparue. Dans les milieux populaires, on a réalisé que c'est la relation à l'État qui confère aux acteurs politiques la capacité de s'enrichir et de dominer le champ social. Si l'on y ajoute la ruée des aspirants au pouvoir sur la scène politique, on s'aperçoit que le mythe nationaliste forgé dans la lutte commune contre le colonialisme connaît aujourd'hui une sérieuse érosion. Les équipes dirigeantes se trouvent disqualifiées alors que leur discours sur l'histoire n'a pas réussi à trouver le cœur des Algériens. Malgré tous les moyens scolaires et médiatiques mis en œuvre par l'État, les tentatives de contrôle des idées des Algériens sur leur histoire ont rencontré la méfiance et le scepticisme. La vitalité de la tradition orale et la résurgence des mémoires individuelles, ou de celles des groupes politiques condamnés jadis au silence, se sont révélées plus fortes et plus efficaces.

On le voit bien, ces dernières années, avec l'abondance des publications de mémoires et de témoignages dans lesquels on peut trouver le pire et le meilleur. Y domine la fierté des Algériens d'avoir eu raison du colonialisme. Des volontaires ayant choisi la voie du risque et du sacrifice, des irréguliers capables de tenir en échec une armée professionnelle aussi expérimentée que celle de la France, telle apparaît, même aux yeux des opposants au pouvoir, la geste de novembre 1954. À ceux qui ont conduit une guerre inégale, ils sont reconnaissants d'avoir, malgré leurs fautes et leurs limites, réintroduit le pays dans le concert des nations. C'est au nom du passé révolutionnaire qu'ils exigent que, dans l'aventure victorieuse contre la colonisation, ne soient plus occultés les épisodes sombres et que soient honorées les promesses faites dans le feu du combat.

La revendication démocratique a remis l'histoire au goût du jour. À la recherche d'un discours rassembleur pour consolider une identité fragile menacée par des forces centrifuges qui font partie de l'héritage historique, les élites dirigeantes n'ont pas encore trouvé le bon chemin. L'histoire peut les y aider. Si le métier d'historien, encore balbutiant en Algérie, cesse d'être soumis à surveillance comme le prône la Constitution. Si les départements d'histoire dans les universités s'avèrent libres de construire leurs objets. Si la recherche n'est plus enfermée dans des cadres nationaux souvent peu pertinents. Enfin, si on accorde la priorité à l'analyse et à la réflexion sur les questions épistémiques et méthodologiques. La science et la recherche historiques y gagneraient en crédibilité.

Puisse cet ouvrage, par sa façon d'aborder l'histoire de la guerre, contribuer à favoriser cette évolution. C'est le vœu des historiens anticolonialistes des deux rives de la Méditerranée qui souhaitent coopérer, ensemble, et ne plus voir leur travail hypothéqué par les politiques fluctuantes des États.

MOHAMMED HARBI

Introduction

« CE PAYS N'EST PAS À EUX »

« La lutte s'est engagée entre deux peuples différents, entre le maître et le serviteur. Voilà tout. Il est superficiel de parler comme le font les journaux d'un réveil de la conscience algérienne. C'est là une expression vide de sens [...]. Les Algériens n'ont pas attendu le XXe siècle pour se savoir algériens. » Le montagnard kabyle qui écrit ces lignes fin 1955, un an après le début de la guerre d'Algérie, n'est pas un indépendantiste radical. Encore moins un propagandiste du FLN, dont il approuve le combat nationaliste mais dont il dénoncera régulièrement tout au long du conflit les exactions contre les civils dans son journal, qui sera publié en 1962 peu après sa mort[1].

Cet auteur, l'instituteur et romancier plutôt francophile Mouloud Feraoun, apportera d'ailleurs volontiers quelques mois plus tard, à l'orée de l'année 1956, son concours à Albert Camus qui veut tenter d'instaurer une « trêve civile » entre les belligérants, autrement dit leur faire signer un accord pour pro-

1. On trouvera notamment dans la bibliographie, p. 582, les références de tous les ouvrages cités d'une façon ou d'une autre dans ce livre.

téger au moins les « innocents » des effets dramatiques du conflit meurtrier. Mais après l'échec de cette initiative quelque peu utopique pour instaurer une guerre « propre », vite sabordée d'ailleurs par des « ultras » de la colonisation, il apostrophera ainsi, dans son même journal et dans le même état d'esprit, le futur prix Nobel de littérature ainsi que son collègue écrivain d'Oran Emmanuel Roblès, qui étaient — et resteront — de ses amis : « Enfin, ce pays s'appelle bien l'Algérie et ses habitants les Algériens. Pourquoi tourner autour de cette évidence ? [...] Dites aux Français que le pays n'est pas à eux, qu'ils s'en sont emparés par la force et entendent y demeurer par la force. Tout le reste est mensonge, mauvaise foi. »

Vu d'aujourd'hui, même si quelques nostalgiques des temps coloniaux pourraient encore vouloir les contester, nul ne saurait évidemment être étonné ni même choqué outre mesure par ces propos d'un « indigène » plutôt favorisé mais avide d'émancipation. Pourtant, qu'un « discours » aussi vigoureux ait pu être tenu à cette époque, peu de temps après le déclenchement de la guerre et plus de six ans avant sa conclusion encore difficile à imaginer, par un écrivain modéré et pondéré, s'adressant de surcroît à des amis français réputés compréhensifs envers les revendications politiques des Algériens musulmans, est instructif. Par sa vivacité, il témoigne à quel point les lectures de la situation en Algérie, même par des hommes éclairés des deux bords, étaient irréconciliables dès le début du conflit — et certainement depuis toujours, d'ailleurs, pour la grande majorité des intéressés. Selon qu'on était « musulman » ou « européen », comme on disait alors, et sauf exception, on ne parlait tout simplement pas le même langage, on n'éprouvait pas les mêmes sentiments. Ni face au passé ni face au présent, caractérisés par un statut politique, économique et social si différent — et inégal — pour les uns et les autres.

Camus, ici mis en cause par un ami algérien, n'a pourtant pas encore « choisi sa mère », comme il le dira fin 1957 pour expliquer son horreur du terrorisme mais aussi un attachement indéfectible au « fait français » et à une solution fédérale en Algérie excluant formellement l'indépendance que ses engagements « progressistes » ne laissaient pas prévoir aux yeux de beaucoup. Et Mouloud Feraoun, bien que lucide sur l'enjeu du conflit, ne s'apprêtait nullement au milieu des années 1950 à abandonner ses convictions humanistes pour le maniement du fusil. Le prouvera si nécessaire son comportement ultérieur, notamment comme inspecteur des très « officiels » centres sociaux créés à l'initiative de l'ethnologue Germaine Tillion à travers l'Algérie, jusqu'à son assassinat par un commando de l'OAS juste avant la fin de la guerre.

L'étonnant, c'est qu'un demi-siècle plus tard, même si cette incompréhension a pris en général d'autres formes, le conflit, malgré la quantité et la qualité des travaux d'historiens de tous bords à son sujet, est encore « lu » de façon totalement différente par la très grande majorité des Français et des Algériens. Comme si, en forçant un peu le trait, on ne parlait pas de la même guerre. Qu'il s'agisse de ses principales causes immédiates ou lointaines, des grands événements qui ont scandé ou infléchi de façon décisive son déroulement, de l'identité des héros des combats politiques ou militaires de 1954 à 1962, on ne cite pas les mêmes faits, les mêmes hommes, les mêmes actions au nord et au sud de la Méditerranée. Le cas a beau ne pas être unique ni même exceptionnel — il en est de même depuis plusieurs siècles pour les Croisades selon qu'on est chrétien ou musulman, depuis plusieurs décennies pour la guerre du Vietnam selon qu'on habite Hanoi ou Washington, etc. —, il est caricatural. Particulièrement en ce qui concerne la vision de la guerre par les Français, qui, le plus souvent, ne tient aucun compte, ou presque, de ce qui s'est alors réellement passé dans l'autre camp.

Ne prenons que quelques exemples concernant le seul premier tome du livre, donc la période qui va jusqu'en 1957. Quel Français qui ne serait pas particulièrement informé désignerait Abane Ramdane[1], le principal organisateur d'un congrès décisif du FLN en plein maquis deux ans après le début de l'insurrection, comme l'acteur algérien peut-être le plus marquant de la première moitié de la guerre ? Ou aurait l'audace ou simplement l'idée d'avancer, ce qui serait pourtant judicieux à bien des égards comme on le verra, que le véritable lancement « militaire » du conflit armé a eu lieu seulement en août 1955, presque un an après le déclenchement de l'insurrec-

1. Parfois écrit avec deux b dans son nom — soit Abbane. D'une manière générale nous avons choisi de retenir l'orthographe des noms et prénoms la plus couramment utilisée. Ou, en cas de doute et quand on la connaît, celle qu'ont retenue les individus concernés ou celle figurant sur leurs papiers d'identité. De même pour l'ordre des noms et prénoms, sachant qu'il est usuel en Algérie dans beaucoup de cas de commencer par le nom — ainsi Abane est un nom, Ramdane un prénom. Le même choix — celui de l'orthographe la plus usuelle dans les écrits en français — a été retenue pour tous les termes arabes, et en particulier quand ils sont au pluriel (on écrit donc « wilayas » et non « wilayates », la seconde orthographe étant plus « correcte » mais moins usitée).

tion nationaliste le 1er novembre 1954 ? Ou encore ne serait pas sidéré en apprenant que dès 1955, dans le Constantinois, la population musulmane pouvait croire que des troupes égyptiennes venaient de débarquer en grand nombre au nord de la région pour venir apporter un appui décisif aux maquisards du FLN et défaire militairement à l'horizon de quelques jours l'armée du colonisateur ? Ou enfin, pour terminer cette rapide énumération, ne serait pas surpris d'apprendre que la véritable origine de ce qu'on appelle généralement la « bataille d'Alger » se situe non pas en janvier 1957 ou quelques semaines auparavant, mais en juin 1956, avec l'exécution de deux militants du FLN ? Et que le premier grand attentat à l'explosif visant aveuglément des civils dans la capitale de l'Algérie, terriblement meurtrier et annonciateur lui aussi de la « bataille d'Alger », ne fut pas perpétré à l'été 1956 par des poseurs de bombes du FLN mais par des terroristes « pieds-noirs » liés à la police républicaine ? Rien d'étonnant si les grandes dates de la « guerre d'indépendance » ou « guerre de libération » qu'on commémore régulièrement en Algérie depuis 1962 ne signifient souvent pas grand-chose pour un Français !

Voilà pourquoi il nous a paru utile de proposer à un public qui dépasse celui des seuls spécialistes, pour satisfaire son envie de savoir ou une saine curiosité mais aussi sa soif de comprendre ce qui s'est vraiment passé entre 1954 et 1962 dans les deux camps, cette autre histoire de la guerre d'Algérie — et même de ses prémices depuis 1830. Il s'agira ici de la raconter telle qu'elle a été vue, vécue et relatée par les Algériens. Ou telle qu'elle aurait pu être décrite il y a un demi-siècle dans les journaux français les plus sérieux par un hypothétique envoyé spécial derrière la ligne de front — si l'on peut dire, puisqu'une telle ligne n'a bien entendu jamais existé. Un envoyé spécial qui, du début à la fin de la guerre, aurait rendu compte honnêtement de la situation de l'autre côté, du côté algérien, en accompagnant les combattants en opération, en parlant avec leurs chefs — sur le terrain en Algérie comme à l'étranger au Caire, à Tunis ou ailleurs —, en se mêlant à la population des villes comme des campagnes et en se demandant ce qu'elle vivait et ce qu'elle pensait. Son « reportage », c'est celui-là même qui ne fut jamais réalisé pendant ce conflit alors que les autorités françaises, affirmant contre toute évidence ne faire que du maintien de l'ordre, ne permettaient même pas qu'on parle de guerre, donc, notamment, qu'on puisse mesurer l'ampleur de la geste nationaliste algérienne. Ce récit aurait été surprenant à plus d'un titre à ce moment-là, on l'a compris, et même choquant peut-être, en raison de la « compréhension » qu'il aurait nécessairement manifestée pour toutes les actions — y compris les moins défendables — de ceux qu'il observait et côtoyait, pour ses lecteurs de métropole. Il n'aurait sans doute pas moins surpris ceux d'Algérie. Mais il était manifestement impossible à entreprendre à cette époque.

Aujourd'hui, grâce aux innombrables témoignages — publics ou non — des acteurs algériens des événements, grâce aussi aux milliers d'ouvrages et de recherches plus ou moins facilement consultables des historiens de toutes origines, sans parler bien sûr des archives privées ou publiques accessibles en France et — cas hélas plus rare — en Algérie, on peut reconstituer assez bien ce qu'aurait pu être un tel reportage au long cours sur la guerre des Algériens, sans grand risque de travestir outre mesure la réalité vu la variété et la multiplicité des sources et des moyens de les contrôler. Les seuls mémoires d'acteurs algériens de la guerre consignés dans des livres publiés occupent par exemple plusieurs rayons de bibliothèque — l'historien Mohammed Harbi, le préfacier de cet ouvrage, en a dénombré récemment plus de 130 à son domicile. Ceux des acteurs français, qui permettent souvent de compléter ou « sécuriser » les informations en croisant les récits, ne sont pas moins nombreux.

Ce n'est pas, pourtant, qu'il soit toujours facile de reconstituer les faits. Un demi-siècle après la fin de la guerre, comme on le verra, on ne peut encore donner avec une totale certitude la date au jour près de la réunion d'un groupe de militants indépendantistes qu'on a appelée — à tort peut-être, on le verra — la « réunion des vingt-deux », autrement dit cette rencontre historique au cours de laquelle fut décidé environ quatre mois avant le 1er novembre 1954 par une poignée d'hommes le lancement de la lutte armée et donc le principe de l'entrée en guerre. Ou proposer un récit qui fera l'unanimité de la mort de Mostefa Ben Boulaïd, l'un de ces six « chefs historiques » du FLN qui choisirent définitivement le 23 octobre 1954 la date du 1er novembre pour organiser le début de l'insurrection dans tout le pays, même si la version qui attribue son décès fin mars 1956 dans les Aurès au parachutage suivi d'un maniement imprudent d'un poste radio piégé par les services secrets français est la plus communément admise. Ou encore fournir sans aucun risque de se tromper l'identité de l'individu — était-il d'ailleurs à coup sûr un combattant indépendantiste comme on le pense en général ou plutôt, comme d'aucuns le soutiennent encore aujourd'hui, un provocateur ? — qui a exécuté à la toute fin de l'année 1956 le très influent et très extrémiste président de la Fédération des maires d'Algérie Amédée Froger au cours d'un attentat aux énormes conséquences. Mais on peut en tout cas dire comment ces « épisodes » furent vécus du côté algérien et présenter après les avoir évaluées des hypothèses fondées sur des sources sérieuses pour les raconter en limitant au minimum inévitable la part de l'incertitude. Une part qui, dans les nombreux cas où elle persiste, sera toujours signalée au fil du texte par les auteurs.

Ces derniers ont décidé de reporter à la fin du livre, chapitre par chapitre, la mention et — quand c'était nécessaire — le commentaire des sources et de la façon dont elles ont été utilisées. Il s'agit de faciliter la lecture de l'ouvrage pour le non-spécialiste en évitant d'alourdir chaque page d'innombrables références, souvent répétitives. Mais aussi de permettre à chacun, autant que possible, de suivre les événements et leur contexte dans le cadre d'un récit continu[1]. Certes, il était évidemment impossible de raconter la guerre d'Algérie, même évoquée du seul point de vue — d'ailleurs pluraliste — des Algériens, dans tous ses détails et sans omettre aucun fait de quelque importance dans le cadre d'un ouvrage d'une dimension raisonnable, fût-il en deux tomes. Voilà pourquoi s'est imposé le choix d'un déroulement du livre fondé sur les « dates » les plus marquantes ou les plus révélatrices de la guerre dans sa version algérienne.

1. De même, pour faciliter la lecture, on peut se référer à une chronologie complète de la guerre d'Algérie vue du côté algérien qu'on trouvera p. 559 et à une carte de l'Algérie en guerre p. 606.

Dix dates, cinq pour chacun des deux tomes de l'ouvrage. Chaque chapitre commence ainsi par le récit très détaillé, aussi éloigné que possible des récits « officiels », d'un de ces événements ou épisodes (l'attaque de la poste d'Oran, le 1er novembre, l'offensive d'août 1955, etc.), suivi d'un long « flashback » permettant de revenir en arrière pour ne rien manquer d'important concernant le déroulement du conflit entre les « dates » retenues. Ainsi que pour situer le contexte et faciliter l'intelligibilité de ces « moments » de la guerre choisis pour leur aspect exemplaire « vu par les Algériens ». Une méthode qui, du moins l'espérons-nous, permet, sans viser à l'exhaustivité, de ne rien omettre d'essentiel. Et de proposer un livre qui, bien que s'appuyant volontiers sur des documents ou des témoignages inédits, n'entend pas renouveler véritablement la recherche historique proprement dite sur la guerre d'Algérie mais a plutôt pour ambition de la faire « lire » en suivant un chemin jusqu'ici peu emprunté. Et de mieux faire comprendre pourquoi, dès qu'on parle de cette guerre, il est si difficile encore aujourd'hui d'évoquer la même histoire, et donc de mettre un terme à la guerre des mémoires, des deux côtés de la Méditerranée.

Chapitre premier

LES CENT VINGT PREMIÈRES ANNÉES DE LA GUERRE D'ALGÉRIE

AVRIL 1949 : L'OS ATTAQUE LA POSTE D'ORAN

« Aucune Française n'aurait pu s'afficher avec un jeune Arabe sans s'exposer à des ennuis. Presque tout s'incline devant l'amour. Sauf le colonialisme. »

Messali Hadj, racontant dans ses *Mémoires* l'existence d'un jeune Algérien à Tlemcen en 1916, quand il avait 18 ans.

« Nous ne demandions pas que notre indépendance se réalise dans les vingt-quatre heures, ni même dans les cinq ans. Nous pensions que, dans l'intérêt même de nos deux peuples, un délai d'une quinzaine d'années suffirait à nous exercer à diriger le pays, pour ensuite jouir de notre indépendance, dans une coopération s'étendant à tous les domaines. »

Messali Hadj, évoquant dans ses *Mémoires* ses rapports en 1937 avec le gouvernement français du Front populaire, qui vient alors de dissoudre son parti nationaliste, l'Étoile nord-africaine.

Oran. Le premier lundi du mois d'avril, en cette année 1949. Il est huit heures moins le quart du matin. La deuxième ville d'Algérie commence à s'animer. Sur la place de la Bastille, où s'élève la grande poste, les cafés Aiglon et Vallauris servent de nombreux consommateurs, en majorité européens, qui s'apprêtent à aller travailler. Une Citroën noire, avec à l'intérieur six hommes bien habillés, en complet, cravate et chapeau mou, se gare près d'un côté du bâtiment qui, à l'exception du service du télégraphe, n'est pas encore ouvert au public. Mais comme chaque jour, les postiers, tenus de venir à sept heures quarante-cinq pour avancer les tâches administratives et tout préparer avant la ruée des usagers, sont déjà là.

Un des hommes, le chauffeur, sort précipitamment de la traction avant. Il pénètre dans la poste jusqu'au premier bureau qu'on peut atteindre par l'entrée de service, la permanence du télégraphe. Il demande à l'employé présent, qui travaille seul et ne se formalise pas de cette intrusion avant l'heure, d'envoyer de toute urgence un câble en anglais, une immense commande de tissus à une firme de Manchester. De quoi occuper un bon moment le pauvre postier, peu familier de la langue de Shakespeare. Et donc permettre, quelques minutes plus tard, à d'autres passagers du même véhicule, trois individus armés, deux avec des pistolets et l'un avec une mitraillette, de passer discrètement mais en trombe devant le télégraphiste pour aller sans attirer l'attention un peu plus loin, jusqu'à la troisième porte du couloir, derrière laquelle se situe la salle du coffre-fort. Sur leur chemin, ils ne risquent de rencontrer à cette heure que les deux femmes de ménage, qui ne se préoccupent guère des allées et venues.

Le gang, en effet, est bien renseigné. Il sait que ce 5 avril, comme tous les premiers lundis de chaque mois, la grande poste de la capitale de l'Oranie a récupéré des sommes très importantes en provenance de tout le département. Elle est chargée de centraliser les espèces de tous les bureaux avant de les redistribuer là où c'est nécessaire. Quand les trois hommes atteignent la petite salle grillagée où l'on garde l'argent en dépôt, ils découvrent deux employés, un vieux et un jeune, occupés à compter des billets autour d'une table. Ils ouvrent la porte et l'un d'eux crie : « Haut les mains ! Personne ne bouge ! » Le plus âgé des postiers s'évanouit, mais le plus jeune, à la surprise des assaillants, résiste et commence à hurler : « Au voleur ! À l'aide ! » Pour l'intimider et le faire taire, on le frappe à la tête. Il tombe mais continue à pousser des cris. On l'assomme alors définitivement d'un coup de crosse.

Plus question, donc, de faire ouvrir le coffre : ceux qui pouvaient en connaître la combinaison et fournir la clé sont l'un et l'autre hors d'état de parler. Et il faut agir vite puisque le vacarme a alerté tous les employés présents alors même que la poste est sur le point d'ouvrir grand ses portes au public à huit heures. Les assaillants ramassent en vitesse l'argent qui est sur la table ainsi que toutes les liasses de billets accessibles — et il y en a beaucoup. Ils remplissent tant bien que mal des sacs mais aussi, dans l'affolement, leurs poches et même, pour l'un d'entre eux, l'espace entre sa peau et sa chemise. Les deux derniers hommes de la bande, également armés, qui étaient restés « en couverture », ont déjà accouru pour tenir en joue le personnel. Le chauffeur, pour sa part, dès qu'il a compris que tout ne se passait pas comme prévu, est ressorti et s'est précipité vers la voiture. Il a mis en marche le moteur puis ouvert les portières en attendant ses complices.

Quand les auteurs du hold-up sortent du bâtiment de la poste, ils constatent que l'agitation n'est pas passée inaperçue à l'extérieur. Les clients des cafés alentour commencent à s'approcher, certains avec des chaises devant le visage en guise de protection dérisoire. Le détenteur de la mitraillette braque la petite foule et fait mine de balayer le trottoir avec son arme. C'est, immédiatement, le sauve-qui-peut. Les hommes armés remontent tous dans la traction avant, qui démarre sur les chapeaux de roues. Les passants voient la Citroën prendre la route du port, celle qui mène, au bord de la Méditerranée, vers les bas quartiers de la ville.

Une traction avant noire, des gangsters habillés comme à Pigalle qui ont bien préparé leur coup en profitant d'un excellent tuyau, un repli en bon ordre une fois le hold-up terminé dans la direction de la plage d'Aïn-el-Turk à l'est de la ville, tout désigne, pour la police, soit un gang venu de Paris se réfugier outre-mer, soit, plus vraisemblablement, une bande de mauvais garçons du milieu d'Oran. Les autorités verront vite leurs soupçons quasi confirmés quand le propriétaire de la Citroën volée pour l'occasion, kidnappé la veille au soir par les braqueurs intéressés par son véhicule, viendra expliquer à la police que ses ravisseurs, dont il n'a jamais bien pu voir le visage, étaient manifestement des Européens. L'un d'eux au moins parlait d'ailleurs avec un léger accent espagnol, celui de nombreux habitants de la ville, la plus européenne d'Algérie. On n'en saura pas plus avant longtemps, puisque ni les gangsters ni l'argent emporté — plus de 3 millions de francs de l'époque[1],

1. 1 franc de 1949 valait environ 3 centimes d'euro d'aujourd'hui.

3 178 000 exactement — ne seront retrouvés dans les mois qui suivent.

Un groupe de malfrats, des truands professionnels donc ? En cette période d'après-guerre, où les journaux vantent régulièrement les « exploits » de la bande de Pierrot le Fou et du gang des tractions avant qui multiplient les hold-up, c'est en effet le plus probable. Qui d'autre pourrait oser entreprendre une telle action, avec des hommes assez nombreux et bien armés, selon la méthode classique de la pègre française ? Personne, assurément. Les Européens comme les musulmans d'Oran en sont tellement persuadés que, bien vite, on ne parlera plus du tout de ce qui s'apparentait à un fait divers impliquant le milieu local et assez « dans l'air du temps », sinon banal. Il y a pourtant erreur sur toute la ligne. Et c'est bien ce qu'escomptaient les véritables auteurs de cette attaque à main armée. Qui n'étaient pas, loin de là, de simples voyous.

« LE » GROS COUP DE L'ORGANISATION SPÉCIALE

Toute l'affaire a commencé quelques mois plus tôt, à l'orée de l'année 1949, au cours d'une réunion d'un groupe d'individus qui ne rassemblait certes pas des malfrats et encore moins des professionnels du hold-up. Ce groupe, en effet, qui a décidé alors de « faire un coup », selon les propres termes d'un de ses membres, était composé de militants politiques algériens sans aucune expérience du braquage. Et même, plus précisément, de tout l'état-major d'une organisation paramilitaire secrète, l'Organisation spéciale, ou OS, liée au principal parti nationaliste algérien, le PPA (Parti du peuple algérien). Celui-ci, dirigé par un leader charismatique, Messali Hadj, a pour principal voire unique programme depuis déjà fort longtemps l'indépendance de l'Algérie. Qu'il est le seul à réclamer ouvertement et sans restrictions. Devenu clandestin depuis son interdiction par les autorités françaises en 1939, il est plus connu désormais au travers du sigle de sa récente émanation légale, le MTLD (Mouvement pour le triomphe des libertés démocratiques), qui lui permet depuis 1946 de participer aux élections et d'agir pour partie à visage découvert.

À ce moment-là, les responsables de l'OS, qui réunit pour l'essentiel depuis sa création en 1947 les jeunes militants les plus déterminés du PPA-MTLD, sont très frustrés et mécontents. Car ils manquent totalement de moyens pour développer leur organisation, chargée de préparer la lutte armée pour le jour où elle sera devenue nécessaire, ou tout simplement possible, aux yeux des dirigeants du mouvement nationaliste. Faut-il croire, comme beaucoup d'impatients de l'OS inclinent à le penser, que ce dénuement est la conséquence d'une stratégie implicite de la majorité des leaders « messalistes », devenus sans le dire, depuis qu'ils participent au jeu électoral, trop frileux pour soutenir véritablement des activistes ? Quoi qu'il en soit, que cette hypothèse soit vraie ou fausse, il n'est pas totalement étonnant que le financement fasse défaut : les caisses du parti de Messali sont vides. Les Algériens aisés de sensibilité nationaliste qui veulent aider ceux qui entendent représenter les intérêts de la population musulmane face au colonialisme européen soutiennent le plus souvent de préférence des formations plus « modérées » et plus « convenables ». Comme l'UDMA, le parti créé en 1946 par le pharmacien Ferhat Abbas, ou l'Association des oulémas, fondée en 1931 par Cheikh Abdelhamid Ben Badis, tenant de la tradition, pour regrouper les « réformistes religieux ».

Hocine Aït Ahmed, alors chef de l'OS à vingt-deux ans à peine, décide donc au tout début de 1949 lors d'une réunion avec ses principaux « lieutenants » qu'il est devenu impératif de trouver de l'argent pour éviter l'asphyxie du parti et surtout de son organisation paramilitaire. Comme il ne faut pas prendre trop de risques afin de préserver le secret qui entoure l'existence de l'OS, toujours inconnue des autorités coloniales, les activistes recherchent « le » gros coup. L'idéal, ce serait une opération unique et très lucrative. Peu après, fin janvier 1949, le dirigeant de l'OS pour l'Oranie, un certain Ahmed Ben Bella, un ancien adjudant de l'armée française qui n'est pas encore connu en dehors de sa ville d'origine — Marnia, entre Tlemcen et la frontière marocaine près d'Oujda — et du mouvement nationaliste, signale qu'un militant employé des PTT de sa région, Djelloul Nemiche, lui a donné des tuyaux sur deux coups envisageables au sein de l'administration où il travaille. Soit une attaque de la grande poste d'Oran, qui détient chaque premier lundi du mois pendant quelques heures des fonds par dizaines de millions de francs, soit, ce qui serait encore plus rentable, une prise d'assaut du train qui revient de Colomb-Béchar, également une fois par mois, avec un wagon postal rempli de billets par centaines de millions.

Considérant que « nous ne sommes pas au Far West », selon le témoignage d'Aït Ahmed, les animateurs de l'OS décident sagement, si l'on peut dire, de s'en tenir au premier projet. La cible, même si elle a été apparemment retenue faute de véritable alternative, est d'ailleurs fort bien choisie. Elle est emblématique. La poste, c'est, avec la mairie et l'école, l'un des trois grands symboles visibles partout de l'enracinement de la présence française en Algérie, l'un des trois « drapeaux » plantés dans toute ville, et même jusque dans le moindre village où la gendarmerie, pour sa part, fait parfois défaut. Elle occupe l'un de ces bâtiments qui, presque toujours installés sur une place — en l'occurrence à Oran la place de la poste, évidemment —, figurent l'autorité administrative. Mais c'est aussi, au sein du dispositif colonial, un endroit particulier que connaissent et fréquentent tous les Algériens, en particulier pour y recevoir ou y envoyer des mandats. Plus peut-être encore qu'une banque, c'est « le » lieu où il y a de l'argent. C'est vrai pour tout le monde, c'est donc vrai aussi pour les militants de l'OS. Pour justifier l'opération, Aït Ahmed expliquera d'ailleurs un peu plus tard à ses « complices » que « s'il n'est pas facile d'accepter des formes de lutte qui s'apparentent au banditisme », il ne faut pas oublier que « dans les bureaux de poste transitent les fortunes qui s'édifient sur la sueur et la misère de nos compatriotes ».

Une fois l'objectif déterminé, reste alors, car les activistes sont disciplinés et conscients du risque qu'ils font courir au PPA-MTLD en cas d'échec, à obtenir l'accord des chefs nationalistes. Grâce à l'appui décisif d'Hocine Lahouel, depuis peu numéro deux officiel du mouvement avec le titre tout juste créé de secrétaire général, le feu vert est donné par les rares responsables au courant. À condition, bien entendu, qu'on prenne toutes les précautions pour ne pas trop « mouiller » la structure légale des indépendantistes : les dirigeants comme Aït Ahmed, qui est aussi membre du bureau politique et du Comité central du parti, ou Ben Bella, « patron » du MTLD pour l'Oranie, sont donc priés de ne pas participer directement à l'action. Et il va de soi que si certains militants devaient être arrêtés, ils seraient présentés comme des têtes brûlées qui ont agi inconsidérément à leur propre initiative.

Aït Ahmed, qui ne se fait connaître sur place que sous son « nom de guerre » Madjid, passe donc une bonne partie du mois de février 1949 à organiser l'opération à Oran avec le concours de Ben Bella afin que tout soit prêt pour le jour J qui a été retenu, le lundi 1er mars. Personne n'ayant, bien sûr, la moindre expérience du hold-up parmi les membres de l'OS, il faut à la fois imaginer *ex nihilo* un plan d'attaque et trouver des militants qui n'auront pas froid aux yeux pour l'exécuter avec toutes les chances de succès. Par chance, pour diriger le commando, un homme récemment installé à Oran, celui-là même qui héberge dans une villa du faubourg Victor-Hugo Aït Ahmed et Ben Bella quand il le faut, paraît tout désigné. Boudjemaa Souidani, originaire de Guelma dans le Constantinois, a déjà prouvé qu'il avait le sens du commandement et les nerfs solides en tant que chef de l'OS pour la région de Philippeville, la future Skikda. Il a dû être récemment « muté » à l'ouest de l'Algérie à la suite d'une opération de transport de dynamite — du lieu où les explosifs avaient été « récupérés » par des pêcheurs nationalistes jusqu'à une cache à l'intérieur des terres — qui avait mal tourné en raison d'une intervention de la gendarmerie à laquelle il avait échappé par miracle.

Avec Souidani, il sera nécessaire, estime-t-on, de disposer de sept hommes : deux pour surveiller pendant toute la nuit le chauffeur du taxi qu'on aura braqué la veille du coup afin de lui « emprunter » son véhicule, un pour conduire ledit véhicule et attendre moteur en marche près de la poste, deux pour accompagner le chef du commando à l'intérieur du bâtiment jusqu'à la salle du coffre, et enfin deux derniers pour protéger l'entrée et la sortie des participants au hold-up. Il faudra en l'espace d'un quart d'heure, entre l'arrivée des employés à huit heures moins le quart et celle du public à huit heures, réussir à s'emparer de l'argent et à l'emporter. Toutes les allées et venues habituelles autour du bâtiment ont été surveillées pendant plusieurs semaines tous les matins par l'un des premiers activistes recrutés pour l'opération, Belhadj Bouchaïb, ancien adjoint « indigène » au maire d'Aïn Témouchent, un bourg au sud-ouest d'Oran, désormais permanent de l'organisation indépendantiste — au profit de laquelle il lui est arrivé d'utiliser ses anciennes fonctions pour procurer des papiers à ses militants clandestins. Tout comme Bouchaïb, la majorité des membres du commando, et notamment deux Kabyles qui ont pris le maquis respectivement depuis 1945 et 1948 pour fuir la gendarmerie — les frères Lounes et Amar Khettab, alors « mis au vert » en Oranie — et un restaurateur de Mostaganem nommé Mohamed Fellouh, ont été proposés par Ben Bella avant d'être recrutés sur place après un « interrogatoire » par Aït Ahmed. Le conducteur de la voiture, en revanche, viendra de l'Algérois spécialement pour l'occasion : il s'agit de Mohamed Ali Khider — ou Khiter disent certaines archives françaises —, un jeune artificier de l'organisation paramilitaire connu pour être un as du volant et qui a favorablement impressionné Aït Ahmed, à qui il a été recommandé.

Ben Bella, pour ne pas être suspecté d'implication dans l'opération, doit quitter Oran le dimanche

28 février au matin pour Alger, où il se fera voir, et ne rentrer que le lendemain pour veiller à la dispersion en bon ordre des membres du commando et récupérer auprès d'eux le butin. Aït Ahmed, qui veut s'assurer que l'opération est bien engagée avant de s'éclipser, doit assister le dimanche vers dix-neuf heures à la prise du véhicule qui sera utilisé le lendemain, avant de prendre le train le soir même pour Alger, où il croisera à la gare Ben Bella repartant dans l'autre sens.

Le dimanche soir, ainsi, après avoir rédigé lui-même, en s'inspirant d'une publicité trouvée par hasard, le texte du câble en anglais qui doit « occuper » le télégraphiste le temps nécessaire au déroulement du hold-up, Aït Ahmed fait monter Bouchaïb et Khider dans un taxi et s'en va prendre son train. Celui-ci l'amène le lendemain matin peu avant huit heures à Alger, où il a juste le temps de dire à Ben Bella, sur le départ, que l'opération a été mise sur les rails comme prévu et doit être sur le point d'être terminée à cette heure-là. Toute la journée, il attend des nouvelles. Sans pouvoir lui-même joindre l'un des protagonistes du braquage ou encore moins Ben Bella, pour d'évidentes raisons de sécurité. Rien à la radio et aucun article dans les journaux du soir ne signale une attaque à main armée spectaculaire en Oranie comme on aurait pu s'y attendre. Aït Ahmed, inquiet, va voir Hocine Lahouel et le prie d'appeler le dirigeant du MTLD d'Oran, Hammou Boutlilis, comme si de rien n'était, pour vérifier s'il n'a pas entendu parler de quelque chose dans sa ville. Ce dernier, qui n'était pas au courant du coup qu'on avait monté dans le plus grand secret, ne mentionne au cours de la conversation aucun « fait divers » digne de retenir l'attention.

Ben Bella, bientôt de retour à Alger, mettra fin au suspense en racontant ce qui s'est vraiment passé. Autrement dit, pourquoi l'opération a capoté. Aït Ahmed à peine parti, Bouchaïb et Khider, soigneusement habillés et apprêtés à l'européenne, ont bien pris le contrôle du taxi. Après avoir demandé au chauffeur de s'arrêter pour les déposer dans un lieu peu fréquenté le soir, ils l'ont assommé d'un coup de crosse. Puis Khider a pris le volant pendant que Bouchaïb surveillait, colt 45 au poing, le « kidnappé ». Ils ont roulé alors pendant une vingtaine de kilomètres jusque vers la forêt de M'Sila, où les attendait comme prévu un homme de l'OS chargé de garder dans les fourrés le « prisonnier », auparavant ligoté.

Au petit matin, au moment de prendre la direction du centre de la ville, quand Khider a pris le volant, il est apparu que le véhicule était en très mauvais état. Il tremblait de partout et paraissait bien peu sûr, alors même qu'il devait permettre de s'enfuir rapidement une fois le coup terminé. Souidani et Bouchaïb, après avoir entendu Khider leur expliquer que, selon toute vraisemblance, « l'auto ne tiendra pas », ont donc décidé à quelques minutes du déclenchement de l'opération de tout annuler. Il ne restait qu'à se débarrasser discrètement de la voiture puis à libérer le chauffeur de taxi, qui ne saura pas avant longtemps pourquoi on l'avait attaqué.

Un tel fiasco, qui signe à l'évidence l'amateurisme des apprentis gangsters nationalistes, aurait pu décourager ces derniers. Mais après avoir constaté que la police n'a effectué aucune arrestation ni même aucune enquête dans les quartiers populaires de la ville qui sont le fief des messalistes, Aït Ahmed et Ben Bella en concluent vite qu'on a dû attribuer cette simple agression pour voler une voiture au milieu local et que rien n'oblige à renoncer au hold-up. Le prochain premier lundi du mois, le 5 avril, sera donc le bon pour tenter à nouveau le coup.

Tout, là encore, a failli échouer. D'abord, il faut reconstituer *in extremis* une partie du commando. On se rend compte en effet — mieux vaut tard que jamais — que certains des maquisards recrutés issus de la campagne peuvent difficilement passer pour des Européens, ce qui contrarie le scénario méticuleusement mis au point. De plus, c'est plus ennuyeux, l'un des protagonistes de l'opération ratée de début mars, Mohamed Fellouh, a carrément disparu quarante-huit heures avant le nouveau jour J, prétextant une improbable et subite grave maladie de sa fille. Enfin, même si c'est moins grave, celui qui avait gardé le conducteur du taxi pendant la nuit ne donne plus signe de vie. La veille du 5 avril, c'est donc avec difficulté qu'on a réuni à nouveau une équipe complète de pseudo-truands « de type européen ». Notamment en recrutant, pour remplacer Fellouh, Omar Haddad, un activiste surnommé « Yeux bleus » qui a déjà participé depuis 1945, année où il a pris le maquis, à des opérations risquées pour le parti. Mais, nouveau coup dur, on s'aperçoit alors, en tentant de rééditer une attaque de taxi, que les chauffeurs, instruits par la mésaventure survenue à leur collègue un mois plus tôt, sont désormais très méfiants. Ils refusent de se rendre le soir sans un garde armé dans des endroits propices à une attaque.

Aït Ahmed doit improviser une solution de rechange. Il part, accompagné d'Omar Haddad, vers le centre-ville à la recherche d'un véhicule. Dans le quartier européen de la Buena de Dios, très tranquille à cette heure, il remarque, rue d'Alsace-Lorraine, une traction avant noire avec, sur le pare-brise, un macaron de médecin au nom de Pierre Moutier. C'est l'aubaine. Il suffira de téléphoner au docteur après avoir trouvé son numéro dans l'annuaire pour lui demander de venir soigner un enfant avant de lui tendre un piège. Ce que fait Aït Ahmed, qui va en personne, grimé en Européen (moustache postiche, fausses lunettes, béret basque bien enfoncé), chercher le praticien chez lui pour l'emmener jusqu'à un lieu de rendez-vous fixé entre-temps avec Bouchaïb et Khider. Il sera neutralisé par les deux hommes pistolet au poing. Il passera lui aussi la nuit ligoté. La suite, on la connaît.

Une fois le coup terminé, l'argent changera deux fois de refuge, convoyé d'une maison à une autre par Souidani déguisé en femme voilée, avant d'être transféré vers Alger. On utilisera à cette occasion, pour éviter tout risque, la voiture officielle avec macaron tricolore d'un des élus du MTLD, celle du député d'Alger Mohammed Khider, une figure du parti qui bénéficie de l'immunité parlementaire et qui n'a aucun rapport avec le chauffeur du commando sinon une parfaite homonymie. Le butin, en fin de compte relativement modeste, n'aidera que modérément les activistes. D'autant que l'essentiel ira au parti, l'OS ne récupérant que 500 000 francs environ, soit à peine cinq fois son dérisoire budget mensuel. On ne saura que beaucoup plus tard qu'il aurait pu s'agir d'une opération nettement plus fructueuse : le coffre qu'on n'a pas pu faire ouvrir contenait ce jour-là 40 ou 50 millions de francs.

Si le hold-up d'Oran méritait ce récit détaillé, c'est avant tout parce qu'il a revêtu par la suite pour les Français de métropole mais surtout pour les Algériens, quand il cessera d'être un secret bien gardé, une grande valeur symbolique. Dont profitera au mieux Ahmed Ben Bella, à qui on attribuera pendant très longtemps, lui-même ne démentant pas ce récit, la totalité ou presque du mérite de son organisation et de sa mise en œuvre, notamment au détriment d'Aït Ahmed. D'où, pour partie, l'aura dont il bénéficiera plus que tout autre.

Il s'agissait, certes, à bien des égards, d'une opération d'amateurs, et même d'un coup plutôt « romantique », selon le mot qu'emploiera plus tard le dirigeant nationaliste Ahmed Mahsas pour le qualifier. Mais cette opération démontrait aussi, comme nulle autre peut-être à cette époque, la capacité des militants indépendantistes à réussir une action d'éclat dont peu, aussi bien parmi les Algériens musulmans que parmi les Européens, les croyaient capables. Le déguisement réussi des membres du commando était d'ailleurs plein de signification : seuls des hommes ayant compris le mode de fonctionnement de la société européenne, donc capables de l'affronter, pouvaient avoir l'audace de se faire passer pour des membres de cette société et mener une action — armée et illégale de surcroît — selon les méthodes de la métropole. Être confondus avec des émules de Pierrot le Fou, quel succès !

L'attaque de la grande poste se situe aussi au milieu de la décennie qui précède la fin de 1954 et qui constitue la préhistoire proche de la guerre d'Algérie, donc à un moment clé. L'OS, qui a conçu et réalisé l'opération d'Oran en 1949, peut être en effet considérée comme une organisation dont l'existence même est directement ou indirectement liée, d'une part, en amont, aux événements tragiques qui ont marqué l'Algérie au printemps 1945 — l'insurrection du Constantinois et la répression atroce qu'elle a entraînée —, d'autre part, en aval, au déclenchement de la lutte armée le 1er novembre 1954 par le FLN dans des circonstances que nous examinerons au chapitre suivant. Revenons donc quelque peu en arrière. Et même, pour commencer, très loin en arrière, pour comprendre ce qui s'est passé de 1830 aux années 1940 dans le pays et qui influencera tant la suite des événements.

CENT ANS DE RÉSISTANCE ARMÉE FACE À LA CONQUÊTE MILITAIRE

Tout a commencé dès après le débarquement en Algérie de l'armée française, transportée par une immense flotte de 670 bâtiments, à l'orée de l'été 1830 à Sidi Ferruch, près d'Alger. La population « indigène » et ceux qu'elle se reconnaît comme chefs commencent tout de suite à multiplier ici et là, armes à la main, les actes de résistance contre l'occupation par l'envahisseur étranger. Les Algériens le savent tous, et ils le sauront toujours, car, au-delà de ce que l'on peut constater directement dans telle ou telle région à tel ou tel moment, on racontera sans cesse dans les familles pendant tout le XIXe siècle et la première moitié du XXe les faits d'armes des héros de la lutte contre les « roumis » — ces nouveaux « Romains », donc, que sont ces Européens qui veulent dominer le pays et l'annexer à un empire comme on le fit dans l'Antiquité. La destitution du dey d'Alger et de son administration après la rapide prise de la ville en quelques semaines n'a pas marqué, en effet, la fin mais le début des hostilités sur tout le territoire.

Refusant de devenir un vassal du pouvoir français, Hadj Ahmed, bey[1] de Constantine, combat par exemple dans l'Est algérien pendant plus de quinze ans à partir de 1832. Si les soldats français arrivent à prendre d'assaut Constantine en 1837, ils n'obtiennent la reddition du chef « rebelle », alors réfugié dans les Aurès, qu'en juin 1848. Et ils ne réussiront à « soumettre » toute la région est de l'Algérie que le bey Ahmed a soulevée, en réduisant au moins pour un temps la résistance kabyle, qu'en 1857.

Mais surtout, la France, avec alors la première armée du monde, aura besoin de plus de quinze ans pour mettre fin à l'extraordinaire mouvement de résistance de l'émir Abd el-Kader à l'ouest et dans l'intérieur du pays. En 1837, celui-ci a même réussi un temps à faire reconnaître par les envahisseurs une sorte d'État, non pas théocratique comme on le dira mais séculier tout en étant légitimé par la religion, et moderniste à la fois, placé sous son contrôle et couvrant les deux tiers du territoire de ce qu'avait été la régence turque en Algérie. L'évocation de son action prendra vite chez les Algériens le tour d'une geste héroïque. Voici, par exemple, comment le tout jeune Mohamed Boukharouba, qui se fera connaître beaucoup plus tard sous le nom de Houari Boumediene, entend parler avant la fin des années 1930 par la bouche de conteurs de ce personnage légendaire : « Le moine-guerrier était beau, élégant, il menait une vie très austère : il pouvait tenir dix jours en se contentant de farine bouillie dans l'eau salée. Jeune marabout d'origine chérifienne, donc lointain descendant du Prophète Mahomet, il s'était

1. On trouvera à la fin de l'ouvrage un glossaire définissant ou explicitant les mots arabes ou les termes d'emploi non usuel présents dans l'ouvrage (cf. p. 580).

fait reconnaître à vingt-quatre ans comme commandeur des croyants dans l'Ouest algérien. » Rien d'étonnant, après cela, si, comme le petit Mohamed Boukharouba, les enfants algériens jouent volontiers dans l'entre-deux-guerres non pas aux gendarmes et aux voleurs mais à Abd el-Kader et Bugeaud. Et on devinera facilement qui du héros légendaire de la résistance algérienne ou du général français qui obtint finalement sa reddition a alors la préférence des gamins...

Même après les deux dernières grandes insurrections qui ont marqué la première époque de la présence française en Algérie, celle des Ouled Sidi Cheykh en Oranie en 1864 et surtout celle de 1871, qui faillit réellement emporter la colonisation et qui s'étendit sous l'impulsion du *bachagha* Mokrani et du cheikh Haddad du Constantinois à la Kabylie et jusqu'aux environs d'Alger dans la Mitidja, les actes d'insubordination et les révoltes plus ou moins organisées, menées souvent au nom de l'islam, se sont multipliés. Les plus importants ont lieu dans les Aurès (1878 et 1916), le Sud-Oranais (1881), les régions de Margueritte (la future Aïn Turki, 1901) et Mascara (1914).

La domination française s'installe, certes, et, à partir de la fin du XIXe siècle, elle n'a plus fait face, dans ce combat inégal, à une contestation armée véritablement menaçante pour elle. La férocité des méthodes de « pacification », l'armée française pratiquant très souvent la politique de la « terre brûlée », y a fortement contribué. L'énorme diminution de la population musulmane entre les années 1830 et les années 1870, que les chiffres les plus communément admis situent selon les sources entre un et trois millions d'âmes, représente, selon les estimations là encore très divergentes de la population globale à l'époque, entre un petit tiers et les deux tiers de celle-ci ! Même si les causes du phénomène ne sont pas toujours claires, même si on peut mettre en doute certains calculs algériens « catastrophistes » du nombre de victimes directes ou indirectes que la conquête a provoquées, conduisant à évoquer sans précaution « un génocide », l'estimation de l'historien Mostefa Lacheraf, qui parle sans plus de précision de « plusieurs millions [de morts] dans un milieu rural acculé aux famines par les destructions, les combats et l'exode », ne paraît donc pas irréaliste.

Jamais, quoi qu'il en soit, l'avancée des troupes n'a été facile. À tel point qu'on considère le plus souvent que si la mainmise sur le Sahara, dernière région non contrôlée, s'affirme à partir de 1898, c'est seulement en 1934, à l'ouest dans la région de Tindouf, que s'achèvera la conquête militaire française, plus d'un siècle après son début !

EN ATTENDANT L'ARRIVÉE DES TURCS

Conquête militaire, de toute façon, ne signifie pas conquête des esprits. Et bien des faits et des récits témoignent de la résistance « silencieuse » qui, après le temps des armes, persiste sans interruption sous diverses formes jusqu'à ce qu'on puisse utiliser à nouveau en Algérie des modes d'expression plus directs et plus offensifs du refus de la soumission. Cette résistance peut notamment prendre la forme d'un repli dans la religion, d'une méfiance à l'égard de la scolarisation « à l'européenne » — toujours complétée d'ailleurs, quand on finit par l'accepter pour donner de meilleures chances de réussite à ses enfants, par un enseignement « coranique » —, d'une conviction, très répandue, que, même si elle risque de durer, la situation n'est que provisoire, etc.

Dans l'Algérie rurale et traditionnelle de la fin du XIXe et des premières décennies du XXe siècle, la grande majorité des musulmans manifestent ainsi qu'ils entendent continuer à vivre selon leurs coutumes et que, sauf quand ils n'ont pas le choix, ils ne se sentent guère concernés par le discours de « progrès » du colonisateur et les promesses qui l'accompagnent. Face à celui-ci, qui prétend « apporter la civilisation » — les Algériens, facétieux, parleront vite de « syphilisation » — et viser à terme à une assimilation des peuples, bien que tous ses actes prouvent le contraire, ils cultivent en effet l'espoir, même totalement irréaliste, d'une solution venant de l'extérieur, de l'arrivée d'un sauveur musulman, un *mahdi*, pour se débarrasser des envahisseurs. Par exemple, et tout indique que ce cas est en grande partie généralisable, le tout jeune Messali Hadj entend parler en ces termes au début du XXe siècle, dans sa famille des plus modestes à Tlemcen, de l'occupation du territoire ancestral : « La présence française avait déjà soixante-dix ans d'existence. Nos parents en parlaient à la veillée en des termes qui montraient à quel point cette situation était pénible. Cela nous faisait peur. [...] À Tlemcen comme ailleurs, tous les enfants entendaient leurs parents discuter et se lamenter à propos des sultans aux prises avec les convoitises des États européens. On s'inquiétait surtout du sort de "l'homme malade de l'Orient", la Turquie. Son sultan était le Commandeur des croyants, "Amir El Mounimin", celui dont dépendait le sort du Maghreb. Nos parents étaient persuadés, en effet, que le redressement de l'Empire ottoman entraînerait la libération de tout le Maghreb. »

De l'autre côté de l'Algérie, à l'Est, dans le Constantinois, et beaucoup plus tard, donc à un moment où la colonisation aurait pu apparaître encore plus irréversible, les sentiments n'apparaissent pas très différents dans le pays « profond » : « L'attachement au passé demeurait très présent », écrit dans ses mémoires en évoquant les années 1930 l'historien du FLN Mohammed Harbi, originaire du bourg d'El Harrouch. « Parmi les sentiments durables, il y avait la fierté d'être "arabe et musulman". [...] Les Français étaient perçus comme des étrangers avec lesquels l'histoire nous faisait cohabiter, mais qui partiraient un jour. » Ils étaient tellement étrangers, ces Français, que, pour faire dormir son enfant, la mère du petit Mohammed Harbi lui disait : « Dors ou j'appelle Bijou qui va te manger. » Autrement dit, dors ou j'appelle Bugeaud, le général français qui figure ainsi dans l'imaginaire l'ogre, évidemment européen. En Kabylie, on parle aux tout jeunes pour les effrayer d'un animal fantastique nommé Bichuh, mais il s'agit bien sûr métaphoriquement du même ogre.

L'attente d'une libération par les Turcs, que confirment d'innombrables témoignages, est évidemment paradoxale, et sans doute parfois ambivalente, puisque ces derniers étaient le plus souvent considérés comme des oppresseurs, du temps de leur domination en Afrique du Nord avant l'arrivée des Français. Mais elle indique justement, outre le fait qu'on ne saurait comparer une occupation musulmane à une autre menée par des *kafer*, des mécréants, à quel point on ne se résigne pas, après un siècle de colonisation, à subir la présence chrétienne. Elle jouera d'ailleurs un certain rôle, on va le voir, dans le mouvement de refus du service militaire qui prendra une grande ampleur quelques années avant la Première Guerre mondiale dans l'ouest de l'Algérie, avant de provoquer en 1916 et 1917 dans le Sud-Constantinois, à l'Est, une des dernières révoltes armées contre les Français avant la guerre d'indépendance.

Dès fin 1907, il apparaît en effet que le gouvernement français, malgré l'opposition des Européens de la colonie qui dénoncent cette mesure consistant à « apprendre à tous les bicots à manier un fusil » selon la formule d'un journal de l'époque, envisage de rendre le service militaire obligatoire pour une partie des Algériens musulmans. Le problème d'El Askariya, comme on dit alors pour parler de la conscription, devient vite une véritable idée fixe pour un grand nombre de familles. Partout dans la région de Tlemcen, se souviendra encore dans ses *Mémoires* Messali, qui allait alors sur ses dix ans, « dans les cafés maures, aux marchés, à la mosquée, dans les confréries religieuses, on ne parlait que de l'impôt du sang que l'on voulait lever ». Les parents « considéraient ce projet comme une provocation et une atteinte aux principes islamiques ». On se met à dire, suivant « un slogan lancé sans doute par les milieux religieux et intellectuels », que « le service militaire était condamnable selon le droit musulman », ce que confirmera bientôt le mufti de la grande mosquée, « et le mot *Harâm*, illégal, se répandit à travers la ville ». Dans les conversations, on répète partout que « jamais on ne livrera nos enfants aux Français pour en faire des soldats et augmenter ainsi la puissance de ceux qui ont envahi le pays ».

Il ne s'agit pas que de paroles en l'air puisque,

bientôt, quand il apparaît que l'administration ne reculera pas, des familles entières, tout particulièrement dans la région de Tlemcen mais aussi ailleurs, optèrent pour *el Hidjra*, l'exil, afin de préserver leurs enfants. Un exil nécessairement clandestin : le Code de l'indigénat imposé aux Algériens par le colonisateur — cette « monstruosité juridique », comme l'écrit l'universitaire spécialiste du sujet Olivier Le Cour Grandmaison, qui fait des « indigènes » des « sujets français » soumis à un « régime disciplinaire » et à des tribunaux d'exception, mais pas des citoyens — n'accorde pas la liberté de déplacement lointain sans autorisation spéciale. Les plus aisées partiront pour l'Orient, les pauvres vers un pays islamique plus proche, en général le Maroc. Une évaluation d'un journal, sans doute exagérée mais non farfelue, chiffre alors à 1 200 le nombre des personnes qui auraient quitté la commune de Tlemcen, soit 5 % de la population ! Les partisans du départ ont été renforcés en 1911, il est vrai, quand on a appris que l'Italie déclarait la guerre à la Turquie et que la France commençait à occuper le Maroc : « Hier ces roumis voulaient prendre nos fils et nous laisser comme des paniers sans anse, aujourd'hui ils veulent avaler les autres musulmans », se lamentaient les femmes dans ce langage coloré que leur prête Messali.

Quand la guerre de 1914-1918 éclate puis prend de l'ampleur, le problème devient encore plus aigu : « Les gens de Tlemcen se sont alors mis à nouveau à penser à l'exode. On a même envisagé de droguer les jeunes gens pour les faire réformer au conseil de révision. » La guerre, alors, « apparaissait d'autant plus comme une calamité que le sultan de l'Empire ottoman, le Commandeur des croyants, se trouvait aux côtés de l'Allemagne et de l'Autriche-Hongrie. Les musulmans étaient ainsi placés devant un véritable cas de conscience ». Le mouvement de protestation n'est certes pas universel, beaucoup d'Algériens acceptant comme une fatalité la maudite conscription quand elle est déclarée générale et d'autres, assez nombreux, décidant même de s'engager pour profiter d'avantages que les autorités leur font miroiter. Au total ils seront quelque 150 000 à partir en Europe. Mais dans de nombreux endroits, le refus de s'incliner face à l'enrôlement des jeunes se manifeste les armes à la main : dans la région d'Aïn Témouchent, près de la frontière marocaine, deux hommes qui ont pris le maquis pour protester et ont tué un gendarme lors d'un accrochage sont tout de suite considérés comme des héros ; dans le Sud-Constantinois, on l'a déjà dit, un véritable mouvement d'insurrection se développe même en 1916 et 1917, animé à la fois par des déserteurs et par des hommes qui veulent profiter du désarroi de la population pour montrer leur refus de la tutelle coloniale.

L'ÉMIR KHALED, LE PRÉCURSEUR

La question du service militaire fera réagir aussi ceux qu'on a alors commencé à appeler les « Jeunes Algériens », ces hommes qui entendent représenter les « évolués », autrement dit ceux, encore très peu nombreux en ce début du XXe siècle, qui ont eu accès au système d'enseignement français jusqu'à un niveau élevé. Dès avant la guerre, ils ont adopté une position souple : oui au service militaire, mais à condition qu'on accorde en échange des droits politiques à la petite élite dont ils font partie et qui, prenant au mot certaines promesses du gouvernement, rêve d'assimilation et d'égalité des droits. Les autorités de la métropole, et même une fois le président du Conseil Georges Clemenceau qui les reçoit en personne à Paris, accepteront de discuter avec ces hommes plutôt accommodants mais ne leur accorderont pas pour autant satisfaction. À tel point qu'en majorité, ces modérés eux-mêmes se transformeront vite en adversaires d'une conscription... qui ne les concerne pourtant guère personnellement puisqu'ils ont en général la possibilité de se payer des remplaçants à l'armée, ainsi que l'autorise la loi.

Il n'est pas certain que les quelques progrès, très timides, des droits électoraux accordés au niveau local aux « indigènes », qui sont décidés après guerre par Clemenceau à la grande fureur des Européens d'Algérie, doivent beaucoup à l'action de ces quelques centaines de Jeunes Algériens. De toute façon, et pour longtemps encore, dans ce territoire qui devient de plus en plus comme on l'a souhaité à Paris depuis l'origine une grande colonie de peuplement (100 000 Européens dès 1857, près de 600 000 en 1900, soit 13 % du total de la population qui, estime-t-on le plus souvent, dépasse les 4 millions d'individus), les Algériens restent, on le sait, des citoyens de seconde zone, voire des non-citoyens. Pour ne pas dire, comme beaucoup le ressentent et comme le dira plus tard — parmi d'autres — Ahmed Ben Bella en se souvenant des années 1920, des « étrangers dans leur propre pays ».

Certes, l'Assemblée nationale a voté à Paris en 1919 la suppression du très sévère et très inique Code de l'indigénat... mais il sera rétabli presque aussitôt, en 1920, sans qu'aucun Algérien n'ait pu remarquer entre-temps le moindre début d'évolution significative dans son statut. Le boycott de l'enseignement « à l'européenne » a sans doute perdu de sa vigueur au passage d'un siècle à l'autre, mais la grande majorité de la minorité de musulmans qui ont le privilège d'y avoir accès n'ont droit qu'à l'« école indigène », de second rang par rapport à l'école française, réservée aux « roumis ». L'importation de la législation métropolitaine de la propriété foncière, qui rend caducs le droit coutumier et la propriété communautaire, a pour sa part privé depuis longtemps à cette époque les masses rurales des terres les plus fertiles, accaparées de diverses manières plus ou moins « légales » par les colons ou, comme dans le cas des « biens religieux » dits *habous*, confisquées par l'administration. On construit sans doute des lignes de chemin de fer, tout comme on ouvre des mines et on bâtit des salles de classe — en nombre très insuffisant d'ailleurs puisque les crédits votés ne permettent pas de scolariser plus d'un enfant algérien sur vingt en 1914, et on n'arrivera encore qu'à un sur dix en 1937, et guère plus par la suite. La mortalité infantile recule dans la population indigène. Et la présence française n'a plus depuis longtemps comme principal visage la puissance militaire. Mais politiquement, culturellement, économiquement, dans tous les domaines règne avant tout la loi du plus fort que chaque Algérien est bien obligé de subir. C'est tellement vrai qu'aucune relation entre Algériens et Européens ne peut s'établir sans en tenir compte même au niveau le plus privé, le plus sentimental, ainsi que le prouve l'extraordinaire rareté des unions mixtes, à peine quelques centaines. Comme le remarque au début du siècle un adolescent algérien amateur de poésie arabe qui n'était autre que Messali Hadj, après s'être souvenu d'un vers disant que « l'amour fait fléchir les rois », « presque tout, en effet, s'incline devant l'amour, sauf le colonialisme ». D'où l'impossibilité, qu'il regrettait, « pour un jeune Arabe et une jeune Française de s'afficher ensemble sans risquer de sérieux ennuis ».

La période de l'entre-deux-guerres, après l'échec inéluctable et coûteux en vies humaines de toutes les tentatives de révolte armée, aurait donc pu être un moment de total découragement. Elle va voir se développer enfin, bien au contraire, une réaction politique à cette situation de sujétion que l'attente éternelle d'un *mahdi* par le pays profond n'empêche évidemment pas d'être insupportable. Le combat pour l'émancipation, dont la réalité de tous les jours rappelle en permanence la nécessité, change de forme. La naissance progressive d'un mouvement politique nationaliste marquera ainsi le début du processus qui conduira petit à petit à une modification radicale des relations entre les Algériens et les Européens. Le premier pas significatif dans cette direction peut être attribué à l'émir Khaled, petit-fils du si prestigieux Abd el-Kader, un personnage étonnant que les jeunes partisans de l'assimilation actifs depuis l'avant-guerre de 1914-1918 se sont vite donné pour leader.

Sorti de Saint-Cyr, une performance alors peu banale, l'émir Khaled voit pourtant sa carrière militaire contrariée par son refus de demander la nationalité française, ce qui lui interdit de dépasser le grade de « capitaine indigène », déjà spécialement créé pour lui. Demander et obtenir la naturalisation, de fait, vous mettait alors au ban de la société algérienne, mais quelques musulmans qui y trouvaient intérêt avaient quand même franchi le pas. Pas lui. Dès 1913, alors en congé de l'armée, il soutient les initiatives des Jeunes Algériens. Après guerre, il recommence à militer en faveur d'un accès des Algériens « évolués » à la citoyenneté qui n'impliquerait pas un abandon du « statut personnel », autrement dit ne les obligerait pas à renier leurs pratiques communautaires et à renoncer à être régis, pour leur vie privée (mariages, etc.), par le droit musulman comme tous leurs coreligionnaires. Il présente des listes aux élections locales en Algérie qui remportent des succès remarqués de 1919 à 1922. Ses discours publics en français réclament des réformes très modérées, comme la possibilité d'élire quelques élus algériens au Parlement français à Paris. Mais en privé et, surtout, dans ses adresses sur le terrain aux « indigènes » en arabe dialectal, il tient des propos plus déterminés, auxquels d'ailleurs ne souscrivent plus bientôt certains des Jeunes Algériens « assimilationnistes » effrayés par son audace ou qui le jugent irréaliste. Il affirme son soutien aux « croyants » contre ceux, les *m'tourni*, qui entendaient « se franciser ». Ceux qui l'entendent comprennent bien qu'il ne cherche pas en priorité à obtenir des « droits français » pour tous mais à préserver ou restaurer une « personnalité » algérienne, comme l'indique par exemple sa requête de voir se développer l'enseignement en arabe.

Toujours est-il que cet homme au nom prestigieux dont on loue l'éloquence obtient vite une certaine audience : « Rien qu'à le voir et à l'entendre, on avait confiance en l'avenir », témoignera un de ses auditeurs en 1922 dans une salle de Tlemcen où l'on scandait « Vive l'Algérie libre » en attendant l'orateur. On le considère bientôt avec son petit mouvement, la

Fraternité islamique, comme un pionnier du combat politique pour l'émancipation, digne de recevoir la majorité des suffrages lors des scrutins désignant les conseillers municipaux et généraux « indigènes » et les quelques membres non européens de l'assemblée des délégations financières — créée à la fin du XIXe siècle pour gérer sur place le budget de l'Algérie.

Ses nombreux supporters ne se trompent pas sur ses réelles convictions. On apprendra en effet par la suite qu'il a adressé en secret à la même époque, dès 1919, un mémorandum au président américain Wilson. Celui-ci, il est vrai, avait fait quelque bruit avant même la défaite allemande en proposant début 1918 à la communauté des nations un programme en quatorze points pour l'après-guerre qui proposait, s'agissant des problèmes coloniaux, de les résoudre en prenant en compte autant les intérêts des populations concernées que ceux des États qui entendaient assumer leur gouvernement. Une philosophie qui allait se retrouver dans les textes préparatoires à la conférence de la paix à Versailles et à l'édification de la Société des Nations, la SDN. Messali, qui n'a pu échapper à la mobilisation et au départ comme soldat pour la France, se souviendra d'ailleurs que, alors qu'il était en permission en Algérie au tout début de 1919, on lui avait souvent demandé « un peu partout de commenter les propos du président Wilson » et en particulier ses Quatorze Points qui soutenaient, croyait-on savoir, « le droit des peuples à disposer d'eux-mêmes ». Certains supposaient même, « prenant leurs désirs pour des réalités » comme le remarque justement leur interlocuteur, que « le président des États-Unis d'Amérique avait la volonté d'intervenir en faveur de la Turquie, des Arabes et de l'Afrique du Nord ». L'émir Khaled a fait sienne, avec moins de naïveté bien sûr, cette lecture de la position américaine puisqu'il demande dans son texte adressé au président, après avoir évoqué « tous ces malheurs » que « nous avons supportés en vaincus résignés en attendant et en espérant des jours meilleurs », le droit d'assister à la conférence de Versailles pour « des délégués choisis librement par nous pour décider de notre sort futur sous l'égide de la Société des Nations ».

Les Français eux aussi ne se tromperont pas puisqu'ils considéreront vite l'auteur du mémorandum comme un gêneur à neutraliser à tout prix. On utilisera tous les moyens possibles pour cela, et notamment… l'imprudence financière de l'émir, qui avait accumulé des dettes. Après un « accord », qu'il n'avait guère le choix de refuser, avec les autorités françaises, il s'exilera donc en Égypte — une préfiguration de ce qui se passera avec divers chefs activistes au début des années 1950. Un bref retour en France métropolitaine en 1924 et en 1925 lui permettra de galvaniser encore de nombreux Algériens, cette fois des travailleurs émigrés. Mais son heure était passée, d'autant que la plupart des Jeunes Algériens, qui continueront bientôt à faire parler d'eux avec de nouveaux leaders, avaient alors cessé de se référer à lui. Et réciproquement. On peut cependant déjà le considérer comme une sorte de précurseur du mouvement nationaliste et en tout cas comme le premier leader politique autochtone qui, sans être ouvertement séparatiste, a su sensibiliser des foules au « fait national algérien », comme l'écrira plus tard le responsable nationaliste Ahmed Mahsas.

1927 : LE PRÉSIDENT DE L'ÉTOILE NORD-AFRICAINE RÉCLAME L'INDÉPENDANCE DE L'ALGÉRIE

Cet éveil des Algériens à la politique s'avérera en tout cas durable. Il se manifestera principalement, entre la fin de la guerre de 1914-1918 et le milieu des années 1930, à travers trois mouvances dans les « départements français d'Algérie » et une quatrième en métropole. En premier lieu, et sur le terrain même défriché par l'émir Khaled désormais hors jeu, apparaît en 1927 une Fédération des élus musulmans dont les deux principaux animateurs sont un pharmacien exerçant à Sétif, Ferhat Abbas, et celui qui en sera bientôt le président, un médecin de Constantine, le docteur Mohammed Salah Bendjelloul. Pour l'essentiel partisans de l'assimilation, prônant l'égalité en matière de droits politiques, ils ne se reconnaissent certes pas nationalistes mais agissent pourtant parfois comme s'ils n'étaient pas si éloignés de l'être. On peut ainsi remarquer que Ferhat Abbas, volontiers considéré alors comme le modéré francisé type par beaucoup aussi bien chez les Français que chez les Algériens, et dont on a tant commenté les écrits des années 1930 où il s'interroge notamment sur l'existence d'une « nation algérienne » qu'il semble juger improbable, n'a jamais voulu prendre la nationalité française. Et il mène des combats pour la citoyenneté des musulmans au sein de la République française suffisamment radicaux pour qu'il soit identifié comme un ennemi par tous les défenseurs du « parti colonial ». Les Élus, cependant, tout en ayant une audience réelle dans la population dont ils défendent à leur manière les droits, représentent surtout l'élite dont ils sont issus et ses revendications pour l'égalité « au sein de la famille française », comme le dira un jour le docteur Bendjelloul.

L'Association des oulémas, fondée en 1931, regroupe pour sa part les partisans algériens du mouvement religieux réformiste musulman qui a pris de l'ampleur dans beaucoup de régions du monde depuis le XIXe siècle et dont la figure principale dans les pays arabes est l'Égyptien Mohamed Abdouh. Ce mouvement est surtout traditionaliste — il prône le retour à un islam des origines — même s'il peut apparaître à certains égards moderniste —, il crée des écoles, publie des journaux en langue arabe, s'attaque au culte des saints, aux confréries religieuses et aux marabouts souvent liés à l'administration coloniale, etc. Tout en se déclarant officiellement apolitique, il ne cache nullement son positionnement, comme le prouve le slogan qu'il popularise : « L'islam est ma religion, l'arabe est ma langue, l'Algérie est ma patrie. » Cheikh Ben Badis, son principal animateur, qui estime volontiers qu'il parle au nom de la majorité des musulmans, affirme d'ailleurs clairement, à la différence du Ferhat Abbas de l'entre-deux-guerres avec lequel il peut s'allier face au colonisateur mais dont il combat volontiers les thèses, que « la nation algérienne musulmane » existe. Elle « ne veut point d'assimilation » car c'est « une nation totalement éloignée de la France, par sa langue, par ses mœurs, par ses origines ethniques, par sa religion », écrira-t-il en 1936 dans la revue en arabe *El Chihab*. L'Association, qui entend éduquer le peuple plus que le mobiliser politiquement, d'autant qu'elle réunit avant tout des notables, ne va cependant pas jusqu'à réclamer l'indépendance de cette « nation ethnique » à laquelle elle se réfère.

Le parti communiste, de son côté, est théoriquement favorable sans nuances dès les années 1920 à la perspective de l'indépendance. Le credo de l'Internationale communiste, réclamant qu'on chasse les impérialistes des colonies, est en effet formel à cet égard. Et quand des émissaires du PCF de métropole se rendent de l'autre côté de la Méditerranée peu après la révolution bolchevique, comme le député Paul Vaillant-Couturier lors d'une tournée de vingt-deux jours en mars 1922, les Algériens l'entendent défendre la cause des peuples opprimés par le colonialisme. Mais cette ligne pose parfois problème. Jusqu'en 1936 il n'existera pas à proprement parler de Parti communiste algérien mais tout au plus une section intitulée « Région d'Algérie » au sein de la formation révolutionnaire française, dont la composition, avec une majorité d'Européens et en particulier de « petits Blancs », ne permet pas d'afficher une position totalement claire. Quand le PCA décidera de s'algérianiser véritablement, ce sera justement, alors que s'annonce pour bientôt l'arrivée au pouvoir du Front populaire en France début 1936, au moment où sa ligne officielle évoluera pour faire passer la revendication d'indépendance au second plan, sinon la renvoyer aux calendes grecques. Car l'essentiel, désormais, sera de mener un combat commun contre les capitalistes, le reste devenant secondaire par rapport à cet objectif central.

Cette difficulté à opter pour une doctrine permanente et affirmée sans ambiguïté face au fait colonial, autant que la défiance des marxistes envers la croyance religieuse et le respect des traditions que conservaient la plupart des Algériens, expliquent certainement pour une bonne part les relations ambivalentes qui s'établiront entre les communistes et les militants de l'Étoile nord-africaine (ENA), peu après l'apparition en 1926 en France de cette formation, la première ouvertement et radicalement indépendantiste. C'est pourtant le Parti communiste français lui-même qui a suscité la création de ce mouvement et organisé son essor initial, avec comme principal promoteur au départ un militant marxiste algérien nommé Abd el-Kader Hadj-Ali. Et c'est ce dernier qui, après l'avoir rencontré en 1924, a « recruté » en 1925 Messali Hadj, alors installé depuis peu comme ouvrier puis colporteur à Paris. D'abord pour en faire un sympathisant communiste et bientôt un militant de plus en plus actif, puis, rapidement après, comme principal animateur de la nouvelle organisation liée au Parti, cette Étoile — comme on l'appelle tout de suite familièrement — dont il deviendra vite le président.

Supposée regrouper, à des fins d'entraide, les travailleurs émigrés des trois colonies françaises d'Afrique du Nord, l'Étoile se transformera très vite, pour l'essentiel, en un véritable mouvement politique algérien. C'est déjà très net fin février 1927 quand, toujours à l'initiative de Hadj-Ali et en sa compagnie, Messali part à Bruxelles au « congrès pour la lutte anti-impérialiste » où, à l'occasion de son premier discours devant un parterre d'un tel niveau, il présente à un auditoire révolutionnaire international le premier véritable programme de l'ENA. Celui-ci — reproduit en annexe à la fin de l'ouvrage — est on ne peut plus clair puisque, outre diverses revendications radicales mais qui n'ont rien de révolutionnaire comme « l'abolition de l'odieux Code de l'indigénat », « l'instruction obligatoire en langue arabe » ou,

« concernant le service militaire, le respect intégral du verset de la sourate coranique qui dit : “Celui qui tue délibérément un musulman est voué à l'enfer et mérite la damnation divine” », il exige aussi, énonçant trois grands objectifs, « la confiscation des grandes propriétés », « le retrait total des troupes d'occupation » et, conséquence logique, « l'indépendance totale de l'Algérie ».

Messali était peut-être destiné plus que d'autres à être sensible à l'idéologie communiste. En raison de ses origines modestes dans une famille paysanne de la périphérie de Tlemcen. Et à cause de son appartenance, dès sa prime jeunesse, à la confrérie des Derkaouas, qui appelle de ses vœux l'apparition d'une cité utopique sans riches ni pauvres et prescrit le désintéressement des biens de ce monde. Il ne sera pourtant jamais obnubilé par la lutte des classes ou la dictature du prolétariat. Même en France où, malgré sa propre condition de prolétaire, il se rend vite compte qu'il « ne voit pas les choses comme Hadj-Ali qui jugeait tout uniquement en marxiste ». Il reste avant tout préoccupé, et ce sera bientôt exclusif, par la situation de son pays et de ses compatriotes. Le premier jour où il a rencontré son mentor en révolution, ce fut d'ailleurs pour discuter avec lui du rôle libérateur de l'Union soviétique pour les peuples colonisés et non pas de Lénine et de sa conception de l'État socialiste. Rien d'étonnant donc si, au fur et à mesure que son organisation se développera, Messali, prenant de l'assurance, s'éloignera progressivement du Parti qui lui avait mis le pied à l'étrier lors de son entrée en politique.

Les communistes eux-mêmes, il est vrai, apprendront aussi à se méfier de ce militant très atypique qui sait si bien galvaniser les participants à des meetings et soutenir les revendications égalitaires ou antiracistes de la communauté émigrée — pour faire lever l'interdiction des prénoms arabes pour les enfants de couples mixtes dans l'Hexagone, pour protester contre la création d'un hôpital spécialement réservé aux Nord-Africains à Bobigny, etc. — mais qui ne se soucie guère d'être dans la ligne. Il ne bénéficiera donc pas longtemps d'un statut de permanent du PCF. Bien vite, il devra retravailler, à nouveau comme commerçant ambulant. Pour subvenir aux besoins des siens qui vivent dans une chambre mansardée du XXe arrondissement — il a épousé Émilie Busquant, d'une famille de militants ouvriers de la région de Nancy, et a un fils prénommé Ali — en attendant que, près de dix ans après sa création, l'ENA, enfin, puisse (chichement) le rémunérer.

Au milieu des années 1930, malgré une mesure d'interdiction du mouvement en tant qu'« association ayant pour but de porter atteinte à l'intégrité du territoire national » qui ne sera pas suivie d'effet immédiat, il a réussi à imposer l'Étoile comme ayant sa place dans le paysage politique de gauche en France. Elle possède alors son journal, *El Ouma*, un local, au 19 rue Daguerre près de Montparnasse... à l'adresse où Lénine habita brièvement lors d'un séjour parisien, et une organisation relativement consistante, fort inspirée de celle des communistes avec son bureau politique et son comité directeur.

En août 1934, peu avant que Messali Hadj ne soit arrêté pour reconstitution de ligue dissoute après avoir rebaptisé sans grand effort d'imagination son mouvement interdit « la Glorieuse Étoile nord-africaine », on présente pour la première fois lors d'un meeting réunissant des centaines de personnes à l'occasion d'une assemblée générale de l'association un drapeau vert et blanc frappé d'un croissant rouge : le futur drapeau algérien. Libéré après six mois de prison, l'animateur de l'ENA devra bientôt s'exiler en Suisse pour éviter un nouveau séjour derrière les barreaux. Et attendre qu'une levée en appel de l'interdiction de son mouvement et l'arrivée au pouvoir du Front populaire en France lui permettent de bénéficier d'une mesure d'amnistie. Le 14 juillet 1936, ainsi, l'Étoile nord-africaine, finalement réautorisée, et son leader peuvent défiler à Paris avec un immense cortège de milliers de musulmans nord-africains — Messali en comptera 35 000 et la police française, selon l'usage, dix fois moins. Pour l'instant, le charisme déjà réputé de Messali Hadj ne trouve encore à s'exprimer que dans la communauté des quelque 100 000 Algériens qui travaillent en France, même si on commence à parler de son combat pour l'indépendance outre-Méditerranée. Cela va bientôt changer.

1937 : « CETTE TERRE BÉNIE QUI EST LA NÔTRE »

Peu après la constitution du cabinet Blum par le Front populaire à Paris, les mouvements les plus actifs en Algérie pour défendre les musulmans face à l'administration, pleins d'espoir, forment pour la première fois un front commun. La Fédération des élus, l'Association des oulémas et le Parti communiste algérien se retrouvent donc au sein d'un Congrès musulman, qui organise sa première grande réunion le 7 juin 1936 à Alger pour réclamer cette amélioration du sort des Algériens que les partis de gauche disent souhaiter. Une délégation se rend ensuite à Paris pendant la seconde partie du mois de juillet afin de présenter un cahier de revendications au gouvernement. Messali rencontrera à cette occasion les leaders du Congrès musulman et en particulier Cheikh Ben Badis et Ferhat Abbas. Il leur signifiera de vive voix son désaccord avec leurs demandes de rattachement de l'Algérie à la France et de représentation des Algériens au Parlement français, bien dans le fil de la stratégie d'assimilation d'autrefois des Jeunes Algériens, que son parti estime « contraires à notre politique de recherche de l'indépendance ».

C'est en fait ce désaccord même qui va conduire Messali à retourner en Algérie et à donner ainsi une tout autre ampleur à son action nationaliste. Le 31 juillet 1936 à dix heures du matin, une lettre du responsable de la petite section d'Alger de l'ENA arrive rue Daguerre. Elle signale qu'un grand meeting du Congrès musulman va se tenir au stade municipal d'Alger le 2 août pour rendre compte de la mission de sa délégation à Paris. Il semble « de la plus haute importance que l'un d'entre nous puisse représenter l'Étoile nord-africaine et sa politique » ce jour-là, écrit ce militant, ajoutant qu'on a « bien essayé de préparer un discours mais il s'est avéré très faible ». En un mot on souhaite la présence de Messali Hadj lui-même, qui « pourra ainsi se faire connaître du peuple auprès duquel il jouit déjà d'un grand prestige ». Une course contre la montre commence tout de suite pour permettre au président du parti indépendantiste, ravi de cette « invitation » mais qui ne peut se libérer avant le soir, de gagner Marseille en train de nuit puis Alger en bateau pour arriver à temps.

Les leaders du Congrès musulman, bien qu'ils n'aient pas encore pu prendre toute la mesure de la timidité du Front populaire s'agissant des réformes envisageables dans les colonies, ne peuvent guère annoncer de réel succès à la foule réunie dans le stade. Ce sera donc l'invité surprise, opposé à la politique des organisateurs du meeting, qui réussira à conquérir la foule. Alors qu'après lui avoir signifié dans un premier temps qu'il n'a pas droit à la parole, on a fini par lui accorder, comme le lui dit le dirigeant communiste algérien Amar Ouzegane, « deux ou trois minutes pour saluer le meeting », Messali prend le micro et s'emploie à le garder un bon moment. Le temps, en particulier, après avoir salué « notre peuple toujours debout, patriote et fidèle à son passé historique malgré plus d'un siècle de grande colonisation » et assuré contre toute évidence que « nous poursuivons tous le même objectif », de montrer une poignée de terre et de s'exclamer, dans ce style volontiers populiste qui caractérise toutes ses interventions : « Cette terre bénie qui est la nôtre, cette terre de la *Baraka*, n'est pas à vendre, ni à marchander, ni à rattacher à personne. C'est précisément pour cela que je suis venu assister à ce meeting au nom de l'Étoile nord-africaine, notre parti, votre parti, qui est, lui, pour l'indépendance de l'Algérie. Nous repoussons dans ce domaine toute tractation et tout marchandage. » Les orateurs qui lui succèdent doivent attendre la fin de l'ovation pour s'exprimer à leur tour.

Le chef nationaliste a réussi, comme il s'en vantera non sans raison, à détourner le meeting à son profit. Décidant de prolonger son séjour jusqu'en novembre, il va ensuite parcourir le pays, de la région d'Oran à celle de Constantine en passant par la Kabylie, et s'atteler à y installer son parti, qui n'avait jusque-là qu'une implantation réduite et en général clandestine, à Alger comme dans les trois départements. Son succès tient à ce que ses propos tranchent — avec habileté et jusque dans le détail — sur ce qu'avaient entendu de toutes parts jusque-là les Algériens. Ainsi, rapportera-t-il par exemple dans ses *Mémoires*, dans ses discours, qu'il tient à prononcer à la fois en français et en arabe, comme dans les écrits du parti, désormais « le mot péjoratif "indigènes" avait été supprimé » et « nous disions "les Algériens", "le peuple algérien", "la nation algérienne" » pour « faire disparaître certains complexes d'infériorité et remettre la vérité historique à sa juste place ». Même si les contenus réels des textes de la formation indépendantiste ne confirmeront pas tous qu'on respecte cette consigne sémantique, celle-ci témoigne bien d'un souci tactique remarquable.

De retour en France, pour un bref séjour, pense-t-il, avant de regagner l'Algérie, il se déclare tout de suite contre le projet de réforme inspiré des idées de l'ancien gouverneur d'Algérie « libéral » Maurice Viollette mis au point par le gouvernement du Front populaire. Se limitant à envisager l'accès d'une vingtaine de milliers d'Algériens musulmans « de culture française » au statut de citoyen à part entière, le projet Blum-Viollette, violemment rejeté comme une évolution dangereuse par les Français d'Algérie alors même qu'il était très en retrait par rapport aux demandes des musulmans modérés, ne sera de toute façon jamais adopté et encore moins mis en pratique. « Seuls étaient concernés », s'insurgera Messali, des privilégiés ou des auxiliaires de l'administration comme « le moniteur, l'instituteur, le professeur, le médecin, les retraités militaires, les engagés, le garde champêtre, le *caïd*, l'*agha*, le *bachagha* », qu'on allait dresser contre 6 millions de « sujets français » — l'expression « sujet français » évoquant bien sûr en l'occurrence l'Algérien voué à la sujétion.

Il n'aura pas très longtemps le loisir de faire partager son indignation aux militants de l'ENA. Dès son arrivée à Paris, il a été convoqué par un juge d'instruction qui lui a signifié des inculpations pour « atteinte à l'autorité et à la souveraineté françaises » en raison de ses discours prononcés tant à Paris qu'en Algérie pendant sa tournée. On lui reproche en particulier, alors même qu'à cette époque il estime que l'indépendance n'est pas envisageable avant qu'on se soit « exercé à diriger le pays » pendant « au moins une quinzaine d'années », d'avoir déclaré : « L'indépendance ne se donne pas mais s'arrache » et « Il faut préparer le grand soir ». Le 25 janvier 1937, l'Étoile nord-africaine est d'ailleurs dissoute par le gouvernement de Léon Blum, cette fois définitivement. Le 11 mars suivant, après avoir poursuivi un temps leurs activités sous couvert d'une association des « Amis d'*El Ouma* », les anciens dirigeants nationalistes de l'ENA créent le Parti du peuple algérien, le PPA, au nom cette fois sans ambiguïté, surtout quand il est prononcé en arabe où il fait référence à une conception communautaire du peuple. Messali est tout naturellement porté à la présidence de la nouvelle formation, dont le programme a été « assoupli » et ne fait plus mention ouvertement de la nécessité de l'indépendance, mais uniquement, bien sûr, pour éviter l'interdiction.

Il repart quelque temps après, comme prévu, pour l'Algérie. Il s'occupe d'organiser le siège du PPA, transféré à Alger en juin, et de participer à quelques manifestations et meetings avant d'être à nouveau arrêté, le 27 août 1937. Il sera condamné à deux ans de prison, tout comme Hocine Lahouel, depuis peu permanent du mouvement, et quelques autres dirigeants nationalistes. Dans l'attente de son procès, à l'automne 1937, dans sa geôle où il expérimente les pratiques vexatoires des autorités qui lui rasent barbe et moustache et lui coupent les sourcils, il a pu mesurer sa popularité désormais sans égale en Algérie et l'audience de son parti, d'ores et déjà en train de devenir le plus important chez les musulmans de la capitale et sans doute d'autres villes. Candidat à la demande des militants, il a obtenu le plus grand nombre de suffrages en octobre lors du premier tour des élections des conseillers généraux d'Alger, version « indigène » bien sûr, sans pourtant pouvoir faire évidemment campagne. Il a réuni sur son nom deux fois et demie plus de voix que le socialiste Ben Hadj arrivé en deuxième position, presque cinq fois plus que le communiste Ouzegane et plus de dix fois plus que le candidat de l'administration Mahieddine Zerrouk... qui sera élu au second tour après un tripatouillage électoral de très grande ampleur. De si grande ampleur d'ailleurs que l'élection, à laquelle Messali n'a participé que pour l'honneur puisque ses ennuis judiciaires vont inévitablement le priver de ses droits civils et politiques, sera invalidée. Lorsqu'elle aura lieu à nouveau, on assistera à la victoire d'un parfait inconnu, Mohammed Douar, employé des tramways algérois, tout simplement parce qu'il est présenté par le PPA. Lequel démontre à cette occasion que, quand les trucages électoraux restent dans certaines limites, il peut facilement faire apparaître à quel point son influence est ascendante. Non seulement Douar, qui mourra dans une prison française après avoir été arrêté au début des années 1940, a été élu, mais il a obtenu 25 % de voix de plus que Messali moins d'un an auparavant.

Messali ne sera libéré qu'en août 1939... pour apprendre dès la fin du mois suivant qu'on interdit à nouveau son parti et ses journaux. Alors que la Seconde Guerre mondiale commence, le PPA, au moment même où il émerge au premier plan sur la scène algérienne, est condamné, et pour longtemps, à la clandestinité. Il est surtout décapité : tous ses principaux dirigeants, à commencer bien sûr par son président, qu'on considère de plus en plus comme le *Zaïm*, le guide pour les musulmans, sont arrêtés sur tout le territoire. Les sentences, qui ne seront prononcées qu'en mars 1941, seront très lourdes, en particulier pour Messali, qui a refusé il est vrai de collaborer avec Vichy, condamné à seize ans de prison. Mais le parti a déjà pris une ampleur suffisante pour que les embastillés suscitent la sympathie — des inscriptions « Vive Messali » et « L'Algérie aux Algériens » apparaissent sur les murs d'Alger après le verdict — et, par ailleurs, se trouvent des successeurs efficaces. Ce qui permettra à une autre génération d'indépendantistes de rejoindre le mouvement — on peut citer, parmi ceux qui feront parler d'eux, l'étudiant Ben Khedda, qu'on retrouvera un jour à la tête du GPRA, l'employé du Gouvernement général Belouizdad, le futur premier chef de l'OS, ou le lycéen Aït Ahmed, qui sera le successeur de Belouizdad à la tête de l'organisation paramilitaire — et à d'autres « cadres » de prendre des responsabilités. Le docteur Lamine Debaghine, un médecin qui aura longtemps la faveur des activistes du parti et leur servira parfois de maître à penser après 1945, prend ainsi, en conservant bien sûr le contact avec

Messali, la direction effective du parti clandestin, avec Abdallah Filali, Ahmed Mezerna et quelques autres à ses côtés.

Les trois anciens alliés du Congrès musulman ont été évidemment affaiblis par l'échec de leur stratégie de négociation avec le Front populaire. Le Parti communiste algérien est, lui aussi, interdit depuis 1939 et quelque peu déconsidéré auprès des Algériens par sa volte-face de 1936, quand il a rejoint des mouvements ne revendiquant aucunement l'indépendance. L'Association des oulémas est entrée en léthargie lors des premières années de la guerre, avant d'enregistrer la disparition de son principal dirigeant, Ben Badis. Les Élus, pour leur part, sont victimes d'une scission, se divisant entre les partisans de Bendjelloul et ceux de Ferhat Abbas. Après avoir lui aussi connu un temps l'effacement, à l'époque où le régime de Vichy avait repris en l'accentuant la politique impériale traditionnelle de la France, c'est cependant ce dernier qui réémergera le premier sur la scène politique après le débarquement des Alliés en Afrique du Nord en novembre 1942.

MAI 1943 : UN « MANIFESTE » POUR RÉCLAMER UN ÉTAT ALGÉRIEN

Dès fin 1942, en effet, profitant d'une certaine vacance du pouvoir colonial à Alger où, après l'arrivée des Américains en Afrique du Nord, le général Giraud a du mal à s'imposer, Ferhat Abbas prend contact avec le représentant sur place de Roosevelt, Robert Murphy. Se sentant encouragé par la nouvelle puissance de l'heure, il rédige au nom des Élus un

« message aux autorités responsables ». Il réclame, en échange d'une participation des Algériens à la guerre contre les nazis, la constitution par les voies démocratiques, autrement dit après l'élection d'un Parlement, d'une entité algérienne dans le cadre d'un État fédéral. Que de chemin parcouru depuis l'époque des Jeunes Algériens et même depuis 1936 où, avec ses alliés, il souhaitait encore l'assimilation ! La défaite de la France en 1940, d'une ampleur et d'une soudaineté inattendues qui ont frappé à jamais les Algériens, a il est vrai permis d'envisager une évolution plus franche de la situation. L'empire, pour le moins, a perdu de sa superbe et ne paraît plus invincible. Par ailleurs, on apprend bientôt que Roosevelt a rencontré Mohammed V à Anfa près de Casablanca en janvier 1943 et lui aurait promis l'indépendance du Maroc, ce qui paraît de bon augure. Les autorités françaises, autrement dit le général Giraud et le gouverneur Peyrouton, finissent d'ailleurs par accepter de considérer le « message » des Élus, qui donnera ensuite naissance à une première puis une deuxième version d'un « Manifeste du peuple algérien », comme base de discussion pour envisager les réformes à venir. En fait, Ferhat Abbas, rapidement, a pris langue avec les nationalistes, dont les idées ont commencé à faire leur chemin même chez les « modérés ». L'intitulé complet du titre du Manifeste rédigé par ses soins, où figure la formule « peuple algérien » qui n'était jusque-là guère familière aux Élus, semble bien le prouver. Debaghine, d'ailleurs, aurait pris la plume en sa compagnie et aurait inspiré, avec d'autres dirigeants du PPA, comme Hocine Asselah et Hocine Mokri, le contenu radical des revendications précises finalement présentées en mai 1943 : outre une demande d'autonomie réelle pour l'Algérie, elles évoquent la convocation d'une Assemblée constituante et même, en fin de compte, la formation par étapes d'un véritable État algérien.

Pour montrer leur bonne volonté, les autorités françaises d'Alger ont décidé en mars et avril 1943 de libérer une grande partie des prisonniers politiques, dont Messali, alors détenu au sinistre bagne de Lambèse, près de Batna. Mais il sera bien vite à nouveau privé de sa liberté de mouvement en étant placé en résidence surveillée au sud de Boghari à Chellala. Giraud et Peyrouton, en effet, ont tergiversé jusqu'à l'arrivée au pouvoir des gaullistes et de leur représentant en Algérie, le général Catroux, à l'été 1943. Et la réponse des nouveaux gouvernants aux promoteurs du Manifeste sera très claire. Ferhat Abbas est brièvement arrêté fin septembre et on signifie aux Algériens qu'il n'est plus question de parler de revendications concernant la souveraineté. Le 7 mars 1944, cette intransigeance, dont on mettra du temps dans le camp nationaliste à imaginer l'ampleur, prendra la forme d'une ordonnance apparemment « libérale » du Comité français de libération nationale qui se transformera bientôt en Gouvernement provisoire de la République française. Celle-ci reprend tout simplement, en révisant quelque peu à la hausse le nombre des bénéficiaires de la citoyenneté qui augmente de 20 000 à 65 000 environ, le vieux projet Blum-Viollette. Ce qui aurait séduit des années auparavant les « modérés » passe désormais aux yeux de presque tous parmi eux pour une mesure totalement inadaptée à la situation. Seuls les communistes, dont le parti soutient il est vrai le CFLN, et le docteur Bendjelloul, le plus modéré des « modérés », se disent satisfaits. Ils se sépareront donc durablement, et à l'occasion violemment, de tous les autres acteurs du combat émancipateur.

Ferhat Abbas, bien que déçu, comme il l'écrira, par les nouvelles autorités, autrement dit cette « France issue de la résistance » qu'il imaginait naturellement encline à satisfaire « les aspirations légitimes » des Algériens après son expérience de « la domination hitlérienne », ne renonce pas à se faire le chantre desdites aspirations. Il prend donc l'initiative de créer dès la mi-mars 1944, avec l'appui des Oulémas — dont le leader est désormais Cheikh Bachir al-Ibrahimi — et surtout du PPA, une association légale réunissant les « Amis du manifeste de la liberté » — on dira les AML. Grâce aux militants nationalistes, de loin les plus décidés et les mieux organisés, ce mouvement prend une ampleur étonnante. Un an plus tard, lors du premier congrès des AML, il apparaît qu'environ 150 sections de l'association — certains historiens disent 250 — ont pu être formées et que près de 500 000 Algériens, comme l'assure avec optimisme Ferhat Abbas, y ont adhéré. On a assisté à la naissance du premier vrai mouvement d'opinion de masse de nature politique à avoir une existence publique chez les Algériens. Pour le plus grand profit, en particulier, du PPA, qui, se chargeant de faire diffuser et commenter le Manifeste par tous ses militants, a trouvé une couverture légale pour développer ses activités. Avec succès jusqu'au printemps 1945.

Pendant la guerre, clandestinité aidant, le PPA, malgré l'alliance finale avec Ferhat Abbas, semble s'être à bien des égards encore radicalisé. La tentation de la lutte armée traverse l'esprit de beaucoup. Certains militants de Paris et d'Alger qui ont pris langue avec les Allemands pour obtenir des armes au nom du principe « les ennemis de nos ennemis sont nos amis » ont certes été désavoués très clairement par la direction, à commencer par Messali qui n'entendait pas « troquer un colonialisme pour un autre ». Ils n'ont donc pas pu, heureusement, donner un début d'application à leur projet d'alliance germano-algérien, qui n'a d'ailleurs pas enthousiasmé les nazis. Quant au responsable des Scouts musulmans algériens, qui a pris lui aussi contact directement avec les occupants de la France pour pouvoir offrir aux jeunes une formation à la lutte armée, il sera exécuté une fois son initiative dénoncée aux autorités coloniales. Mais il n'avait reçu, semble-t-il, aucun soutien du parti nationaliste pour son entreprise, qui a impliqué tout au plus quelques militaires algériens. En revanche, à en croire Ahmed Mahsas, divers membres « réguliers » du PPA se sont préparés à l'éventualité d'une insurrection. Dans le quartier de Belcourt à Alger, témoignera-t-il ainsi, où l'organisation « jeunes » du parti regroupe « plus de 600 militants disciplinés et répartis en cellules », on s'entraîne à l'« action directe » et certains, à partir de 1942, « n'hésitent pas à aller chercher des armes légères dans les camps anglo-américains au péril de leur vie ».

Plus significativement, les dirigeants du PPA en liberté envisagent alors sérieusement, assure l'historien Mohammed Harbi, d'« engager le peuple dans le combat final avant la fin de la guerre ». C'est « l'expérience de l'insurrection de 1871 qui leur sert de modèle », car ils considèrent que « si l'issue de cette insurrection a été négative, c'est parce que le soulèvement du *bachagha* Mokrani » était intervenu trop tard, « après la fin de la guerre franco-allemande de 1870 ». Ils pensent donc qu'il faut proclamer l'indépendance et former un gouvernement algérien avant tout armistice entre l'Allemagne et les Alliés. Les désordres qui se produiront à Chelalla en avril 1945, et qui conduiront à la déportation de Messali plus au sud à El Golea, puis, le 21 du même mois, en dehors du pays à Brazzaville, auraient eu pour véritable origine, toujours selon le même auteur, une tentative d'« évasion » du leader nationaliste, déterminé à partir aux environs de Sétif prendre la tête d'un gouvernement provisoire de l'Algérie en vertu de cette stratégie.

Quoi qu'il en soit, l'espoir d'une réelle émancipation sinon de l'indépendance est certainement fort, en particulier dans toutes les villes du pays, au crépuscule de la Seconde Guerre mondiale. Début mars 1945, quand se réunit à Alger pendant trois jours le premier congrès des AML, l'atmosphère est à l'enthousiasme. Tous les participants ont alors l'impression de vivre un « événement prodigieux », selon l'expression d'Aït Ahmed, qui s'est débrouillé alors pour y assister bien qu'il soit encore au lycée tout en étant déjà membre d'une cellule estudiantine du PPA. Les circonstances paraissent, il est vrai, très favorables. On est un an après la conférence de Brazzaville où, a-t-on cru comprendre, à tort comme on l'a vu, la France de De Gaulle, sur la défensive, se disait prête à des concessions progressives s'agissant des colonies, même si elle n'entendait pas presser le mouvement. Nous sommes surtout alors à la veille de la conférence de San Francisco qui va adopter la Charte de l'ONU. Or celle-ci, on le sait déjà au vu des travaux préparatoires, va réaffirmer solennellement « le droit des peuples à disposer d'eux-mêmes » auquel sont particulièrement attachés les grands triomphateurs du conflit, ces Américains qu'on a pu côtoyer en Algérie depuis plus de deux ans et avec lesquels on a parfois sympathisé.

Les partisans du PPA étant majoritaires au sein de l'encadrement des AML, qu'on les accuse d'ailleurs non sans raison de « noyauter », c'est sans surprise qu'on entend le congrès réclamer la reconnaissance de la « nationalité algérienne » et des « couleurs algériennes » — pour ne pas dire trop explicitement le drapeau symbolisant l'indépendance. Puis qu'on réunisse un Parlement élu au suffrage universel et qu'on forme un gouvernement démocratique. On décide aussi au passage, une initiative qui, à coup sûr, n'aurait pas paru pouvoir aller de soi encore quelques années auparavant dans un mouvement dont l'initiateur était un « modéré », que le président d'honneur de la réunion sera Messali Hadj. Ce dernier est même qualifié par les organisateurs, ce qui montre à quel point son prestige est devenu immense, de « leader incontestable du peuple algérien ». Tout le monde comprend bien que l'heure est au combat pour l'indépendance, même si la ligne « officielle » des AML reste plutôt fédéraliste et donc autonomiste.

Dans cette ambiance euphorique, qui gagne par contagion, au-delà du cercle des militants politiques, une grande partie de la population, la direction des AML décide de montrer sa puissance et sa détermination en appelant à manifester dans toute l'Algérie à l'occasion de la fête du travail le 1er mai. Il ne devait s'agir, dans l'esprit des auteurs du Manifeste, que de profiter habilement de cette journée où les travailleurs occupent traditionnellement la rue sous la bannière des syndicats pour organiser de simples défilés pacifiques. Ainsi pourra-t-on impressionner les autorités. Mais, à l'initiative des militants du PPA, les cortèges s'animent et, dans plusieurs villes, regroupent des foules très importantes qui portent des banderoles et scandent à tue-tête des slogans réclamant très directement l'indépendance ou exigeant qu'on libère immédiatement Messali. Le service d'ordre du mouvement nationaliste a lui-même du mal à refréner l'ardeur de ses troupes, très décidées. La police, débordée, n'hésite pas à tirer. On relèvera des morts : quatre à Alger, un à Oran, un à Blida, disent les sources officielles, donc les moins susceptibles d'exagérer le bilan ; nettement plus, soit entre dix et vingt, soutiendront les responsables du PPA. Et il y aura de nombreux blessés.

Les autorités procèdent immédiatement à des arrestations, à commencer par celles de dirigeants de premier plan du parti messaliste comme Mezerna ou Asselah. Ce dernier, blessé par balles, parviendra à s'évader de l'hôpital où on l'a amené avant de prendre le chemin de la clandestinité. D'autres n'auront pas cette chance. Ahmed Ouaguenoun, petit commerçant et vieux militant nationaliste depuis l'époque de l'Étoile nord-africaine, qui a joué un rôle d'organisateur d'une des deux manifestations qui se sont déroulées à Alger, sera torturé par la police avant d'être rendu trois semaines plus tard, mourant, à sa femme.

Le prestige du PPA, parti toujours interdit mais de plus en plus populaire, est ressorti considérablement renforcé de la journée d'action du 1er mai. Ses mots d'ordre ont été repris par tous les manifestants. Dans le Constantinois, à Oran, en Kabylie, les responsables constatent que les recrues affluent, au point parfois de faire doubler ou quadrupler en très peu de temps les effectifs des « sections » du parti clandestin. L'optimisme règne chez les militants, qui ont vu leur « cause » provoquer la naissance d'un véritable phénomène de masse. Et la population d'origine européenne commence à sérieusement s'inquiéter. Au point que l'on voit s'organiser des milices armées ici ou là, et en particulier dans une partie de la région sensible du Constantinois où cette population est moins nombreuse qu'ailleurs et les nationalistes très actifs. L'engrenage qui va mener à la tragédie de Sétif est par là même en mouvement.

SÉTIF, MAI 1945 : « LA POLICE A TIRÉ ! »

Grisés par l'importance des cortèges réunis le jour de la fête du travail, les dirigeants nationalistes songent rapidement à rééditer de tels rassemblements pour maintenir la mobilisation d'une population qui a démontré à quel point elle adhérait aux mots d'ordre indépendantistes. Le 8 mai, apparaît-il, on va fêter la victoire finale des Alliés, qu'on sait imminente depuis déjà plusieurs jours. Une bonne occasion de manifester à nouveau, d'autant que les sacrifices des très nombreux Algériens qui ont participé aux combats sur tous les champs de bataille, jusqu'en Italie et en Allemagne, justifieront on ne peut mieux, si nécessaire, une participation à l'événement. Tout comme le 1er mai déjà, les autorités font savoir que les manifestations intempestives, c'est-à-dire autres que celles officiellement organisées par les Européens, sont *a priori* interdites. Mais on suppose que, tout comme la semaine précédente, les défilés seront finalement autorisés ou au moins tolérés presque partout.

À Sétif, au sud-ouest de Constantine et aux confins de la Petite Kabylie, où plusieurs milliers d'Algériens sont descendus dans la rue huit jours auparavant sans incident vraiment sérieux, on s'est donné rendez-vous près de la gare, aux abords de la nouvelle mosquée. À 8 h 30 du matin ce 8 mai, un mardi, donc jour de marché, répondant à un mot d'ordre des AML relayé essentiellement par le PPA, dont l'extraordinaire succès surprendra beaucoup de monde, se rassemble une énorme foule — 8 000 hommes, femmes et enfants, diront les autorités françaises qui ne sont pas enclines à surestimer la capacité de mobilisation des nationalistes. Signe du succès grandissant de ces derniers, on repère dans le cortège qui se dirige vers le centre non seulement des citadins mais aussi beaucoup de fellahs et autres campagnards, alors même qu'on disait encore peu de temps auparavant le PPA très mal implanté et sans grande influence hors des villes.

Une fois de plus, des banderoles, souvent portées par les scouts musulmans dont les « troupes » sont devenues un véritable vivier et un lieu de formation pour les nationalistes, proclament « Libérez Messali ! » ou reprennent divers slogans indépendantistes. On chante à tue-tête l'hymne du parti qui dit que, « pour racheter l'Algérie captive, je donnerais vie et fortune » ou *Min djibelina*, l'air qu'on apprécie alors dans les milieux nationalistes radicaux : « Du fond de nos montagnes s'élève la voix des hommes libres nous appelant à l'indépendance. » Les organisateurs ont fait savoir très clairement qu'il était hors de question de venir armé pour éviter que de probables provocations ne servent de prétexte à une répression. Mais, et c'est nouveau dans la rue, répondant à une consigne du parti clandestin désavouant une directive des AML, on arbore, largement déployé, le drapeau algérien vert et blanc avec l'étoile et le croissant.

Alors qu'on arrive au cœur de Sétif, à la hauteur du Grand Café de France, un commissaire de police, Lucien Olivier, conformément à un accord officieux autorisant le défilé à condition de proscrire les pancartes, exige que les manifestants renoncent à brandir — là les versions diffèrent —, soit toutes les inscriptions « séditieuses », soit le seul drapeau algérien. Devant le refus qui lui est opposé, il s'énerve, une bagarre éclate. Les policiers venus avec le commissaire tirent. En visant les manifestants. Le scout porteur de l'emblème nationaliste Salah Bouzid, un jeune homme de vingt ans, est tué ; plusieurs de ses camarades sont blessés. C'est la débandade. Et la situation, immédiatement, dégénère. D'autant que, diront plusieurs témoins directs, des civils européens placés sur des balcons ont fait feu après les policiers — ce qui accréditera pour certains la thèse d'un complot prémédité des colons.

À Alger, la semaine précédente, le service d'ordre du PPA avait réussi, non sans mal, à contenir la foule après la fusillade meurtrière. Cette fois, à Sétif, il s'avère impossible, et sans doute inimaginable, d'empêcher la colère de s'exprimer. De nombreux manifestants, en particulier ces « plébéiens » que mobilise de plus en plus ce parti des déshérités qu'est le PPA par opposition à ses alliés plus « bourgeois », se répandent dans la ville, où se presse déjà une foule de paysans et de commerçants, présents comme il se doit en ce jour de marché. Munis de bâtons et de couteaux, souvent renforcés par les passants qui entendent dire que « la police a tiré », ils partent à l'assaut des « forces de l'ordre ». Mais aussi de tous les Européens, « assimilés au colonialisme et considérés comme responsables de la répression de la manifestation », comme l'écrira Ahmed Mahsas, qui ont le malheur d'être restés dans la rue. Le maire de Sétif, le socialiste libéral Deluca, est tué par les émeutiers. Le président de la section locale du Parti communiste, le contrôleur des PTT Albert Denier, a les poignets sectionnés. Vers onze heures, d'après des sources militaires françaises, quand la situation semble se calmer, on relève dans la ville vingt et un morts chez les Européens — y compris des femmes et des enfants, certains atrocement mutilés —, le double chez les musulmans.

Dans d'autres villes, il y a eu également de graves incidents, comme à Blida, au sud d'Alger, où on a relevé neuf blessés à la fin du défilé. Mais c'est dans le Constantinois que le pire s'est produit. Le même 8 mai au matin, à Bône, la future Annaba, et surtout à Guelma, les manifestations ont aussi tourné à l'émeute. Dans cette dernière cité, petite sous-préfecture à l'est de Constantine, et comme à Sétif, les musulmans de la périphérie ont accouru en grand nombre pour manifester. Là aussi, devant le même refus des porteurs de banderoles ou de drapeaux de ranger leurs emblèmes « sacrilèges », une fusillade a éclaté. Les forces de l'ordre ont tiré. En l'air une première fois, puis sur la foule. Le sous-préfet, André Achiary, déjà connu comme un extrémiste et qui se distinguera beaucoup plus tard dans les rangs de l'OAS, a lui-même été parmi les premiers à utiliser son arme, assurent des militants du PPA. La suite sera là encore sanglante pendant plusieurs heures. Pour les Européens et, une nouvelle fois, beaucoup plus encore pour les musulmans.

Mais, en cette matinée du 8 mai, dans la région de Sétif comme dans celle de Guelma, la tragédie ne fait que commencer. La nouvelle des « événements » s'est vite répandue chez les Algériens à travers les deux villes et dans tous les environs. Dès l'après-midi et la nuit suivante, c'est à une véritable insurrection qu'on assiste. Il faut venger les *chahids*, les martyrs. L'appel au *djihad* s'étend des Babors, dans la Petite Kabylie, jusqu'à la frontière tunisienne. À El Ouricia, à 12 kilomètres de Sétif, un aumônier militaire est tué. Au village des Amouchas, plus au nord, des maisons sont pillées et la population européenne doit être évacuée. À Périgotville, future Aïn El Kebira, les insurgés réussissent à gagner l'intérieur du Bordj et à s'emparer de 45 fusils Lebel et de 10 000 cartouches, avec lesquels ils attaquent les Européens et pillent leurs demeures, tuant deux soldats et une douzaine de civils. À Aïn Abessa, la caserne des gendarmes est assiégée pendant l'essentiel de la nuit. À Sillègue, trois Européens sont tués et des maisons sont incendiées cependant que le village est mis à sac. À Kerrata, huit Européens dont un juge et sa femme sont tués et on incendie les symboles de la présence coloniale, à commencer par les bâtiments de la poste et des impôts et le tribunal. La liste n'est pas exhaustive. Les attaques, le mot est faible, se poursuivent jusqu'au 13 mai. La plus spectaculaire peut-être verra le 9 mai deux groupes d'une centaine de cavaliers venus de la ville de Sedrata, au sud, et bientôt renforcés par 2 000 manifestants, tenter de prendre le contrôle de Guelma.

Ces actions des insurgés, si violentes soient-elles, provoquent surtout une répression qui n'est pas à la hauteur des événements mais totalement disproportionnée. Face aux émeutiers dotés au mieux d'armes légères, face aussi aux musulmans les plus pacifiques, les « forces de l'ordre » ne seront pas seulement impitoyables. Tenant la dragée haute aux révoltés en matière de vengeance expéditive, et avec d'autres moyens, elles se livreront à des actions de représailles dont la férocité, pour ne pas dire la sauvagerie, dépassera l'imagination. Viols, exécutions sommaires, punitions collectives, tortures, pillages seront monnaie courante, comme des témoignages innombrables et la découverte d'un grand nombre de charniers pleins à ras bord le prouveront par la suite. À Heliopolis, à la périphérie de Guelma, ce qui incitera beaucoup plus tard des dirigeants algériens, dont le président Bouteflika, à dénoncer des pratiques dignes de celles des nazis avec leurs fours crématoires, on aurait précipité, d'après au moins un témoignage précis, des centaines de cadavres d'Algériens qui venaient d'être victimes de tueries dans des fours à chaux. Dans des villages proches, à Kef-El-Boumba et El Matamer, des témoins parleront même de nombreuses personnes brûlées vives.

Mais on utilisera aussi des moyens dignes d'une véritable guerre entre deux armées modernes. Qu'on fauche à la mitrailleuse sans faire de détail les populations de *douars* ou de villages supposés acquis aux nationalistes aurait déjà pu paraître pour le moins excessif. Question massacres à l'aveugle, on ira cependant beaucoup plus loin, en employant l'équivalent pour l'époque des armes de destruction massive. La marine, qui ne se contente pas de dépêcher des renforts, est engagée : le croiseur *Duguay-Trouin*, selon plusieurs sources, aurait même bombardé depuis le large de Bougie, l'actuelle Bejaïa, les villages du bord de mer et des environs de Kerrata avec des canons de 155. Beaucoup plus meurtrière, l'aviation — là c'est certain — intervient avec vingt-huit appareils pendant plusieurs jours et fait des ravages dans la région de Guelma.

Au sol, les gendarmes et les policiers ont été renforcés par des légionnaires, des tirailleurs sénégalais et des goumiers marocains — 10 000 hommes disposant d'armement lourd, de half-tracks, de grenades offensives. Ils n'ont pourtant pas été les seuls à écraser l'insurrection sans craindre les atrocités. Ils ont été aidés par des auxiliaires encore plus radicaux, ces nombreux membres des milices d'Européens que les nationalistes accuseront non sans arguments convaincants d'avoir joué, dès avant le 8 mai et encore plus après, le rôle de provocateurs désireux d'en découdre pour pouvoir réduire à néant le mouvement indépendantiste qui tendait à devenir menaçant pour leurs intérêts. On peut noter ainsi que le sous-préfet Achiary, fortement suspecté comme on l'a vu d'avoir été de ceux qui ont mis le feu aux poudres à Guelma, et qui avait une conception aussi curieuse que dangereuse de ses fonctions, avait déjà organisé avec l'accord des autorités militaires un groupe de civils comprenant plus de 250 hommes armés avant le 8 mai. On imagine, dans l'atmosphère qui règne après cette date, de quoi ont pu être capables ces miliciens incontrôlés et bien armés, à la fois paniqués par la gravité imprévue de la situation et assoiffés de vengeance face à ces « bicots » qui se permettaient de relever la tête. À tel point qu'on évoquera encore des exécutions sommaires d'Algériens par des civils européens jusqu'à la fin de juin 1945.

Le bilan des victimes des massacres est encore contesté aujourd'hui. Mais il est éloquent de toute façon pour faire apparaître à quel point la répression fut aveugle et injustifiable par les seules nécessités d'un rétablissement de l'ordre colonial. Côté européen, où l'on peut être certain que pas une victime, même légère, n'a échappé au décompte, il y a, pendant l'insurrection, 102 tués, soit 86 civils et

16 militaires, 110 blessés et 10 cas de viols signalés. Côté musulman, le PPA avancera rapidement le chiffre qui deviendra de plus en plus « officiel » au fil du temps chez les Algériens de 45 000 morts au total. Ferhat Abbas, en mai 1946 à Saïda, se contentera, si l'on peut dire, de « s'incliner devant les 20 000 morts du Constantinois ». Le quotidien du FLN *El Moudjahid* parlera en revanche carrément de 80 000 morts en n'hésitant pas à réécrire l'histoire au doigt mouillé beaucoup plus tard, au milieu des années 1980, reprenant apparemment sans examen critique les affirmations d'un journal contrôlé par les oulémas. Le travail de collecte de témoignages oraux mené entre 1975 et 1985 à la demande du FLN sur les « événements », s'il a permis alors de préciser souvent les circonstances des massacres, n'a pas conduit à connaître leur bilan avec plus de certitude qu'auparavant.

Les Français, et c'est évidemment révélateur de la façon dont ils considéraient alors ces non-citoyens qu'étaient pour eux la quasi-totalité des « indigènes », n'établiront jamais un chiffre vraiment officiel ou simplement crédible des victimes algériennes. L'administration et le ministère de l'Intérieur parlèrent d'abord de 1 000 à 1 500 morts, chiffre hélas jugé fantaisiste partout en raison de sa faiblesse. Puis ils se mirent à réévaluer à la hausse progressivement, mais modestement, un décompte qui ne sera cependant jamais pris au sérieux par les historiens. Après la fin de la guerre de 1954-1962, l'armée française finira ainsi par considérer comme probable une estimation d'environ 3 000 victimes. Le colonel Schœn, directeur des Services des liaisons nord-africaines et homme on ne peut mieux renseigné comme il le démontrera souvent par la suite pendant la guerre, a pourtant parlé pour sa part assez vite de 5 000 à 6 000 tués, tout comme le journal socialiste de l'époque, *Le Populaire*, reprenant des sources militaires. Juste après les événements, le général Paul Tubert, qui a dirigé une commission d'enquête envoyée sur place à la demande des autorités françaises, lesquelles craignaient non sans raison qu'on n'y ait été « un peu fort » pour réduire « les rebelles », aurait évoqué en personne comme hypothèse raisonnable le chiffre de 15 000 morts. Le rapport de cette commission, plutôt honnête sur bien des points malgré ses sources presque exclusivement européennes, donc très gênant pour le gouverneur Chataigneau comme pour Paris à cause de tout ce qu'il révèle du climat psychologique totalement anti-français chez les Algériens et des bavures pendant les « événements », sera vite enterré par ses commanditaires. Mais cela n'invalide pas le travail, les analyses et les évaluations de ses auteurs, bien au contraire. Il ne donne cependant pas finalement de bilan précis. Cinquante ans après, un historien, Jean-Louis Planche, croit pouvoir affirmer pour sa part que l'examen et le recoupement de tous les documents et les témoignages disponibles, et en particulier ceux d'observateurs étrangers alors présents dans la région (consuls, etc.), permettent d'écrire qu'« entre le 8 mai et le 26 juin 1945, en huit semaines, 15 000 à 20 000 Algériens ont été tués dans le département alors français de Constantine, peut-être 35 000 ».

Seule certitude : si l'on élimine les chiffres les plus extrêmes non crédibles, et tout en gardant à l'esprit que les auteurs des estimations étaient presque tous juge et partie, on peut observer que le rapport entre le nombre des victimes musulmanes et celui des victimes européennes se situe quelque part entre 30 fois plus et 450 fois plus. Ce qui, quel que soit le bilan réel des morts, donne quelques arguments à ceux qui parleront de Saint-Barthélemy ou, comme Ferhat Abbas, d'événements « qui nous ont ramenés aux Croisades ». Ce qui peut surtout permettre de se passer de longs commentaires quant à la férocité inouïe de la répression. Et conforter la position des Algériens qui soutiennent aujourd'hui qu'il ne s'agissait pas alors de « simples » crimes de guerre — d'autant que de guerre, il n'y avait pas encore ! — mais de véritables « crimes contre l'humanité ».

Le PPA, malgré l'ampleur des massacres, met du temps à évaluer la situation « objective » dans le Constantinois en ce mois de mai 1945 et donc à décider, ce qui serait sage, un repli en bon ordre pour sauver ce qui peut encore l'être. Constatant la popularité du mouvement indépendantiste et de ses mots d'ordre, ainsi que l'évidente combativité de la population, il ne semble pas prendre, dans les jours qui suivent le 13 mai où l'ordre colonial a été rétabli, la mesure de l'efficacité de la répression et de la réalité du rapport de forces. Peut-être parce qu'un tel examen du rapport de forces aurait pu remettre en question les certitudes d'une prochaine « victoire » que l'enthousiasme des derniers mois a forgées, le comité directeur du PPA, qui siège en permanence à Alger depuis le début des événements, décide même totalement à contretemps, à la mi-mai, d'appeler ses militants à l'insurrection générale pour le 23 du même mois dans les trois départements de la colonie. Officiellement afin de soulager les insurgés du Constantinois qui avaient pourtant déjà dû cesser de se battre à ce moment-là. En fait aussi, pour certains, parce qu'ils pensent vraiment que le temps de la lutte armée pour conquérir l'indépendance est enfin venu.

Sur le terrain, plusieurs responsables en témoigneront, on est évidemment beaucoup moins optimiste quant à la possibilité de mener de véritables opérations pour prendre le contrôle des villes et des campagnes. À Oran, la « direction fédérale » hésite pendant trois jours à transmettre la directive à la base, a raconté un témoin direct à Mohammed Harbi. En Kabylie, Aït Ahmed, qui, après avoir à peine hésité, vient de prendre le maquis avec quelques autres jeunes nationalistes à la demande de son chef de cellule à un mois de l'examen du baccalauréat auquel il devait se présenter, se dit « ébahi » quand il apprend la nouvelle de l'ordre d'insurrection. Lui-même et ses camarades sont certes très motivés et prêts à tout, à tel point qu'ils n'hésitent pas à préparer en quelques jours une improbable prise de contrôle, avec le concours de scouts musulmans et de villageois, de la ville-citadelle de Fort National, la Larbaâ Nath Irathen d'aujourd'hui. Ils sont pourtant on ne peut plus sceptiques, vu la faiblesse des moyens à la disposition des militants, quant au réalisme de la décision prise à Alger.

Tous les sceptiques ont tellement raison que certains membres de la direction du parti, à commencer par le médecin Chawki Mostefaï, ne pourront que finir par se rendre compte de leur erreur et des dangers mortels pour le mouvement qu'elle comporte à un tel moment. On lance donc, peut-être — mais c'est peu probable vu son éloignement — après avoir consulté Messali lui-même, qui est depuis longtemps un vrai « politique » et qui a donc en général le sens des réalités, un contrordre. L'offensive du 23 mai est reportée subitement le 22 mai à des jours meilleurs. Toutes les opérations prévues doivent donc être annulées. C'est un peu tard. Car si ce contrordre permet aux militants de Kabylie partis à l'assaut de Fort National, prévenus *in extremis*, de tout arrêter à quelques heures de l'entrée en action des assaillants qu'on a réunis, il n'a même pas pu être transmis aux responsables de certains territoires. Comme en Oranie à Saïda ou à l'ouest d'Alger à Cherchell, où quelques sabotages (coupure des communications, incendie de la mairie, etc.) ont lieu et provoqueront vite des arrestations.

« CE JOUR-LÀ, LE MONDE A BASCULÉ »

Les conséquences de ce qu'on appellera désormais « les massacres de Sétif » seront majeures. À bien des points de vue. D'abord, et très directement, parce que cette semaine noire laissera des traces indélébiles dans l'esprit de tous les Algériens et, plus particulièrement, de tous les nationalistes convaincus. Au point de susciter beaucoup de vocations de combattants pour l'indépendance. L'adolescent Mohamed Boukharouba, le futur Houari Boumediene, qui va désormais sur ses treize ou quatorze ans — sa date de naissance réelle, dans un village à 2 kilomètres au nord de Guelma, est incertaine, comme alors celles de la plupart de ses compatriotes —, dira, à propos du 8 mai, que, « ce jour-là, le monde a basculé » et « j'ai vieilli prématurément ». Et que les enfants eux-mêmes ont alors « compris qu'il faudrait se battre les armes à la main pour devenir des hommes libres ». Aït Ahmed, on l'a vu, est tout simplement entré, dès après les événements tragiques, dans une clandestinité dont il ne ressortira que quelques jours... pour passer de façon acrobatique mais avec succès la première partie du baccalauréat avant de sacrifier définitivement ses études pour se consacrer à la cause de l'indépendance. Et toutes les familles du Constantinois et de Kabylie — les deux régions qui seront les plus actives lors de la guerre de libération — ont été, à un titre ou un autre, touchées, pleurant à cette occasion bien souvent leurs premiers martyrs, morts ou disparus, comme ces deux membres de la famille kabyle de Mohammed Harbi dont on a perdu la trace pour toujours après leur enlèvement par les milices d'Achiary. Quant à l'écrivain Kateb Yacine, arrêté en mai 1945 en compagnie de très nombreux raflés, il dira qu'il est sorti de sa captivité « transformé, déterminé à consacrer le reste de sa vie à aider ces hommes », autrement dit le peuple algérien qu'il venait de « découvrir en prison ».

De leur côté, à l'instar du gouvernement français, beaucoup d'Européens, et ce sera peut-être une des principales raisons de leur aveuglement par la suite devant la préparation de la guerre en 1954, croient alors que le problème des revendications indépendantistes est réglé pour des années sinon pour toujours. L'administration, celle qui est en dernier ressort sous les ordres d'un de Gaulle qui — on le sait — n'a rien cédé d'essentiel depuis son arrivée au pouvoir malgré les espoirs suscités par la conférence de Brazzaville, a rétabli son autorité en faisant une démonstration de force. Elle pense par là même avoir acheté un long temps de tranquillité — le général Duval affirme alors précisément avec une certaine prescience que la France n'a plus de raison de s'inquiéter avant dix ans — pour une Algérie plus française que jamais malgré une minorité d'agitateurs qu'on a matés. Certes, se dit-on à Paris, il faudra sans doute aller plus loin que les mesures du 7 mars 1945, qui ont pourtant déjà mécontenté les colons, si l'on veut retrouver la faveur des musulmans « modérés ». Mais c'est désormais possible sans risque d'escalade et, estime-t-on, rien de plus n'est nécessaire pour l'instant. Le calme qui règne à nouveau sur tout le territoire après la période où les AML tenaient le haut du pavé semble le confirmer. Et cette habitude qu'on cultive au Gouvernement général à Alger et qui consiste à mettre sous le boisseau tout ce qui pourrait aller contre la vérité officielle y pousse. Ainsi oublie-t-on les éléments un tant soit peu gênants du rapport Tubert. Comme celui qui disait sans détour que « le fossé se creuse de plus en plus entre les communautés ». Ou celui qui rapportait l'exemple — très parlant — d'un instituteur des environs de Bougie qui, lorsqu'il demandait aux enfants « indigènes » de recopier la formule « Je suis français et la France est ma patrie », retrouvait inévitablement sur les cahiers des écoliers, disait-il, la phrase « Je suis algérien et l'Algérie est ma patrie ».

Il est vrai que le parti indépendantiste est durement frappé. Il y a des morts et des blessés, il y a surtout eu de très nombreuses arrestations dans ses rangs. On parle, en comptant à la fois les militants et les sympathisants, de milliers d'hommes en prison ou dans des « camps de concentration » — c'est Ahmed Mahsas qui emploie cette dernière expression, excessive peut-être mais très évocatrice évidemment pour décrire les lieux où l'on enferme les nationalistes au moment même où on libère les derniers prisonniers survivants des camps nazis. Quant à ceux qui sont encore en liberté, surtout les cadres, ils doivent se cacher et ne sont plus guère opérationnels pour le moment. Seules quelques actions individuelles — comme l'exécution par Lounes Khettab, futur membre du commando de la poste d'Oran, en Kabylie fin 1945 d'un *caïd* honni par la population — montrent encore que le parti reste imprégné par l'idéologie de la lutte armée.

La direction, surtout, a perdu de son aura auprès de ses propres troupes : « L'ordre du soulèvement avait surpris et effrayé les militants, le contrordre les a ébranlés aussi violemment », témoigne Aït Ahmed. Et elle n'a plus de stratégie à mettre en œuvre, puisque les AML, désormais officiellement interdits, reposaient sur une alliance que la tentative d'insurrection que désapprouvaient les Élus comme les Oulémas a fait voler en éclats. Le temps de l'union nationale autour d'un espoir d'émancipation réelle des Algériens n'aura duré que deux ans. Dès que Ferhat Abbas, arrêté lui aussi — et même condamné à mort ! — par les Français qui n'ont pas fait de distinction entre les formations qui se disaient solidaires au sein des AML, sera libéré en mars 1946, il fondera d'ailleurs un nouveau parti, l'Union démocratique du manifeste algérien (UDMA). Il en assurera seul le contrôle et il se contentera désormais de réclamer, en revenant à sa ligne « autonomiste », « une République algérienne membre de l'Union française au titre d'État associé » qui ne serait souveraine que pour les « questions d'ordre intérieur ».

1947 : RAZ-DE-MARÉE ÉLECTORAL POUR LE PPA

Les indépendantistes du PPA, qui ont récupéré au bout d'un an l'essentiel de leurs troupes après l'amnistie votée par la première Assemblée constituante française pour tous les prisonniers « politiques » à l'exception du trop populaire Messali, ne réussiront donc pas à dissuader Ferhat Abbas de présenter des candidats pour défendre son programme lors des élections pour la deuxième Assemblée constituante française de juin 1946. Lors du scrutin pour la première Constituante, en octobre 1945, on était trop proche des massacres de Sétif pour que tous les participants aux AML ne se retrouvent pas autour d'une consigne de boycott, que le PPA avait également fait observer pour les élections cantonales qui le précédaient de peu. L'année d'après, il est tentant pour l'UDMA de tester sa popularité dans les urnes alors que le système électoral a été quelque peu modifié : une ordonnance d'août 1945 a accordé à la majorité musulmane (près de 8 millions d'individus) le même nombre de sièges qu'à la minorité européenne (nettement moins d'un million d'individus), mais dans deux « collèges », séparés bien entendu, et en imposant une majorité des deux tiers pour toutes les décisions importantes. Une réforme qui accordait à peu près aux Algériens... ce que réclamait l'émir Khaled en 1920.

En l'absence du PPA, l'UDMA réussit à s'octroyer la majorité des sièges — quinze sur dix-huit — dans le « deuxième collège », avec 71 % des voix exprimées. Un triomphe qui confirme, alors même que les sympathisants des indépendantistes ont pourtant été priés de ne pas voter par leurs dirigeants, la déroute définitive chez les musulmans des « béni-oui-oui » du parti de l'administration et surtout des assimilationnistes qui suivent encore Bendjelloul. Mais l'UDMA, bien que se présentant auprès des Français comme « le dernier barrage » (sous-entendu : pour éviter l'indépendance), ne réussira pas à faire entendre sa voix et ses idées au Parlement à Paris.

Tout en ayant repris son combat clandestin pour recruter des militants et « travailler » l'opinion, le PPA reste cependant, on l'a dit, en panne de stratégie après le choc de Sétif. Le débat fait rage en son sein entre les partisans de la seule lutte armée à laquelle il faut songer pour le jour prochain où elle sera redevenue possible, qui sont majoritaires, et les tenants d'une ligne moins radicale que ne rebute pas la fréquentation de l'arène électorale. La libération de Messali, enfin autorisé à revenir en Algérie en octobre 1946 tout en restant interdit de séjour dans les grandes villes, va permettre de trancher — ou plutôt de ne pas trancher — d'une façon qui en surprendra beaucoup. Revenu « aux affaires » parmi les siens — il est assigné à résidence à Bouzareah au-dessus d'Alger —, il décide en effet que le PPA jouera désormais sur tous les tableaux, aussi bien dans la clandestinité, en poursuivant son travail de mobilisation de la population autour du mot d'ordre de l'indépendance, que sur le terrain de la légalité, en participant aux élections à ciel ouvert afin de profiter de cette « couverture ». Ainsi, répond-il à Aït Ahmed venu le trouver pour lui dire la stupéfaction des militants de Kabylie devant cette nouvelle volte-face « électoraliste » du parti, pourra-t-on développer des actions de propagande très utiles, notamment vis-à-vis de l'opinion internationale, comme le lui aurait d'ailleurs recommandé lors d'une entrevue le secrétaire général de la Ligue arabe. De toute façon, un choix du *Zaïm*, alors, ne se discute guère. Le Comité central du parti, après une longue discussion animée qui s'étend sur deux jours, avalise donc la nouvelle ligne. À l'unanimité moins une voix, celle de Lahouel qui continue à pencher plutôt pour l'abstention face aux urnes. Va donc pour les élections.

Le ministère de l'Intérieur et le Gouvernement général de l'Algérie ont-ils, comme l'écrira Ferhat Abbas, vu d'un bon œil cet apparent retour à la légalité du leader nationaliste et de son mouvement si peu commodes ? Messali a-t-il même effectivement demandé au président de l'UDMA, comme le dira ce dernier, de le laisser seul en piste aux élections législatives de novembre 1946, l'assurant qu'il se faisait fort d'obtenir, lui seul avec ses députés, une avancée majeure de la cause de l'émancipation de l'Algérie ? Toujours est-il que les nationalistes radicaux peuvent faire agréer par les autorités une structure légale, le Mouvement pour le triomphe des libertés démocratiques (MTLD). Et qu'ils se présentent aux législatives où, malgré d'évidentes irrégularités (listes invalidées, pressions sur les électeurs, arrestations opportunes, etc.) qui permettent à huit candidats de « l'administration » de passer, ils obtiendront cinq sièges de député. Ces parlementaires MTLD, parmi lesquels Lamine Debaghine, vainqueur à Constantine, ainsi qu'Ahmed Mezerna et Mohammed Khider, élus à Alger, appliqueront strictement les consignes du parti : ils n'interviendront dans les débats au palais Bourbon que pour stigmatiser la politique colonialiste et réclamer la « libération » de l'Algérie. Traités de « séparatistes », à juste titre d'ailleurs, ils refusent de participer aux votes des lois concernant les trois départements algériens puisque la domination française, disent-ils, n'est pas légitime.

Quand arrive l'année 1947, on sent qu'à nouveau la popularité du PPA est au plus haut. Les meetings de Messali Hadj, qui ne sont pas toujours interdits, attirent des foules énormes et ferventes, subjuguées par le verbe du héros de la lutte pour l'indépendance dont le prestige a encore été accru par les longues années d'emprisonnement et d'exil. Faut-il que les Français craignent ce leader aux allures de patriarche pour l'avoir traité ainsi ! Hommes, femmes et enfants mêlés, on vient à pied de 10 kilomètres à la ronde pour entendre ou même simplement voir ce leader que beaucoup ne sont certainement pas loin d'identifier au *mahdi* tant attendu. Le PPA-MTLD, incontestablement, a réussi à retrouver partout le contact avec la population. 1945, en fin de compte, n'a pas nui à son implantation et n'a pas détruit le capital politique accumulé les années précédentes. L'horreur de la répression a fait passer au second plan les erreurs tactiques de la période. On peut alors évaluer à 10 000 environ — Aït Ahmed évoque avec assurance le chiffre de 14 000 — le nombre d'adhérents du mouvement actifs en Algérie, et probablement à autant celui des militants en France. Un chiffre pas du tout négligeable pour un parti toujours clandestin pour l'essentiel, implanté dans une société majoritairement paysanne et au sein duquel on n'était admis, par cooptation, qu'après tout un parcours quasi initiatique : il fallait faire ses preuves de diverses manières, en montrant son courage et son dévouement à la cause nationaliste, puis, finalement, jurer fidélité au mouvement sur le Coran, autrement dit promettre un engagement quasi irréversible. Quant au soutien des sympathisants, les élections municipales d'octobre 1947 vont se charger d'en situer le véritable niveau.

Lors de ce scrutin, tous les partis et toutes les sensibilités sont représentés. Et surtout, pour la première et la dernière fois en Algérie jusqu'à l'époque contemporaine — à l'exception sans doute des législlatives de 1991… trente ans après l'indépendance ! —, des élections couvrant tout le territoire sont, pour l'essentiel, tous les historiens l'assurent, véritablement libres et démocratiques. Les Européens ne se priveront pas de le reprocher au gouverneur « libéral » Yves Chataigneau, qui aura droit bientôt à une « lettre ouverte » de *L'Écho d'Alger* titrée de façon éloquente « Allez-vous-en ! ». S'il y a le moindre doute sur la représentativité des indépendantistes, en effet, il a alors été levé par les urnes, et de quelle manière ! Sans même parler des « béni-oui-oui », les candidats de l'UDMA et des Oulémas ainsi que ceux du PCA sont balayés quasiment partout. Alger, Oran, Constantine, Bône, Blida, Biskra, Tlemcen… toutes les villes d'une certaine importance, ou presque, donnent la majorité absolue au second collège aux listes du MTLD, souvent avec les quatre cinquièmes des voix. Les résultats sont également surprenants — pour les adversaires des nationalistes radicaux, s'entend — dans les villages, même si la tradition du trucage a eu bien sûr plus de mal à disparaître dans les campagnes. Au total, un résultat qui démontrait que le PPA-MTLD avait désormais une position quasi hégémonique dans le paysage politique « indigène ». L'administration ne s'y trompera pas puisqu'on se gardera bien de rééditer cette tentative de transparence électorale : dès 1948, la tradition du tripatouillage électoral est remise à l'honneur à grande échelle, grâce à un nouveau gouverneur général qui sait entendre les récriminations des colons, le dirigeant SFIO Edmond Naegelen, et il en sera désormais toujours ainsi.

LES URNES OU LES ARMES ?

La ligne « électoraliste » a eu après 1945, on l'a dit, un certain mal à s'imposer chez les nationalistes radicaux. Il a fallu que Messali jette tout son poids dans la balance pour la faire accepter par les militants, des hommes résolus qui ne pensent certes pas pour la plupart que le salut du pays sortira des urnes. D'autant que la génération de ceux qui ont rejoint le parti au cours des années récentes, ceux qui n'ont donc pas connu l'époque héroïque de l'Étoile nord-africaine, c'est celle des hommes qui resteront à jamais marqués par le sort tragique d'une population désarmée lors des événements de Sétif. C'est aussi celle de tous les anciens combattants de la Seconde Guerre mondiale. À l'instar de l'ex-adjudant Ben Bella, plusieurs fois décoré avant son retour au pays, dont une fois — il le rappelle volontiers encore aujourd'hui — par le général de Gaulle lui-même, pour son courage au combat dans les campagnes de France et d'Italie. Ou de l'ex-sergent Amar Ouamrane, qui est pour sa part en 1946 sur le point de prendre le maquis en Kabylie aux côtés d'un militant du parti turbulent et déjà prestigieux dans sa région, Belkacem Krim. Or ces hommes sont déjà habitués au maniement des armes — ces armes qui ont une telle importance symbolique dans la société algérienne où elles passent toujours pour des signes de virilité et permettent l'affirmation de soi, ces armes qui permettent aussi aux « bandits d'honneur », souvent prestigieux, de défier toutes les autorités dans les campagnes des Aurès ou de la Kabylie depuis des temps immémoriaux. Les nouveaux adhérents contribueront donc grandement à entretenir l'impatience de tous les jeunes qui se demandent quand on repassera enfin à l'action et réclament qu'on redonne à la perspective de la lutte armée une place centrale.

Messali, qui, bien que très radical, est surtout rompu depuis un quart de siècle au combat politique traditionnel — manifestations, organisation du parti, etc. —, sait tout cela au moment où il opte fin 1946 pour la participation aux élections. Il lui faut donc donner des compensations aux activistes, qu'il n'entend d'ailleurs pas désavouer, tout en les jugeant trop pressés, puisqu'il préconise de combiner actions légales et illégales. C'est pourquoi il accepte alors, fortement stimulé, il est vrai, par l'insistance de nombreux militants, qu'on s'interroge sur la stratégie du parti. Une première réunion, une « Conférence des cadres », se tient discrètement fin décembre 1946 dans une maison de la forêt de Baïnem tout près d'Alger. Elle conduit surtout les partisans des deux lignes qui forment déjà deux véritables clans, le « groupe d'Alger » avec pour chef de file Hocine Asselah et le groupe réputé plus radical et activiste de Lamine Debaghine, à constater leurs divergences, largement autant personnelles que politiques d'ailleurs, que la position « médiane » de Messali et de quelques autres dirigeants comme Lahouel ne suffira pas à aplanir. On va alors convoquer en février 1947, après les législatives mais avant les municipales, un congrès, le premier à vrai dire du PPA en Algérie, pour tenter de ressouder le mouvement.

Il faut évidemment qu'un tel rassemblement de tous les cadres importants du mouvement, prévu pour durer deux jours, se tienne dans le plus grand secret. On choisit donc une usine de limonade du quartier de Belcourt à Alger, qui a le mérite de disposer de plusieurs entrées. Messali, pour s'y rendre, changera plusieurs fois de voiture sur le trajet depuis sa résidence pour éviter autant que possible les filatures. Une fois la centaine de délégués des districts régionaux et de l'appareil du parti présents, et après la lecture de deux rapports introductifs, l'un de la direction justifiant sa politique lu par Lahouel, l'autre des militants plus radicaux de Kabylie très critique et présenté par Aït Ahmed, les participants s'expriment d'une façon si passionnée, notamment pour évoquer l'option électoraliste et le mode de désignation des dirigeants, que certains garderont le souvenir d'une « atmosphère de méfiance et de règlements de comptes ».

Messali, récemment libéré après ses divers embastillements et autres bannissements, « éloigné du parti depuis dix ans et ne connaissant pas la plupart des dirigeants » selon ses propres termes, n'interviendra guère, à tel point que, plus tard, un des participants du groupe des activistes dira avec sévérité qu'il avait démontré à cette occasion « son incapacité intellectuelle et politique à maîtriser les problèmes et à dégager des perspectives cohérentes ». Une façon d'affirmer, pour un partisan inconditionnel de la lutte armée, que, comme il l'écrira encore, Messali, qui « n'avait plus à apporter que son prestige », « ne serait jamais l'homme de l'étape révolutionnaire ». Un jugement qui peut apparaître injuste, ou en tout cas excessif, dans la mesure où le congrès choisira d'adopter une stratégie proche de celle que souhaitait justement le leader du mouvement en proposant une approche multiple dépassant les clivages « par le haut ». On décide en effet de poursuivre le combat à ciel ouvert avec le MTLD pour populariser la lutte pour l'indépendance auprès de l'opinion algérienne, française et internationale, mais aussi de maintenir l'existence du PPA clandestin pour mobiliser les militants sans référence à l'horizon électoral. Et surtout on contente enfin les activistes en créant une structure paramilitaire, l'Organisation spéciale, chargée de préparer en secret la libération du pays par les armes. La relative défiance de certains militants qui s'est manifestée ouvertement — pour la première fois — envers Messali se traduit par le refus du congrès de lui confier seul le soin de désigner les membres du Comité central de ce parti qu'on doit appeler désormais le PPA-MTLD, le second sigle, dont l'usage est autorisé en public, étant bientôt le plus connu. La nouvelle direction, bien que non homogène, verra d'ailleurs les partisans de Debaghine occuper une place de choix et ses adversaires du Groupe d'Alger perdre des positions de premier plan qu'ils ne retrouveront pas avant 1950. Le refus du congrès de choisir une ligne claire ainsi que la lutte pour les postes de direction, tous deux sources de rancœur, laisseront des traces et ne seront pas sans conséquences, comme on le verra par la suite.

La création de cette troisième composante du mouvement que va constituer l'OS, vue d'aujourd'hui, apparaît sans aucun doute comme l'événement majeur de cette période : elle traduit l'ascension de la « génération de Sétif », et ses effets se feront sentir très directement, de diverses façons, jusqu'au 1er novembre 1954. À court terme, cependant, l'organisation paramilitaire, théoriquement destinée à devenir prioritaire, a du mal à acquérir une véritable existence. Les préoccupations électorales, jusqu'à la déconvenue du scrutin totalement « fabriqué » de 1948, resteront essentielles au sein du mouvement et profiteront au MTLD, le PPA proprement dit déclinant rapidement et l'OS étant négligée. Ce n'est qu'en novembre 1947, de l'aveu d'un de ses premiers dirigeants, que l'OS commence à s'organiser. Et elle ne sera véritablement opérationnelle, autant que cela lui sera possible, que fin 1948.

L'OS PRÉPARE L'INSURRECTION... POUR 1949

Le premier chef de l'OS, membre du nouveau bureau politique qui doit chapeauter les trois composantes du mouvement qui poursuivent chacune le même combat par des moyens différents, sera Mohammed Belouizdad. Adhérent au PPA depuis 1943, cet ex-employé de l'administration a vite gravi les échelons d'un parti où les « intellectuels », même au sommet, sont très minoritaires. Recherché par la police algéroise après les événements de 1945, il a déjà été chargé de la réorganisation du mouvement nationaliste dans le Constantinois avec l'appui d'Ahmed Mahsas. Âgé d'à peine vingt-trois ans, il ne pourra cependant assurer longtemps sa charge, car il est gravement malade, atteint d'une tuberculose dont il finira par mourir en 1952 dans un sanatorium en métropole. C'est donc très vite, avant la fin de l'année 1947, son adjoint Aït Ahmed, membre comme lui du bureau politique depuis le congrès, qui prendra en main l'OS, pour laquelle il a déjà organisé le recrutement d'hommes sûrs en Kabylie. Ce dernier sera lui-même remplacé par Ben Bella en décembre 1949, quand une crise interne au parti provoquera la mise à l'écart des responsabilités de nombreux militants kabyles accusés, pour certains à raison et pour d'autres — dont Aït Ahmed, à en croire ses mémoires très argumentés — tout à fait à tort, de « fractionnisme », comme auraient dit alors les communistes, et plus précisément de « berbérisme », selon le vocabulaire du PPA-MTLD.

L'OS, malgré son démarrage difficile, se dotera progressivement d'une organisation, de règles de fonctionnement et d'un système de formation typiques d'un mouvement armé clandestin, rappelant à bien des égards le mode de structuration des réseaux de résistance français contre l'occupation de la métropole pendant la Seconde Guerre mondiale. Au sommet, un état-major qui réunit huit responsables — au départ Belouizdad, Aït Ahmed, Ben Bella, Boudiaf, Reguimi, Mahsas, Belhadj-Djilali et Maroc — coordonne toute l'activité et assure, par l'intermédiaire de son chef, la liaison avec le parti. Ses membres, tous très jeunes puisque aucun n'a atteint la trentaine, sont parfois également des chefs de « zones » — on parlera plus tard de wilayas. Mohamed Boudiaf, qui a acquis quelques compétences en artillerie pendant son service militaire, se chargera du Constantinois, Mohamed Maroc, qui a une formation de radiotechnicien, de l'Algérois, Djilali Reguimi d'Algerville, Amar Ould Hamouda de la Kabylie, Ahmed Ben Bella de l'Oranie. Enfin, non sans réticence car il se considérera défavorisé par cette nomination, Ahmed Mahsas, qui avait d'abord été actif lui aussi dans le Constantinois, s'occupera du Sahara. En dessous, apparaît-il en recoupant les témoignages pas parfaitement concordants d'Aït Ahmed, de Boudiaf et de Mahsas, on trouve, en partant de la base, des « groupes » (quatre personnes), des « sections » (trois groupes) et des « brigades » (trois sections) — à moins qu'il ne s'agisse de demi-groupes, groupes et sections. Le cloisonnement entre tous les « groupes » est des plus stricts. Abdelkader Belhadj-Djilali, qui est passé par l'école d'élèves officiers de Cherchell dont il est sorti aspirant, sera pour sa part l'instructeur militaire de l'Organisation.

L'horizon visé pour être prêt à passer à l'action est 1949. Il faut donc sans tarder disposer d'un « matériel » permettant de former les recrues. On rédige alors — avec pour principal auteur Aït Ahmed lui-même, aidé par Belhadj — une « Brochure d'instruction militaire », qui évoque « le maniement des armes, des explosifs et le combat individuel » ainsi que « quelques principes tactiques de guérilla ». Inspiré de lectures hétéroclites — parmi lesquelles Clausewitz, un livre sur un soulèvement en Indochine dans les années 1930, un texte américain sur la guérilla et... des romans policiers et d'espionnage dont Belhadj est un grand amateur —, ce petit manuel ne sera tiré qu'à cinquante exemplaires numérotés, destinés aux chefs de brigade et qui doivent « être brûlés plutôt que de tomber aux mains de la police ». Seront également distribués une « Brochure de formation militante » et un troisième texte intitulé « L'attitude du militant face à la police ». On conseille d'apprendre par cœur le contenu de ce dernier opuscule, qui explique comment se comporter en cas d'arrestation et, en particulier, l'importance de résister « coûte que coûte au minimum trois jours, délai permettant de mettre l'organisation en alerte ». Les périodes de formation, y compris pour les membres de l'état-major, comprennent des parties théoriques — avec, pour les responsables, l'étude d'écrits de Marx et Engels notamment — et des parties très pratiques, qui conduisent les « stagiaires » sur le terrain où on parcourt la campagne, en se faisant passer pour des chefs scouts, pour s'entraîner à l'action armée et rechercher des lieux où implanter des maquis. Par ailleurs, on ouvrira trois « ateliers » — deux à Alger, un en Kabylie — pour familiariser des militants à la fabrication et au maniement des explosifs ainsi qu'à la technique du sabotage. Enfin on commencera à élaborer un « plan vert », qui doit permettre la mise en œuvre de l'insurrection, but final de l'Organisation.

Le recrutement de l'OS, parmi les militants jeunes du parti jugés les plus sûrs et les plus décidés, n'est pas toujours facile. Car la double affiliation est en principe interdite et de nombreux responsables du MTLD n'acceptent pas sans problème de se priver de leurs meilleurs éléments, de surcroît au bénéfice d'une organisation réputée proche de Debaghine, de plus en plus vu comme un rival de Messali et un adversaire résolu des partisans des élections. L'intégration au sein de l'OS n'est de plus jamais immédiate. Les candidats approchés doivent subir une série d'épreuves. Parmi celles-ci, une vérification de leur capacité à passer à l'acte le jour où il le faudra. Ainsi, raconte Aït Ahmed, « on leur impose individuellement une série d'actes patriotiques dont les risques augmentent graduellement ». Le scénario usuel ? « On demande au jeune homme s'il est volontaire pour entreprendre une action, puis on le convoque en pleine nuit, on l'arme, et on s'arrange toujours pour qu'il y ait contrordre au dernier moment. » Et voilà, par exemple, comment le jeune Moh Arezki Boudaoud, frère d'un futur responsable de la Fédération de France du FLN, qui s'est vu proposer, à l'âge de seize ans, d'abattre devant le bâtiment du Gouvernement général un haut fonctionnaire européen, ira si loin dans l'entreprise que Reguimi, son recruteur, éprouvera une intense frayeur : il aura le plus grand mal à empêcher de justesse l'adolescent, bien décidé à aller arme à la main jusqu'au bout, de commettre cet acte qui, alors, aurait été totalement irresponsable. Au total, même s'il n'y a aucun moyen d'être certain des chiffres, les effectifs de l'OS atteindront un peu plus de 1 000 membres, assure avec de bons arguments Mohammed Harbi, les évaluations les plus courantes, sans doute plutôt optimistes, variant de 1 000 à 1 500 (Boudiaf) à « largement plus de 2 000 » (Mahsas) et jusqu'à 4 000 à 4 500 chez certains auteurs algériens et français.

Le plus difficile est de se procurer du matériel militaire, ne serait-ce que pour former les militants qui ont rejoint l'OS. Aït Ahmed a raconté le rocambolesque achat d'un poste émetteur pouvant être reçu à plus de 1 000 kilomètres, le premier possédé par les nationalistes, auprès d'un officier allemand capturé par les forces américaines et en voie d'être livré aux Français, qui cherchait de l'argent pour rejoindre par ses propres moyens son pays. On se procure par ailleurs des armes légères — mitraillettes, pistolets, fusils de guerre, grenades offensives — sur le florissant marché noir de l'après-guerre à Alger et à l'intérieur du pays. On va même jusqu'en Libye pour se fournir. Et on détourne des explosifs de leur destination partout où cela est possible, notamment dans les campagnes. Une partie de ces acquisitions, mises à l'abri dans des caches, seront bien utiles des années plus tard, en novembre 1954.

L'OS, jusqu'en 1949, n'aura pas eu le temps d'entreprendre, au-delà de son travail d'organisation et de quelques opérations individuelles, beaucoup d'actions d'éclat. Un dynamitage d'une statue d'Abd el-Kader construite à l'initiative du Gouvernement général pour gêner le mouvement nationaliste, réclamé par le bureau politique du parti, échouera de justesse, l'explosif utilisé étant encore humide au sortir de sa cachette. En revanche, on réussira à « neutraliser » des bandes d'hommes de main chargés par les autorités coloniales et leurs relais locaux de terroriser les sympathisants des indépendantistes. Les frères Khettab, en particulier, s'illustreront lors d'une embuscade qui permettra de tuer douze « mercenaires », selon le terme employé par Aït Ahmed. On exécutera également le chef d'une bande de miliciens algériens recrutés en Kabylie pour mater les « patriotes » à l'instigation du *bachagha* Aït Ali. L'homme à abattre, traqué, s'était réfugié à Alger. Son élimination, que le jeune Mourad Didouche, future figure historique du FLN, n'a pas réussi à mener à bien lors d'une tentative qui devait être son baptême du feu, sera finalement confiée avec succès à un maquisard réfugié dans la capitale. Ce dernier faisait partie de cette cinquantaine de nationalistes qui avaient pris le maquis en Kabylie après les événements de 1945 et que le parti, qui se méfiait de ces « enfants terribles » du mouvement mal contrôlés, avait récemment transférés dans la capitale pour éviter des incidents et des représailles contre les militants du MTLD. L'OS se chargera bientôt de récupérer ces hors-la-loi et de les renvoyer sur le terrain, notamment en Oranie, avant qu'ils ne regagnent un jour, comme Belkacem Krim, leur région d'origine.

Les dirigeants de l'OS, non sans raison, attribuent en partie leur difficulté à réaliser plus d'opérations à la faiblesse de leurs moyens. Leur budget de fonctionnement, qu'on a déjà évoqué, frôle le ridicule : 100 000 anciens francs par mois, soit la somme qu'il a fallu débourser par exemple pour acquérir à un prix bradé le poste émetteur à longue portée, ou encore juste de quoi payer chichement moins de vingt permanents. Il faut d'ailleurs parfois faire des souscriptions « en cachette » pour procéder aux achats d'armes. D'où, on le sait, la décision de lancer l'attaque de la grande poste d'Oran. Une opération qui n'aura rien de spectaculaire sur l'instant puisqu'elle ne sera connue qu'en 1950, lorsque la police française découvrira, avec trois ans de retard, l'existence de l'OS, qui n'était jusque-là que soupçonnée. Mais l'organisation paramilitaire aura alors déjà réussi à jouer son rôle de pépinière de spécialistes de la lutte armée. On s'en apercevra en 1954 quand on retrouvera la plupart de ses animateurs au premier rang des pionniers du FLN.

Chapitre II

LA GUERRE COMMENCE À MOINS LE QUART

1er NOVEMBRE 1954 : LE JOUR J DE L'INSURRECTION GÉNÉRALE

« Les hommes du 1er novembre, s'ils eurent un mérite, ce fut précisément celui d'être parvenus à exprimer et à mettre en œuvre ce qu'une grande masse d'Algériens pensaient et souhaitaient. »

Mohamed Boudiaf, évoquant en 1974 la « préparation du 1er novembre ».

Tout paraît calme autour de la caserne de Boufarik, près de Blida à une vingtaine de kilomètres au sud d'Alger, en cette soirée du dimanche 31 octobre 1954, moins de vingt minutes avant minuit. Une sentinelle de garde dans son mirador a bien cru deviner quelques ombres et entendre de petits bruits suspects quelques instants auparavant. Malgré le clair de lune, elle a préféré allumer un puissant projecteur pour éclairer les environs. Après vérification, rien. Pas âme qui vive. C'était, comme d'habitude, une fausse alerte. Un animal peut-être.

La réalité est tout autre. Tapis dans l'ombre, disséminés au milieu de la belle orangeraie — qu'on peut encore voir aujourd'hui — qui jouxte le bâtiment militaire, plusieurs dizaines d'hommes se sont avancés en rampant, depuis un petit moment, jusqu'à moins d'une cinquantaine de mètres du mur d'enceinte. Le premier d'entre eux, le chef du groupe, l'ex-sergent Ouamrane, déjà un vieux combattant clandestin pourtant, est nerveux. Il a eu chaud en effet il y a quelques minutes : plusieurs membres du commando, composé presque uniquement de maquisards kabyles dont il assure depuis longtemps le commandement dans leur région d'origine, n'ont pu s'empêcher, contrairement aux instructions, de faire quelques pas debout ou accroupis. Et ce sont eux qui ont attiré l'attention de la sentinelle, avant de se jeter à terre sur son ordre aussi ferme que silencieux. Le projecteur éteint, les « ombres » ont pu reprendre leur progression d'arbre en arbre. Tout, désormais, est en place dans l'attente de l'heure H, fixée à minuit. Consulté du regard, l'autre responsable du commando, Boudjemaa Souidani, celui-là même qui avait dirigé l'attaque de la grande poste d'Oran en 1949, confirme que, maintenant, chacun est prêt. À peine un bon quart d'heure à attendre et un caporal-chef qui s'est arrangé pour être présent à ce moment-là dans le poste de garde ouvrira la porte de la caserne. Il s'agit d'Abdelkader Bentobbal, le frère d'un ancien de l'OS — Lakhdar Bentobbal — appelé à beaucoup faire parler de lui dans les années qui suivront, qui a été « recruté » il y a peu par Souidani et qui est donc complice des assaillants. Grâce à lui, il devrait être facile, profitant de l'effet de surprise, de se précipiter pour neutraliser les sentinelles avant de se diriger vers l'objectif numéro un, l'armurerie.

Toujours dans cette région emblématique de la colonisation qu'est la Mitidja, à Blida même, distant d'à peine quelques kilomètres de Boufarik, autour de la caserne Bizot, on assiste au même moment au déroulement d'un scénario très semblable. Une vingtaine d'hommes, là encore surtout des Kabyles venus en renfort dans l'Algérois, sont allés se cacher dans le lit de l'oued El-Kébir, près du bâtiment militaire. Ils sont sous les ordres d'une des figures de proue du mouvement activiste, Rabah Bitat, vingt-huit ans, ancien employé d'une manufacture de tabac de Constantine qui fut membre de l'OS et vit dans la clandestinité en se faisant appeler Si Mohamed depuis 1950. Celui-ci est secondé par un autre ex-membre de l'organisation paramilitaire du PPA-MTLD, déjà rencontré lui aussi à l'occasion de l'affaire de la poste d'Oran, Belhadj Bouchaïb. À minuit pile, le caporal Khoudi, car là encore on a trouvé un complice à l'intérieur, doit aider le commando à pénétrer dans les lieux et à piller le stock d'armes. Là aussi, on trouve le temps long et on est impatient de passer à l'action. D'autant plus, peut-être, qu'on sait que tout imprévu risque d'être désastreux puisqu'on est, comme à Boufarik d'ailleurs, pour le moins légèrement équipé : en tout et pour tout deux armes à feu pour le groupe, « une pour Bitat, la seconde pour moi », racontera Bouchaïb, exagérant sans doute à peine le dénuement des hommes qui l'accompagnent. La plupart sinon la totalité de ces derniers ne disposent en effet que d'armes blanches, en général des poignards, souvent acquis dans des magasins vendant du matériel pour les scouts. Il faudra donc se replier au plus vite une fois le coup de main réalisé.

À Boufarik, Ouamrane et Souidani, soudain, entendent une explosion. Puis deux autres. Le bruit ne vient pas de très loin. Question discrétion, c'est raté ! Que se passe-t-il ? Il n'est que 23 h 45 et aucune action n'est prévue avant minuit. Plusieurs groupes d'activistes doivent opérer dans les environs, certains pour faire exploser des bombes artisanales sur la route Blida-Boufarik et sous des ponts, d'autres pour incendier la coopérative d'agrumes de Boufarik ou — un peu plus loin — le stock d'alfa de l'usine de papier de la Cellunaf de Baba-Ali, d'autres encore pour endommager la voie ferrée Alger-Oran qui traverse la région. Mais l'essentiel de ces opérations, souvent trop éloignées d'ailleurs pour que leur écho survienne aux abords des casernes visées, sont prévues pour beaucoup plus tard, pour deux heures du matin. Car on veut maintenir pendant une bonne partie de cette nuit très spéciale un sentiment de peur et d'insécurité chez les autorités coloniales et dans la population européenne.

Pas de doute, pourtant. À moins qu'il ne s'agisse d'un improbable accident, certains des activistes ont dû paniquer et faire exploser à l'avance leurs bombes sur la route. Et voilà pourquoi la future célèbre nuit du 1er novembre aura commencé le 31 octobre vers 23 h 45 ! À Boufarik, pour ne pas perdre toute chance de mener l'assaut, malgré le désarroi d'une partie de la troupe surprise par la tournure des événements — en raison de nouveaux bruits suspects, cette fois vraiment inquiétants, le projecteur du mirador s'est rallumé, l'alerte a été donnée —, on anticipe le passage à l'acte. Ouamrane, armé de son vieux pistolet autrichien MAT, Souidani, qui a laissé son habituel 11,43 — celui qu'il avait déjà à Oran, surnommé Biquette — à un camarade d'un groupe totalement démuni et n'a donc entre les mains qu'un poignard, et quelques autres décident de se précipiter vers l'entrée de la caserne où le caporal-chef Bentobbal les attend. Ils trouvent dans le poste de garde, après avoir assommé les sentinelles, des mitraillettes et des fusils, une dizaine au total. Mais, alors que les militaires français réveillés se préparent à réagir, il ne peut plus être question de s'éterniser sur place. Tant pis pour l'armurerie. Tous les assaillants, ainsi que Bentobbal bien sûr, décrochent. Ils s'enfuient à pied de l'autre côté de l'oued El-Kébir vers le lieu de repli prévu, dans la forêt, à Tamezguida sur le mont Chréa.

À Blida, où la confusion, quand il a fallu se décider à agir, n'a pas été moindre, le résultat est pire. S'ils ont réussi à pénétrer dans la caserne jusqu'au dépôt d'armes, les hommes de Bitat et Bouchaïb, après avoir scié le cadenas de la porte, ont trouvé un magasin vide. Ils sont repartis, probablement peu après minuit, sans aucune arme nouvelle, en se dirigeant également vers le mont Chréa, où, le lendemain, certains d'entre eux seront surpris par des soldats français en patrouille qui feront plusieurs victimes dans leurs rangs. Malgré tout, et même s'il ne s'agit que d'objectifs secondaires, la coopérative d'agrumes ainsi que l'usine d'alfa, comme ont pu le constater de loin certains de ceux qui se replient de Boufarik ou de Blida, ont partiellement brûlé. Et, on le sait, des bombes ont explosé, faisant quelques dégâts, bien que la plupart des engins aient fait long feu, en particulier ceux déposés près des ponts ou de la voie ferrée. Ce sont ainsi ces très modestes bombes, de fait, qui ont sans doute frappé dans l'Algérois, avec un quart d'heure d'avance, les trois coups de l'insurrection du 1er novembre et donc de ce qu'on n'appelle pas encore la guerre d'Algérie.

ALGER, DIMANCHE 31 OCTOBRE 1954, 17 HEURES : « C'EST POUR CETTE NUIT, À UNE HEURE ! »

Pour le responsable général des activistes de l'Algérois, qui n'est autre que Rabah Bitat alias Si Mohamed, le plus spectaculaire, en cette nuit où il s'agit de faire savoir que des indépendantistes sont passés définitivement à la lutte armée, doit cependant se dérouler non pas à l'intérieur des terres mais dans la capitale. On n'a d'ailleurs pu éviter que de justesse l'annulation de toutes les opérations prévues hors d'Alger grâce à la venue *in extremis* de maquisards kabyles commandés par Ouamrane pour pallier la défection tardive des militants locaux dans la région de Blida.

C'est l'un des trois adjoints de Bitat au même titre que Souidani et Bouchaïb, Zoubir Bouadjadj, qui est l'homme en charge d'Alger. Ce fils d'une modeste lingère et d'un ancien mobilisé de la guerre de 1914-1918 mort des suites des gazages dans les tranchées de l'est de la métropole, vieux militant du PPA clandestin qu'il a rejoint à l'âge de dix-sept ans et ancien de l'OS, vient de quitter son travail de magasinier dans un commerce européen de pièces détachées pour automobiles afin de se consacrer entièrement à la lutte pour l'indépendance. Il a défini avec ses « chefs de groupe » une liste d'objectifs depuis trois semaines, depuis le 7 octobre exactement. Il a supervisé de près l'organisation de l'ensemble des opérations confiées à cinq équipes de cinq à dix hommes pour cette nuit du 1er novembre. Pour ne pas risquer une riposte rapide des autorités européennes qui empêcherait d'agir ici ou là dans la ville, toutes les attaques doivent être synchronisées. L'heure H a donc été fixée pour tout le monde à une heure du matin, soit à un moment où les rues, en particulier dans le centre, auront été désertées, ce qui limitera les risques de bavure.

On a demandé à Zoubir Bouadjadj, comme à tous les responsables importants dans les villes, de rester en retrait : il faut préserver au maximum le secret entourant l'organisation des activistes et l'identité de ses dirigeants, notamment en prévision de futures arrestations et d'interrogatoires musclés, vis-à-vis des militants de base. Vers une heure, n'y tenant plus, il est monté dans le grand parc d'Alger, le bois de Boulogne, qui domine la ville. Il veut voir de ses propres yeux et entendre de ses propres oreilles les effets immédiats des opérations commando. Au bout d'une bonne demi-heure, las d'attendre le bruit des explosions et la lueur des incendies qui devaient annoncer la réussite des attaques, il redescend, complètement abattu, vers son petit logement du quartier populaire de la colonne Voirol, persuadé que son plan si minutieusement préparé pour multiplier les coups d'éclat dans la capitale a totalement échoué. Il ne s'est rien passé !

En fait, il n'a pas assez tendu l'oreille et il se trompe. Mais seulement à moitié. Quatre des cinq opérations finalement décidées ont bien lieu ou connaissent au moins un début d'exécution cette nuit-là, mais avec des fortunes diverses et jamais comme prévu. Seul le groupe qui doit incendier à Hussein Dey, faubourg de la capitale, le dépôt de liège d'une entreprise appartenant au richissime et très influent sénateur Borgeaud, le symbole même de la grande colonisation en Algérie, a carrément déclaré forfait. Son chef, Nabti Sadek, pour sa part dépourvu d'arme de poing même si des explosifs sont cachés à son domicile, se serait senti tout à coup dans un tel état physique et psychologique qu'il ne pouvait plus aller diriger le « coup ».

Abderrahmane Kaci, qui dirige avec son neveu Mokhtar le commando chargé de l'attaque de l'usine à gaz de l'EGA (Électricité et Gaz d'Algérie) dans le quartier de Belcourt, l'opération la plus délicate, à tel point qu'on s'est demandé un temps s'il fallait vraiment la réaliser vu le danger pour la population, a su seulement la veille, date à laquelle Bouadjadj lui-même a été informé par Bitat du jour J et de l'heure H, que le temps de l'action était imminent. Et il n'a appris qu'à cinq heures de l'après-midi — « C'est pour cette nuit, à une heure ! » — qu'il faudrait faire sauter les cuves dans la soirée à venir. Il a alors convoqué tous les membres de son équipe, qui savaient simplement depuis peu qu'il fallait se tenir prêt à quitter sa maison et sa famille à tout moment. Les hommes et le matériel ont été transportés sur place. Question logistique, les Kaci peuvent profiter des services d'un vieux camion blanc bâché, un Hotchkiss, conduit par un chauffeur professionnel, El-Hedjin Kaddour, « embauché » d'extrême justesse la veille par Bouadjadj… quand il est apparu tout à coup que personne ne savait conduire dans le commando.

Quelques minutes avant une heure, Abderrahmane Kaci considère qu'il est temps d'agir. Avec ses hommes, et conformément au plan adopté après une dernière reconnaissance opérée quarante-huit heures plus tôt par Bouadjadj, il entre, après avoir cisaillé le cadenas qui ferme le portail, dans le dépôt de bois et de cageots de la société Demico qui jouxte l'usine à gaz. En passant par le toit d'un bâtiment annexe de l'entreprise, on rejoint puis escalade, en s'aidant les uns les autres, les deux murs d'enceinte. On se passe avec précaution les quatre bombes que deux membres du commando, Mokhtar Kaci et Abdelkader Sekat, doivent finalement aller poser contre les parois d'un des deux gazomètres. Le plus jeune des Kaci allume avec un briquet les mèches qui sortent des cylindres en métal — en fait de simples boîtes de conserve recyclées — remplis de poudre explosive — du chlorate de potassium — ou de produit incendiaire, avant que toute l'équipe ne se replie au plus vite, profitant de deux échelles trouvées sur place pour faire très rapidement le chemin inverse. Une fois revenu jusqu'au camion, ordre est donné de démarrer immédiatement. On entend à ce moment-là une petite explosion, une seule. Trop peu puissante et trop peu sonore pour qu'on imagine que le réservoir a sauté. Et aucun incendie ne semble s'être déclaré.

Sur les quais du port d'Alger, Othmane Belouizdad, le frère du fondateur de l'OS, responsable d'un petit commando de cinq hommes, s'apprête aussi un peu avant une heure à s'attaquer à un dépôt de produits hautement inflammables. À minuit, comme un « professionnel », il est allé voler une Juvaquatre Renault qu'il savait toujours stationnée à la même place. Puis il a embarqué son équipe et tous sont allés récupérer dans une cachette les bombes explosives et incendiaires nécessaires pour l'opération avant de venir stationner près du dépôt d'hydrocarbures des Pétroles Mory sur le môle Billiard. À part le chef du groupe, qui possède un pistolet, un seul homme dispose d'une arme à feu, une mitraillette précisément : il restera donc près de la voiture pour couvrir une éventuelle fuite précipitée. Une fois franchi assez facilement le mur d'enceinte peu élevé, Belouizdad va lui-même poser les bombes sur le rebord de la citerne qui contient, lui a-t-on dit, 8 000 tonnes d'essence, à proximité d'autres réservoirs. Au total, ce sont 30 000 tonnes qui pourraient s'enflammer et endommager de nombreuses installations portuaires si tout se passe bien. Le bruit d'explosions entendu alors que la voiture, peu après, emporte déjà les activistes, bien que relativement léger, prouve que les bombes ont fonctionné. Mais, là aussi, aucun incendie sérieux ne semble se déclarer, contrairement aux espérances du commando et de Bouadjadj.

Au centre d'Alger, tout près de la rue Michelet, les hommes du groupe de Merzougui ne sont pas trop pressés pour leur part de s'attaquer à leur objectif, l'immeuble de la radio du 10, rue Hoche. Entre onze heures et minuit, en effet, lorsqu'ils sont arrivés sur place, ils ont pu constater que ce quartier européen, à ce moment de sortie du cinéma, était encore très fréquenté. Mohamed Merzougui, un manœuvre qui travaille pour le service de santé de la ville et qui a milité pendant de nombreuses années dans le mouvement nationaliste avant de rejoindre les activistes, a d'ailleurs finalement pensé, après avoir reconnu à nouveau une dernière fois les lieux en cette heure tardive, que le scénario prévu était irréaliste. Il sera difficile voire impossible, même plus tard, de pénétrer comme prévu dans le petit bâtiment de Radio-Alger, une sorte d'hôtel particulier dont les fenêtres restent d'ailleurs éclairées. Il a donc décidé à la dernière minute de réviser à la baisse l'ampleur de l'attaque : on se contentera de placer les trois bombes apportées dans un couffin sur une façade du bâtiment, mais à quelques dizaines de mètres de l'entrée principale dans une voie adjacente à la rue Hoche, sur des rebords de fenêtres et devant une porte condamnée. Il réduit même les effectifs engagés : il a renvoyé peu après minuit la moitié de l'équipe, celle qui devait assurer à l'extérieur la protection des assaillants sous la direction d'Abassi Madani, l'homme qui fera parler de lui beaucoup plus tard comme principal dirigeant des islamistes algériens du Front islamique du salut. À une heure, lorsque les passants se sont enfin faits rares, on peut quand même agir en opérant à toute allure. Seules deux mèches ont pu être allumées et finalement une seule bombe explosera, sans faire véritablement de dégâts.

Le central téléphonique du Champ-de-Manœuvre, dernier objectif retenu, ne sera pour sa part même pas franchement attaqué. Très hésitant, après avoir mal préparé l'opération dans les jours précédents, le responsable du groupe chargé de cette attaque, Ahmed Bisker, n'osera pas pénétrer dans les lieux en forçant la grille à l'entrée. Il envisagera donc, comme Merzougui, de poser les bombes sur les rebords de fenêtres de l'immeuble, un bâtiment de quatre étages par où transitent toutes les communications de la ville. Mais à force de tergiverser, il laisse passer le temps et il finit par être surpris par un bruit lointain, celui d'explosions qui semblent venir du port : les bombes de l'équipe Belouizdad, se dit-il. Jugeant qu'il est trop dangereux de commencer seulement alors à agir, il décide de se replier avec ses hommes, qui attendaient toujours ses instructions.

ORAN, CONSTANTINE : QUELQUES DIZAINES D'HOMMES, QUELQUES ESCARMOUCHES... ET C'EST TOUT

Hors de l'Algérois, deux autres « zones » — l'Oranie à l'Ouest et le Nord-Constantinois à l'Est — connaissent encore plus de difficultés pour lancer et réussir des opérations de quelque envergure en cette nuit du 1er novembre où les activistes ont prévu de frapper partout, d'un bout à l'autre des trois départements de l'Algérie. Dans la première, en particulier, le responsable des activistes, le juste trentenaire Larbi Ben M'Hidi, doit se résoudre à agir *a minima*. Ancien militant des AML (association des Amis du manifeste de la liberté) quelques années après avoir terminé sa scolarité couronnée par l'obtention du certificat d'études, puis cadre de l'OS dans sa région d'origine — le Constantinois — à Biskra après avoir été brièvement emprisonné suite aux « événements de Sétif », il vit depuis la fin des années 1940 dans la clandestinité. Son territoire actuel de l'Oranie, le plus riche et le plus européanisé, où les Algériens musulmans sont réputés moins « politisés » qu'ailleurs en moyenne et les militants nationalistes radicaux moins nombreux, d'autant que le Parti communiste y est influent, se prête déjà mal à agir « comme un poisson dans l'eau ». Mais, avec ses lieutenants, paradoxalement — on verra pourquoi — des hommes issus comme lui de l'est du pays, comme Abdelhafid Boussouf ou Ramdane Benabdelmalek, respectivement responsables de Tlemcen pour l'un et de Mostaganem et Relizane pour l'autre, il lui a fallu de plus revoir à la baisse les plans d'action, qui ont été contrariés par des circonstances imprévues. Le terrible tremblement de terre d'Orléansville — qu'on appellera El Asnam puis Chlef après 1962 — à la mi-septembre (près de 1 500 morts, 60 000 sans-abri), la trahison d'un pompiste jouant double jeu au profit des autorités et, pour couronner le tout, une opération de gendarmerie efficace à la frontière algéro-marocaine l'ont privé pendant les semaines précédant l'insurrection de l'essentiel de ses approvisionnements en armes ainsi que de plusieurs militants parmi les plus décidés. Hakim — ce sera son nom dans la clandestinité — a donc dû se résoudre, avec quelques dizaines d'hommes — soixante peut-être au total — mais une seule dizaine d'armes dignes de ce nom, à limiter pour l'essentiel ses ambitions à l'attaque de divers objectifs « réalistes » : un transformateur autour d'Ouillis, près de Mostaganem, une gendarmerie et le siège de la commune mixte à Cassaigne, l'actuelle Sidi Ali, dans le massif du Dahra, des fermes et des moyens de communication dans les campagnes, etc.

Tous les bâtiments et installations visés, choisis parce qu'ils appartiennent à des « colons » ou symbolisent la présence de l'administration et des « forces de l'ordre » européennes, ont été mitraillés ou incendiés peu après minuit, l'heure H dans cette zone. Des gardes musulmans qui se sont interposés devant des exploitations agricoles et un Français, envoyé par un fermier qui réclamait de l'aide chez les gendarmes de Cassaigne au moment même où ceux-ci étaient attaqués, ont été touchés. Bilan provisoire des actions de la nuit : un mort européen, plusieurs blessés, quelques rares dégâts matériels. À l'intérieur des grandes villes de l'Ouest algérien, il ne s'est même rien passé du tout. À Oran, où des attaques de casernes avaient été prévues et où devait pourtant opérer l'artificier de la région, Ahmed Zahana, un ancien soudeur qui avait été formé à la fabrication de bombes artisanales et qu'on nomme en général Zabana, mais aussi à Tlemcen ou à Mostaganem, aucune des attaques envisagées n'a pu être réalisée en cette nuit du 1er novembre. Soit qu'elles aient été tout simplement annulées, soit qu'il y ait eu ratage pour une raison ou une autre.

Dans le Nord-Constantinois, comme dans l'Algérois mais sans qu'on ait pu là faire appel à des militants kabyles pour pallier les défections tardives de nombreux activistes locaux à la suite de dissensions internes chez les nationalistes, il a fallu agir avec les faibles moyens du bord. Le jeune Mourad Didouche, ancien cheminot qui a fêté ses vingt-cinq ans il y a moins de deux ans, Si Abdelkader dans la clandestinité où il est entré en 1950, est le chef des activistes de la région bien qu'il soit originaire d'Alger où ses parents possèdent un bain maure et un petit restaurant. Il est considéré par beaucoup, et notamment par son ami Bouadjadj dont il fut le recruteur au sein du parti messaliste, non pas comme le cerveau — ce serait plutôt Boudiaf — mais comme l'« âme » de la branche du mouvement nationaliste favorable à la lutte armée qui a préparé les actions du 1er novembre. Surnommé par ses compagnons *El Harradj*, « le téméraire », cet ancien responsable de l'OS, qui a souvent utilisé sans compter la « fortune » familiale pour subvenir aux besoins des activistes et qui n'hésite jamais à donner de sa personne sur le terrain, ne peut, faute d'armes (vingt-trois en tout, et plutôt rustiques, pour toute la zone) et de combattants (quelques dizaines), espérer mieux qu'organiser quelques escarmouches hors de Constantine même.

Ce qu'il fait avec le concours de ses adjoints, comme son bras droit Youssef Zighout, trente-trois ans, ex-forgeron et ancien de l'OS réfugié dans la clandestinité, ou Lakhdar Bentobbal, ce futur grand dirigeant du FLN qui vient de dépasser la trentaine et séjourne déjà au maquis depuis quelques années. C'est ainsi que la gendarmerie de Condé-Smendou, le bourg où Didouche a installé son PC sur la route entre la capitale de la région et Philippeville, essuiera des coups de feu, de même que des hommes qui gardent des installations militaires au Khroub, à 10 kilomètres de Constantine, et quelques autres bâtiments ici et là. Seul véritable petit succès : l'attaque de la mine de Sidi Maarouf, près d'El-Milia, par un petit groupe qui réussit à emporter des explosifs et des détonateurs. Une tentative d'éliminer pour l'exemple un Algérien considéré comme un traître pro-français à Mila s'est pour sa part terminée lamentablement : le commando qui s'est présenté chez cet homme, qui finira bientôt inspecteur de police en métropole, lui a bien tiré dessus à bout portant mais sans aucun résultat car les cartouches étaient humides et ont fait long feu. Au total, donc, rien de très significatif.

KABYLIE : LA RADIO N'ANNONCE RIEN

Seuls les activistes des massifs montagneux ont pu mener en cette nuit du 1er novembre 1954 des actions de nature à impressionner sérieusement en tant que telles les autorités coloniales. En Kabylie, d'abord, en l'absence de son second Amar Ouamrane, parti à la tête de près de deux cents hommes combler le manque d'effectifs dans les rangs des activistes de la région stratégique de l'Algérois, comme on l'a vu, c'est le maquisard déjà très expérimenté Belkacem Krim, recherché depuis 1947 par la police française pour le meurtre d'un garde forestier et deux fois condamné à mort par contumace, qui a dirigé les opérations. Lui aussi, après avoir demandé à ses six chefs de secteur d'opérer à partir de minuit, attendra vainement pendant de très longues heures des nouvelles des attaques qui devaient être menées. Jusqu'après la mi-journée du 1er novembre même, puisque la radio du matin n'a rien annoncé. À la différence de certains chefs d'autres zones — on ne parle pas encore à cette époque de wilayas —, il ne risque pourtant guère un grave échec et encore moins un véritable fiasco. Car l'ancien caporal-chef d'un régiment de tirailleurs algériens dispose alors de troupes relativement fournies — il peut compter sur plusieurs centaines d'hommes — et d'une quantité d'armes faible mais suffisante pour équiper une proportion significative des combattants. Les actions, donc, seront multiples, même si les résultats effectifs seront mitigés.

Un exemple ? Ali Zamoum, déjà militant nationaliste à plein temps depuis plusieurs années comme son frère Mohammed — le futur commandant Si Salah dont on aura à reparler — et responsable à vingt et un ans des activistes du secteur de Tizi Ouzou, a pris pour objectif la mairie du bourg de Tizi N'Tléta. Avant de pénétrer dans la petite localité, il a envoyé deux équipes scier les poteaux téléphoniques à l'Est et à l'Ouest pour empêcher toute communication éventuelle avec la gendarmerie la plus proche et aussi, dira-t-il dans ses mémoires, « pour l'effet spectaculaire ». Il a avec lui une quinzaine d'hommes, tous revêtus, en général pour la première fois, de tenues militaires, lesquelles avaient été achetées les jours précédents sur les marchés du coin où elles sont alors encore en vente libre. On veut d'abord neutraliser le garde champêtre qui assure la sécurité du lieu la nuit. Ce dernier, qui a sans doute repéré tout ou partie du groupe d'assaillants, se cache dans une voiture en stationnement où on le repère. Comme il refuse de sortir, et comme, ainsi que l'avouera Ali Zamoum, ses hommes qui vont en général pour la première fois réellement au feu sont « un peu nerveux », on « tire à qui mieux mieux sur la bagnole » avec une mitraillette, des revolvers et surtout les fusils de chasse qui constituent l'essentiel de l'armement du commando. « Un vrai tintamarre », qui oblige à précipiter le mouvement. Tous se dirigent donc vers la mairie toute proche dont on arrose de balles la façade avant d'enfoncer la porte, de saccager au plus vite ce qui pouvait l'être, de commencer à répandre de l'essence… et de quitter l'édifice, « un peu affolés », avant même d'y avoir mis le feu comme prévu. Toute la troupe se réfugie alors dans un lieu de repli soigneusement repéré auparavant, un bois situé au nord du village d'Ighil Imoula, près du refuge de Belkacem Krim. Bilan : une fusillade remarquée qui a laissé un blessé grave sur le terrain, une mairie quelque peu endommagée et le téléphone coupé.

Ailleurs en Kabylie, des actions de même type auront des résultats parfois un peu plus substantiels, parfois encore plus superficiels, parfois nuls. À Tizi Ouzou même, ainsi, il ne se passera rien. En revanche, dans plusieurs localités, comme à Bordj Menaïel ou à Camp-du-Maréchal, d'importants dépôts de liège — richesse principale de la région — et des hangars contenant du tabac ou des fourrages sont incendiés, provoquant au total des dégâts qu'on évaluera à plus de 200 millions de francs. Des gendarmeries et des casernes seront mitraillées dans maints endroits — à Tigzirt, Azazga, etc. — mais sans qu'on puisse s'emparer de stocks d'armement. Dans la ville de Draâ El Mizan, où on retrouvera des engins explosifs ou incendiaires devant des bâtiments de l'administration, un garde musulman qui tente de s'interposer est tué et son arme prise. Un peu partout, enfin, des poteaux ont été sciés et des fils coupés, interrompant les communications entre les diverses parties de la région.

LES AURÈS : TOUT UN TERRITOIRE COUPÉ DU MONDE PAR DES MAQUISARDS !

C'est cependant dans le sud du Constantinois, dans les Aurès et leur pourtour, autre région au relief accentué, où les Européens sont très peu présents, que les opérations du 1er novembre seront à la fois les plus spectaculaires et, pour l'administration coloniale, les plus inquiétantes et les plus tragiques. Nous sommes là, chez les Chaouias, dans le fief de Mostefa Ben Boulaïd. Ancien meunier, ancien adjudant de l'armée française pendant la guerre de 1939-1945, exploitant jusqu'en 1953 d'une ligne de cars dont on lui avait retiré la concession grâce à une entourloupe au profit d'un concurrent mieux vu des autorités coloniales, le leader des activistes dans cette région de l'Est algérien est, bien sûr, un militant de longue date du PPA-MTLD. Mais cet homme âgé de trente-sept ans, ce qui fait alors de lui l'aîné des chefs « historiques » de l'insurrection, fut surtout un cadre de l'OS dans le Constantinois. Il dispose ainsi, en plus d'une géographie favorable, d'une ressource essentielle pour mener des actions d'envergure.

Dans cette région, en effet, où de toute façon les armes individuelles sont nombreuses, on a pu conserver précieusement dans des caches les principaux stocks de fusils et de munitions accumulés pendant les années où l'organisation paramilitaire messaliste préparait la lutte armée. On possède encore en particulier, entreposés sous la paille dans une grange en pierre près d'une petite ferme appartenant à un sympathisant aux environs du chef-lieu administratif d'Arris, une bonne centaine de fusils Stati italiens de la Seconde Guerre mondiale. Ainsi que d'autres armes acheminées à l'époque de l'OS depuis Ghadamès en Libye grâce à l'organisation, sous les ordres d'Aït Ahmed et de Boudiaf, d'une caravane de chameaux qui avait mis deux mois à rejoindre son but. C'est d'ailleurs la raison pour laquelle, si la Kabylie a fourni des hommes aux régions où les activistes décidés à passer à l'action le 1er novembre étaient trop peu nombreux, les Aurès ont pour leur part offert quelques dizaines d'armes de guerre à d'autres secteurs, en particulier à l'Algérois. Dernier atout : Ben Boulaïd, déjà à la tête de plus de trois centaines d'hommes, peut compter sur le soutien de puissants « bandits d'honneur » réfugiés dans les montagnes chacun avec une petite troupe, comme le célèbre Grine Belkacem. La commune volonté de défier les autorités a en effet rallié ces hors-la-loi « professionnels » à la cause rebelle sinon véritablement au combat politique pour l'indépendance.

Dans la petite ville de Khenchela, à l'est du massif, on est passé à l'action comme partout dans la zone à trois heures du matin. Le responsable en charge, l'un des principaux lieutenants de Ben Boulaïd, Abbas Laghrour, a défini cinq objectifs qui doivent être attaqués simultanément par autant de groupes de dix à quinze combattants, tous en battle-dress et pataugas — il faut donner l'impression, Ben Boulaïd y tient, que les assaillants forment déjà une véritable armée. Ces groupes disposent chacun au mieux d'une arme à feu pour deux hommes. La plupart des actions seront au moins en partie réussies. Les bombes placées contre le transformateur électrique de la ville réussiront à le faire sauter, mais, pour avoir attendu trop longtemps et trop près l'explosion des engins, un des assaillants sera blessé par un éclat. L'administrateur européen de la commune, pour sa part, qu'on entend impressionner par des tirs contre son domicile, est malencontreusement sorti de chez lui à ce moment-là avec quelques cavaliers puisqu'il veut mener une mission de reconnaissance à la demande du sous-préfet sur la route d'Arris au petit matin. Il a donc failli être enlevé mais il peut se replier, protégé par ses cavaliers dont un est blessé. Le commissariat central est pour sa part envahi par des hommes qui n'hésitent pas à tirer pour anéantir toute velléité de résistance chez les trois agents présents, qui sont tenus en respect puis désarmés, ce qui permet de récupérer trois armes de poing. Le groupe qui doit attaquer la caserne des spahis et compte y récupérer des armes ne peut bénéficier de l'effet de surprise car les coups de feu tirés au commissariat qui jouxte le bâtiment militaire ont déjà donné l'alerte. Un officier européen, le sous-lieutenant Darneau, sorti à peine habillé devant la caserne pour interroger les soldats de garde et voir ce qui se passe, est tué d'une balle bien ajustée et un spahi qui se tient à ses côtés est grièvement blessé avant que les assaillants, emportant un des leurs, blessé par une des sentinelles, ne prennent la fuite. Ni là ni dans la gendarmerie également visée, on n'aura pu récupérer la moindre arme. Mais l'opération, globalement, a été d'une certaine envergure, peuvent se dire les combattants qui se regrouperont comme prévu au lieu-dit Fontaine-Chaude, à 2 kilomètres de Khenchela sur les hauteurs.

Ailleurs dans les Aurès, des faits encore plus spectaculaires se sont produits. La plupart des principaux acteurs des opérations prévues pour la nuit dans la zone, hormis ceux qui doivent agir à Khenchela et ceux qui mèneront des attaques à la bombe au Sud, à Biskra, se sont regroupés dès le matin du 31 octobre non loin d'Arris. Précisément dans une ferme près du *douar* Ouled-Moussa à une dizaine de kilomètres du centre administratif du massif. Le bâtiment est en effet celui qui abrite la principale cache d'armes de la région et il est devenu pour la journée un véritable camp militaire. Les combattants présents, environ cent cinquante *moudjahidines* qui mènent déjà depuis plusieurs semaines une vie de maquisard dans les montagnes des environs, sont arrivés la veille ou quelques heures auparavant par petits groupes. Ceux qui en ont obtenu se sont familiarisés avec les armes de guerre et tous ont revêtu des uniformes vert olive acquis dans les commerces de surplus américains. À 19 h 30, les divers groupes d'attaque ont commencé à se mettre en route pour atteindre à temps à pied ou par des moyens motorisés leurs nombreux objectifs, parfois éloignés. Mostefa Ben Boulaïd, impatient de connaître les résultats de cette offensive tous azimuts, part alors rejoindre son refuge des Beni-Melloul, son PC aménagé dans une grotte protégée de tous les regards — même aériens — par une forêt de chênes.

L'équipe la plus nombreuse, un peu moins d'une trentaine d'hommes, est partie en camion pour se faire déposer peu après Lambèse, à quelques kilomètres de la capitale de l'Aurès, Batna. Le chef des commandos, le petit transporteur qui se fait appeler Hadj Lakhdar, de son vrai nom Mohamed Tahar Labidi, connaît on ne peut mieux cette sous-préfecture où il a créé avec quelques autres il y a une quinzaine d'années la première cellule locale du PPA. Les hommes ont gagné deux à deux, pour ne pas se faire remarquer, le centre de cette ville de garnison, cachant si nécessaire plus ou moins bien leur battle-dress sous un burnous. Hadj Lakhdar renonce à commencer l'opération par un mitraillage de la sous-préfecture devant laquelle, un peu avant 2 h 30, il voit descendre de voiture le sous-préfet qui rentre de Constantine. Trop tôt alors pour tirer sur cette belle cible, il faut respecter l'heure H. L'objectif numéro un, désormais, c'est le bordj militaire. L'attaque sera à coup sûr spectaculaire et on compte bien pouvoir récupérer quelques armes avant de quitter les lieux. Mais quand tout le monde est en place, dix minutes avant trois heures, on entend tout à coup le bruit strident d'une sonnerie. Et des lumières s'allument.

Ce que ne sait pas Hadj Lakhdar, c'est que le sous-préfet vient d'être prévenu par téléphone d'événements graves qui se sont produits dans une localité de son secteur et a donné à l'instant l'alerte générale dans la ville. Qu'on ose attaquer Batna est presque impensable. Et il est peu probable qu'il s'agisse du début d'une insurrection affectant toute la région, où les Français craignent surtout alors les infiltrations, en provenance de l'autre côté de la frontière, de combattants indépendantistes tunisiens, ces *fellaghas* — autrement dit ces bandits « coupeurs de route » — qui ont trouvé dans le Constantinois et ses montagnes un refuge idéal. Mais on ne sait jamais. D'autant qu'on lui a dit que d'autres incidents ont eu lieu ailleurs en Algérie et que des bruits courent sur une possible agitation dans les Aurès depuis quelque temps. Que s'est-il passé ? Les commandos chargés d'opérer à Biskra, malgré les ordres formels de Ben Boulaïd, n'ont pas attendu l'heure H. Ils ont déjà attaqué avec une demi-heure d'avance plusieurs de leurs objectifs, notamment le commissariat, la caserne, où la guérite des sentinelles a été soufflée par une bombe, les locaux administratifs de la commune, une centrale électrique et des wagons d'essence, faisant plusieurs blessés. Voilà ce qu'a appris le sous-préfet, qui a réveillé tout de suite les responsables de la gendarmerie et de l'armée pour qu'ils sonnent l'alarme et ouvrent l'œil.

Du coup, à Batna, les maquisards aurésiens sont obligés de se replier puisqu'on ne peut plus compter sur l'effet de surprise pour neutraliser les sentinelles et tenter de pénétrer si peu que ce soit à l'intérieur des installations militaires. Hadj Lakhdar tire, comme convenu dans un tel cas, une fusée rouge qui doit prévenir l'ensemble des assaillants qu'il faut quitter les lieux. Tous les hommes se regroupent et repartent un peu en catastrophe, quand ils sont surpris par l'arrivée d'une voiture de l'armée se dirigeant vers le bordj, avec à l'intérieur le chef d'état-major du commandant de la place, qui a été prévenu des « événements » et qui est venu aux nouvelles. Le véhicule est mitraillé par les hommes du commando en fuite, sans que l'officier soit lui-même atteint. Deux des soldats de garde devant la caserne, des chasseurs à pied, n'ont guère le temps de se demander ce qui se passe après avoir fait quelques pas pour observer la situation. Avant même qu'ils aient pu mettre des munitions dans leurs fusils — ceux-ci ne sont pas chargés en permanence, c'est alors le règlement dans l'armée française en temps de paix —, ils sont touchés à mort par les balles des montagnards de l'Aurès. Avec le sous-lieutenant Darneau, ce sont les premiers militaires français tués par les indépendantistes pendant ce premier jour de ce qu'on n'appelle pas encore chez les insurgés la guerre de Libération de l'Algérie.

À quelque 100 kilomètres de là, près du cœur de l'Aurès, à mi-chemin entre Batna et Biskra, l'opération la plus à même de frapper les imaginations, celle qui tient le plus à cœur sans doute à Ben Boulaïd, doit se dérouler vers la même heure, sous la direction d'un ancien du PPA âgé de vingt-cinq ans, le principal second du chef de zone, Bachir Chihani. Ce dernier et ses hommes, en effet, doivent non seulement lancer de nombreuses attaques contre des objectifs ciblés mais aussi et surtout prendre provisoirement le contrôle de tout un vaste territoire autour d'Arris, qu'on veut couper du monde, du monde européen en tout cas. Là, dans un premier temps du moins, il n'y aura pas d'imprévu.

À T'Kout, un village situé au bout d'une petite route de quelques kilomètres au sud-est d'Arris, dans une sorte de désert de pierres près des superbes gorges de Tighanimine, les Européens savent qu'ils vivent dans un lieu reculé, au plus profond de l'Algérie profonde : la gendarmerie qui abrite une dizaine d'hommes avec parfois leur famille est toute neuve mais n'a pas l'eau courante. Un commando est chargé d'isoler complètement ce poste avancé de la colonisation dans cette région pour le moins rétive à toute « francisation » en interrompant toutes les communications et en obligeant les militaires à se replier dans leur mini-caserne. Peu après trois heures, il passe à l'action. On a scié des poteaux et placé quelques petites bombes où il le fallait. Résultat : les lignes téléphoniques et télégraphiques sont coupées. Ensuite, au moment où les gendarmes alertés par le bruit sortent de leur repaire, ils sont accueillis par des coups de fusil et des rafales de mitraillette. Ils doivent faire vite demi-tour et accepter de subir un siège en bonne et due forme.

À Arris, malgré les sabotages des moyens de communication, les autorités réussissent à parler avec Batna, grâce à la radio, au milieu de la nuit. Mais c'est pour confirmer que la ville est également isolée du monde extérieur. Dans les environs, Grine Belkacem et sa « bande », comme disent les Français, tiennent les hauteurs et ont pour instruction de tirer sur ceux qui voudront quitter la ville. De toute façon, la route vers le nord n'est sans doute guère praticable car des explosifs ont endommagé un pont. Vers le sud, un groupe d'une dizaine de combattants menés par Chihani en personne, connu de ses hommes sous le nom de Si Messaoud, a établi, toujours à l'heure fatidique de trois heures du matin, un barrage de pierres sur la route vers Biskra. À cet endroit, à plus de 1 500 mètres d'altitude, la route serpente sur l'un des versants de la montagne et la vallée est assez large, ce qui permet à des guetteurs de repérer au loin toute arrivée de véhicule. L'encerclement de la cité administrative des Aurès est donc total.

Au petit matin, cependant, la nouvelle de l'insurrection n'est pas encore publique. Le car qui fait la liaison entre Biskra, à la lisière du Sahara, et Arris, au cœur de l'Aurès, est parti avec ses passagers. Parmi eux, seuls Européens à bord, deux jeunes instituteurs français, M. et Mme Monnerot, qui profitent de ce week-end prolongé pour découvrir la région où ils ont été nommés il y a à peine quelques semaines. Sur le trajet, des passagers montent ou descendent dans les très rares localités traversées. C'est ainsi qu'un *caïd*, Hadj Sadok, a pris place dans le véhicule à M'Chounèche. Ceint d'un baudrier rouge, cet homme en impose avec son burnous immaculé au milieu des paysans en *cachabias* de laine. Il est venu s'asseoir près du couple d'enseignants, avec lesquels il bavarde. Tout comme eux, il se dirige vers Arris, où il entend rapporter à son supérieur, l'administrateur français, qu'il a la preuve qu'un groupe indépendantiste va passer à l'action : il a reçu la veille dans son courrier un texte ronéoté indiquant que la lutte pour l'indépendance commencerait ce jour même.

Soudain, tous les passagers sont projetés vers l'avant. Il est un peu plus de sept heures. Le conducteur, Djemal Hachemi, a freiné brusquement pour immobiliser son véhicule juste avant le barrage qui consiste en quelques pierres placées en travers de la voie. En fait, comme le sait le chef du commando, il n'a nullement été surpris puisqu'on a prévenu la veille ce sympathisant des indépendantistes qu'il devrait s'arrêter précisément à cet endroit, au niveau de la borne marquant le kilomètre 79 de la route, un peu avant les falaises de Tighanimine, où on aura installé ce barrage sommaire. Chihani, une fois la portière ouverte, se précipite mauser à la main dans le couloir du car, pendant que certains de ses hommes en armes, et en particulier le seul à posséder une mitraillette, Mohamed Sbaïhi, sortent de leurs abris et montent la garde à l'extérieur.

Chihani ne prête guère attention aux montagnards, passablement terrorisés par cette interception inattendue, mais ne manque pas de repérer les deux Européens et le *caïd*, qu'il fait descendre. Il sait que ce dernier a reçu la proclamation des activistes indépendantistes et il l'interroge sur ses sentiments : quel camp va-t-il choisir ? Celui-ci, d'après ce que l'on apprendra, le prend de haut et, méprisant, lui lance qu'il ne s'abaissera pas à discuter avec des bandits. Chihani, qui lui fait face, est décidé à lui régler son compte : il est entendu qu'on peut, qu'on doit même, s'attaquer aux militaires et aux musulmans inféodés aux autorités françaises en ce premier jour de l'insurrection. Ne sont interdits, Ben Boulaïd l'a signifié avec fermeté mais la consigne est valable pour toute l'Algérie, que les actes de violence, *a fortiori* les exécutions, visant des civils européens. Sétif et ses conséquences meurtrières sont encore bien présents dans toutes les mémoires algériennes et il ne saurait être question de délégitimer les actions insurrectionnelles en ravivant ces funestes souvenirs. Les époux Monnerot ne courent donc *a priori*, sauf accident, aucun risque sérieux. Mais accident, le mot est faible bien sûr, il va y avoir.

Sentant le sort qui risque de lui être réservé, Hadj Sadok a mis sa main dans son baudrier pour se saisir de l'automatique qu'il y cache et qui l'accompagne toujours. Sbaïhi, qui ne le quitte pas du regard, a surpris son geste et, pour protéger son chef Chihani, celui qu'il appellc Mcssaoud, lâchc dc façon réflcxc une rafale, qui atteint sérieusement le *caïd* au ventre. Guy Monnerot, qui était juste derrière, est également sévèrement touché, de même que sa femme. Une bavure sans doute, donc, même si toute la vérité sur cet épisode ne pourra jamais être établie. Quoi qu'il en soit, la situation prend vite un tour dramatique. Hadj Sadok, très grièvement blessé, est hissé dans le car, qui l'amènera bientôt, entre huit et neuf heures, jusqu'à l'hôpital d'Arris, Chihani ayant décidé de ne pas achever finalement ce musulman. Ce n'était qu'un sursis : il ne survivra pas à ses blessures, malgré, plus tard, un transport jusqu'à l'hôpital de Batna. Les deux Français, l'instituteur déjà agonisant et sa femme blessée à l'aine, sont eux abandonnés au bord de la route. Le premier, vidé de son sang, mourra bientôt sur place. La seconde, secourue plusieurs heures après, une fois le drame connu avec l'arrivée du car, pourra être sauvée : une colonne de volontaires en armes, dirigée par l'ethnologue français Jean Servier, qui ne craindra pas, malgré les conseils de prudence des militaires, de forcer provisoirement le blocus d'Arris, réussira à la ramener à temps dans la ville toujours coupée de l'extérieur. Chihani, avant sa mort fin 1955, ne laissera lui-même, autant qu'on sache, aucun récit de cette « bavure ». Ferhat Abbas, sans citer de source, assurera dans ses mémoires que celui-ci croyait les instituteurs légèrement blessés et qu'il entendait se servir d'eux pour attirer des gendarmes ou des soldats qu'il pourrait ainsi attaquer. Mais, las d'attendre, il aurait décroché au bout de deux heures.

« ON A ALLUMÉ LA MÈCHE »

Le 1er novembre, au total, succès ou échec ? Une fois toutes les attaques lancées et, pour l'essentiel, terminées, que peuvent penser, sur l'instant, les chefs des activistes qui ont déclenché ce jour-là la lutte armée ? D'un point de vue militaire, évidemment, le bilan est mince, et pour le moins contrasté. Seuls les responsables de la Kabylie et surtout des Aurès, Belkacem Krim et Mostefa Ben Boulaïd, peuvent se dire, une fois les premiers résultats enfin connus dans l'après-midi, qu'ils ont atteint une bonne partie de leurs objectifs avec quelques centaines d'hommes déjà en uniforme militaire. Pour le premier, l'ampleur des dégâts infligés suffit à l'assurer que son action ne passera pas inaperçue. Pour le second, la réussite de la manœuvre d'encerclement de toute une zone de l'Aurès, il le sait, aura un impact à nul autre pareil. L'« exploit » aura d'autant plus de retentissement que, bien que très provisoire, cette occupation d'un territoire supposé contrôlé par les Européens se prolongera jusqu'au lendemain du jour J, le temps que d'importants renforts envoyés de Batna obligent les maquisards à décrocher. Les deux régions, ainsi, grâce à ce qu'on peut au moins présenter comme plus qu'un demi-succès, se sont déjà positionnées comme les deux principaux foyers de rébellion contre la colonisation pour l'avenir. En revanche, sauf à se contenter de récits ultérieurs de certains activistes dont les actions ce jour-là seront souvent aussi héroïques que mythiques, il faut bien admettre que dans les autres zones les responsables de l'insurrection n'ont pas réussi à mener à terme, même partiellement, les opérations prévues. Bitat, Didouche et Ben M'Hidi, comme leurs alter ego, n'ont pas pu récupérer de stocks d'armes, au mieux quelques fusils à l'unité. Mais, de plus, avec leurs faibles effectifs, ils n'ont pas pu réaliser quoi que ce soit de significatif, sinon, ici et là, faire du bruit avec des bombes explosives ou incendiaires des plus artisanales qui ont fait long feu ou très peu de dégâts.

Et ils ont subi eux-mêmes des pertes, qu'il est encore trop tôt pour comptabiliser mais qui, en nombre de combattants morts, dépasseront de très loin au bout de quelques jours celles infligées à leurs adversaires, au « camp » de la colonisation.

Cette évaluation apparemment objective des réussites et des revers « sur le terrain » n'a cependant guère de sens. Car l'ambition des organisateurs des diverses opérations, qui n'ignoraient pas la faiblesse de leurs moyens, n'était que secondairement militaire : l'essentiel, on le verra, était de marquer les esprits, chez les nationalistes autant que chez les Européens, de franchir un point de non-retour. Et de démontrer, fût-ce avec nettement moins d'un millier d'hommes et quelques centaines d'armes, que l'on était capable d'opérer de façon concertée la même nuit sur un front de 1 500 kilomètres, d'un côté à l'autre de l'Algérie, sans que le pouvoir colonial puisse faire quoi que ce soit pour l'empêcher. Ce qui autorise assurément tous les acteurs algériens du 1er novembre à se réjouir immédiatement de leur coup d'éclat, si tant est que la crainte, justifiée, des réactions vigoureuses des autorités leur en laisse alors le loisir plus que quelques heures.

C'est donc bien évidemment à l'aune du principal résultat recherché, avant tout symbolique, qu'il faut évaluer en dernier ressort le bilan du 1er novembre. Une date qui, même s'il n'est pas encore clair que l'on vient d'entrer dans une véritable guerre, marquera rapidement un avant et un après dans l'opinion en Algérie. Et, bien sûr, dans l'histoire du combat indépendantiste. Les bombes n'ont peut-être pas explosé, ou si peu, mais « la mèche » de la guerre d'indépendance, selon l'expression attribuée à Mourad Didouche, a bien « été allumée ». Il suffit d'ailleurs de revenir en arrière, sur les quatre années qui ont finalement conduit d'anciens responsables de l'organisation paramilitaire du PPA-MTLD, l'OS, à décider ce déclenchement de la lutte armée, pour comprendre que, au vu des espérances de ces hommes qui ont préparé le jour J et l'heure H, le relatif échec de la plupart des actions armées pèse de peu de poids face à la réussite « globale » de l'entreprise.

SUS AUX BERBÉRO-MATÉRIALISTES DU MTLD

En 1949, l'OS, qui a enfin résolu une bonne partie de ses problèmes d'organisation et qui vient de réussir le hold-up de la grande poste d'Oran à l'insu des autorités coloniales, donc sans mettre en danger son existence secrète, pourrait logiquement se préparer, comme prévu à l'origine, à passer enfin à une nouvelle étape de son développement. Ne serait-ce qu'en multipliant les actions avant de pouvoir lancer une insurrection générale. Or la branche paramilitaire du PPA-MTLD va au contraire rencontrer de plus en plus d'obstacles sur son chemin avant de se diriger finalement vers sa perte dès l'année suivante.

Déjà, les circonstances mêmes de sa création, on le sait, ont jusqu'alors handicapé l'activité de l'OS. Les messalistes, à commencer par le *Zaïm* lui-même, n'ont accepté son avènement lors du congrès du PPA-MTLD de 1947 qu'à la suite d'un forcing des radicaux du mouvement et sans grand enthousiasme, comme une concession nécessaire aux impatients. La direction du parti favorise depuis cette époque la ligne légaliste et électoraliste. Sous la conduite d'Hocine Lahouel, allié de circonstance de Messali contre celui qui apparaît comme son rival, le porte-drapeau des activistes Lamine Debaghine, elle a inversé dans la pratique l'ordre des priorités décidées au congrès. On n'a jamais donné aux activistes des moyens suffisants — matériels ou en hommes — pour faire mieux que subsister.

Il n'est donc guère question, si ce n'est pour les membres de l'OS eux-mêmes, de préparer concrètement un « grand soir » insurrectionnel. Non seulement la majorité des dirigeants du parti ne croient guère que ce soit un projet réaliste à un horizon proche, mais il leur paraît même dangereux d'envisager ne serait-ce que l'éventualité d'un soulèvement avant longtemps : la tragédie de Sétif n'a-t-elle pas pris son ampleur, au moins en partie, du fait même de directives aventuristes ? Et n'a-t-elle pas menacé l'avenir du mouvement nationaliste ? Un différend idéologique au sein même du MTLD qui va dégénérer en crise — la crise dite « berbériste » — aura de surcroît en 1949 des répercussions importantes sur le leadership de l'OS et sur le rapport de forces entre les deux grands courants — celui des « politiques » et celui des « activistes » — au sein du parti. Au détriment du second.

L'affaire du « berbérisme », qui n'a pas pris jusque-là un tour aigu, vient de loin. Dès le milieu des années 1930, puis pendant la Seconde Guerre mondiale, les dirigeants nationalistes les plus critiques de la ligne Messali — notamment quant à l'attitude à adopter face au Front populaire au pouvoir à Paris, que le leader du PPA veut ménager, puis au regard d'une éventuelle alliance avec l'« ennemi de notre ennemi », autrement dit l'Allemagne nazie, récusée par le même leader — sont apparus comme originaires, avec l'essentiel de leurs supporters, d'une seule région, la Kabylie. En 1945, ensuite, la direction du PPA a dû faire face à une demande de militants kabyles de modifier l'organisation du parti pour réunir en une seule « région » tous les territoires berbérophones de la Haute et de la Basse Kabylie, des deux côtés du massif du Djurdjura. D'autres événements ou incidents mineurs témoigneront encore pendant les années suivantes de cette affirmation grandissante d'un particularisme politique et culturel que beaucoup de nationalistes originaires du pays berbère entretiendront d'autant plus qu'ils se considèrent souvent comme les fers de lance du parti. Parmi eux, nombreux sont ceux, souvent plus ou moins influencés par le marxisme, qui pensent qu'il est réducteur et erroné de considérer la langue arabe et l'islam comme les deux seuls éléments fédérateurs des nationalistes.

On s'inquiétait donc déjà, en particulier chez les messalistes « orthodoxes », de la montée d'un régionalisme kabyle quand, début 1949, un militant qui venait d'accéder à des responsabilités au sein du parti en France, Mohand Sid Ali Yahia, dit Rachid, mit le feu aux poudres en lançant une épreuve de force avec la direction. Se faisant le chantre d'une « Algérie algérienne » par différence avec une Algérie arabe et musulmane, il réussit à rallier à sa position la majorité de la direction du PPA en France. Il radicalise rapidement son point de vue, jusqu'à refuser que le mouvement organise une souscription pour la Palestine, cette question ne concernant à ses yeux que les Arabes.

Dès avril 1949, on se dit à Alger que c'en est trop. On décide de dissoudre la Fédération de

France du PPA avant d'envoyer des responsables sûrs — souvent choisis habilement chez les berbérophones — faire régner à nouveau l'ordre messaliste outre-Méditerranée. La reprise en main du mouvement donnera lieu — c'est déjà en train de devenir une tradition dans le parti — à des affrontements musclés. On en vient aux mains ici et là pour occuper les locaux, comme à Rouen où le député et membre du bureau politique Mohammed Khider est molesté et où des militants venus l'accompagner finissent à l'hôpital. La crise, d'abord circonscrite à la métropole, gagne cependant aussi l'Algérie, du moins au niveau des cadres. Là, les opposants à la ligne majoritaire « arabo-musulmane », beaucoup moins jusqu'au-boutistes que Rachid Ali Yahia qu'ils considèrent généralement comme totalement irresponsable et dont ils se gardent de se réclamer, sont souvent des « intellectuels » radicaux qui contestent déjà la ligne réformiste du parti. Résultat : les messalistes, au nom de la lutte contre le « fractionnisme » kabyle, en profitent pour regagner en bonne partie le terrain qu'ils avaient perdu lors du congrès de 1947.

Aït Ahmed, accusé de ne pas s'être désolidarisé assez clairement des berbéristes, sera, d'abord *de facto* puis officiellement, exclu de toutes ses responsabilités, aussi bien à la tête de l'OS — où Ben Bella, on le sait, le remplace — qu'au Comité central et au bureau politique, où les activistes perdent un représentant éminent. En Kabylie même, les maquisards que dirige Belkacem Krim, qui entend avant tout rester loyal envers Messali, font vite pencher la balance en faveur de la direction du parti, qui n'aura donc plus à craindre d'avoir à affronter ouvertement des opposants dans la région. D'autant que, coïncidence que les partisans de l'« Algérie algérienne » auront du mal à considérer comme fortuite, une bonne partie de la direction du PPA-MTLD de ladite région a été arrêtée — après une dénonciation ? — par les autorités françaises. Et que les « loyalistes » ne lésinent pas sur les méthodes : Ali Ferhat, un vieux militant du parti qui refuse de se désolidariser des responsables locaux suspectés de participer au « complot berbériste », est ramené à la raison par Krim lui-même à coups de balles de revolver — il sera blessé sérieusement. Quant à Lamine Debaghine, le principal soutien des activistes dans l'appareil, bien que non concerné directement par la crise, il se retrouve en position de faiblesse puisque l'épuration touche nombre de ses supporters radicaux. Il aurait d'ailleurs proposé alors à Aït Ahmed, à en croire ce dernier, de tenter un « coup d'État » dans le parti avec le concours de commandos de l'OS pour éviter sa marginalisation comme la sienne. L'exclusion dès la fin de 1949 du mouvement de l'opposant interne numéro un à Messali, officiellement pour « indiscipline » puisqu'il aurait notamment refusé de reverser comme prévu ses indemnités d'élu au parti, prouvera il est vrai que ce risque de mise à l'écart était réel.

À partir de ce moment et à jamais, le qualificatif « berbéro-matérialiste » — « matérialiste » pour marxiste, donc supposé proche des communistes — deviendra une insulte qui permettra de délégitimer à bon compte tout adversaire gênant dans le camp indépendantiste. Conséquence évidemment plus sérieuse, la crise berbériste aura marqué la défaite de l'approche laïque et pluraliste du nationalisme que voulaient encore défendre à cette époque bon nombre de militants du PPA-MTLD qui ne s'opposaient pourtant pas à Messali et qui n'entendaient en rien menacer l'unité du mouvement.

UN CLANDESTIN AU CARACTÈRE EMPORTÉ, UNE MALENCONTREUSE EXPÉDITION PUNITIVE... ET LA POLICE DÉCOUVRE L'OS

Le climat, pour l'ensemble du parti mais surtout pour les activistes, est donc plutôt difficile au tournant des années 1940 aux années 1950. Sans doute pas au point de démobiliser totalement des militants décidés qui n'ont d'autre perspective en tête que la lutte armée pour conquérir l'indépendance comme tous les responsables et toutes les recrues de l'OS. Mais suffisamment pour affecter leur moral puisque, la période de formation à la guérilla terminée pour l'essentiel, nul ne voit s'annoncer le moment où l'on franchira le Rubicon du combat militaire. Et c'est alors que ce qui n'est qu'un contexte défavorable va se transformer en catastrophe.

Premier coup dur : la police française, toujours persuadée un an après sa réalisation que l'attaque de la poste d'Oran fut l'affaire de malfrats, découvre par chance qu'elle s'est complètement trompée. Aït Ahmed et Belhadj Bouchaïb raconteront comment elle a été mise sur la piste. Un militant nationaliste clandestin, le Kabyle Boualem Moussaoui, a besoin d'être mis à l'abri. Bouchaïb, chargé de l'opération, lui obtient une planque chez des sympathisants dans l'Oranais à Mostaganem. Mais le jeune maquisard, au caractère emporté, se brouille avec ses hôtes. Et doit trouver un autre refuge. Il a la mauvaise idée de chercher asile dans un restaurant, où il donnera un coup de main, dont le patron n'est autre que Mohamed Fellouh, l'un des hommes pressentis pour le hold-up d'Oran et qui, on s'en souvient, s'était évanoui dans la nature peu avant le jour J. Reconnu par un client, un Kabyle avec lequel il a eu un différend, Moussaoui est dénoncé et arrêté par les autorités. Il ne parle pas et nie connaître son accusateur. Mais on appréhende aussi Fellouh, à qui on demande des explications sur son employé.

Si l'on avait encore un doute sur le fait que la défection inattendue du restaurateur lors de l'affaire d'Oran trahissait un manque de détermination ou une faiblesse de caractère, il sera vite levé. Bien que l'accusation de complicité avec un hors-la-loi ne soit pas trop grave, Fellouh, probablement un peu « bousculé » et craignant d'être sérieusement maltraité, parle vite et beaucoup aux policiers. Il avoue non seulement qu'il a bien accepté de « protéger » Moussaoui mais aussi, alors qu'on ne lui demande rien à ce sujet, tout ce qu'il sait sur l'attaque de la poste. Pire : il accepte de collaborer avec les autorités et de les aider à retrouver certains protagonistes de l'opération, ceux qu'il avait rencontrés dans la maison de Souidani où l'on avait tout préparé avant la première tentative de hold-up, finalement annulée. Le plus souvent, il ne connaît pas leurs vrais noms mais il se souvient de quelques détails sur leur vie et il est, semble-t-il, physionomiste. Il se rend ainsi avec un inspecteur à Alger, où il sait que résident certains des membres du commando d'Oran, dont le chauffeur du hold-up. Il réussit à identifier dans la rue Mohamed Ali Khider, qui se rendait ce jour-là au cinéma pour voir un film… sur la résistance française face aux nazis. Celui-ci, plus coriace que son dénonciateur, applique l'une des règles d'or énoncées dans la brochure de l'OS « L'attitude du militant face à la police » : ne rien dire, même sous la torture, avant trois jours. Ce qui permet d'évacuer de justesse, quand on s'inquiète sérieusement de la disparition du militant au bout de quarante-huit heures, Souidani et deux autres clandestins qui étaient abrités dans une cache appartenant à Khider — un garage qui servait aussi d'« atelier » pour former des militants à la fabrication d'explosifs et au sabotage.

L'enquête suivant son cours, Aït Ahmed, ce qui ne facilite pas sa liberté de mouvement alors qu'il cherche encore à gérer les conséquences de la crise berbériste, est bientôt identifié comme celui qui se cachait derrière le nom de Madjid, pseudonyme de l'organisateur du « coup ». Un mandat d'arrêt le concernant, pour hold-up, sera affiché par les gendarmes de Palestro — aujourd'hui Lakhdaria — sur la porte du domicile de ses parents en Kabylie. La plupart des autres participants à l'opération seront également recherchés mais, prévenus par leurs « complices », ils ne pourront pas être appréhendés, du moins sur l'instant. Le plus grave, de toute façon, cette fois pour la totalité des membres de l'OS, est vite ailleurs : à ce moment-là, en effet, la police coloniale a déjà commencé à s'attaquer à l'ensemble de l'organisation paramilitaire. Une initiative malencontreuse des activistes dans le Constantinois les a mis sur la piste de l'OS, dont les autorités européennes ne faisaient jusque-là que présupposer l'existence, sans en savoir beaucoup plus, grâce à quelques indices concordants : des documents compromettants saisis lors d'arrestations, comme ce texte expliquant la nécessité du passage à la lutte armée que transportaient imprudemment trois étudiants nationalistes venant de métropole, dont le futur ministre de l'Information du GPRA M'Hammed Yazid, interpellés à l'aéroport d'Alger le 15 mars 1948 ; des renseignements partiels d'indicateurs, évoquant notamment en février 1948 la création de « groupes de combat » dans le Constantinois et en Oranie ; quelques actions armées d'origine suspecte…

Le règlement interne de l'OS stipule, on le sait, qu'un militant qui rejoint l'organisation paramilitaire emprunte un chemin sans retour. Ici ou là, cette consigne a parfois été appliquée avec souplesse face à de rares défections. Mais dans le Constantinois, on ne badine pas avec la discipline. Ainsi, dès décembre 1949, on a pris le risque d'organiser une expédition punitive, qui devait probablement se terminer par une exécution, contre un militant qui voulait démissionner à Biskra. Le commando avait échoué dans sa mission, mais sa victime désignée, malgré sa frayeur, s'était tue. À la mi-mars 1950, le 18 exactement, dans la même zone, on remet ça. Quatre membres de l'OS, avec à leur tête le responsable en charge de la région de Bône et de Souk Ahras Hocine Ben Zaïm, se rendent à Tebessa, près de la frontière tunisienne, pour kidnapper un activiste récalcitrant, Abdelkader Khiari, qui tend à devenir un dissident et qui, bavard dit-on, pourrait menacer la sécurité des militants. Ils réussissent, cette fois, l'opération et, après l'enlèvement, emmènent leur prisonnier en voiture. Celui-ci, qui s'inquiète à juste titre pour son sort, se débat. À tel point qu'il fait perdre le contrôle du véhicule au chauffeur, qui ne peut éviter de sortir de la route et de percuter un arbre. Khiari en profite pour s'échapper et, malgré quelques coups reçus lors d'une petite poursuite suivie d'une échauffourée, réussit à se mettre à l'abri. Il estime alors nécessaire pour sa protection d'aller tout raconter au commissariat. Ce qui permet à la police d'installer des barrages et d'intercepter finalement ses agresseurs près d'Oued Zenati, dans le Nord-Constantinois.

Cette fois, les autorités tiennent le fil qui va leur permettre de découvrir, de façon certaine, l'existence et la physionomie d'une organisation paramilitaire secrète. Elles peuvent petit à petit remonter de la base au sommet de l'OS, région par région. En l'espace de trois mois, d'abord à Tebessa, puis dans tout le Constantinois, enfin dans l'Algérois et l'Oranie, les arrestations de suspects se multiplient et sont suivies d'interrogatoires musclés — autrement dit faisant appel au besoin à la torture, raconteront détails à l'appui plusieurs des intéressés. L'organisation paramilitaire qui avait réussi à fonctionner sans trop attirer l'attention pendant trois ans est démantelée. La police, au total, met sous les verrous entre 350 et 400 membres de l'OS, un tiers des effectifs opérationnels. Le cloisonnement entre tous les groupes d'activistes, jusque-là parfaitement efficace, a prouvé ses limites en période de crise aiguë face à la détermination des autorités, qui peuvent enfin opérer sur renseignement. Pour échapper à nouveau de justesse à l'arrestation après que sa nouvelle planque a été livrée aux policiers, Souidani, réfugié dans l'intérieur de l'Algérois, devra tirer pour s'enfuir, blessant à mort l'inspecteur Cullet.

Parmi les militants appréhendés, il y a aussi bien des hommes de la base que des responsables du plus haut niveau, comme Belhadj-Djilali, l'instructeur militaire des cadres de l'Organisation spéciale, Djilali Reguimi, qui dirige toute la zone de l'Algérois, et Ahmed Mahsas, qui vivait alors... dans une caserne après avoir été accusé d'insoumission puis enrôlé. Au bout de deux mois de traque, le 13 mai 1950, c'est le chef de l'OS lui-même, Ben Bella, qui tombe, pris dans sa cache après avoir été reconnu et filé par un indicateur. Le pouvoir colonial détient désormais la moitié de l'état-major de la branche armée du PPA-MTLD. Mais il a aussi découvert, outre des stocks d'armes, le matériel de formation des activistes — manuels d'instruction militaire, etc. — et l'organigramme complet de l'OS.

AÏT AHMED, KHIDER, BEN BELLA : EXFILTRATIONS VERS LE CAIRE

C'est donc réellement une catastrophe, aussi bien pour l'OS elle-même, qui se trouve immédiatement paralysée même si nombre de ses responsables ont réussi à trouver des refuges à temps, que pour le PPA-MTLD. On craint évidemment au siège du parti à Alger, place de Chartres, que la répression s'étende à l'ensemble du mouvement. D'ailleurs, certains cadres sont arrêtés lors de l'enquête. Certes, à part quelques-uns que l'on soupçonne à tort ou à raison de participation à l'OS, comme — à raison en l'occurrence — le futur dirigeant du FLN Abane Ramdane, tous les purs « politiques » interpellés sont rapidement libérés. Les autorités semblent s'être surtout acharnées à détruire ce qu'elles nomment un « réseau d'armée secrète », cette OS qu'elles prennent au sérieux mais sans plus. Car elles estiment, à en croire leurs rapports, qu'elle ne faisait que préparer pour un avenir assez lointain « des troubles locaux pour attirer l'attention des grandes puissances » ainsi que la « formation de cadres pour une insurrection ». Mais les dirigeants craignent cependant, non sans de bonnes raisons, une dissolution de la façade légale du parti. Ce serait alors, à l'évidence, toute la stratégie suivie depuis plusieurs années par les nationalistes qui serait ruinée par la déroute de ces activistes dont, on le sait, beaucoup de dirigeants, y compris Messali, se méfient déjà depuis longtemps. Tout serait à reconstruire. Alors que les cadres de l'OS encore en liberté ou déjà arrêtés sont en général enclins à revendiquer hautement leur action, estimant qu'il faut profiter de l'occasion pour faire publiquement le procès du colonialisme, les hiérarques du MTLD adoptent donc la ligne inverse. Ils nient l'existence même d'une organisation secrète liée au parti, accusant les autorités d'avoir monté un véritable « complot colonialiste » pour tenter d'anéantir le mouvement national.

Dans le droit-fil de cette posture défensive, on demande aux militants arrêtés de jouer profil bas et, lors des procès qui s'annoncent, de soutenir cette thèse du « complot », quitte à revenir sur des aveux — pourtant véridiques — qu'on pourra attribuer facilement à la torture — elle aussi véridique, on le sait. On fait savoir de même aux membres de l'OS restés en liberté qu'il faut qu'ils cessent au moins pour un temps toute activité, donc qu'ils se cachent comme ils le peuvent et qu'ils attendent des jours meilleurs. Ces consignes seront appliquées de fait par la majorité des intéressés — ont-ils en général le choix, d'ailleurs ? Mais il existe des récalcitrants qu'aucun argument ne pourra convaincre.

Parmi les emprisonnés, Ahmed Ben Bella, déjà le plus connu des activistes puisque la police lui a attribué finalement et généreusement non seulement son rôle effectif de direction des partisans de la lutte armée mais aussi l'entière responsabilité de l'organisation et de la réalisation du hold-up d'Oran, se refuse par exemple à pratiquer la dénégation. Il est déjà, il est vrai, quelque peu en froid avec les dirigeants du parti qui, estime-t-il alors, le jugent désormais compromettant et ne l'ont de plus guère aidé à échapper à la police coloniale après la découverte de l'OS. Avec d'autres responsables, comme Ahmed Mahsas, ou de simples membres de l'OS qui sont jugés avec lui en 1951 à Blida, il revendiquera haut et fort son combat pour l'indépendance et ses actions illégales — celle d'Oran en particulier —, utilisant le palais de justice comme une tribune. Ce qui ne lui vaudra évidemment pas l'indulgence des juges, qui le condamneront à huit ans de prison.

À l'extérieur, la plupart des anciens de l'OS ont pour première préoccupation d'échapper à l'arrestation, ce qui suffit le plus souvent à les conduire *de facto* à se faire discrets comme le souhaite la direction. Mais certains responsables ne se taisent pas pour autant au sein même du mouvement et continuent de réclamer qu'on ne cesse pas de préparer, fût-ce plus prudemment et avec des méthodes différentes, le passage, toujours inévitable à leurs yeux, à la lutte armée. Comme Aït Ahmed, il est vrai privé de l'essentiel de son influence, ou Mohamed Boudiaf, qui écriront tous deux des rapports à ce sujet à l'intention de la direction. Comme aussi, même s'ils ne s'expriment pas tous aussi ouvertement, les responsables régionaux qui ont pu à la fois s'en sortir et préserver une bonne partie de leur réseau : Rabah Bitat, Mourad Didouche, Mostefa Ben Boulaïd... Mais tous ces hommes sont bien obligés de constater à quel point ils sont minoritaires quand le Comité central, toujours fidèle à la ligne du « complot colonialiste », décide tout simplement de supprimer « officiellement » la branche paramilitaire du parti à l'été 1950. En attendant, a-t-on dit aux activistes, que les conditions soient remplies à nouveau pour songer à reconsidérer cette position. Le combat légal était déjà prioritaire depuis des années malgré la création de l'OS, il devient ainsi le seul envisagé par la direction du MTLD pour l'instant.

Certes, Messali lui-même, de son côté, déjà débarrassé de ses opposants radicaux depuis la fin de la crise berbériste, ne tranche pas pour autant en faveur des plus « modérés », loin de là. Il conteste même fortement à l'occasion leur position trop uniquement électoraliste, provoquant par exemple en mai 1951 le départ du parti de leur leader Chawki Mostefaï. Mais ne s'agit-il pas surtout de questions d'hommes ? Il avait en effet aussi obtenu deux mois auparavant, pour des raisons qui semblaient plus tenir à des querelles de pouvoir qu'à des choix politiques, la démission de son poste de secrétaire général de celui qu'il avait lui-même intronisé mais qu'il ne supportait plus, Hocine Lahouel, remplacé paradoxalement bientôt par un de ses proches, Benyoucef Ben Khedda. Un pharmacien très croyant et qui a démontré son courage au cours de sa vie militante : il a purgé notamment huit mois de prison sans jugement en 1943 pour s'être opposé en pleine guerre à la mobilisation des musulmans. Il fait partie des « intellectuels » de l'appareil — il s'est d'ailleurs beaucoup occupé de la presse du parti — et il possède des qualités de gestionnaire reconnues. Deux raisons qui expliquent sans doute en bonne partie pourquoi le *Zaïm* ne s'entendra pas mieux avec lui qu'avec son prédécesseur.

Sinon à travers ses actes du moins dans ses propos, Messali, qui se fait alors appeler de plus en plus souvent « le chef national », laisse pourtant volontiers ouvertes toutes les options, y compris les plus radicales, se positionnant volontairement comme depuis longtemps en arbitre rassembleur au-dessus de la mêlée. Mais la direction qui gère effectivement le parti au jour le jour poursuit son chemin imperturbablement sur la voie légaliste. Les initiatives concrètes prises pendant les deux années qui suivent prouveront que le repli stratégique consécutif à la découverte de l'OS ne s'apparente pas à un recul circonstanciel du parti indépendantiste quant à l'option militaire. Alors qu'il maintenait jusque-là réellement deux fers au feu au moins au niveau doctrinal, même si l'un et l'autre — le « révolutionnaire » et le « légaliste » — n'étaient pas également traités, ce n'est plus du tout le cas.

Plutôt que de les garder « en réserve » pour relancer un jour la lutte armée, on s'occupe ainsi de reclasser définitivement comme permanents au sein du parti, dans d'autres régions que celles où ils risqueraient d'être inquiétés, une bonne partie des anciens dirigeants de l'OS : voilà par exemple pourquoi on retrouvera en Oranie en 1954 des Constantinois — Ben M'Hidi, Boussouf, Benabdelmalek — comme cadres du MTLD, mais sans responsabilités nationales. Puis, au bout d'un certain temps, on exile même de l'autre côté de la Méditerranée certains responsables activistes trop difficiles à contrôler — c'est en tout cas ainsi qu'ils ressentiront cet éloignement bien que, au siège du parti, place de Chartres, on parle avant tout pour le justifier de « raisons de sécurité », d'autant plus commodes à invoquer qu'elles ne sont pas qu'imaginaires pour des hommes toujours recherchés. Boudiaf, Didouche ou Mahsas sont ainsi mutés en métropole pour s'occuper à divers titres de la Fédération de France du

MTLD. Le sort des deux anciens chefs de l'OS Aït Ahmed et Ben Bella et du député Khider ne sera guère différent.

Aït Ahmed, recherché à plusieurs titres par la police, écarté des responsabilités depuis la crise berbériste, vit le plus souvent, entre fin 1949 et fin octobre 1951, dans une petite chambre que ses futurs beaux-parents lui ont prêtée à Alger, dans « une hyperclandestinité confinant à l'autoséquestration » selon sa propre formule. Jusqu'à ce que, avec l'approbation de Messali semble-t-il, un cadre resté proche de l'ancien dirigeant lui propose une exfiltration vers Le Caire, où il pourra représenter le parti à l'extérieur. Difficile de refuser, vu la situation, cet exil que permettra un voyage parfois rocambolesque : c'est déguisé en officier de marine qu'Aït Ahmed traverse sur un grand paquebot la Méditerranée jusqu'à Marseille, avant, quelques mois plus tard, de prendre pour la première fois de sa vie l'avion, à destination de la capitale égyptienne. Mohammed Khider, recherché pour sa part par la police pour avoir prêté, comme on le sait, sa voiture officielle de député pour rapatrier le butin du hold-up d'Oran, s'est retrouvé lui aussi réfugié au Caire. Cela après avoir refusé une injonction du Comité central du parti qui, en vertu de la théorie du « complot colonialiste » destinée à protéger la stratégie légaliste, lui avait demandé d'accepter de se rendre à la justice si son immunité parlementaire devait être levée, comme c'était probable.

Ben Bella, de son côté, bien que condamné à une longue peine de prison, a persisté à s'opposer à la ligne « légaliste ». En pratique, il ne songe qu'à se faire la belle, car des militants activistes se sont dits prêts à l'aider à s'enfuir, alors même que le parti lui a fait savoir qu'il n'encourageait pas une telle initiative au moment où il faisait profil bas vis-à-vis des autorités coloniales. Il réussira dans son entreprise en mars 1952, en compagnie de Mahsas, qui avait été condamné pour sa part à cinq ans de prison, après une évasion de la prison de Blida digne d'un roman noir : introduction d'une lime cachée dans un pain à l'occasion d'une visite au parloir ; enlèvement des barreaux d'une fenêtre facilité par les chants patriotiques des prisonniers indépendantistes qui couvrent le bruit de l'opération ; constitution d'une pyramide de détenus pour aider les deux fugitifs à monter sur le premier mur d'enceinte ; utilisation d'une corde lancée de l'extérieur par des complices pour franchir le second mur, ce qui n'ira pas sans difficultés puisque Mahsas s'est blessé en sautant du premier mur qui comporte un obstacle sur sa face non visible de l'intérieur (un grillage électrifié soutenu par des potences) ; récupération des deux évadés par des anciens de l'OS, qui les cachent dans une maison qu'occupe un sympathisant tout à côté de la prison, là où on suppose qu'on n'aura pas l'idée de les chercher. Une fois « libre », Ben Bella s'apercevra évidemment qu'il ne peut plus du tout agir à sa guise et il finira donc lui aussi par accepter une exfiltration vers Le Caire via Paris.

Les simples militants de base comme la plupart des cadres de niveau intermédiaire de l'OS n'ont évidemment pas eu droit au voyage vers l'étranger. Ils ont même eu toutes les raisons, le plus souvent, de se sentir oubliés voire abandonnés par le parti. Belhadj Bouchaïb, par exemple, a raconté comment, en compagnie de Souidani, il a dû se transformer en ouvrier agricole pendant plusieurs années après 1950 dans un coin reculé de l'Algérois pour se cacher et survivre sans soutien réel de ses anciens camarades politiques. Difficile dans ces conditions de ne pas se sentir frustré et floué, surtout peu de temps après avoir vécu la période souvent exaltante de la préparation de la lutte armée. « Le parti est contre nous », pense carrément Bouchaïb, visant l'appareil de la place de Chartres, parce que, selon une formule que lui a soufflée Boudiaf, le seul responsable indépendantiste à être venu le rencontrer alors dans sa retraite, « il nous reproche d'avoir attenté à son existence ». Les centaines d'ex-membres de l'OS ainsi complètement marginalisés cultiveront jusqu'en 1954 une amertume que seule une nouvelle perspective d'insurrection serait susceptible de faire disparaître. En témoigne alors à Alger un café tenu par un ancien de l'OS qui nomme son établissement, pour faire connaître à ses camarades nationalistes son état d'esprit, « Café des mécontents »...

1953 : UN ÉLU INDÉPENDANTISTE ADJOINT AU MAIRE D'ALGER !

Sur le terrain de la vie politique, il est également difficile de ne pas voir un rapport de cause à effet, au moins indirect, entre la disparition de l'OS et une nouvelle tentative du MTLD, dès 1951, de reconstituer une certaine union, fût-ce sur des objectifs limités, avec les formations nationalistes modérées, évidemment opposées à toute aventure sur le mode activiste. Après le nouveau trucage généralisé des élections législatives par les autorités en juin 1951, l'appareil du MTLD accepte de former avec l'UDMA, les Oulémas et le PCA un « Front algérien », dont l'objectif officiel, bien vague, est de défendre « les libertés ». Autrement dit de réclamer le respect de la démocratie et l'élargissement des prisonniers politiques. Très mal acceptée, semble-t-il, par la majorité des militants indépendantistes, qui n'en voient guère l'utilité alors même que leur parti leur apparaît toujours plus dominant, cette alliance défensive face à l'administration coloniale, qui n'entend rien changer à ses méthodes, ne durera guère.

Messali, absent d'Algérie lors des négociations pour la constitution du Front algérien, préfère toujours pour sa part, fidèle à cette image de guide qu'il cultive, mobiliser le peuple plutôt que les organisations. Dans cette période de flottement après le choc de 1950, il décide donc, loin du jeu politique entre appareils qui se déroule à Alger, de se lancer dans une tournée à travers la France et de voyager au Moyen-Orient, où il accepte une proposition égyptienne — qui restera sans suite — de former militairement des militants nationalistes. Puis, après son retour en Algérie début 1952, de multiplier les meetings d'un bout à l'autre du territoire. Ces déplacements démontrent, si nécessaire, que la popularité du leader des indépendantistes, malgré toutes les péripéties que traverse le mouvement nationaliste, est alors au zénith. Mohammed Harbi, alors jeune militant à Skikda dans le Constantinois, pourtant peu habitué à employer les superlatifs dans ses écrits, témoignera par exemple avoir vu de ses yeux en avril 1952 « une ville en folie », ajoutant : « Jamais plus, même lors de l'indépendance, je ne verrai une foule aussi fervente, des hommes et des femmes dans un état second. Skikda était devenue une ville musulmane. Les Européens s'étaient enfermés chez eux. »

Le mouvement messaliste est en effet à cette

époque plus influent que jamais. Si d'autres formations existent encore dans le jeu politique « indigène » et appartiennent à leur manière très modérée à la galaxie nationaliste, le MTLD occupe alors une position quasi hégémonique. Et dans presque toutes les régions, même si son implantation est plus faible qu'ailleurs en Oranie. Il contrôle de fait une bonne partie des organisations qui comptent dans la société : les scouts musulmans, l'association des étudiants, les comités de chômeurs, quantité de clubs sportifs, nombre d'« écoles libres arabes », ces medersas qui étaient autrefois le fief des oulémas, etc. Même les mariages, les circoncisions ou les conflits privés sont désormais très souvent des affaires où les décisions se prennent sous l'égide du parti.

La population algérienne dans son ensemble, il est vrai, n'a pas connaissance de la « cuisine interne » du mouvement messaliste et ne suit que de loin, quand elle en recueille des échos, les épisodes de son évolution. Même un revers sérieux comme le démantèlement de l'OS n'a donc pas affecté son prestige. Voire au contraire. Ne s'agissait-il pas d'un scandaleux « complot colonial » pour ceux qui croyaient la propagande du parti ? Ou, mieux encore, d'une preuve de la détermination et de la puissance du même parti pour ceux qui s'exerçaient à décoder, notamment à travers les articles de presse, les quelques informations devenues disponibles sur cette branche paramilitaire jusqu'alors secrète du MTLD ? Il n'y a donc rien de paradoxal que ce soit justement à ce moment-là, où tout semble aller bien mais où nul ne sait trop de quoi sera fait l'avenir et comment l'envisager concrètement, que se met définitivement en branle le processus qui va faire finalement exploser le parti et conduire par ricochet à la préparation et à la mise en œuvre du 1er novembre.

Sans doute grisé par l'incroyable succès populaire qu'il rencontre, mais aussi parce qu'il estime par-dessus tout nécessaire de mobiliser le peuple, Messali, on le sait, va alors de meeting en meeting. Partout où il se rend, il prononce ses habituels discours enflammés réclamant l'émancipation définitive de l'Algérie. Contre l'avis des dirigeants du parti, qu'il juge, de plus en plus, trop modérés et trop craintifs. Et malgré les avertissements des autorités coloniales qui, effrayées, ont déjà interrompu une fois brutalement sa tournée de propagande en avril 1952. Les activistes reclassés dans le parti, comme en témoignera Boudiaf, ne ménagent pas leurs efforts, il est vrai, pour encourager en sous-main, chaque fois qu'ils le peuvent, ces manifestations indépendantistes populaires que l'appareil du parti, qui craint une nouvelle répression à la suite de provocations, aurait voulues plus discrètes. L'inévitable survient à la mi-mai quand, à Orléansville, une intervention de la police face à la foule enthousiaste se termine mal. On décompte deux morts à la fin du rassemblement animé par le leader indépendantiste. Encore un bon prétexte pour bannir à nouveau d'Algérie, et de fait cette fois pour toujours, l'éternel déporté Messali, qu'on assigne à résidence à Niort. Cet éloignement, loin de pacifier les rapports entre le chef charismatique du mouvement nationaliste et l'encadrement du parti, va petit à petit rendre irréversible un affrontement radical entre les deux.

Messali, dans son exil, ressent en effet avec encore plus d'acuité son impuissance à dominer l'appareil de « son » parti où, au fur et à mesure du temps, il est d'ailleurs devenu minoritaire. On le respecte toujours, on le consulte, mais on continue sur une voie que le tribun désormais privé de ses auditoires considère comme bureaucratique, conservatrice, défensive, plus au service de cadres « fonctionnarisés » que du peuple, auquel on ne donne plus beaucoup de perspectives pour pouvoir échapper au plus vite à la domination coloniale. Les dirigeants de la place de Chartres, qui n'ont pourtant guère l'impression d'avoir fait autre chose que tirer les leçons de la fin de l'aventure de l'OS, ne savent trop comment réagir. Car il ne leur apparaît pas clairement, à ce moment-là, qu'on puisse distinguer très facilement deux lignes dans le mouvement, du moins une fois admis que les activistes sont hors jeu jusqu'à nouvel ordre. On finit donc tout au plus par se mettre d'accord sur la tenue d'un congrès du parti, le deuxième après celui de 1947, envisagé d'ailleurs depuis un certain temps déjà, qui devra permettre de sortir de l'impasse doctrinale et organisationnelle dans laquelle on se trouve aux dires de beaucoup.

Après divers reports, le congrès sera ouvert en avril 1953 à Alger. Il devait clarifier la situation, il va l'envenimer. D'abord parce que ses organisateurs — autrement dit l'appareil et le Comité central du parti qui doit présenter le rapport introductif — ont décidé que le choix des délégués, théoriquement libre dans les diverses régions, devra tenir compte de « raisons de sécurité ». En d'autres termes, la participation des activistes et de leurs supporters est par avance quasiment exclue, à tel point que Ramdane Benabdelmalek, désigné par Ben M'Hidi pour le représenter puisqu'il est ainsi « empêché » malgré sa désignation en Oranie, sera pratiquement le seul de cette mouvance à pouvoir participer aux débats et à soutenir son orientation, farouchement antilégaliste. Ben Boulaïd, lui, est certes bien présent, mais il est tenu à la discrétion en raison même de son appartenance au Comité central où l'on impose un devoir de solidarité. On peut imaginer que la frustration des radicaux, déjà extrême on le sait depuis le démantèlement de l'OS, ne risque pas de perdre de son ampleur après un tel congrès. Mais celle de Messali ne sera pas inférieure.

Ne pouvant se rendre lui-même à Alger, Messali y a envoyé son fidèle porte-parole, Moulay Merbah, muni d'un long message évoquant sa position critique face à la politique suivie place de Chartres. Celui-ci ne sera cependant pas autorisé à lire plus qu'une partie dudit message et, de fait, les délégués resteront dans leur grande majorité ignorants du conflit grandissant entre le « chef national » et l'appareil. Ainsi, le congrès adopte sans difficulté le « programme » de la direction. Celui-ci consiste notamment à réformer, dans un sens apparemment plus démocratique, la désignation des responsables. Il donne surtout plus de pouvoir à ces derniers, instituant le Comité central comme le principal organe du parti entre deux congrès. Une façon, peut-on penser, de limiter en pratique l'influence du président. Et si on prête formellement attention à l'accusation messaliste d'immobilisme, tout en espérant ménager par là même les activistes, d'autant qu'on envisage dans les textes adoptés une éventuelle reconstitution d'un organisme paramilitaire, on décide en fin de compte seulement de confier l'étude de la question… à une commission. Celle-ci, chaque camp se renvoyant la responsabilité de cette carence, ne se réunira d'ailleurs jamais au complet pendant les mois suivants et se contentera, semble-t-il, d'évoquer vaguement la formation de cadres militaires pour un futur indéfini.

Le véritable résultat de ce congrès apparaîtra après sa clôture. Surtout quand on désignera la nouvelle direction. Sont éliminés du Comité central les militants qui s'étaient prononcés contre la participation aux élections municipales alors imminentes, ce qui confirme la victoire totale de la ligne électoraliste. Et le bureau politique choisi par ce Comité central ne comprend plus aucun allié inconditionnel de Messali. Moulay Merbah et Mezerna, ses deux principaux lieutenants, sont en particulier écartés de toute responsabilité. En revanche, non seulement Ben Khedda est reconduit à la tête de l'organisation, mais Lahouel, devenu au fil du temps la « bête noire » de Messali, fait son retour, en tant que numéro deux et véritable « homme fort », parmi les dirigeants. La participation, après les élections, d'élus MTLD du deuxième collège à des conseils municipaux dirigés par des libéraux européens avec lesquels on fait alliance viendra bientôt confirmer, si nécessaire, cette victoire de l'appareil légaliste. À Alger, c'est évidemment très symbolique, l'avocat Abderrahmane Kiouane, après avoir obtenu en échange quelques mesures sociales, accepte même de devenir, tout comme Lahouel, l'adjoint du maire Jacques Chevallier, un politique « éclairé » — comme il n'y en avait, il est vrai, pas tant chez les élus européens — qui considérait, non sans bon sens, qu'« il est plus sûr d'avoir auprès de soi des demi-rebelles que des domestiques ». Une alliance, assurément, qu'on aurait plutôt imaginée de nature à tenter l'UDMA que le MTLD !

Messali n'entend pas s'avouer vaincu. Il continue à réclamer qu'on reprenne l'offensive au lieu de se replier sur une ligne « réformiste » mise en œuvre par des « fonctionnaires ». Et il réclame même pendant l'été 1953 qu'on lui accorde les pleins pouvoirs pour « redresser le parti », ce que le Comité central lui refuse. Conscients de la popularité intacte et plus que jamais sans égale du *Zaïm* auprès de la population, les dirigeants s'emploient à de très nombreuses reprises, notamment au cours de plusieurs voyages à Niort de Ben Khedda et d'autres responsables, à trouver un compromis. Messali, fidèle à ses réflexes de toujours, certain de personnifier le combat indépendantiste, n'entend pas transiger. Il décide finalement pendant les derniers jours de décembre 1953 de rendre public le conflit : il adresse un message explicite à ce sujet à la Fédération de France du parti qui réunit alors à Paris une conférence des cadres. Deux mois après, le 11 mars, il annonce la création d'un « Comité de salut public », animé par un de ses fidèles parmi les fidèles, Abdallah Filali, un ancien artisan peintre que le chômage a poussé à l'exil en France en 1934, membre fondateur du PPA, qui fut longtemps aux côtés des activistes. Dans une adresse aux militants, il dénonce « une politique de facilité et de compromission » qui a vu le jour « depuis trois ans » grâce à « une véritable bureaucratie, avec ses fonctionnaires, ses téléphones, ses *pachas* et ses *chaouchs*, qui s'est instaurée dans le parti ».

L'appel à la révolte de Messali, toujours vénéré par la grande majorité des membres du parti, a trouvé immédiatement un large écho, début 1954, d'abord en France métropolitaine puis en Algérie, où Filali s'est rendu pour organiser l'offensive avec le concours de Merbah et Mezerna contre ceux que l'on va bientôt appeler uniquement les « centralistes » — ce qui signifie, bien sûr : partisans du Comité central. On demande aux militants et aux responsables locaux de ne plus verser les cotisations et de bloquer les fonds dont ils ont la garde ; et surtout de ne plus obéir qu'aux représentants du *Zaïm*. Les dirigeants de la place de Chartres, vite sur la défensive, se sentent incapables de trouver une parade efficace face à cette révolte qui, en raison de l'aura de Messali, risque de devenir non seulement contagieuse mais même irrésistible. Ils ne peuvent que tenter de limiter les dégâts en demandant aux militants, par l'intermédiaire des cadres sous leur autorité, d'adopter une attitude neutre en attendant un prochain congrès. Mais même cette position de repli leur semble difficilement tenable. Le 28 mars, ils décident donc, ce qui ressemble sur l'instant à une sorte de suicide politique collectif, de démissionner tous d'un coup. Ils transmettent le pouvoir et les moyens de l'exercer (le siège du parti, les journaux, un budget de fonctionnement, etc.), à l'exception pourtant — on n'est jamais trop prudent ! — d'une bonne partie de la trésorerie dont ils conservent le contrôle, à une « délégation provisoire » nommée par Messali et chargée de préparer le congrès qui doit permettre de confronter les positions de chacun.

DE LA SCISSION DU MTLD À LA CRÉATION D'UNE « TROISIÈME FORCE »

Messali a gagné la première manche. Par K-O. Trop facilement peut-être. Constatant qu'on les écarte totalement de la vie du parti, les membres du Comité central, au bout de quelques semaines, reprennent leurs esprits. Ils dénoncent l'autoritarisme de la nouvelle direction et, se félicitant d'avoir conservé la majorité des fonds du parti, organisent un début de contre-attaque. Se réunissant fin mai à Alger, ils se mettent à utiliser un langage et des arguments aussi « massifs » que ceux de leurs adversaires. Ils évoquent notamment, non sans raison même si le parallèle recherché avec Staline est peu pertinent, « le culte de la personnalité » entretenu par le *Zaïm* — une expression qui va d'ailleurs devenir le plus souvent péjorative pour désigner Messali, puisqu'elle vise le monopole absolu du statut de chef dans le parti qu'il se serait octroyé. Et ils dénoncent, plus hypocritement, son « incompétence » et son « manque de culture ». Ils se mettent à organiser des réunions d'explication partout où ils le peuvent encore pour conserver des troupes. Même si les militants nationalistes ne sont pas nombreux à pouvoir briser leur attachement au « chef national », le premier Algérien qui a osé organiser un parti pour réclamer l'indépendance, la plupart d'entre eux, malgré tout, sont désorientés par cette crise qu'ils n'ont pas vue venir et dont les enjeux ne leur paraissent pas toujours très clairs, si ce n'est qu'il s'agit d'une lutte pour le pouvoir.

Les « centralistes » ont-ils la moindre chance de retourner la situation à leur avantage, alors que les messalistes, disposant désormais de l'intendance, préparent à leur guise le futur congrès du parti pour le début de l'été à Saint-Denis en France ? Cette éventualité peut sembler d'autant moins probable que les propos de Messali sur l'immobilisme et la vénalité des dirigeants, qui selon lui ont été trop habitués au confort « bureaucratique » et ont perdu toute envie de combattre, ne peuvent, en toute logique, que lui valoir la sympathie des activistes. Or ces derniers, certes mis sur la touche mais toujours présents, sont les seuls, avec lui, à disposer d'une incontestable aura auprès de la base du parti, celle de ceux qui ont pris tous les risques. Pourtant, ce n'est pas ainsi que les choses se passeront.

Les anciens de l'OS, et c'est essentiel, ont conservé après leur dispersion et leur longue traversée du désert une grande solidarité, un esprit de corps. Malgré les immenses difficultés rencontrées dans leur vie courante par ces hommes vivant souvent dans une totale clandestinité et en tout cas presque toujours recherchés par les autorités, les activistes, en particulier les anciens cadres de l'organisation paramilitaire, sont restés en rapport entre eux. Ils ont mal vécu non seulement l'ostracisme dont ils ont fait l'objet après leur « démobilisation », mais aussi la conversion de plus en plus affirmée du parti à l'électoralisme, contraire à leur conception de la lutte pour l'indépendance. Ils ont donc *a priori* tendance à pencher, comme la majorité des militants, vers les messalistes. Mahsas aurait d'ailleurs écrit début 1954 aux deux anciens responsables de l'OS réfugiés au Caire avec Khider pour leur demander d'appuyer ce camp. Mais l'enthousiasme des activistes ne saurait être excessif pour les uns ou les autres puisque, à leur connaissance, aucun des principaux acteurs de la crise ne s'est soucié particulièrement d'eux ni n'a jamais envisagé réellement de relancer la préparation de la lutte armée depuis plusieurs années.

Cette position à la fois pro-messaliste et attentiste de la plupart des activistes va cependant évoluer petit à petit à partir de début mars 1954. À cette date, en effet, l'un d'entre eux, qui a vite considéré que ce combat des chefs était dangereux pour l'avenir de la « cause », se décide à agir. Mohamed Boudiaf, inquiet de voir que l'avantage que prennent les messalistes à la base risque de conduire surtout à une scission du parti, quitte alors l'Hexagone, où il occupe comme son ami Didouche des responsabilités auprès d'une direction « centraliste » déjà très déstabilisée, pour regagner — durablement, pense-t-il — l'Algérie. Il commence par se concerter avec d'autres anciens cadres de l'OS, en particulier Ben M'Hidi, Bitat et Ben Boulaïd. Ils se mettent d'accord pour tenter avant tout de préserver ou restaurer l'unité du parti, base nécessaire de l'action, et pour adopter en conséquence une position aussi neutre que possible. Par « unité », il faut évidemment entendre fin des hostilités entre les deux camps mais aussi retour au premier plan des militants écartés et en particulier des activistes. En fait, cette concertation va déboucher fin mars sur la création d'une « troisième force », le CRUA (Comité révolutionnaire d'unité et d'action), qui défend dans sa première proclamation une ligne du type : les militants ne doivent pas prendre parti dans un conflit qui ne concerne que les chefs en attendant un congrès qui nommera une nouvelle direction, qu'on souhaite révolutionnaire.

Loin d'être véritablement neutre, le CRUA, comme son principal animateur Boudiaf lui-même qui reprochait depuis quelque temps à Messali de « donner plus d'importance à sa personne qu'à la cause qu'il prétendait servir » et d'être « prêt à tout casser pour rétablir son autorité », est en réalité dès l'origine lié aux partisans du Comité central, en tout cas à plusieurs de ses membres, à commencer par Lahouel qui a aidé à sa constitution. Ses promoteurs activistes estiment que faire alliance avec les centralistes, alors qu'ils cherchent encore à ce moment-là à résoudre le conflit avec Messali, leur permettra de disposer des moyens nécessaires pour faire passer leur message d'unité et pour retrouver les militants de base de l'OS perdus de vue et que l'appareil du parti sait localiser. Car beaucoup de ces activistes restés clandestins sont à divers titres dépendants de cet appareil du mouvement qui les aide un peu à subsister et en tout cas maintient le contact. Quant aux centralistes, ils ne voient qu'avantage à s'associer, au moins pour un temps, avec ces activistes qui peuvent leur permettre de modifier cette réputation de conservateurs et de planqués que leur fabrique Messali et qui justifie la fronde contre eux. Quitte à supporter autant que possible d'être associé à un discours beaucoup plus radical que celui qu'ils ont l'habitude et l'intention de tenir.

Les messalistes ne s'y trompent pas, qui enverront début mai un commando signifier « physiquement » à Boudiaf, passant ce jour-là dans la basse Casbah à Alger en compagnie de Bitat qui aura droit au même traitement, qu'on le considère désormais comme un ennemi méritant une bonne correction. L'agressé, sévèrement battu et laissé en mauvais état sur le pavé, au risque d'être arrêté puisqu'il est recherché par la police depuis sa condamnation par contumace à dix ans de prison après les événements de 1950, n'hésitera pas à utiliser la même méthode pour montrer que lui et ses amis ne se laisseront pas intimider : une expédition punitive est organisée peu après avec des partisans du CRUA contre le siège même du parti occupé désormais par les messalistes place de Chartres, où l'on rend au sens propre coup pour coup. On relèvera des blessés des deux côtés. L'œil au beurre noir qu'il arborera pendant quelque temps n'aidera évidemment pas à rendre Boudiaf plus conciliant envers les partisans inconditionnels du chef charismatique. D'autant que le CRUA utilise effectivement l'infrastructure que mettent à sa disposition ses alliés de l'ancien appareil pour mener campagne à travers l'Algérie, notamment à travers son journal *Le Patriote*, tiré avec le concours financier et matériel des centralistes.

Cependant, même si chaque groupe trouve son intérêt à faire un peu de chemin ensemble, les activistes, impatients de reprendre le combat, et les centralistes, surtout mobilisés par la lutte pour le contrôle du MTLD, ne peuvent s'entendre durablement. Leurs stratégies et leurs objectifs ne sont pas les mêmes, ils sont en réalité à bien des égards divergents. Quand il apparaît que non seulement les messalistes, qui tiennent la « délégation provisoire » chargée d'une telle tâche, mais aussi, par réaction, leurs adversaires, ont décidé finalement d'organiser chacun un congrès, en d'autres termes quand il apparaît que la scission est devenue un fait, les liens entre le groupe Boudiaf et les centralistes vont sérieusement se distendre. Et cela même si la rupture sera progressive et jamais vraiment avouée, bien qu'irréversible alors depuis longtemps, jusqu'à la veille du 1er novembre. La méfiance entre les deux alliés s'est d'ailleurs exprimée au fil du temps de maintes façons. Les centralistes, malgré des promesses précises et chiffrées de Lahouel, n'ont pas donné par exemple aux représentants des activistes, sinon en petite partie, les moyens financiers réclamés — on a parlé de 6 millions de francs — pour préparer le lancement de la lutte armée. Et les leaders activistes, au fur et à mesure qu'ils ont pu mobiliser à nouveau les anciens de l'OS, ont compris que la plupart de ces derniers, soit véritablement neutres, soit restés fidèles à Messali, ne souhaitent certes pas apparaître comme des hommes au service des centralistes. D'où un double jeu : on se réunit et on se concerte entre anciens de la branche paramilitaire, évoquant de plus en plus précisément une volonté inébranlable de passer au plus vite à l'action, sans tenir au courant les centralistes de ce qu'on prépare.

Le congrès messaliste, finalement, aura lieu du 14 au 17 juillet à Hornu en Belgique avec trois cents délégués, mais en l'absence du principal intéressé lui-même, toujours assigné à résidence à Niort. On exclut du MTLD les principaux animateurs du camp centraliste (Lahouel, Ben Khedda, Kiouane, Yazid, etc.), on crée un Conseil national de la révolution à la place du Comité central, on renouvelle évidemment le bureau politique, qui ne comprend plus que des fidèles de Messali : outre ce dernier, il regroupe l'avocat en affaires musulmanes Merbah, l'ancien traminot Mezerna, le peintre Filali, l'artisan tonnelier Memchaoui et l'ex-gendarme Aïssa Abdeli. Pour bien marquer le changement, le congrès décide qu'il faut rompre avec la politique électoraliste et les tentatives d'union avec les autres partis et évoque diverses initiatives à lancer : ouvrir une école des cadres, faciliter la promotion des militants « de formation arabe », etc. On évoque dans les couloirs du congrès la mobilisation intense qu'il faut susciter dans le pays afin de créer les conditions politiques de la lutte armée pour laquelle, là encore, aucun horizon précis — même si, plus tard, il sera dit par ses partisans que Messali l'envisageait alors pour 1955 — n'est cependant fixé. En tout cas publiquement.

Jusqu'à la veille du congrès d'Hornu, les centralistes ont encore tenté de négocier avec Messali, auquel on envoie des « médiateurs ». Mais l'intransigeance du « chef national », qui exige avant toute discussion un *mea culpa* sans nuance, à la fois politique et personnel, de la part des « traîtres », a rendu depuis longtemps toute perspective de réconciliation illusoire. Un deuxième congrès du MTLD, le seul qu'on estime « légal » chez les centralistes, est donc convoqué à la mi-juillet pour le 15 août à Alger. Lequel prononcera la « déchéance » de Messali, Mezerna et Merbah, approuvera bien sûr la ligne du Comité central et réclamera « l'institution d'un État républicain, indépendant, démocratique et social ». On ne parlera plus beaucoup de démocratie en ces termes par la suite, peut-on noter, dans les rangs des combattants nationalistes... On affirmera aussi, logiquement, une certaine sympathie envers les activistes, mais là encore sans parler trop précisément de la lutte armée, qu'on juge pour l'instant, dans l'attente de « conditions favorables », prématurée, pour ne pas dire suicidaire.

JUIN 1954 : LES « VINGT-DEUX » DÉCIDENT DE PASSER À LA LUTTE ARMÉE

À ce moment-là, ni les messalistes ni les centralistes ne le savent ni même ne s'en doutent, et encore moins bien sûr les autorités françaises, mais les dés ont déjà été jetés. À une date que les différentes sources, quasiment toutes divergentes et parfois fantaisistes, ne permettent pas de situer de façon certaine entre la mi-juin et le début du mois de juillet, mais qui pourrait bien être le 23, le 26 ou le 27 juin, le 26, un samedi, étant de loin le plus probable, plusieurs des animateurs du courant activiste, certains que leurs efforts pour dépasser le conflit interne sont définitivement voués à l'échec, se disent qu'il est temps de se réunir avec les anciens cadres de l'OS les plus déterminés et les plus sûrs qu'on pourra mobiliser pour définir une ligne de conduite propre à la « troisième force ». Cette rencontre qui est appelée à devenir historique est aujourd'hui connue comme « la réunion des vingt-deux », expression qui sera en fait forgée par Courrière dans son livre *Les Fils de la Toussaint* en 1968. Elle est organisée par cinq des promoteurs du CRUA — Boudiaf, Ben Boulaïd, Ben M'Hidi, Didouche et Bitat — et se déroule dans un faubourg d'Alger, au Clos-Salembier. Dans la maison qu'un sympathisant, Lyès Derriche, a mise à la disposition d'un des participants, Zoubir Bouadjadj, l'ami de Didouche. En fait ces célèbres « vingt-deux », remarquera ironiquement l'un d'entre eux venu de Constantine, Mohamed Méchati, n'étaient peut-être que vingt et un, puisque leur hôte, bien que comptabilisé parfois parmi les présents, n'a pas vraiment participé aux débats, étant préposé à faire le guet pour assurer la sécurité de tous ; et qu'un autre militant nationaliste, Hadj Ben Alla, souvent cité lui aussi comme participant, notamment par Courrière qui aboutit ainsi au chiffre de vingt-deux, n'était tout simplement pas là.

Certains, dont Bouchaïb, l'un de ceux qui raconteront ce qui s'est passé ce jour-là, Souidani, Bentobbal et Zighout, sont arrivés la veille au soir. La plupart les ont rejoints le matin même, notamment « les cinq » du CRUA qui, sous la présidence de Ben Boulaïd et occupant la « tribune », déclarent la réunion ouverte. On fait d'abord, essentiellement par la voix de Boudiaf, un rappel historique — l'OS de sa naissance à sa dissolution, l'« attitude capitularde » de la direction après la fin de l'OS, la crise du parti qui a conduit à la scission — et on évoque les points qui peuvent faire débat — la position du CRUA et ses rapports avec les centralistes, ce que doivent désormais faire les anciens de l'OS, etc. Lors de la discussion qui durera tout l'après-midi, plusieurs des présents — notamment Bouchaïb et surtout quatre cadres activistes de Constantine, qui se diront d'ailleurs plus tard, affirme Méchati, un peu étonnés de la composition de cette assemblée où ne sont présents, sans souci d'un réel équilibre géographique ni de la représentativité des convoqués, que des hommes que Boudiaf peut supposer proches de lui — auraient fermement réclamé qu'on abandonne l'alliance préférentielle avec les centralistes au profit d'une véritable neutralité. Mais le principal sujet abordé sera évidemment celui du passage à la lutte armée : faut-il adopter immédiatement le principe de son déclenchement au plus tôt, afin, comme le dit Boudiaf, de « dépasser la situation catastrophique du parti et du mouvement révolutionnaire dans son ensemble », ou attendre que les conditions et les moyens de l'action soient mieux réunis ?

Sans surprise, mais après de vifs débats et une intervention décisive de Souidani, les larmes aux yeux, qui aurait pu achever de convaincre d'éventuels réticents, les « vingt-deux » se mettent d'accord pour passer immédiatement à la lutte armée « avec les moyens du bord », et jusqu'à l'indépendance. Une décision, les témoignages concordent, en fin de compte unanime, ce qui n'a rien d'étonnant de la part de cet ensemble d'activistes. Pour choisir une direction qui sera collégiale, et malgré l'avis réservé des quatre Constantinois déjà évoqués quant à la procédure adoptée, on décide d'élire un « coordonnateur » du groupe et de laisser celui-ci choisir ceux qui prendront avec lui les décisions majeures pour traduire en actes le choix de l'insurrection. Boudiaf, bien que contesté sans doute par ceux qui récusaient cette méthode destinée à préserver l'anonymat des chefs aussi longtemps que possible, est donc élu, au deuxième tour, après un vote à bulletins secrets à la majorité des deux tiers. Très logiquement, à en croire Bouchaïb : « De l'ouverture à la clôture, un ténor s'affirme, Boudiaf. Lui nous connaît tous par nos noms et sait nos refuges. » Seul Ben Boulaïd, qui a recueilli les bulletins, a alors pu savoir immédiatement, assurera cependant Boudiaf, quel était le résultat du « scrutin ». C'est ce dernier qui aurait décidé le lendemain, sans que cela soit étonnant, de choisir ceux-là mêmes qui avaient préparé avec lui la réunion, soit « les cinq », pour prendre le commandement de la « conjuration » activiste dans le cadre d'un Comité, qui se transformera plus tard en Conseil de la révolution. C'est ce jour-là en tout cas que débute le processus qui mènera presque mécaniquement au passage à l'acte du 1er novembre, bien qu'aucune date précise ni aucun *modus operandi* n'aient encore été fixés.

Même si l'on imagine l'impatience des activistes réduits à jouer les utilités ou à attendre indéfiniment dans l'inaction une évolution de la position du parti à leur égard, même si l'on peut comprendre que l'exaspération des militants les plus décidés face à la décomposition de « leur » parti les incite à aller de l'avant, on pourrait être surpris par ce soudain franchissement du Rubicon en l'espace de vingt-quatre heures. Certes, il y a le précédent de l'OS, qui est encourageant : n'avait-on pas réussi pendant trois ans, à l'insu des autorités, à se former à la lutte armée avec au moins un millier d'hommes ? Alors pourquoi ne pas rééditer l'opération pour sortir d'une situation bloquée ? Mais il y a quand même une grande différence entre se préparer à une éventuelle insurrection à une date totalement indéterminée et décider que, cette fois, on y va, et au plus vite. Pour comprendre pourquoi, alors, on se « jette à l'eau », sans doute faut-il donc envisager que d'autres facteurs ont pu jouer un rôle, peu auparavant, pour créer un contexte favorable. Parmi ceux-ci, au moins trois, liés à des changements extérieurs, paraissent majeurs.

Les deux premiers ont trait à l'évolution des événements en Égypte et au Maghreb. Au Caire, d'abord, on ne saurait sous-estimer l'impact de l'arrivée au pouvoir des « officiers libres » en juillet 1952 et bientôt de Nasser tout seul. Les partisans des luttes de libération et du « combat anti-impérialiste » dans le monde arabe avaient trouvé leur base arrière et, avec le Raïs, un leader d'envergure pour porter la parole révolutionnaire sur la scène internationale. Par ailleurs, alors que pendant longtemps les indépendantistes algériens étaient apparus comme « en pointe » dans le combat pour l'émancipation au Maghreb, désormais, c'étaient les nationalistes du Maroc — où l'on s'agite plus que jamais depuis la déposition du sultan Sidi Mohammed, le futur Mohammed V, et les émeutes de Casablanca — et de Tunisie — quand on parlait de *fellaghas*, alors, c'était, on l'a vu, des combattants tunisiens qu'il était question — qui montraient l'exemple. Les « terroristes » que dénoncent régulièrement les journaux français en 1953 et début 1954 ne sont pas en général des Algériens mais des militants anticolonialistes des protectorats voisins où certains sont passés à la lutte armée et où l'on sent de plus en plus que l'indépendance est à l'horizon.

Déjà de quoi inciter à l'action, sans doute. Mais

en mai 1954, à peine un mois avant la réunion des « vingt-deux », il s'est surtout produit un événement qui a joué le rôle d'un prodigieux accélérateur de l'histoire : la défaite de l'armée française à Diên Biên Phu. En mai 1940, on le sait, les Algériens n'avaient pas manqué de noter que la puissance coloniale n'était plus invincible militairement. Mais son adversaire, alors, était une autre grande puissance européenne. Au Vietnam, où la défaite française a lieu le jour anniversaire des événements de Sétif, une coïncidence que tout le monde remarque et que beaucoup en Algérie attribueront à la « justice divine », ce sont des colonisés qui ont vaincu par les armes l'ex-première armée du monde. Le retentissement de ce véritable Valmy des peuples assujettis est considérable et, tous les témoignages le confirment, marque profondément et pour longtemps les esprits dans les colonies d'Afrique du Nord. Le 8 mai, d'ailleurs, la radio La Voix des Arabes au Caire appelle immédiatement à l'insurrection armée dans tout le Maghreb.

CINQ, SIX PUIS NEUF « CHEFS HISTORIQUES »

Dès après la réunion des « vingt-deux », les cinq chefs activistes comme les adjoints qu'ils se choisissent — souvent, et très logiquement, des participants à la réunion du Clos-Salembier, puisque les « cinq » avaient eux-mêmes lancé les invitations — se mettent au travail. Il faut regrouper dans une véritable structure, en grande partie calquée sur celle de l'ancienne organisation paramilitaire, les anciens de l'OS et les volontaires sûrs que l'on pourra trouver.

On avait déjà commencé depuis plusieurs semaines à contacter les anciens camarades de lutte, cette fois on agit systématiquement. Pour cela, les quatre « chefs de zone », soit les « cinq » à l'exception de Boudiaf lui-même, le coordonnateur, s'appuient sur des chefs de région qui, à leur tour, donnent des instructions aux hommes qu'ils sélectionnent un par un. Pour préserver le secret, personne ne doit connaître, sauf cas particulier et dans ce cas on utilise des pseudonymes, plus de quatre ou cinq personnes. Tous les problèmes, aux divers niveaux de responsabilité, sont traités au cours de réunions hebdomadaires.

On reprend l'instruction militaire, grâce aux brochures du temps de l'OS qu'on a soigneusement conservées : Bouchaïb racontera comment, de nuit, cagoule sur la tête pour préserver son anonymat, il apprendra pendant l'été 1954 à des militants sélectionnés à démonter et remonter mitraillettes et pistolets et à manier des grenades. La ferme de Crescia, dans l'Algérois, restera célèbre à cet égard pour avoir servi de dépôt d'armes et de camp d'entraînement. On organise surtout des stages de formation à la fabrication d'explosifs, avec pour instructeurs ceux qui avaient acquis un savoir dans ce domaine, à commencer par Ben Boulaïd et, dans la région d'Alger, Si Mohamed lui-même, autrement dit Rabah Bitat pour les rares qui connaissent son nom. Le même Bouchaïb explique comment, à Souma, dans l'Algérois, un véritable atelier de production de bombes artisanales est bientôt opérationnel : une camionnette apporte régulièrement des tuyaux et d'autres matériels de la capitale et, sur place, chaque nuit, des militants, comme le beau-frère de Souidani qui est ouvrier tôlier, honorent les commandes de bombes — si l'on peut appeler ainsi ces engins explosifs qui sont vraiment très sommaires. Conscients du manque cruel de moyens, malgré l'existence heureuse de quelques caches d'armes préservées depuis 1950, les dirigeants ont en effet décidé que l'essentiel, au départ, serait d'affirmer haut et fort l'existence d'un mouvement indépendantiste armé et de frapper l'opinion, donc de réaliser des attentats et toutes sortes d'actions aussi spectaculaires que possible.

Il faut par ailleurs, comme en conviennent vite les « cinq », élargir la participation au mouvement révolutionnaire à l'ensemble du pays : l'absence totale de la Kabylie, jugée encore trop messaliste pour y être invitée, lors de la réunion des « vingt-deux » qui faisait la part belle aux originaires du Constantinois est un évident sujet de préoccupation. Mais aussi améliorer la « surface » et la représentativité de ce mouvement pour pouvoir obtenir plus de moyens. Dès le début du mois de juillet, une opportunité s'est présentée pour aller dans ce sens. Boudiaf apprend par des émissaires qu'une réunion est prévue en Suisse entre les deux tendances du parti et des représentants de sa délégation extérieure au Caire, ces derniers voulant à leur tour tenter une réconciliation générale. Il se rend donc à Berne. Ben Bella, venu d'Égypte avec Khider, fait alors savoir à l'animateur du CRUA — lequel, bien que déjà presque en sommeil, est théoriquement toujours actif puisque l'initiative des activistes est secrète — qu'il veut le rencontrer.

Les discussions de Ben Bella et Khider avec les messalistes Mezerna et Filali et les centralistes Lahouel et Yazid se sont déjà soldées par un échec quand Boudiaf arrive le 7 juillet. L'ancien chef de l'OS, qui à ce titre bénéficie de sa confiance, est mis au courant par le coordonnateur du Comité des cinq des projets des activistes et des problèmes à résoudre. Ben Bella lui dit être certain de pouvoir lui apporter le soutien de la délégation extérieure et l'assure qu'il s'emploiera à l'aider à obtenir des moyens matériels, en particulier des armes, aussi bien auprès des Égyptiens que des voisins tunisiens et marocains.

Mais ce déplacement fournit aussi l'occasion à Boudiaf de parler à nouveau, à leur demande, avec des responsables centralistes. Ceux-ci, en effet, se disent désormais prêts à cesser la bataille frontale avec les messalistes et, après avoir dissous définitivement le Comité central pour le prouver, à aider les activistes avec tous leurs moyens à préparer l'avenir, autrement dit, quand ce sera devenu possible, la lutte armée. En fait, ces propositions, une fois les deux « délégués » rentrés à Alger, resteront lettre morte, on le sait, puisque au contraire les centralistes décideront de se déclarer autant que les messalistes les légitimes représentants du MTLD.

Rien d'étonnant donc si, à la suite de cette nouvelle déception et après le congrès messaliste d'Hornu qui entérine la scission, le CRUA, avant la fin juillet, cesse d'exister. Mais comme la disparition de celui-ci ne sera jamais officialisée, la plupart de ceux qui s'intéressent au développement de la situation dans le camp nationaliste en Algérie, à commencer par les services de renseignement de l'administration coloniale, ignoreront cette évolution. Presque tous finiront même par affirmer, sans être démentis d'ailleurs par les divers clans algériens issus du MTLD car personne n'y a en fin de compte intérêt, que les actions du 1er novembre ont été l'œuvre du CRUA. Un comité que les Français imagineront même longtemps dans leurs rapports, on ne sait trop pourquoi, manipulé par Ben Bella — qui manifestement les obsède. D'aucuns croiront d'ailleurs jusqu'après la fin de la guerre que le FLN n'avait été que le nouvel habillage du CRUA.

L'absence des nationalistes kabyles lors de la réunion de juin, pour sa part, était, on l'a vu, dans l'esprit des « cinq », simplement logique : leurs chefs, notamment les deux principaux, Belkacem Krim et Amar Ouamrane, tout comme les militants radicaux de la région, avaient pris dans leur immense majorité fait et cause pour les messalistes. Des représentants de la Kabylie se rendront d'ailleurs, sous la conduite d'Ali Zamoum, à Hornu. Mais il ne peut être question pour les « cinq » de laisser une région aussi centrale et aussi importante, de surcroît la seule avec les Aurès où des hommes tiennent depuis longtemps le maquis, hors du mouvement en cours de constitution. Il ne sera pas facile pourtant d'établir le contact avec les deux leaders kabyles, peu enclins à lâcher leur *Zaïm* et de surcroît toujours sur leurs gardes car très recherchés — ils sont et l'un et l'autre, on le sait, condamnés à mort par contumace. Plusieurs réunions auront cependant lieu jusqu'à la fin août, notamment avec Boudiaf et Ben Boulaïd du côté des « cinq ». Elles seront nécessaires pour convaincre Krim et Ouamrane que, s'ils persistent à vouloir avant tout passer à l'action, comme ils le disent, seul un ralliement aux activistes leur permettra de traduire leur objectif dans les faits.

Des entrevues avec Merbah, surtout, mais aussi avec Lahouel, à Alger pendant l'été, ont suffi à convaincre petit à petit les chefs kabyles que les deux tendances du MTLD qui s'affrontent alors ouvertement ne sont pas plus l'une que l'autre proches de lancer la lutte armée, quoi qu'elles en disent. Tout en conservant malgré tout jusqu'à la seconde partie du mois de septembre 1954 un lien avec les messalistes, Krim et Ouamrane, après s'être concertés avec leurs adjoints responsables des diverses sous-régions, et après avoir même organisé une rencontre entre ces derniers et des membres du comité issu des « vingt-deux » à Alger pour faire entériner leur choix, rejoindront ainsi finalement avant la fin de l'été le camp de ceux qui veulent passer à l'action. À peine plus de deux mois avant le jour J — qui n'est d'ailleurs alors toujours pas fixé. Les « cinq », de ce fait, deviendront les « six », Krim rejoignant le groupe dirigeant, et choisissant évidemment Ouamrane comme adjoint. Et voilà pourquoi l'histoire retiendra qu'il y eut neuf « chefs historiques » de la Révolution, à savoir les « six » plus les « trois » dirigeants de la délégation extérieure du Caire — Ben Bella, Khider et Aït Ahmed — qui, après avoir difficilement accepté la réalité définitive de la scission, ont opté clairement pour le camp activiste.

Début septembre, cependant, les « six », réalisant qu'aucun d'entre eux n'est connu de la population et encore moins de l'opinion internationale, se demandent encore s'il ne faudrait pas trouver un porte-drapeau pour assurer à leur entreprise toute la publicité recherchée. Ils se décident donc à aller voir le principal homme proche de leurs idées et disposant d'une certaine notoriété, le docteur Lamine Debaghine, qui a le mérite de s'être tenu à l'écart du combat fratricide au MTLD, puisqu'il en était exclu depuis quatre ans, et qui a toujours soutenu les activistes. Celui-ci, qui a repris son métier de médecin à Saint-Arnaud dans le Constantinois, reçoit et écoute longuement Boudiaf, Ben Boulaïd et Krim, qui lui expliquent leur projet. Il demandera un délai de réflexion puis déclinera finalement lors d'un rendez-vous à Alger la proposition de jouer les têtes d'affiche, craignant apparemment un échec de l'opération qu'on lui a décrite. D'autres « politiques » contactés, de moindre envergure, ne voudront pas non plus franchir le pas. Tant pis, en concluront les « six ». Comme l'aurait dit alors sèchement Ben Boulaïd à Debaghine pour couper court à ses explications, « nous n'avons besoin de personne ».

TROIS SEMAINES POUR PRÉPARER LE JOUR J

Il valait mieux qu'il en soit ainsi. Car, de fait, à part l'aide parcimonieuse des centralistes pendant un temps, les activistes ne pourront compter que sur leurs propres forces. Malgré les bons rapports de Ben Bella avec Nasser et les services spéciaux égyptiens, Le Caire fera savoir que son soutien ne sera conséquent que… quand l'action armée aura commencé. Et les armes que l'on attend des Tunisiens et des Marocains, contactés par le même Ben Bella, n'arriveront jamais. Si l'on a très vite renoncé à espérer un appui de cette nature des voisins de l'Est, on croira presque jusqu'au bout pouvoir récupérer des armes en provenance du Rif. Une forte somme, qui fut très difficile à réunir, versée en Suisse devait garantir cette livraison. On l'attendra vainement jusqu'à peu de temps avant le 1er novembre, où les combattants de l'Oranais et de l'Algérois devront de ce fait se débrouiller pour agir quasiment sans armement. Mais ce sont aussi les hommes qui, dans certaines régions, manqueront bientôt à l'appel.

Dans le Constantinois, les participants à la réunion des « vingt-deux » qui avaient affiché leurs réserves face à la tournure des événements et en particulier au mode de sélection des dirigeants ce jour-là — on parlera à leur sujet de « groupe de Constantine » — feront finalement défection, ce qui laissera Didouche, on le sait, fort démuni. Et les réunions qu'organiseront pendant l'été et les semaines qui suivent non seulement les messalistes mais même les centralistes pour rallier de leur côté les militants auront parfois pour effet de démobiliser des activistes sur lesquels on comptait, comme dans l'Algérois où on ne pourra passer à l'action, on l'a vu, qu'avec l'appui tardif et massif de combattants kabyles. Voilà pourquoi il n'y aura que quelques centaines d'hommes prêts à partir en opération quand il le faudra.

Au fil des réunions des « six », on se préoccupe beaucoup de l'organisation de la lutte. On définit précisément les six zones d'opération et on désigne cinq chefs — soit les « six » dirigeants du comité moins Boudiaf —, le Sahara faisant exception puisque l'on ne sait encore qui nommer, ce qui conduira cette région à être inactive le 1er novembre. Le coordonnateur, le seul sans responsabilité géographique, sera chargé pour sa part de rejoindre Le Caire peu avant le déclenchement des combats pour permettre aux responsables de l'extérieur — informés par ses soins du détail des actions préparées — de revendiquer les actions du jour J et d'organiser le soutien aux combattants de l'intérieur. On adopte le principe de la décentralisation maximale des responsabilités, inévitable « compte tenu de l'étendue du territoire national », comme le dit Boudiaf. Par là même, on accepte *de facto* une primauté de la direction au niveau des « zones » par rapport à la direction extérieure. Chacun définira donc ses objectifs pour le jour J et organisera la poursuite de la lutte comme les circonstances le permettront en attendant une nouvelle réunion de coordination entre les « six » prévue pour le mois de janvier 1955 — et qui n'aura jamais lieu, on le verra.

La stratégie militaire adoptée pour aboutir à la victoire, après de longues discussions animées, consiste, expliquera Boudiaf, en un plan en trois étapes : 1) on se manifeste dans tout le pays au même moment le jour J « en donnant le maximum de force et d'éclat » aux actions, puis « on se retire sur des positions préparées à l'avance » et on se familiarise avec la vie du maquis tout en tentant de constituer dans chaque région des cellules politiques « pour expliquer aux masses populaires la nature et les objectifs » du mouvement ; 2) après la période où l'on a évité l'affrontement avec l'ennemi, « trop puissant pour nous », on crée, grâce à des actions des maquisards et à des luttes politiques (manifestations, grèves, campagnes de désobéissance), une situation d'« insécurité généralisée » ; 3) une fois les objectifs des deux étapes précédentes atteints, on crée des « zones franches fortifiées et soustraites totalement à l'atteinte de l'ennemi », ce qui permettra de réunifier le commandement et de lier en permanence aspect politique et aspect militaire du combat en attendant de diriger enfin le pays.

Le seul vrai programme des activistes, qui ne se donnent aucun objectif politique ou social précis mis à part « le respect de toutes les libertés fondamentales », consiste donc dans la recherche de l'indépendance, que l'on explicitera ainsi : « la restauration de l'État algérien souverain, démocratique et social dans le cadre des principes islamiques ».

Ces formules se retrouveront dans les proclamations qui seront distribuées le jour du déclenchement de la lutte armée.

Ce n'est que très tardivement que la préparation concrète du jour J a pu être entreprise. Il a fallu ainsi attendre début octobre, à peine plus de trois semaines avant le passage à l'action, pour que les chefs de zone demandent à leurs chefs d'équipe de définir les objectifs militaires à attaquer — la priorité, on comprend aisément pourquoi, étant de récupérer des armes — et les cibles d'attentats et de sabotages potentiellement spectaculaires. Et c'est peu après, le 10 octobre, qu'on a enfin pris une décision au cours d'une réunion du Comité pour définir la structure définitive du mouvement et choisir son nom. C'est alors aussi qu'on a fixé le jour J où parleront les armes.

Les « six », semble-t-il, ont hésité à choisir l'expression « Front de libération nationale », FLN, plutôt que « Mouvement de libération » ou « Front de l'indépendance ». Bien qu'on ne sache pas si cet argument comparatif a été décisif, Boudiaf fera remarquer ensuite à Bouchaïb que le Vietminh avait choisi la formule du « front ». Une fois admis, après semble-t-il une remarque de Ben Boulaïd, qu'il faudra également disposer d'un appareil militaire à côté du politique, on crée sur le papier l'Armée de libération nationale, l'ALN, qui sera composée au départ de… ce qui existe, autrement dit l'ensemble des groupes armés formés pour agir. Ce qui revient à dire qu'il n'y a pas alors de vraie distinction entre le « civil » et le « militaire », une confusion qui perdurera et qui ne sera pas sans conséquence.

On commence par évoquer le 15 octobre comme date pour déclencher les opérations : il est quasi certain qu'aucune fuite ne pourra avoir lieu dans un si bref délai. Mais il apparaît bien vite qu'on ne sera pas prêt à temps : il faut avaliser le choix des objectifs dans chaque zone, mettre au point les proclamations — celle du FLN et celle de l'ALN — et les ronéoter avant de les distribuer, fournir tous les renseignements et documents à temps à Boudiaf pour qu'il puisse rejoindre Le Caire et annoncer l'insurrection sur les ondes au moment même où elle débutera, etc. On cherche de plus une date qui puisse marquer l'opinion. On se met donc d'accord sur la nuit du 31 octobre au 1er novembre à minuit, premier jour du mois et veille d'un jour férié, celui de la Toussaint. Pour éviter tout risque d'indiscrétion, on décide que les « six », tout en s'y préparant avec leurs hommes, garderont ce jour J absolument secret jusqu'à la veille de l'échéance pour leurs adjoints et même, sauf dans les cas où ce sera impossible pour des raisons logistiques comme dans les Aurès, jusqu'à quelques heures avant le moment décisif pour les simples membres des commandos ou des équipes de sabotage. Pour plus de précaution encore, on prévoit une répétition générale, un faux jour J, un peu plus d'une semaine avant le vrai, le 22 octobre, qui permettra de vérifier que la police n'est pas en mesure de connaître les plans d'action avec ses réseaux de renseignement et ses indicateurs. Le test sera concluant : les services de renseignement français, on le saura par la suite, ont certes au moins un indicateur dans les rangs des conjurés — le directeur de la sûreté Jean Vaujour dira même qu'il y en avait deux, sans donner de preuve — mais il ne participe pas à la préparation des opérations à un niveau tel et d'une façon telle qu'il puisse prévenir les autorités « en temps réel ». Il semble ainsi que le traître n'ait pu faire savoir par un message qu'une insurrection était prévue pour le 22 octobre — en réalité le jour de la « répétition » — que... le 2 novembre.

Les derniers obstacles matériels seront surmontés en catastrophe : ce n'est qu'*in extremis*, par exemple, qu'on trouvera — il faudra en fait l'enlever en plein Alger et le conduire les yeux bandés jusqu'à son « lieu de travail » où il restera confiné jusqu'au 1er novembre ! — l'homme, un certain Laichaoui, un journaliste proche du MTLD, capable de taper sur des stencils puis de tirer sur la seule ronéo disponible des activistes, qui était en Kabylie, les quelques centaines de proclamations du FLN et de l'ALN à envoyer à la presse et à divers notables. Et c'est ainsi que le 1er novembre à minuit, ou plutôt comme on le sait une quinzaine de minutes sans doute avant l'heure prévue, donc le 31 octobre au soir, la guerre d'Algérie commencera. Personne n'a pu empêcher les activistes de lancer enfin l'insurrection. Les Français, même si certains responsables feront croire le contraire ensuite, sont totalement pris par surprise. À tel point qu'ils auront du mal à savoir pendant longtemps à qui attribuer les attentats. Ils s'attendent bien alors à quelque chose, Vaujour en particulier, mais pas vraiment à cela et surtout pas à ce moment-là. Les messalistes, bien sûr, et même les centralistes, qui ont tout fait pour essayer de savoir ce que préparent alors leurs ex-alliés et qui ont tenté de les forcer à retarder leurs plans quand ils ont cru apprendre qu'ils voulaient agir bientôt, ne seront pas moins pris de court par l'événement. Lahouel et Yazid apprendront même ce qui s'est passé cette nuit-là... le 1er novembre au Caire où ils viennent d'arriver pour demander à Boudiaf et aux trois dirigeants de la délégation extérieure de ne rien faire d'« irresponsable » pour l'instant. Les « six » ont bien gardé le secret. Quelles que soient les issues réelles des opérations, ils ont réussi leur « coup » : dans toute l'Algérie, en l'espace de quelques heures, et pour reprendre une nouvelle fois l'heureuse expression de Mourad Didouche, ils ont effectivement « allumé la mèche ».

Chapitre III

LE DEUXIÈME 1er NOVEMBRE

20 AOÛT 1955 :
L'INSURRECTION DU CONSTANTINOIS

« Ahmed arriva à la conviction que les colonialistes ne pourraient être battus que par des armes pareilles à celles qu'ils employaient. La première de ces armes était la méchanceté sans borne, qui ne fait aucune distinction, ne s'arrête guère à séparer les innocents des coupables, les hommes des femmes et des enfants, les malades des bien-portants, une méchanceté volontairement aveugle, uniquement acharnée à détruire [...]. Face à ses ennemis dépourvus de tout sens humain, l'Algérie était en danger de mort. Elle ne trouverait le salut qu'en devenant elle-même inhumaine. »

Extrait de *Cinq fidayine ouvrent le feu à Constantine*, un roman au style épique et quelque peu naïf d'Abdelkader Benazzeddine Ghouar, évoquant, en s'inspirant notamment des événements liés à l'offensive du 20 août 1955, la situation à Constantine pendant la guerre d'indépendance.

« L'armée égyptienne a débarqué ! » « Les Américains sont avec nous. » « *Djihad ! Djihad !* » Ces slogans, ces cris plutôt, qu'on lance pour se donner du courage, ce sont ceux qu'on entend dans les rangs des insurgés musulmans qui, partis des campagnes environnantes, déferlent en masse le 20 août 1955 en plein milieu de la journée dans les grandes villes du Nord-Constantinois. Une insurrection de grande ampleur, qui voit se multiplier les combats mais aussi les massacres et les atrocités et qui, à bien des égards, marque, moins de dix mois après le 1er novembre, le premier grand tournant — beaucoup diront même le véritable début — de la guerre d'Algérie. Un vrai paradoxe : tout comme l'Oranais et l'Algérois, le Constantinois, en effet, n'a guère défrayé la chronique lors de l'offensive de fin 1954. Ce fut même sans doute, notamment en raison de la défection des activistes locaux du « groupe de Constantine » après la réunion décisive des « vingt-deux » en juin 1954 pour décider le lancement prochain de la lutte armée, la région d'Algérie la plus calme lors du jour J du déclenchement des hostilités. C'est pourtant bien là que se déroule en ce milieu de l'été 1955, à l'initiative du nouveau chef de la zone 2 Youssef Zighout, qui a remplacé après sa mort au combat l'« historique » Mourad Didouche, la première grande offensive de cette nouvelle organisation qu'est le FLN.

AOÛT 1955 :
À L'ASSAUT DE PHILIPPEVILLE

Parler de grande offensive n'est pas exagéré. L'heure H, qui sera anticipée de quinze à trente minutes dans bien des endroits, a été fixée par Zighout à douze heures le 20 août, jour anniversaire de la déposition du sultan du Maroc en 1953, pour une opération qui doit embraser toute la région, à commencer par les villes, pendant trois jours. La cible numéro un, c'est Philippeville, l'actuelle Skikda, alors la capitale du Nord-Constantinois avec 70 000 habitants dont une bonne partie — près de 30 % — sont des Européens. Vers onze heures du matin, des milliers d'Algériens — le maire européen de la ville parlera en exagérant certainement beaucoup de 20 000 assaillants — se sont rassemblés aux alentours de la cité. Ce sont pour l'essentiel des fellahs, avec femmes et enfants, souvent sans arme, parfois avec des haches, des couteaux, des faux, des serpes. Ils sont encadrés par des soldats de l'Armée de libération nationale, des *djounoud* en tenue militaire plus ou moins élaborée et dotés de fusils — en général des fusils de chasse — ou plus rarement de mitraillettes. On parlera de nombreuses centaines de combattants de l'ALN mais ils étaient probablement à peine deux cents en réalité si l'on se fie aux effectifs de *moudjahidines* alors recensés dans les registres de la « zone » du Nord-Constantinois et conservés par son ancien « secrétaire », Abdelaziz Khalfallah.

C'est donc « une véritable marée humaine », selon la formule de divers témoins, qui se met en marche, au sein de plusieurs « cortèges », peu avant midi vers le centre-ville. En ce samedi très chaud, ensoleillé, début du week-end, les passants ont envahi les rues, les cafés — notamment ceux que fréquentent les Européens — sont remplis. La vaste troupe, se déplaçant rapidement, chantant des hymnes patriotiques, clamant les slogans évoqués plus haut, en particulier ceux faisant état du débarquement supposé de l'armée égyptienne de Nasser dans la région de Collo à une cinquantaine de kilomètres à l'ouest de la ville, est impressionnante. « Ils marchaient comme des somnambules », témoignera Lakhdar Bentobbal, alors le second de Zighout, pour évoquer l'atmosphère qui règne à ce moment-là dans la foule des Algériens insurgés. Ceux-ci investissent d'abord le faubourg de l'Espérance. Puis d'autres lieux, comme le quartier des Aurès. Et, au cœur de la cité, la rue Clemenceau, la rue de France, la rue de Paris, les environs du port.

Les *djounoud* qui encadrent les assaillants les dirigent vers tel ou tel endroit pour faire des démonstrations de force, et donc effrayer les Européens comme les musulmans qui n'ont pas encore choisi leur camp, mais aussi — c'est pour eux l'essentiel — pour s'attaquer à divers objectifs, en fait à tout ce qui représente le colonialisme. Les *moudjahidines* se chargent eux-mêmes des commissariats, notamment celui du port, et des autres lieux où résident les « forces de l'ordre » — gendarmeries, caserne de CRS — ainsi que des bâtiments administratifs. Gare aux Européens, à pied ou en voiture, qui se retrouvent face aux émeutiers. Très déterminés, prêts au sacrifice, ils ne font guère preuve, en l'absence de consignes précises dans ce sens comme cela avait été le cas lors des opérations du 1er novembre, de retenue face aux civils. Même si deux camionnettes chargées d'engins explosifs et de bouteilles d'essence ont été interceptées par les autorités aux environs de la cité, des bombes artisanales et des grenades ont pu être acheminées à l'intérieur de Philippeville et on les fait exploser, notamment dans des cafés où se sont réfugiés les passants effrayés. Mais on exagérera beaucoup par la suite la violence « aveugle » qui se serait déchaînée : le bilan le plus sérieux aujourd'hui fait état de cinq morts « civils » européens dans la cité même, dont un seul au centre-ville.

L'effet de surprise, pourtant, n'est pas total. Depuis

l'avant-veille, les autorités coloniales ont réussi à savoir par des informateurs qu'il y avait des « événements à craindre » pour la journée du 20 août dans la région du Constantinois et les militaires sont donc en alerte. Aussi la riposte, à Philippeville, sera-t-elle relativement rapide. L'armée et la police, aidées par des civils européens qui tirent depuis leurs balcons, utilisent leurs armes pour faire refluer la foule, qui se dispersera assez rapidement malgré une farouche résistance, parfois, dira lyriquement un témoin musulman, « jusqu'au corps-à-corps ». Mais des groupes de combattants vont continuer à résister une bonne partie de l'après-midi dans divers lieux où ils se sont retranchés. Dans la rue de Paris, ainsi, il faudra cinq heures aux parachutistes de l'armée française pour anéantir un commando d'une quinzaine d'hommes qui, réfugiés dans une maison, tirent sur tout ce qui bouge et refusent de se rendre. Rue de France, un groupe résiste pendant trois heures jusqu'à ce que tous ses membres soient tués. Le lendemain, démontrant qu'ils n'ont pas totalement décroché, les insurgés déposeront encore quelques engins explosifs, qui seront pour la plupart désamorcés avant qu'ils n'éclatent.

C'est à Philippeville qu'a lieu l'opération la plus spectaculaire. Mais, on l'a dit, elle n'est pas isolée. Le même scénario — des attaques menées par des « masses paysannes » encadrées par des hommes de l'ALN — se reproduit le 20 août et à une moindre échelle dans les deux jours qui suivent dans de nombreuses localités. Seront touchés, d'une façon ou d'une autre, une trentaine de villes, de villages et de centres économiques d'une bonne partie du Nord-Constantinois, y compris Constantine même. Les cas les plus significatifs ?

À El Khroub, c'est à midi pile que des centaines d'hommes, mêlés à des femmes et des enfants, attaquent avec de vieux fusils et des armes blanches. Refoulés une première fois par les gendarmes et l'armée — il y a cent cinquante militaires français sur place — équipée de deux automitrailleuses, ils reviennent à l'assaut un peu plus tard, avant d'être définitivement repoussés, laissant plus d'une cinquantaine de morts sur le terrain, dont trente femmes et enfants. À Collo, où l'on n'a évidemment pas aperçu d'Égyptiens, les insurgés, surgissant, drapeau en tête, des collines boisées qui entourent la localité, provoquent des troubles dans toute la ville mais ils doivent faire face rapidement aux forces françaises qui entendent protéger le quartier européen. Les combats de rue, avec là encore des Européens tirant depuis leurs habitations, dureront cependant plusieurs heures, jusqu'à ce que des renforts de l'armée, des gendarmes mobiles arrivant par la route de la garnison de Tamalous ainsi que des fusiliers marins débarqués d'un escorteur obligent les assaillants à se replier. Dans le village agricole d'Aïn Abid, plusieurs centaines d'Algériens « accompagnent » les *moudjahidines* de l'ALN qui entendent attaquer aussi bien la gendarmerie que la poste. Dans les rues, leur irruption provoque la panique. Il y aura des blessés mais aussi sept morts chez les civils — l'horrible assassinat de cinq membres d'une même famille européenne parmi lesquels une petite fille nouveau-née de quatre jours par les émeutiers, probablement en raison d'une envie de vengeance privée de l'un d'entre eux, frappera particulièrement l'opinion — jusqu'à ce que l'intervention d'un escadron envoyé d'El Khroub n'oblige les insurgés, qui auraient installé leur PC dans la grande mosquée, à quitter les lieux vers seize heures après avoir tenté en vain de résister. Pour le plus grand malheur des occupants de cette mosquée, pour la plupart des hommes venus faire leur prière et qui étaient restés ensuite sur place de peur de quitter les lieux pendant les affrontements, puisqu'ils seront tous considérés comme des « rebelles » et tués par les militaires français qui ont attaqué l'édifice à coups de canon.

À Guelma, où une tentative d'assaut contre la ville aura surtout lieu le lendemain, le 21 août, l'opération ne pourra durer bien longtemps devant la puissance de feu des Européens, et les Algériens perdront une centaine des leurs avant de devoir renoncer à occuper la sous-préfecture. À El Harrouch, ce sont de véritables colonnes d'Algériens qui déferlent à midi le 20 août de trois directions sur la petite ville de 3 300 habitants. Les seuls convenablement armés, les *djounoud* de l'ALN, se retrancheront dans des maisons après s'être attaqués à la mairie et les derniers à tirer tiendront jusqu'à 18 h 30. À Saint-Charles (actuelle Ramdane Djamal), Robertville (Em Jez ed Chich), Condé-Smendou (Zighout Youssef), Oued Zenati et dans une dizaine d'autres localités, les mêmes scènes se produisent.

Deux des actions menées ce jour-là auront un retentissement tout particulier. D'abord, à El-Alia, autrement dit la ville haute, site minier proche de Philippeville où l'on extrait de la pyrite et où les insurgés veulent surtout récupérer des matières explosives, un peu moins de cent cinquante Européens, des ingénieurs aussi bien que des ouvriers et leurs familles, vivent sans protection particulière dans un lieu isolé. Ils vont subir un assaut d'une particulière violence. Trente-quatre civils européens, dont une moitié sans doute étaient des femmes et des enfants ou des adolescents, seront tués, beaucoup dans des conditions atroces, par les centaines de villageois, renforcés bientôt par une bonne partie des travailleurs musulmans de la mine, qu'ont mobilisés quelques dizaines de soldats de l'ALN qui interviennent en uniforme. Les Français — parlant de « fanatisme xénophobe » et de « sauvagerie barbare », de « viols » et de « mutilations » — mettront souvent en avant dans leurs textes de propagande « le massacre d'El-Halia » — selon l'orthographe du lieu retenue le plus souvent à l'époque par les Européens — pour évoquer les « événements du 20 août ». Une récente recherche d'une universitaire française fait apparaître le rôle important qu'aurait joué, au moins au niveau du déclenchement de ce massacre, le tir meurtrier d'un Européen contre un des chefs de groupe des assaillants, Amira Amar. Ensuite, à Constantine, où l'on enregistre toute une série d'attentats spectaculaires — des bombes ou des grenades explosent au commissariat du IIe arrondissement, au cinéma ABC, au restaurant Gambrinus dans la très commerçante rue Caraman, etc. —, on retiendra surtout que l'un des groupes de combattants, certainement sur ordre de Zighout, a tiré, pour les tuer, sur deux personnalités politiques musulmanes. Celles-ci étaient accusées, d'après un texte de l'ALN explicitant leur « condamnation », d'avoir « pris position contre la révolution » et donc de « collaboration avec l'ennemi ». C'est ainsi que le propre neveu de Ferhat Abbas, le conseiller municipal UDMA Allaoua Abbas, qui avait placé peu avant dans un tract sur le même plan les indépendantistes et les « occupants » en se prononçant contre la violence « des deux côtés », sera abattu dans sa pharmacie cependant que l'ex-député Belhadj Saïd, du même parti, sera sérieusement blessé. Le « message » des insurgés est donc clair non seulement envers les colonisateurs mais aussi à destination des Algériens et tout particulièrement, bien sûr, de l'oncle d'un des « traîtres », Ferhat Abbas : on ne peut être qu'avec ou contre nous.

12 000 MORTS ALGÉRIENS ?

La spectaculaire insurrection dans le Nord-Constantinois a été massive, très violente, parfois très cruelle — même si les récits de comportements « barbares » ou pervers rapportés par les Européens, notamment à Aïn Abid et El-Alia où la rumeur relayée par la presse « invente » des femmes enceintes éventrées et des fœtus découpés en morceaux, s'avéreront souvent après enquête excessifs ou imaginaires. La répression organisée par l'administration coloniale, avec la police et surtout les militaires mais aussi le concours « spontané » de milices civiles, sera, elle, à la fois impitoyable et totalement disproportionnée. Ali Kafi, alors l'un des adjoints directs sur le terrain de Youssef Zighout, parle dans ses mémoires, à sa manière maladroite et très directe, d'un « massacre sans exemple dans sa sauvagerie, sinon celui du 8 mai 1945 ». Sa référence aux événements de Sétif dix ans auparavant dans la même région est loin d'être sans motifs. « On tuait "l'Arabe" partout où il se trouvait, précise le même auteur, on brûlait [et] on détruisait des villages entiers. » Il n'est pas démenti, à juste raison, par les autres acteurs, témoins ou commentateurs des événements, qu'ils soient d'ailleurs d'un bord ou de l'autre.

Pour simplement imaginer l'ampleur et la dureté

de cette répression, il suffit de savoir que, pendant plusieurs jours après les offensives, la terreur qui régnera dans la région du fait des représailles sera telle que la population abandonnera un peu partout ses lieux d'habitation pour tenter d'y échapper. Non seulement de nombreux villages mais même de véritables petites villes comme Oued Zenati ou El Harrouch seront abandonnés par tous leurs habitants mâles. On peut les comprendre : un rapport militaire mentionne, pour les journées du 20 et du 21 août et pour le seul secteur d'El Harrouch, « 750 hors-la-loi tués et 500 suspects en cours de triage ». Et ce qu'il faut comprendre quand on parle de « suspects » nous est expliqué par d'autres rapports de même origine, comme celui qui signale qu'à El Khroub, on a arrêté, dans la nuit du 20 au 21, « une soixantaine de suspects » qui « furent exécutés au matin entre 6 h 30 et 9 h 30 ». L'endroit où les cadavres de ces civils exécutés sommairement ont été rassemblés a été nivelé ensuite au bulldozer, apprendra-t-on, avant d'être remblayé en 1958, les corps « reposant désormais à 2,50 ou 3 mètres de profondeur ». Dès le 22 août, le gouverneur général Soustelle fera savoir avec satisfaction que l'armée a « totalement détruit » dix *mechtas*, autrement dit a rasé, en général par des tirs de mortier, dix petits villages suspectés d'avoir répondu à l'appel de l'ALN et fourni des hommes pour attaquer les villes environnantes puis servi de refuge aux « hors-la-loi ». On croira utile de préciser, comme si cela n'allait pas de soi, qu'on avait fait évacuer les femmes et les enfants auparavant. Il ne semble pourtant pas que cette évacuation ait toujours eu lieu. Ce n'est donc que par zèle superflu qu'un « télégramme » du 26 août rédigé par la hiérarchie précisera aux militaires sur le terrain qu'ils doivent mener leurs opérations « avec rigueur et même brutalité ». Ils ne sont pourtant pas les seuls auteurs de massacres. Ni même souvent les principaux.

Il n'est pas besoin d'avoir vu des militaires en action pour comprendre ce qu'une instruction leur demandant d'être « brutaux » peut provoquer comme excès. Mais, dans une telle ambiance, les civils armés, avides de vengeance, font évidemment encore moins preuve de retenue. Les scènes de « chasse à l'Arabe » — le terme « ratonnades » n'est pas encore en usage — se sont donc multipliées dans toute la région dès le premier soir de l'insurrection et pendant plusieurs jours. Des Français influents donnent l'« exemple », comme le propre maire de Philippeville, Paul-Dominique Benquet-Crevaux, qui se vantera d'avoir mitraillé de son balcon tous les passants arabes. Des milices d'Européens existent déjà, d'autres, regroupant bien sûr les hommes les plus excités, se sont alors constituées. Elles s'illustreront un peu partout dans le Nord-Constantinois, mais particulièrement dans la capitale de la région. Dans le stade municipal, ainsi, elles exécuteront — comme « à l'abattoir », dira plus tard un tract du FLN — une bonne partie des centaines et des centaines d'Algériens « suspects » raflés dans la cité et ses environs juste après les événements. Certains, des Algériens mais aussi un journaliste du *Monde*, parleront même, en extrapolant des données peu sûres, de milliers de civils froidement abattus dans l'enceinte sportive. Peu après, au sortir des obsèques des victimes européennes à Philippeville le 22 août, où l'on a piétiné la gerbe déposée par le gouverneur général Soustelle jugé trop « mou », tous les musulmans qui auront le malheur de croiser le chemin des justiciers autoproclamés seront maltraités et souvent assassinés. De véritables scènes de lynchage.

Comme d'habitude le bilan, du côté des Européens, de leurs alliés musulmans et des « forces de l'ordre », a été donné à l'unité près et recoupe sans doute bien la réalité : les attaques du 20 août, d'après les chiffres définitifs fournis par les services du Gouvernement général, auront fait 123 morts — soit 71 civils européens, 21 civils « français musulmans » et 31 membres de la police et de l'armée — et 223 blessés. Du côté des assaillants et de ceux qui les ont ouvertement soutenus ou qui sont suspectés de les avoir aidés d'une façon ou d'une autre, les « pertes » ont atteint un tout autre niveau. Les attaques, à en croire plusieurs sources, auraient déjà directement provoqué plus de 1 000 morts au moment où elles se sont déroulées, donc avant même que les représailles ne commencent véritablement, soit dix fois plus que chez les Européens, « forces de l'ordre » comprises. Un ordre de grandeur tout à fait crédible si l'on songe que des journaux, comme *La Dépêche quotidienne d'Algérie*, annoncent dès leur édition du 21 août, alors que le décompte est encore forcément très provisoire et sous-estimé, « 500 rebelles tués, 70 blessés » — on remarquera déjà ici la disproportion, très parlante quant à la vigueur de la riposte des « forces de l'ordre », entre les tués et les blessés. Il n'y a donc pas besoin pour le justifier de prêter foi aux récits algériens du genre héroïque racontant les « exploits » des insurgés — ce terme d'« exploit » sera désormais souvent utilisé par les Algériens pour évoquer toutes les actions des combattants, y compris celles contre des civils — face aux Européens. Comme cette attaque suicidaire d'un char par un fellah armé d'une seule hache le

20 août à El Khroub que rapporte Ali Kafi parmi bien d'autres « hauts faits d'armes et de bravoure », nécessairement très coûteux en vies humaines et que le même Kafi qualifie lyriquement d'« inouïs ».

Il est cependant très difficile de donner des chiffres précis de victimes algériennes pour l'ensemble des événements du 20 août, y compris la répression. Celle-ci s'est poursuivie pendant presque deux semaines, et en tout cas de façon débridée jusqu'à la veille du 29 août. C'est en effet à partir de ce jour que les autorités coloniales ont décidé de soumettre à autorisation du général commandant les troupes lesdites représailles quand elles pouvaient « mettre en cause la vie des femmes et des enfants » — façon, par conséquent, de dire, d'une part que jusque-là on ne s'était aucunement soucié de s'imposer une quelconque retenue même s'agissant « des femmes et des enfants », d'autre part qu'on va continuer un certain temps les opérations en cours. L'ALN, à chaud, parlera pour commencer de 10 000 morts. Puis, rapidement, on évoquera les « 12 000 morts et disparus » du 20 août, dont la majorité étaient « des civils isolés, de Philippeville principalement ». Un chiffre, assurera Ali Kafi, déduit des « rapports émanant de toute la zone, *douar* par *douar*, village par village, ville par ville », examinés par Zighout et ses adjoints lors d'une réunion d'évaluation des résultats de l'opération tenue à El Kerma, près de Condé-Smendou, peu après les offensives. Les messalistes, à la mi-septembre, sans doute pour ne pas paraître en retrait sur le FLN, dénonceront même, en renchérissant, « le colonialisme français [qui] dans un sursaut de barbarie et de bestialité a assassiné 15 000 Algériens et Algériennes, hommes, femmes, enfants et vieillards, laissant dans le dénuement le plus complet toute une population [...] après la destruction systématique de *dechras* et de villages ». De fait, aucun bilan des victimes algériennes à peu près incontestable n'a jamais pu être établi à ce jour. La vérité, comme toujours, se situe quelque part entre le chiffre officiel des autorités coloniales de 1 273 morts — que personne, bientôt, n'estimera plus fiable, même parmi les militaires français, qui parleront officieusement plus tard de 7 000 à 7 500 morts probables — et celui, sans doute un peu exagéré, de 12 000 *chahids* — puisqu'on compte en « martyrs » du côté de l'ALN, ce qui n'est d'ailleurs pas absurde en l'occurrence vu la façon dont les civils ont été envoyés au combat. De quinze fois plus — un strict minimum peu crédible — à plus de cent fois plus de victimes algériennes, quoi qu'il en soit, que de victimes européennes. Presque exactement comme à Sétif dix ans auparavant.

L'insurrection du 20 août sera surtout considérée par les combattants algériens, non sans de bonnes raisons, on le verra, comme une sorte de deuxième 1er novembre, autrement dit de deuxième déclenchement de la guerre d'indépendance. Mais elle apparaît aussi, à bien des égards, comme fort différente de l'offensive de l'automne 1954, sinon — ce serait évidemment excessif de le dire ainsi — comme un anti-1er novembre. La population, en effet, a été cette fois associée directement aux actions de l'été 1955 alors que, l'année précédente, on avait seulement assisté au « coup d'éclat » d'un groupe d'activistes réussissant à réaliser, avec plus ou moins de succès, quelques dizaines d'attentats à travers tout le territoire. C'est en examinant ce qui s'est passé entre ces deux dates qu'on peut expliquer à la fois pourquoi l'idée même d'« allumer la mèche » une deuxième fois a germé dans l'esprit du responsable du FLN et de l'ALN du Constantinois et pourquoi il a alors choisi, seul, cette forme de combat supposant qu'on s'attaque à des civils et que l'on accepte un « sacrifice » de la population algérienne. Une décision mûrement réfléchie, mais que même certains de ses camarades, à Alger notamment, jugeront pour le moins discutable voire quelque peu « suicidaire ». Elle sera d'ailleurs mise en cause ouvertement au futur grand congrès du FLN dans la vallée de la Soummam l'année suivante. Mais, pour l'instant, revenons donc en arrière, au début de l'insurrection armée des indépendantistes.

MAIS QUI EST RESPONSABLE DU 1er NOVEMBRE ?

Au lendemain du 1er novembre 1954, les quelques centaines d'anciens du PPA-MTLD et de l'OS qui sont passés à l'action avec tout au plus à leurs côtés un petit millier de combattants et un nombre d'armes encore inférieur se savent à ce point minoritaires qu'ils ne peuvent envisager un combat frontal avec les autorités coloniales et les forces de l'ordre dont elles disposent. Nulle part, on l'a vu, sauf à une petite échelle dans les Aurès et à un moindre niveau encore en Kabylie, on ne peut envisager, malgré les proclamations en ce sens du FLN et de l'ALN distribuées le jour J, de lancer réellement la lutte armes à la main. Du moins, après avoir « allumé la mèche », sans prendre le temps — quelques mois ? plus encore ? — de s'organiser et de réunir le minimum de moyens nécessaires pour cela. Le tout, à court terme, est donc de tenter d'échapper à la répression. Ce ne sera pas facile.

Les autorités, immédiatement, frappent fort, à la mesure de la peur éprouvée, mais portent l'essentiel de leurs coups dans une mauvaise direction. Ce qui prouve que les précautions prises par les créateurs du FLN — cloisonnement des groupes, utilisation systématique de pseudonymes, etc. — se sont révélées, en tout cas jusqu'à nouvel ordre, plutôt efficaces. Pour les autorités françaises, le 1er novembre a été un événement totalement imprévu, même si la Sûreté avait décelé, on le sait, des signes avant-coureurs assez précis de la préparation d'attentats pour une date prochaine. Mais surtout, on n'a guère d'idées précises, au lendemain de l'événement, sur les véritables responsables de cette série d'actions armées qui ont frappé les trois départements, de l'est à l'ouest de l'Algérie. L'administration coloniale fait donc dans l'urgence, pour montrer qu'elle réagit, ce qu'elle peut et ce qu'elle sait faire : arrêter le maximum de ces militants indépendantistes qui sont repérés et fichés dans leur très grande majorité par la police et la gendarmerie.

Dès le lendemain des attentats, le siège du MTLD place de Chartres à Alger a été investi par les forces de l'ordre et perquisitionné. Le secrétaire général du parti Moulay Merbah, le fidèle entre les fidèles de Messali Hadj, présent dans les locaux, a été appréhendé avec d'autres permanents. Après la dissolution du mouvement indépendantiste bien connu décidée en Conseil des ministres, qui fait l'objet d'un décret le 5 novembre, des centaines de ses militants sont arrêtés au cours d'une rafle dès la nuit suivante. Au total, en l'espace de peu de temps, ils seront plus de 2 000 à être emprisonnés. C'est ainsi que la plupart des dirigeants les plus influents — non seulement Merbah mais aussi Memchaoui et bien d'autres — et des hommes les plus actifs chez les messalistes se trouvent privés de toute possibilité d'agir ou de parler. Quant au vieux chef nationaliste lui-même, qui est déjà en résidence surveillée, en Vendée, aux Sables-d'Olonne, où l'on vient de le transférer, il voit simplement son régime durci, notamment à travers une interdiction des visites et une restriction sévère de sa très relative liberté de mouvement.

La situation n'est guère meilleure chez les centralistes. Ils sont tellement pris de court par les événements à partir de début novembre que leur organisation, qui dispose de toute façon de beaucoup moins de troupes que les messalistes, va se dissoudre de fait très rapidement en tant que telle. Les principaux dirigeants, il est vrai, n'ont plus de véritable capacité d'action autonome. Hocine Lahouel, l'homme fort de cette mouvance, a été mis devant le fait accompli de l'insurrection là où il se trouve au Caire, où il n'aura d'autre choix, avant de se marginaliser assez rapidement, que de constater et approuver le passage à l'acte de ses anciens alliés qui ont formé le FLN. Il en sera de même pour M'Hammed Yazid, qui l'avait accompagné en Égypte, si ce n'est que ce dernier jouera ensuite un rôle important, surtout diplomatique à l'ONU et ailleurs, au sein du Front. Quant à Benyoucef Ben Khedda, l'autre grand chef de file des centralistes, resté à Alger, il n'échappera pour sa part à la répression générale contre les nationalistes, qui touche surtout les messalistes, que jusqu'au moment où, fin 1954, il la dénoncera comme inique. Signataire, avec l'adjoint MTLD au maire d'Alger Abderrahmane Kiouane, d'une « lettre ouverte » de protestation publiée dans le quotidien proche des communistes *Alger républicain*, il sera conduit, tout comme le très modéré collaborateur de Jacques Chevallier, à la prison de Barberousse, poursuivi pour atteinte à la sûreté extérieure de l'État par le biais d'un « délit de presse ».

En réalité, c'est surtout l'embarras qui règne. Car seuls, évidemment, les pionniers du FLN savent parfaitement à quoi s'en tenir quant à l'offensive du 1er novembre. Et ils auraient de bonnes raisons de se réjouir jusqu'à un certain point de la vive réaction du Gouvernement général et des autorités sous ses ordres à Alger, qui sert on ne peut mieux leurs desseins. À double titre. D'abord elle aide à diriger vers la clandestinité et parfois bientôt vers le maquis un certain nombre de sympathisants des activistes que leur appartenance au MTLD a désignés comme des suspects à arrêter : les plus déterminés des militants, même s'ils étaient encore hésitants, seront incités à rejoindre les combattants du 1er novembre, qu'ils imaginent d'ailleurs volontiers messalistes, pour fuir la répression. Ensuite, et surtout, elle provoque un affaiblissement, sinon une neutralisation, des courants indépendantistes que les activistes, las des tergiversations, ont décidé de supplanter, faute de pouvoir les réunir, en passant à l'action. Comme le dira plus tard à sa manière très directe Ben Bella, dans ses mémoires recueillis par l'écrivain Robert Merle, « le gouvernement français [...] nous débarrassait ainsi de politicards qu'il prenait pour nos complices et qui, en réalité, gênaient terriblement notre action par la confusion qu'ils entretenaient dans l'esprit des masses ».

Les autorités coloniales, il est vrai, ne s'égarent pas totalement en recherchant les responsables des « événements » dans la mouvance du MTLD, puisqu'ils en sont tous issus. Mais, au-delà, elles ont tout faux. Elles supposent d'abord, à tort, que les messalistes, réputés plus radicaux que les centralistes, ne peuvent pas ne pas avoir été au moins au courant de tout ce qui se préparait, sinon avoir été mêlés directement aux actions. Puis que le CRUA, dont on ignore manifestement la disparition de fait depuis le mois de juillet de l'été précédent, ne peut, ayant été le lieu de ralliement des activistes de l'ex-PPA, que posséder une grande part de responsabilité dans le déclenchement de la lutte armée — la Sûreté lui en attribue même rapidement la paternité et continuera longtemps dans cette voie, négligeant la piste des mystérieux FLN et ALN qu'on imagine être des faux nez. Enfin, à défaut d'en savoir plus, que la décision du passage à l'acte — et en particulier le choix de la date — a certainement été prise au Caire où, à l'instigation du grand héraut du nationalisme arabe Nasser, Ben Bella, l'ancien chef de l'OS exilé, a dû jouer pour le compte de son mentor égyptien le rôle principal de déclencheur des opérations. Il est vrai que la revendication du lancement de l'insurrection qu'on a pu entendre le 1er novembre à dix-huit heures sur les ondes de la radio du Caire La Voix des Arabes, dans une émission captée au Maghreb où intervenait Ben Bella, donne alors quelque crédit à cette dernière thèse, pourtant sans fondement aucun, comme on le sait. Il est si commode d'accuser « la main de l'étranger » : on minimise ainsi l'importance des partisans algériens de l'insurrection et, par là même, on flatte les préjugés d'une grande partie des Européens — comment les « indigènes » auraient-ils pu être capables d'organiser des opérations si nombreuses et si bien coordonnées à travers tout le territoire ? — tout en les rassurant.

Les Algériens, dans leur immense majorité, ne se trompent pas moins que les Européens. En général satisfaits voire fiers, surtout les jeunes, de voir que certains des leurs ont osé défier l'administration, ils ne savent, comme le constate alors le futur responsable algérois Yacef Saadi en se promenant dans la Casbah pour recueillir des réactions, « à quel miracle attribuer l'initiative ». Plus encore que les autorités, en effet, et même quand ils sont des sympathisants des nationalistes, ils ignorent les derniers développements des luttes fratricides au sein du mouvement indépendantiste. Ceux qui sont assez bien informés pensent tout au plus qu'il est étonnant qu'un mouvement animé par d'énormes dissensions internes comme le MTLD se soit révélé capable de lancer une telle offensive. Mais qui d'autre pourrait l'avoir fait ? Quand on parle du rôle d'un parti nationaliste dans le 1er novembre, on pense bien sûr immédiatement, comme on en a l'habitude, à celui de Messali Hadj, l'homme qui incarne la lutte pour l'indépendance depuis si longtemps, et non pas à un mouvement de dissidents, réunissant des hommes qui se sont séparés de lui, qu'il s'agisse des centralistes ou de qui que ce soit d'autre — le FLN étant évidemment totalement inconnu. C'est d'autant plus facile, voire naturel, de faire ce raisonnement que l'administration, en interdisant le MTLD, a semblé désigner publiquement le responsable du 1er novembre. Et que, ce qui va dans le même sens, Messali, en habile politique, loin de démentir l'accusation, tient, dès qu'il commente la situation de son lieu d'exil à partir du 8 novembre, un discours certes ambigu mais qui paraît justifier l'insurrection et attendre qu'elle donne des résultats : « Nous l'avons dit en d'autres temps et nous le répétons aujourd'hui. C'est en faisant droit aux aspirations de notre peuple qu'on mettra fin à ces explosions qui ne sont, en vérité, que des actes de désespoir. C'est là qu'est le remède. » Fin décembre, il insistera : « [...] avant le 1er novembre, l'Algérie, comme l'Afrique du Nord tout entière, était soumise à un véritable régime de camp de concentration [...]. Voilà trente ans que nous dénonçons cette situation. »

Il n'y a pas là, *stricto sensu*, une revendication claire des « actes de désespoir » évoqués, mais chacun est habitué depuis une dizaine d'années au double discours de Messali-Janus, qui joue sur tous les tableaux : le changement pacifique avec les élections mais aussi la lutte armée avec l'OS, le MTLD légal mais aussi le PPA clandestin, etc. Donc, pas de doute pour la grande majorité des militants indépendantistes et même pour la quasi-totalité des Algériens : c'est à l'évidence un coup des messalistes, même s'ils ne le disent pas trop haut puisqu'il leur est bien sûr impossible de l'avouer ouvertement alors même que la répression bat son plein. D'ailleurs, dans les semaines qui suivront, c'est avec surprise, on l'a dit, que beaucoup de nationalistes qui « monteront » au maquis, notamment en Kabylie et dans les Aurès, s'apercevront qu'ils n'ont pas rejoint des partisans mais des adversaires du leader historique des indépendantistes. Un flou qui persistera d'autant plus longtemps, on le verra, que ce dernier prônera lui-même bientôt très explicitement le passage à la lutte armée et que ses partisans organiseront eux aussi des maquis.

L'ORANIE PRIVÉE DE COMBATTANTS

Quoi que sachent ou ne sachent pas les uns et les autres sur la préparation du 1er novembre, et indépendamment de la rafle mal ciblée des militants du MTLD, les auteurs et les organisateurs directs des opérations du 1er novembre sont immédiatement traqués sur le terrain par les forces de l'ordre. Vu la faiblesse des moyens et des soutiens dont ils disposent dans la plupart des régions, ils sont très vulnérables et ne réussiront pas tous à se mettre à l'abri pour un temps, comme prévu. À peine nés, le FLN et l'ALN vont donc perdre rapidement certains de leurs meilleurs éléments, à différents niveaux de la hiérarchie.

Dans la région la plus démunie d'armes et de troupes et donc la moins active le 1er novembre, la zone de l'Oranais, les insurgés ont payé d'un prix élevé leur détermination à participer envers et contre tout aux opérations du jour J. « Nous allons tous mourir, mais d'autres vont venir après nous », disait volontiers à la veille des opérations le chef de la zone 5, l'« historique » Larbi Ben M'Hidi, futur héros de la « bataille d'Alger », à ses proches adjoints. Cette vision pour le moins pessimiste de l'avenir immédiat péchait peut-être par excès mais annonçait avec perspicacité des jours difficiles. Au bout de quelques semaines seulement, en effet, il ne restera plus grand-chose de l'organisation embryonnaire mise sur pied à l'ouest de l'Algérie pour enclencher la lutte armée.

Les hommes placés sous la direction de Ramdane Benabdelmalek et qui ont attaqué la commune mixte de Cassaigne sont rapidement poursuivis après la fin de l'assaut. Certains d'entre eux, qui croient pouvoir trouver refuge chez des paysans, vérifient alors à leurs dépens qu'une bonne part de la population rurale de la région — peut-être la majorité d'ailleurs — est à ce moment-là encore persuadée que son intérêt n'est pas de soutenir des maquisards « irréguliers », qui n'appartiennent même pas à un parti connu, mais de coopérer avec les autorités : ils sont faits prisonniers et livrés aux gendarmes. Les autres ne peuvent éviter les accrochages avec les forces de l'ordre alors qu'ils n'ont pas les moyens de se défendre. Premier *chahid* parmi les membres des « vingt-deux », Benabdelmalek lui-même, en particulier, meurt ainsi au combat dès le 4 novembre. Le 8, c'est un groupe de guérilleros que dirige Ahmed Zahana, réfugié dans une grotte où il se croit à l'abri de ceux qui le pourchassent, qui se retrouve sous le feu des forces de l'ordre. Tous seront appréhendés. Zahana, ancien de l'OS déjà emprisonné et torturé quelques années auparavant, ne veut pas être pris vivant : il se tire une balle dans la tête, tout près de la tempe droite. Grièvement atteint, sauvé de justesse par les Français, il sera — nous y reviendrons — le premier cadre du FLN condamné au châtiment suprême après le 1er novembre. Il sera aussi, quelques mois avant la « bataille d'Alger », le premier exécuté, guillotiné le 19 juin 1956 à la prison de Barberousse, se dirigeant courageusement vers le supplice en criant « Je meurs mais l'Algérie vivra », comme en témoigne Ali Zamoum, un de ses camarades de détention au quartier des condamnés à mort.

Le destin des autres responsables de la zone sera moins tragique. Ceux-ci ne pourront pas pour autant ne serait-ce que tenter de maintenir la présence de groupes de combattants sur le terrain. Ben M'Hidi juge que le plus important pour l'instant n'est pas de s'implanter coûte que coûte dans les campagnes, ce qui est illusoire, mais de tout faire pour récupérer si possible ces armes qu'on lui avait promises et qui ont tant fait défaut le 1er novembre. Il se rend donc au Maroc, où il dispose de contacts, pour essayer — en vain d'ailleurs à court terme — de résoudre ce problème crucial pour l'avenir. Son adjoint numéro un, Boussouf, qui s'est rendu compte à Tlemcen, si calme le 1er novembre, qu'il était plus un organisateur et un homme de renseignement qu'un maquisard, passe aussi rapidement la frontière : il ne reverra la terre d'Algérie qu'en 1962. Quant à Hadj Ben Alla, qui n'a pu mener à terme les opérations prévues à Oran, il devra aussi se réfugier dans le protectorat voisin après deux mois de pérégrinations agitées dans les campagnes de l'Oranais. L'intérieur de la zone est donc presque vide, sans aucun cadre pour gérer la suite du jour J. Même si des initiatives spontanées de militants inorganisés — des sabotages ici et là — donneront parfois l'impression que le soulèvement n'est pas mort-né, il faudra en fait attendre une année, plusieurs mois même après août 1955, pour que la région soit à nouveau troublée par de véritables actions armées.

ALGER : TOUS ARRÊTÉS...

Dans l'Algérois également, même si le FLN et l'ALN ne disparaissent pas presque complètement pour un temps comme dans l'Oranais, la situation est vite quasi désespérée, paralysant toute initiative de quelque importance. À l'intérieur des terres dans la Mitidja, après les attaques des casernes de Blida et de Boufarik, les groupes de Ouamrane et Souidani, d'une part, de Bitat et de Bouchaïb, d'autre part, avaient prévu de se replier tous deux dans la forêt sur le mont Chréa. Mais la réaction des forces de l'ordre contrarie ce regroupement général, qui devait permettre de faire le bilan des opérations et de se répartir les armes récupérées — armes qui, on l'a compris, seront en fin de compte inexistantes après ces attaques ratées. Un accrochage avec l'armée française, qui fait des victimes des deux côtés mais surtout chez les combattants algériens, oblige même ceux qui ont pu rejoindre le lieu de rendez-vous à se disperser dès le 2 novembre.

Ouamrane s'interroge. Il est venu en renfort dans la Mitidja avec de nombreux maquisards kabyles pour que les opérations du jour J ne soient pas annulées dans cet endroit phare de la colonisation faute de combattants. Il juge sagement que l'idée de créer un maquis dans l'arrière-pays de la capitale, comme l'avait envisagé Bitat, le chef de la zone, est irréaliste pour le moment. D'autant qu'on ne sait pas ce qu'est devenu ce dernier, peut-être mort dans l'accrochage du 2 novembre. Il repart donc vers ses bases de la montagne kabyle, où le suivront, en longeant le massif blidéen, ses hommes qui, pour passer inaperçus, feront les 150 kilomètres du trajet, en général à pied, par petits groupes.

Privés de leurs renforts, donc de la majorité de leurs troupes, les responsables activistes de l'Algérois seront condamnés pour longtemps à adopter un profil bas. Souidani et Bouchaïb, de plus, ne sauront pas eux non plus pendant plusieurs semaines si Bitat a réussi ou non à échapper aux Français. À défaut de pouvoir consulter leur chef, ils ont pu pourtant se concerter avec Ouamrane juste avant son départ. Ils ont décidé ensemble que l'important était de maintenir la mobilisation des groupes déjà formés — notamment trois petits commandos de militants de Blida qui ont échappé à la répression — et de trouver de nouvelles recrues. Bouchaïb racontera comment, aidé par l'interdiction du MTLD qui laisse les militants désemparés, il réussira petit à petit à rallier de nombreux messalistes à la cause du FLN. Il n'est cependant pas question, ne serait-ce qu'en raison du manque d'armes, de lancer des attaques d'importance. Tout au plus envisage-t-on d'organiser quelques attentats avec des bombes artisanales, de réaliser ici et là des sabotages dans des fermes et d'abattre quelques Algériens indicateurs de police. Les actions effectivement entreprises seront peu nombreuses jusqu'à la mi-1955.

À Alger même, c'est très vite la catastrophe. Les auteurs des attentats à demi réussis ou entièrement ratés du 1er novembre, qui se sont parfois mis à l'abri quelques jours, ont rapidement regagné leurs domiciles habituels. Certes, outre les rafles de militants du MTLD, les patrouilles de militaires qui quadrillent systématiquement Alger — c'est alors une première — montrent que les forces de la répression sont en action. Mais l'organisateur du jour J dans la capitale, se conduisant en la circonstance de façon quelque peu « amateur », pense que le secret qui a entouré les activités de ses hommes et de lui-même suffira à les protéger. Une grave sous-estimation des capacités de la police française, en particulier de la DST et surtout des Renseignements généraux. L'infiltration des « conspirateurs » du 1er novembre à Alger n'a pas pris une ampleur telle qu'elle pouvait les empêcher d'agir. Mais, fondée sur un informateur algérien efficace, l'ancien responsable de l'OS

Belhadj-Djilali qui avait été « retourné » par la police sans que les nationalistes le sachent après son arrestation en 1950, elle était suffisante pour permettre de remonter rapidement, grâce aux interrogatoires musclés, des complices lointains aux complices proches des exécutants et de ceux-ci à leurs chefs. Résultat : en l'espace de moins de dix jours après le 1er novembre, la totalité du réseau patiemment construit par Zoubir Bouadjadj est démantelée. Y compris les bases logistiques pour l'entraînement et la fabrication des bombes à Souma et Crescia dans l'arrière-pays. La plupart des activistes, à commencer par Bouadjadj lui-même dès le 5 novembre, sont appréhendés tout simplement à leur domicile le plus habituel. Merzougui, Belouizdad, les deux Kaci… ils sont tous pris. Et ils vivront toute la guerre en prison.

Seul le chef de la région de l'Algérois, la zone 4, que les policiers continueront de connaître pendant un bon moment sous son seul nom d'emprunt fort peu « parlant » de Si Mohamed, a été épargné par le coup de filet. Peut-être y aurait-il échappé de toute façon grâce aux strictes mesures de sécurité qu'il observait s'il avait été présent dans la capitale, mais, on le sait, il a alors tout simplement disparu après avoir dirigé les opérations à Blida. Personne ne risque donc de dire aux policiers où il se trouve puisque nul à Alger ne l'a revu pendant les jours qui ont précédé les arrestations après le 1er novembre. Qu'est devenu Rabah Bitat ? Après l'accrochage de son groupe avec les forces de l'ordre le 2 novembre, il s'est retrouvé isolé et s'est perdu dans la montagne. Le lendemain matin, il décide donc de regagner la plaine pour tenter de trouver un moyen de regagner Alger. Sur son chemin, il rencontre un garde forestier, auprès duquel il commence prudemment à se renseigner. Bien que travaillant pour l'administration, celui-ci, qui n'est sans doute pas insensible à la cause nationaliste, propose de l'aider : ses premiers mots, après qu'il a vite deviné à quel camp appartient l'homme en triste état qui lui fait face, ont consisté à lui dire où se situent les forces de l'ordre qui quadrillent les environs, Bitat, mis en confiance, va se reposer sur lui pour trouver où se cacher le temps de redevenir « présentable » et où mettre à l'abri son arme encombrante — une mitraillette avec laquelle il ne saurait se déplacer facilement dans la région au lendemain des « événements ». Il ne prendra que plusieurs jours après le chemin du retour vers la capitale.

Se sachant traqué et ayant appris bientôt l'arrestation de tous ses adjoints, Bitat se retrouve isolé à Alger, déjà heureux de pouvoir disposer non sans mal pendant quelques nuits de toits très provisoires grâce à quelques connaissances. Cette situation ne peut durer. Il lui faut un véritable refuge pour lui-même. Et un moyen de reconstituer ne serait-ce qu'un embryon de réseau FLN à Alger. Heureusement, quelque temps avant le déclenchement de l'insurrection, Bouadjadj lui avait parlé avec enthousiasme d'un jeune très dynamique, dont les deux passions étaient le football et le nationalisme, un certain Yacef Saadi qu'il avait connu à la fin des années 1940 quand tous deux fréquentaient les activistes du PPA-MTLD. Il décide donc de se mettre à sa recherche.

Conscient de la nécessité de disposer de troupes « fraîches » pour poursuivre la lutte, voire pour assurer la relève des premiers combattants si ceux-ci se trouvaient neutralisés d'une façon ou d'une autre,

Bouadjadj avait recruté Yacef Saadi avant la mi-octobre en prévision de l'avenir. Il lui avait demandé de réunir des hommes et de se préparer à rejoindre avec ceux-ci les clandestins qui voulaient passer à l'action contre le colonialisme quand on lui ferait signe. Il sera contacté en temps utile, lui avait dit Bouadjadj, par un émissaire du responsable de la zone, à savoir Didouche Mourad — car la permutation des responsabilités entre Bitat et Didouche, finalement parti diriger la zone du Nord-Constantinois, n'était alors pas encore effective.

Après avoir constaté avec satisfaction début novembre en lisant les journaux que Bouadjadj ne lui avait pas parlé en l'air en prédisant une prochaine insurrection, Yacef Saadi a redoublé d'efforts pour constituer un groupe d'hommes déterminés, les recrutant parfois — il le revendique — dans « cette couche de la société la plus méprisée : la pègre ». Pour la plupart d'entre eux, « ses » hommes sont plus ou moins bien armés et prêts à l'action. Le temps passant, il se demande pourtant si la promesse de Bouadjadj sera vraiment suivie d'effet. Jusqu'au jour où, trois semaines environ après le début du mois, il reçoit la visite impromptue d'un jeune Chaouia, immigré depuis longtemps à Alger avec sa famille proche des nationalistes, Abdallah Kéchida. Celui-ci se mêle aux clients de la boulangerie familiale rue Marengo dans la Casbah où Yacef Saadi travaille et lui demande discrètement s'il est prêt à recevoir « quelqu'un qui veut le voir et cherche un refuge ». Il répond tout aussi discrètement par l'affirmative à cet émissaire qu'il suppose envoyé par Didouche. Et le lendemain après-midi, il voit arriver, escorté d'un ancien de l'OS qu'il reconnaît, un mystérieux individu qu'il décrira comme « démesurément longiligne, misérablement vêtu et visiblement mal nourri ». Il se hâte d'installer ce fugitif à l'« accoutrement de pauvre hère » — pour, pense-t-il à raison, passer inaperçu — à son domicile rue des Abderrames dans la basse Casbah. C'est alors qu'il apprendra que son hôte est en fait, à la place de Didouche, le grand responsable de la zone de l'Algérois, qui a enfin pu le retrouver. Ce dernier le met au courant de ce qui s'est passé avant et après le 1er novembre, cependant que lui-même lui apprend qu'il peut à nouveau compter sur des hommes pour poursuivre la lutte dans la capitale.

Bitat, qui estime que l'urgent est de rétablir le contact avec les autres responsables du FLN, commence par utiliser Yacef Saadi comme agent de liaison. D'abord pour communiquer début décembre avec ses deux adjoints de l'Algérois, Souidani, que le boulanger activiste rencontre à Boufarik, et Bouchaïb, qui — une arme est une arme en ces temps de pénurie — pourra ainsi se charger de faire récupérer auprès du garde forestier la mitraillette qui lui a été confiée par Si Mohamed un mois plus tôt. Ensuite pour tenter de joindre les autres chefs de zone, à commencer par les plus proches, Belkacem Krim et Ouamrane en Kabylie et Hakim alias Ben M'Hidi dans l'Oranais. N'avait-on pas décidé lors de la dernière réunion des six « historiques » fin octobre de se réunir à nouveau dans la capitale à la mi-janvier 1955 ? En fait, Ben M'Hidi fera savoir indirectement par un message codé transmis par divers intermédiaires qu'il a « été blessé au cours d'un match de football » et qu'il « regrette de ne pouvoir venir pour le moment », autrement dit, en clair, qu'il ne pourra gagner la capitale à la date prévue — comme on s'en doute puisque, même si on ne le sait pas encore à Alger, il est alors réfugié l'essentiel du temps au Maroc. Quant aux chefs kabyles, ce n'est qu'en février que Bitat réussira enfin, non sans mal, à les rencontrer. La réunion de janvier, où Boudiaf, resté à l'étranger, aurait d'ailleurs pu difficilement se rendre, n'aura donc jamais lieu, faute de liaison entre les zones elles-mêmes et entre les zones et l'extérieur. Un problème de coordination qui persistera plus d'un an.

Dès le contact établi, les zones de l'Algérois et de la Kabylie vont cependant pouvoir se concerter régulièrement, ce qui donnera à Krim, dont la forte personnalité ne demande qu'à s'exprimer, un rôle de plus en plus important. D'autant que, de façon imprévue, la région de la capitale se verra privée très rapidement de son chef « historique ». Début mars, en effet, Yacef Saadi voit à nouveau Abdallah Kéchida, décidément très utilisé comme messager, venir à lui dans son magasin. Cette fois il lui annonce qu'un envoyé de l'extérieur, un certain Slimane surnommé El Djoudan ou Djouden — entendre : l'adjudant — qui vient de traverser la frontière algéro-tunisienne, veut rencontrer les principaux responsables de l'insurrection — Bitat, Krim, Ben M'Hidi en particulier — pour des raisons importantes. Mis au courant, Si Mohamed se félicite de l'arrivée de cet ancien de l'OS, fils du cadi de Colomb-Béchar, qui va peut-être pouvoir renforcer la direction du FLN à l'intérieur de l'Algérie. N'avait-on pas d'ailleurs pensé à lui en octobre 1954 pour prendre éventuellement bientôt la direction d'une zone 6 — le Sahara — qui était restée finalement sans chef et inorganisée jusqu'à nouvel ordre ?

El Djoudan affirme représenter Boudiaf et Ben Bella, donc ces responsables installés au Caire avec lesquels on souhaite vivement depuis longtemps retrouver le contact. Une aubaine. D'autant qu'il est venu organiser, dit-il, le parachutage d'une très importante quantité d'armes qui pourrait enfin résoudre sérieusement d'un coup le problème du sous-équipement des zones 3, 4 et 5 — la Kabylie, l'Algérois et l'Oranais. Il veut donc se concerter avec les chefs de ces régions, qu'il réussit à rencontrer en l'espace de quelques semaines dans des lieux discrets à Alger puis à la frontière algéro-marocaine. Un rendez-vous décisif pour tout décider est pris pour le 16 mars dans un petit café maure de la rue Rempart-Médée, près du boulevard Gambetta au sud de la Casbah. Slimane pense y trouver Bitat, Krim, Ouamrane et peut-être même Ben M'Hidi, qu'il a tenté de persuader de rejoindre Alger lors de leur entrevue. Diverses raisons, et notamment la prudence de Krim qui juge inutile de prendre le risque de réunir ensemble « en public » des responsables importants quand on peut l'éviter, feront que seul le chef de l'Algérois se déplacera finalement, surtout pour mettre au point les détails du précieux parachutage avec l'envoyé spécial de l'extérieur. Et voilà comment il apprendra à ses dépens que ce dernier est tout simplement un traître, un ancien cadre nationaliste retourné et manipulé par la DST, qui a imaginé toute l'opération pour tenter de décapiter le FLN.

… MAIS LA RELÈVE ARRIVE

La guerre est donc finie pour Bitat, arrêté à la mi-mars. Belkacem Krim, dès qu'il apprend ce qui est arrivé au chef de l'Algérois, quitte vite Alger déguisé en femme, sous un haïk. Il a pu échapper au piège, de même que son second, Ouamrane. Et c'est à ce dernier que celui qu'on surnommera le Lion des djebels demande bientôt de prendre la direction de la zone 4, dont il connaît bien certains responsables depuis qu'il a participé avec eux aux opérations du 1er novembre. Le réseau algérois en voie de reconstitution ne sera d'ailleurs pas trop atteint par les opérations de police qu'a permises son infiltration — heureusement superficielle — par El Djoudan. Yacef Saadi, ses principaux « lieutenants » et son entourage immédiat, à commencer par l'homme qui lui est le plus proche, Bouzrina Arezki dit H'Didouche, restent en effet en liberté, même si la très utile boulangerie de la rue Marengo, repérée à cette occasion par les autorités, ne pourra plus servir de lieu de ralliement.

Du point de vue « militaire », de toute façon, rien ne risque alors de changer puisque les actions armées sont pour l'instant inexistantes à Alger — elles ne sont même que sporadiques, malgré les efforts de Souidani et Bouchaïb, à l'intérieur de la région, où il est néanmoins plus facile d'organiser quelques attentats contre des collaborateurs de l'administration ou des sabotages dans des fermes. Du point de vue politique, le FLN va en revanche prendre rapidement de l'importance à partir de ce mois de mars — et encore plus par la suite — grâce à l'action dans la capitale d'un nouvel homme fort, qui vient alors de rejoindre ses rangs après sa libération des prisons françaises en février, Abane Ramdane.

Ce militant nationaliste n'a pas participé au 1er novembre, puisqu'il était alors depuis longtemps déjà derrière les barreaux. Mais il n'est pas un inconnu, loin de là, pour les activistes du mouvement nationaliste. Issu d'une tribu de Grande Kabylie qui s'est illustrée en 1871, lors du dernier grand soulèvement général avant celui de 1954 contre la colonisation, et qui a ensuite été spoliée de la majorité de ses terres, il est né en 1920 dans le petit village d'Azouza, près de Fort National. Deuxième fils d'un commerçant qui, sans pour autant devenir riche, n'a pas hésité à parcourir les cinq continents pour vendre des tapis berbères, poussé par ce père qui le destine à la fonction publique, il obtient de très bons résultats scolaires qui le conduiront jusqu'au collège colonial de Blida. Où il finira, résultat alors exceptionnel pour un indigène, par obtenir le baccalauréat en 1941. Dans ce centre urbain, ville de garnison et lieu de transformation des produits agricoles de la riche Mitidja, il découvre le vrai visage du colonialisme et la ségrégation dont sont victimes les Algériens. Curieux, grand lecteur, déjà considéré par le principal du collège comme un « obsédé de la politique », il fréquente certains de ses condisciples qui joueront un rôle essentiel pour le familiariser avec les idées nationalistes, notamment ces futurs porte-drapeaux du FLN que seront Saad Dahlab, M'Hammed Yazid et surtout Benyoucef Ben Khedda, lui-même déjà en relation avec le futur inspirateur des radicaux du MTLD Lamine Debaghine. C'est donc tout naturellement qu'après un temps dans l'armée jusqu'à fin 1943 — où il bénéficie d'une libération anticipée après le débarquement des Alliés en Europe car son supérieur français craint déjà la mauvaise influence de cette « forte tête » sur les soldats musulmans —, il rejoindra dès la fin de la Seconde Guerre mondiale, à l'époque de la répression sanglante des manifestations de mai 1945, le PPA clandestin.

Sa seule véritable expérience professionnelle, comme employé de la commune mixte de Châteaudun-du-Rhumel dans le Nord-Constantinois où son travail auprès de l'administrateur représentant les autorités ne fera que renforcer ses convictions politiques nationalistes, sera brève. Dès 1948, il décide de se consacrer totalement au combat politique, devenant cette même année et dans la même région un permanent du parti messaliste. Responsable de la *daïra* — le district — de Sétif, il fait alors la connaissance de grandes figures de l'OS, comme Mohammed Belouizdad et Mohamed Boudiaf, qui ont ainsi l'occasion de repérer ses qualités d'organisateur et sa forte personnalité — d'aucuns parlent déjà aussi du caractère tranchant voire brutal de cet intellectuel ascétique et exigeant. Dès décembre 1949, il entre au Comité central du MTLD, où l'on remarque tout de suite ses interventions pertinentes. Proche des responsables de la branche paramilitaire du parti à laquelle il n'est pas certain — les témoignages sont divergents — qu'il ait appartenu lui-même, il sera arrêté fin avril 1950 après la découverte de celle-ci par les autorités et inculpé d'atteinte à la sûreté de l'État. À la différence des autres « purs politiques » appréhendés à cette occasion, il sera condamné sévèrement, en février 1951, à cinq ans de prison. Ne perdant rien de sa combativité dans les divers établissements pénitentiaires algériens ou métropolitains où il est enfermé, il connaît souvent le cachot. D'autant qu'il dénonce régulièrement le sort réservé aux détenus politiques, notamment à travers plusieurs grèves de la faim, dont une, qui fera parler d'elle, de plus d'un mois. Il devient ainsi pour les Algériens nationalistes des deux côtés de la Méditerranée un symbole de la résistance. Rongeant son frein, d'autant plus irritable qu'il souffre de plus en plus d'un ulcère à l'estomac, Abane profite malgré tout de son incarcération pour parfaire sa culture politique.

Il obtient à la mi-janvier 1955 une petite remise de peine qui lui permet de retrouver la liberté. Ce qui met en fureur le sous-préfet de Tizi Ouzou qui le considère comme dangereux. Et ce qui alimentera plus tard des rumeurs entretenues par ses adversaires de tous bords, quand ils voudront le discréditer, au sujet d'un régime de faveur troublant dont il aurait bénéficié à cette occasion de la part des Français. L'irréductible lutteur, encore ignorant des détails du déclenchement de l'insurrection, rejoint alors son village natal, où les Français, qui entendent garder un œil sur lui, l'ont assigné à résidence. N'ayant pu jouer, par évidence, le moindre rôle pendant toute la période de la scission du MTLD, même si on le considère proche des centralistes, il revient donc sur la scène comme un homme vierge de toute compromission, à la réputation intacte. Belkacem Krim, dès qu'il apprend la libération d'un cadre de cette valeur, le contacte à travers Ouamrane, qui le connaît depuis 1943 et son passage dans l'armée. Et il lui offre immédiatement un poste de responsabilité au FLN. Conseiller du chef kabyle, il se retrouve, après l'arrestation de Bitat, chargé de l'information et de la propagande à Alger, où il a plongé dans la clandestinité dès la mi-février. Il deviendra vite la tête politique des nationalistes radicaux, non seulement dans la capitale mais aussi dans les deux zones du centre du pays puis, bientôt, pour toute l'Algérie.

Son premier coup d'éclat sera la rédaction d'un tract distribué à Alger le 1er avril et qui aura un réel retentissement, puisqu'il s'agit de la première proclamation consistante et mobilisatrice des insurgés depuis celle, le plus souvent ignorée de la population, du 1er novembre. Ce texte, présenté comme un appel au peuple algérien, veut frapper l'imagination de chacun en évoquant — non sans exagération — les premiers « succès » militaires de l'ALN. Puis en dénonçant les mensonges de l'« impérialisme français » et des autorités coloniales aux « méthodes barbares ». Enfin en réclamant la nécessaire contribution de tous les Algériens au combat lancé par « les meilleurs de [leurs] fils qui ont juré de vivre libres ou de mourir » et en mettant en garde contre « les ennemis de la patrie » et en particulier « ceux qui maintiennent la confusion ». Ce dernier passage laisse apparaître en filigrane à quel point Abane est conscient de la faiblesse du FLN qui, six mois après son apparition, est encore inorganisé, peu efficace et bien loin d'être reconnu comme « le » représentant légitime de la population. Et à quel point, ce qui va de pair, il redoute encore les messalistes, qu'il n'est pas difficile de repérer derrière « ceux qui maintiennent la confusion », lesquels ne sont donc pas prioritairement les partis nationalistes « modérés » ou les « béni-oui-oui » qu'il imagine sans doute déjà pouvoir rallier. D'où, d'ailleurs, la priorité qu'il va bientôt donner à la lutte contre les partisans de Messali et à la réalisation d'une ébauche d'unité nationale contre le colonialisme sous l'égide du seul FLN.

KABYLIE : LES DIFFICILES LENDEMAINS DU 1er NOVEMBRE

Il n'y a pas qu'en Oranie et dans l'Algérois que les lendemains du 1er novembre sont décevants. Même en Kabylie, où le terrain se prête mieux que dans la plupart des autres régions à la lutte de partisans, on a du mal à maintenir l'activité insurrectionnelle. Pendant les premières semaines, on s'est résigné au repli ordonné par le chef de la zone, qui, resté en compagnie du groupe d'une trentaine de *djounoud* dirigé par son lieutenant Ali Zamoum, a lui-même décidé de se réfugier sur les contreforts du massif du Djurdjura. L'essentiel, pour les diverses unités de combattants, est seulement de survivre au maquis. Parce qu'il faut échapper aux forces de l'ordre qui organisent la recherche des « hors-la-loi » et qui, reprenant en main tant bien que mal tous ces *caïds* qui n'ont pas su prévoir l'insurrection, surveillent les mouvements suspects dans les villages. Mais aussi parce que la population des campagnes, là aussi, reste pour le moins réservée face à ces « rebelles » dont on ne sait encore trop ce qu'ils représentent et quel est leur avenir. Sont-ils, du moins pour la plupart, des « bandits » qui se font passer pour des patriotes, comme ne cessent de le répéter les autorités ? En tout cas, on craint qu'ils n'attirent des ennuis dans la région. Le ravitaillement des maquisards est donc difficile : pour l'instant, comme en témoigneront plusieurs responsables locaux, il faut chaque fois payer, ce qui devient vite problématique, pour obtenir des vivres dans les *douars* où l'on ose se montrer.

Pour desserrer l'étau en impressionnant la population, et pour remobiliser ses hommes, Belkacem Krim estime assez rapidement qu'il est temps de lancer quelques actions spectaculaires. La plus remarquée, qui aura également le mérite d'être lucrative alors même qu'on manque tellement de moyens, se déroulera près de Tizi Ouzou. Un samedi, jour de marché, à 14 kilomètres du chef-lieu de la Kabylie, le groupe d'Ali Zamoum, avec le chef de la zone à sa tête, monte une embuscade. Les vingt hommes qui participent à l'opération attendent vers huit heures le passage des cars de l'entreprise algérienne de transports Tabani, dont le patron est réputé être un ami des Français. Plus de cent paysans des alentours ont pris place comme chaque semaine dans la petite colonne de trois véhicules, que suit généralement M. Tabani lui-même dans sa voiture particulière. Cinq combattants en uniforme se sont placés au milieu de la route, protégés par le reste de la troupe qui, sur les bas-côtés, se tient prêt à intervenir. Ils font signe au premier chauffeur de stopper. Les quelques miliciens qui assurent la sécurité du convoi, voyant qu'ils ont affaire à forte partie, ne réagissent pas.

Les maquisards font alors descendre tous les passagers, qui, à leur grande surprise, se retrouvent immédiatement en train d'assister à un meeting politique improvisé. On leur explique le sens du combat du FLN à travers des formules simples et parlantes : « Nous ne sommes pas des bandits, leur dit-on en substance, mais des soldats de l'Armée de libération nationale. Nous nous battons pour le peuple, pour l'indépendance des Algériens. C'est pour cela que nous avons décidé de nous sacrifier. » La harangue terminée, on met hors d'usage les véhicules, et on relâche les fellahs en route pour le marché. Dans l'automobile que ne conduit pas ce jour-là M. Tabani, il y a son fils, un étudiant qu'Ali Zamoum décrira d'ailleurs dans ses mémoires comme « assez sympathique » et prêt à échanger des idées avec les nationalistes. L'« otage » aura effectivement le temps de discuter longuement avec ses ravisseurs puisqu'il est emmené par les combattants dans le maquis.

On le libérera au bout de vingt-quatre heures en le chargeant d'aller récupérer lui-même une « contribution financière volontaire » de son père pour aider la révolution et par là même s'éviter des ennuis. Le transporteur, prudent, s'exécutera immédiatement, confiant à son fils les 200 000 francs réclamés, à titre de premier versement. Tout le pays saura bientôt ce qui s'est passé, et même plus : les voyageurs, à Tizi Ouzou comme dans leurs villages ensuite, grossissent l'événement, exagérant les effectifs et l'armement des maquisards, retransmettant même le discours à la gloire du FLN qu'ils ont entendu en des termes flatteurs. Quant à Tabani, il ira se plaindre comme on le lui a conseillé auprès de la presse, ce qui ne fera qu'amplifier l'écho de ce « fait d'armes ».

De telles actions, ainsi qu'une série d'attaques contre des musulmans au service de l'administration, qu'on élimine physiquement, qu'on intimide brutalement ou, parfois, qu'on réussit à « retourner », permettront progressivement aux hommes de Krim de mieux s'implanter sur le terrain, de montrer leur puissance et d'améliorer leurs contacts avec une bonne partie de la population. Ainsi, ils peuvent commencer à expliquer petit à petit que les messalistes, qui sont restés particulièrement puissants en Kabylie, ne sont pas à l'origine de l'insurrection. Mais, globalement, en raison du manque d'armes en particulier, la situation des maquisards reste très précaire pendant tout l'hiver 1954-1955. Et les occasions d'agir sont rares. L'armée française, même si elle ne peut facilement contrôler toutes les campagnes de cette zone montagneuse, se déploie non sans résultats dans la région. Or tout affrontement direct avec des troupes disposant de moyens très supérieurs ne peut que provoquer des pertes importantes.

Des dizaines de *djounoud* seront ainsi tués ou arrêtés pendant les premiers mois de la guerre. Une petite hécatombe, vu la modicité des effectifs. Mais la mise hors de combat n'épargne pas même certains responsables. C'est ainsi que le plus proche de Krim parmi ses chefs de groupe, Ali Zamoum, tombe entre les mains des Français lors d'un accrochage fin février 1955 qui a failli décapiter toute la hiérarchie du FLN en Kabylie. Une réunion de tous les principaux cadres de la zone doit se dérouler à ce moment-là, peu après la tombée de la nuit, dans une cabane à proximité d'un petit village. Krim, qu'on attend en vain un bon moment dans un endroit convenu à quelques kilomètres, a été finalement retenu ailleurs. Mais tous les autres responsables, à commencer par Ouamrane, sont bien arrivés. Bientôt, ce dernier et Zamoum, revenant du lieu de rendez-vous où ils n'ont pas trouvé leur chef, se rendent compte qu'une colonne de soldats français approche de la cabane. Le « Sergent » Ouamrane, « Sargène » comme disent encore plus familièrement ses compagnons, persuadé que les militaires doivent agir sur renseignement et ont déjà commencé à encercler le site, conçoit immédiatement un plan pour permettre au plus grand nombre possible de présents de s'enfuir : il faut que tout le monde sorte de la cabane ; puis un seul homme, en tirant sur la colonne, se chargera de fixer puis d'attirer les assaillants afin de donner une chance à ses camarades de passer à travers le dispositif ennemi.

Refusant de laisser son frère Mohammed, qui s'est porté volontaire, jouer ce rôle, Ali Zamoum, arguant du fait qu'à vingt et un ans à peine il est le plus indiqué puisque le plus jeune, obtient d'être chargé de cette périlleuse opération de diversion. Il échange son mousqueton contre la mitraillette de son aîné et, comme on le lui avait demandé, tire rafale après rafale pour concentrer l'attention sur lui jusqu'à épuisement des munitions. À l'aube, ayant la satisfaction de penser que les autres ont pu s'évanouir dans la nature, il ne pourra pour sa part échapper à la capture. Il sera bientôt identifié comme étant le « Smaïl » — c'était son principal nom de guerre — qui dirige un groupe de combattants et qu'on recherche depuis un bon moment. Aussi bien pour son rôle lors du 1er novembre — après le saccage de la mairie de Tizi N'Tléta, il a perdu sur place une torche électrique sur laquelle étaient gravées ses initiales ! — que pour sa participation à l'attaque des cars Tabani et son implication directe ou indirecte à diverses actions punitives, parfois meurtrières, contre des « collaborateurs » des Français — gardes champêtres, *caïds*, etc. Pendant vingt-trois jours d'interrogatoire, souvent sous la torture, se sachant définitivement hors de combat, il avouera, assurera-t-il, « ce qui ne portait atteinte qu'à moi-même pour mieux taire ce qui risquait d'être dangereux pour mes frères ». Il est certain, en tout cas, qu'il revendiquera haut et fort, plus que ne le souhaiteront souvent ses avocats, son engagement et les actions qu'on lui reproche. Et tout particulièrement quand un magistrat, lors d'une audience, se permettra de le traiter de « bandit », moyen habituel chez les Européens de tenter de disqualifier les combattants indépendantistes algériens. Condamné trois fois à la peine de mort en autant de comparutions devant un tribunal militaire, il terminera la guerre en prison après avoir échappé par miracle à l'exécution capitale : l'intervention inattendue d'une relation d'un de ses défenseurs auprès de la magistrate chargée de préparer les dossiers de grâce s'avérera décisive.

Cette arrestation venait démontrer, si nécessaire, que, même en Kabylie, la situation restait plutôt précaire pour le FLN près de six mois après le 1er novembre. Elle va encore le rester un temps puisque Belkacem Krim, dès la fin du mois de mars, devra surtout se préoccuper, on l'a vu, de réorganiser la zone 4 et de la doter d'un nouveau commandement après l'arrestation de Rabah Bitat. Sans contact avec les autres zones, il est le seul à pouvoir prendre des décisions de cette importance, qui, de fait, lui donnent un certain contrôle du pouvoir dans toute l'Algérie centrale, capitale comprise. Mais le temps de confier la direction de l'Algérois à son adjoint de toujours, Amar Ouamrane, et bientôt celle de la ville d'Alger à la nouvelle recrue de choix du FLN Abane Ramdane, qui étend rapidement son influence, il est le plus souvent absent du terrain. C'est donc seulement vers la fin du printemps qu'il peut sérieusement se préoccuper de consacrer à nouveau l'essentiel de son attention à sa région. Ce qui est d'autant plus nécessaire que les Français, qui ne sous-estiment pas le climat d'insécurité que réussissent déjà à faire régner les hommes de Krim, vont envoyer alors en Kabylie des troupes d'élite.

À la mi-1955, ainsi, et pendant les mois qui suivent, le « Lion des djebels » redonne à la Kabylie des structures de commandement efficaces, qui vont grandement aider à l'implantation du FLN et à la capacité d'action de l'ALN, même si celle-ci, on l'a dit, mène encore fort peu d'opérations, à part quelques embuscades destinées à récupérer des armes, contre les forces armées du pouvoir colonial. Il pourra ainsi, dès avant la fin de l'été, s'appuyer sur un trio de chefs de guerre légitimés par leur activité sur le terrain et dont la réputation — pour le meilleur ou, parfois, pour le pire — ira vite grandissante. Ces hommes qui émergent dans l'après-1er novembre et qui s'imposent au fil de l'année 1955 comme les principaux seconds de Krim sont fort différents mais possèdent tous, ils le démontreront, de fortes personnalités.

Mohammedi Saïd, alias Si Nacer, alors âgé de plus de quarante ans, donc nettement plus vieux que la quasi-totalité des combattants, n'est pas le moins étonnant des trois. S'il fut un temps sous-officier de l'armée, il n'a pas pour autant le moindre sentiment pro-français. L'un de ses tout premiers souvenirs, c'est celui d'un militaire français giflant ses grands-parents. Et, ainsi qu'il l'expliquera à un journaliste américain, il a rejoint pendant la Seconde Guerre mondiale les services de renseignement allemands en pensant qu'« Hitler détruirait la tyrannie française et libérerait le monde ». Parachuté par l'Abwehr dans la montagne à la frontière algéro-tunisienne, fait prisonnier par les Alliés, condamné à perpétuité, il ne sera libéré qu'en 1952. L'un des rares responsables de l'ALN des premiers temps sans réel passé politique, son parcours lui a assuré cependant une certaine aura liée au courage physique impressionnant qu'on lui prête. Il cultivera sa légende en ne se séparant jamais d'un casque d'acier allemand au maquis. Fort en gueule, colérique, amateur de garde-à-vous démonstratifs dont il veut imposer la pratique, il ne semble cependant pas des plus compétents pour organiser ses troupes. Très religieux, il semble d'ailleurs qu'il ait enseigné dans une *zaouïa*, il sera considéré par beaucoup comme très mal inspiré quand, responsable de la région, il rendra obligatoires la pratique de la prière et surtout celle du ramadan à des *djounoud* aux prises avec les exigences de la vie de maquisards.

Slimane Déhilès, le futur colonel Sadek quand il dirigera la wilaya 4, a adhéré au PPA en 1945. C'est un vieux compagnon de Belkacem Krim, qu'il a connu dès 1947 alors que ce dernier partait pour le maquis. Ancien chauffeur de taxi, longtemps éloigné de la Kabylie puisqu'il a émigré dans l'est de la France où il a vendu des tapis jusqu'à l'automne 1954, il fait partie des quelques militants patriotes qui ont décidé sans hésiter de rejoindre les combattants indépendantistes dès le lendemain du 1er novembre. Organisateur hors pair, c'est sur lui que Krim compte surtout à partir du printemps 1955 pour inspirer et superviser l'action armée dans la zone 3 et tout particulièrement en Basse Kabylie. En l'espace de six mois, il aura réussi à réunir sous son autorité plusieurs centaines d'hommes — un biographe algérien de Belkacem Krim parlera même de six cents —, des soldats de plus en plus disciplinés et de mieux en mieux équipés, en uniformes mais aussi en armes.

Mais c'est Amirouche, bien sûr, Aït Hamouda de son vrai nom, qui restera le plus célèbre des trois. D'une famille kabyle modeste proche du mouvement des Oulémas, militant du PPA-MTLD dès ses vingt ans, puis membre de l'OS à la fin des années 1940, ce montagnard grand, sec, au visage allongé et anguleux et au regard pénétrant, a connu la prison de 1950 à 1952 après la répression qui a décimé les effectifs de l'organisation paramilitaire du parti messaliste. Une fois libéré, interdit de séjour à Alger et surveillé de près par la police, il quitte la Kabylie, où il avait créé à ses débuts un petit commerce de bijouterie, pour rejoindre d'abord Relizane puis Paris afin d'échapper aux tracasseries de l'administration. Dès qu'il apprend le déclenchement de la lutte armée, il retourne en Algérie pour rejoindre le maquis. Déterminé et sûr de lui, il n'hésite pas à prendre de sa propre initiative le commandement des combattants kabyles de la région de Michelet — Aïn el-Hammam aujourd'hui — après la mort de leur chef à la fin de l'année 1954.

Convoqué quelque temps après sans ménagement par Krim, à qui on a signalé cet élément « incontrôlé » et potentiellement « dangereux », suspecté de jouer les chefs de bande à son compte, Amirouche rejoint le dirigeant de la zone 3 après une longue marche sur les hauteurs du Djurdjura. Le « Lion des djebels », qui rapportera la scène après guerre, n'aura pas besoin d'interroger longuement ce responsable autoproclamé de vingt-huit ans pour déceler en lui non seulement un militant indépendantiste radical et décidé, mais aussi un guerrier impitoyable et un entraîneur d'hommes hors pair, excellent organisateur de surcroît — il a d'ailleurs pris avec lui à cette occasion, sans qu'on le lui demande, des rapports d'activité qui le prouvent. Il n'était en fin de compte qu'en attente d'instructions. Il en aura désormais. La première consiste à lui attribuer un nouveau terrain d'opérations, suivant la règle, pas toujours appliquée il est vrai, qui veut qu'on évite de laisser agir un responsable dans son environnement familial, où il risque de ne pas pouvoir se comporter sereinement. On l'envoie donc, avec quelques-uns des meilleurs combattants sous ses ordres, vers le sud-est, dans la vallée de la Soummam, encore mal contrôlée par le FLN, et plus généralement dans la région où la Kabylie rejoint le Constantinois — avec lequel on aimerait tant rétablir la liaison. Les qualités de l'individu n'ont pas été surestimées : à la fin de l'été 1955, il aura rallié au FLN de vastes territoires et créé de nombreux groupes de *moudjahidines*, au point de régner sur une véritable petite armée. Celle-ci, conformément à la stratégie prudente de Krim déjà évoquée, n'attaque cependant pas encore de front les forces du pouvoir colonial.

Il est vrai que l'importance de ces dernières n'incite pas le chef de la zone 3 à changer trop tôt de politique. Encore plus à partir du début de l'été 1955 quand le général Beaufre, fraîchement débarqué en Algérie à la tête d'une division composée de milliers de soldats d'élite équipés de l'armement le plus moderne, est envoyé en Kabylie avec pour mission de rétablir la sécurité. Mieux vaut privilégier pour l'instant, outre les expéditions punitives contre les « collaborateurs » notoires des Français, le travail politique. Et continuer à mobiliser et organiser la population. Ce qui n'empêche pas les hommes de Krim, pour récupérer des armes et maintenir leur emprise dans les campagnes, de monter régulièrement des embuscades contre des convois militaires et de mener de petites opérations de guérilla.

Quand une attaque réussit, comme cette interception de deux camions de ravitaillement au sud de Tizi Ouzou qui permet de récupérer une douzaine d'armes de guerre, les Algériens musulmans sont impressionnés. Et quand les combattants sont défaits et subissent des pertes, comme les hommes de Sadek qui enregistrent plusieurs revers meurtriers pendant l'été, on admire dans les campagnes leurs convictions patriotiques si fortes qu'elles les amènent à risquer leur vie pour les défendre. Résultat : la population est de plus en plus influencée par les mots d'ordre et par la propagande du FLN. Ce qui explique sans doute des situations étonnantes comme celle-ci : une colonne de soldats français accompagnée de chars aura la surprise d'être un jour bien accueillie par des Algériens… qui pensaient — comme on le croira en août dans le Constantinois — qu'ils assistaient à l'arrivée de l'armée égyptienne venue appuyer les indépendantistes. Voilà pourquoi, bien qu'apparemment maître du terrain dans une région relativement calme, Beaufre jugera alors avec lucidité dans un écrit que « nous (les militaires français) sommes loin d'avoir l'initiative ».

LES AURÈS EN PREMIÈRE LIGNE

C'est dans les Aurès, on le sait, que le déclenchement de l'insurrection le 1er novembre a été, et de loin, le plus spectaculaire. La zone 1, fief de Mostefa Ben Boulaïd, est même la seule qui a réussi alors à isoler et contrôler sinon « libérer » un territoire pendant plus de vingt-quatre heures, à la stupéfaction des autorités, aussi inquiètes que déconcertées. Les activistes ont alors récolté le résultat d'un long travail d'implantation dans une région où, il est vrai, la tradition de la résistance au pouvoir central de la population locale, les Chaouias, est bien enracinée. La riposte sera à la hauteur de la frayeur éprouvée par les Européens. Le Gouvernement général, ainsi, estime qu'en matière de répression et de reprise en main de la population, il faut appliquer le mot d'ordre « Tout pour l'Aurès ».

Les habitants de Batna verront d'ailleurs débarquer dans leur ville dès les premiers jours de novembre, alors qu'on vient de briser l'encerclement d'Arris après l'envoi de plusieurs colonnes dotées d'automitrailleuses, la plupart des grands responsables politiques et militaires français d'Algérie, à commencer par Jacques Chevallier, à la fois maire d'Alger et secrétaire d'État à la Guerre, et le général Cherrière, commandant en chef de l'armée pour les trois départements. C'est en effet dans cette région, cœur de l'insurrection, qu'ils veulent tenter de comprendre comment un tel événement a été possible et surtout pourquoi il a pu prendre par surprise les autorités malgré leurs relations étroites avec tant de notables musulmans qui, comme Cherrière en est persuadé, « ne pouvaient quand même pas ignorer ce qui se préparait ». Leurs rencontres avec ces derniers, et en particulier avec le tout-puissant maire de Khenchela Si El Hachemi Ben Chenouf, leur permettront tout simplement de vérifier qu'ils n'étaient pas du tout au courant et, par là même, de conforter leurs analyses erronées sur l'origine égyptienne de l'opération du 1er novembre. Du coup, on continue à ne pas savoir contre qui il faut se battre.

Dans la mesure où l'armée a concentré ses forces disponibles dans la région, les incidents se multiplient dans l'Aurès et, juste à côté, dans le massif encore plus désertique et inhospitalier pour les Européens des Nementchas qui dépend, pour l'ALN, de la même zone. Certes, les villes, à nouveau, sont bien contrôlées. À Batna, en particulier, où les autorités ont pu démanteler l'embryon de réseau FLN local grâce à la défection d'un des chefs de groupe de Ben Boulaïd, Ahmed Bouchemal, qui a compris dès le 1er novembre qu'il n'était pas fait pour la vie de « hors-la-loi » et qui, cas peu banal chez les indépendantistes, a préféré se rendre rapidement avant d'être appréhendé. Mais c'est dans les campagnes que les maquisards, décidés à poursuivre le combat sans s'accorder un véritable répit comme dans les autres zones, ont pris leurs quartiers. Tout en menant des opérations de guérilla nombreuses, ils se refusent évidemment à tout affrontement « classique » et semblent donc insaisissables.

D'autant que les militaires français ne savent pas sur l'instant quelle stratégie adopter pour réduire ce qu'ils appellent des « bandes rebelles » ou, comme le commandant en charge de la région, le général Spillmann, « les salopards ». Faut-il « ratisser » toute la région comme le voudrait Cherrière ? Faut-il carrément employer les moyens les plus radicaux et bombarder massivement les territoires supposés acquis aux insurgés, comme on a failli le faire dès novembre sur le *douar* Ichmoul, où les montagnards soutiennent ostensiblement les maquisards et où les accrochages se sont multipliés ? Faut-il au contraire tenter de gagner autant que possible la sympathie des populations pour priver ces mystérieux combattants indépendantistes de tout soutien ? Les partisans de la manière forte, bombardements et tirs d'artillerie compris, sont à l'évidence les plus nombreux, et les populations touchées par les opérations militaires s'en apercevront au fil des mois à leurs dépens. Mais pendant les semaines qui suivent le 1er novembre, aucun plan de bataille n'est encore bien défini, si ce n'est, comme on l'a dit, de ne pas lésiner sur les moyens pour « nettoyer » le terrain.

Alger a envoyé sur place des unités de parachutistes, autrement dit les éléments de l'armée les plus entraînés et surtout les plus mobiles. Ceux-ci agissent sous les ordres d'un officier supérieur de retour d'Indochine où il a déjà eu à affronter des guérilleros, un colonel qu'on surnommera bientôt parmi les siens « Ducournau la Foudre » puisqu'il privilégie avant tout la rapidité lors des opérations.

Les hommes de Ben Boulaïd ont donc affaire à forte partie. Et ils subissent bientôt un revers important, au moins sur le plan psychologique. Une compagnie qui patrouillait sur l'axe Batna-Arris décide subitement un jour, vers la fin novembre, de pousser jusque vers un village excentré, Menaa, connu pour avoir un temps servi de refuge à André Gide. Un détour qui conduit ces paras, sans qu'ils le sachent, sur le territoire où règne alors le célèbre « bandit d'honneur » Grine Belkacem, depuis quelque temps, on le sait, allié des indépendantistes. Ce dernier, entouré d'une cinquantaine d'hommes sur les hauteurs qui dominent la petite route empruntée par les militaires, ne craint pas d'accrocher cette troupe qui s'est aventurée sur son territoire. Un soldat est tué par un des tireurs embusqués dans la montagne, d'autres blessés. Le combat fait rage.

Les militaires, qui, du fait du terrain, ont du mal à contre-attaquer malgré leur supériorité numérique et en armement, demandent du renfort pour prendre à revers l'ennemi. Ducournau lui-même, prévenu, accourt avec la compagnie avec laquelle il bivouaquait vers Arris et appelle aussi d'autres unités. La bataille durera l'essentiel de l'après-midi, jusqu'à ce que les hommes de Grine Belkacem, dont plus de la moitié ont été tués, cessent le combat. Dix-huit sont faits prisonniers. On peut supposer que si les maquisards ne se sont pas battus jusqu'au dernier, bien que leur résistance ait été acharnée, c'est pour une bonne raison : le colonel para ne le sait pas encore, mais il vient de mettre fin à la carrière du légendaire Grine Belkacem, réputé invincible et même, pour beaucoup, invulnérable face aux balles des roumis.

Ce coup dur, qui ne peut que frapper les esprits dans une région où les maquisards se voulaient

« comme des poissons dans l'eau », ne met cependant hors de combat qu'une troupe « irrégulière », qui n'appartient pas à l'ALN proprement dite. Elle ne modifiera d'ailleurs pas beaucoup les données de l'affrontement entre l'armée et les insurgés : la population, souvent acquise à la cause des nationalistes, ne change évidemment pas de camp du jour au lendemain à cette occasion. Et d'ailleurs, jusqu'à ce qu'il soit muté assez rapidement plus au sud, dans le Nord-Constantinois, Ducournau ne pourra obtenir d'autre « victoire » de ce type dans les Aurès. Cependant, la situation n'est pas facile pour les combattants indépendantistes, qui, malgré les quelques renforts en hommes que leur assure la politique de répression des autorités, sont encore à peine quelques centaines. Et, pour avoir échoué à le renforcer comme prévu lors des attaques du 1er novembre, leur armement est toujours très insuffisant. Sans espoir de remédier à court terme à ce sous-équipement grâce à l'appui des autres zones ou de l'extérieur du pays puisque le contact n'a pu être rétabli avec eux depuis le jour J.

Voilà pourquoi le chef de la zone 1, bien qu'à l'abri lui-même puisqu'il est solidement retranché avec ses principaux lieutenants dans un lieu à l'écart de toute route, dans une grotte non loin des monts des Nementchas, est inquiet pour l'avenir. Comment passer à la deuxième étape de l'insurrection, sans se contenter de simples escarmouches peu significatives, et « tenir » face à des milliers de soldats professionnels appuyés par des blindés, apparemment décidés à reconquérir le terrain dans les Aurès, sans un minimum de moyens ? D'autant que si la majorité de la population est assurément en sympathie avec ceux qui combattent le colonisateur, tous les

Chaouias ne supportent pas les indépendantistes. Autant par prudence — comme partout, on reste souvent sceptique devant les chances des nationalistes radicaux de l'emporter par les armes — qu'en raison de conflits intertribaux qui peuvent conduire à des alliances de circonstance avec les Français. Ben Boulaïd juge donc à la fin de l'année qu'il lui faut à tout prix desserrer l'étau et tenter de reprendre l'initiative. Il entreprend pour cela de rejoindre la Tunisie puis Tripoli, la capitale de la Libye, d'où il espère pouvoir au moins joindre les hommes du Caire afin de faire le point de la situation et trouver des moyens d'acheminer des armes. Mais ce long et pénible voyage entrepris à pied s'achève à la mi-février à la frontière entre la Tunisie et la Libye, où le chef de la zone 1, malchanceux, tombe avec son guide Amar Mistiri sur une patrouille française.

Les autorités ne sauront pas pendant un bon moment quelle « prise » elles ont réalisée avec cet homme qui a tenté sans succès de se faire passer pour un Tripolitain en déplacement. Grâce aux consignes de sécurité adoptées à la veille du 1er novembre, ils ignorent toujours l'identité de plusieurs des fondateurs « historiques » du FLN et le rôle précis d'un homme comme Ben Boulaïd dans le déclenchement de l'insurrection. Les papiers dont il n'a pu se débarrasser, retrouvés sur lui lors de sa capture, les ont rapidement convaincus, avant même son identification, qu'ils avaient affaire à un dirigeant régional de premier plan de la nouvelle organisation indépendantiste que les autorités continuent le plus souvent à nommer CRUA. Mais c'est tout.

C'est suffisant cependant pour donner une idée à Jacques Soustelle, le nouveau gouverneur général réputé libéral qui vient d'être nommé à Alger pour remplacer Roger Léonard, l'homme qui a été surpris par le 1er novembre. Et si on profitait de l'occasion pour tenter d'en savoir enfin un peu plus sur ces insurgés qui, malgré les coups sévères qu'on leur porte, ne désarment pas, tout particulièrement dans les Aurès ? Il dépêche donc à Tunis, où Ben Boulaïd a été transféré dans les locaux de la DST, le commandant Vincent Monteil, le spécialiste des affaires musulmanes qu'il vient de recruter pour faire partie de son cabinet — où il devra aider les responsables, trop tentés par le tout répression, à « comprendre » la situation. Parlant non seulement l'arabe mais aussi le chaouia, un atout majeur alors qu'en Algérie à peine 15 % des hommes et 6 % des femmes parlent plus ou moins bien le français, cet officier peu banal, qui s'est empressé de préciser au précieux prisonnier qu'il n'avait rien à voir avec la police, réussit à établir un véritable contact avec l'ancien meunier, peu bavard jusque-là. Ce qu'il apprend ne sera pas de nature à rassurer les autorités. Sans donner aucun renseignement réellement exploitable contre les indépendantistes, Ben Boulaïd, sur lequel on a retrouvé des documents relatant de nombreuses opérations récemment effectuées ou envisagées (attentats, exécutions d'Algériens pro-français, attaques de convois militaires, etc.), ne cache rien des motivations profondément ancrées des insurgés anticoloniaux, révoltés par les injustices que subit leur peuple sur son propre sol. Et il explique à son visiteur comment toutes les opérations de « maintien de l'ordre » et tous les « ratissages », avec leur cortège de pillages, d'arrestations de « suspects » suivies de tortures ou d'exécutions sommaires, d'exactions de toutes sortes (destructions des provisions des familles, viols, etc.), dont se rendent souvent coupables les troupes engagées, ont pour résultat de renforcer petit à petit l'influence et les effectifs des combattants algériens.

On ne sait si la stratégie des autorités d'Alger aura « profité » de cet entretien et d'autres du même type — par exemple Vincent Monteil ira également voir dans sa cellule Ali Zamoum, très surpris et qui restera à jamais perplexe sur la raison de cette visite dont, à en croire ses mémoires, il ne comprit pas l'objet. Mais si tel fut le cas, ce ne sera de toute façon pas plus durable que la volonté réformatrice de Soustelle. Le « libéralisme » de ce dernier était sans doute sincère au départ. On dit qu'il a été très frappé, au moment de sa nomination, par la lecture d'un rapport qui expliquait que les nationalistes ne pouvaient que profiter de la situation sociale dramatique de leur communauté : on estimait alors par exemple à 4,5 millions le nombre d'Algériens de moins de vingt ans, et ceux qui avaient atteint au moins l'adolescence étaient le plus souvent sans travail et donc sans ressources. Impossible de changer quoi que ce soit sans changer cet état de fait. Mais toute approche « progressiste » des problèmes des trois départements est vite fortement critiquée par les représentants officiels des Européens d'Algérie, très liés aux grands colons, qui n'entendent rien céder des petits et grands privilèges de leur communauté. Et ce sont eux qui seront petit à petit les plus écoutés. Les combattants algériens pourront s'en apercevoir dès le printemps et l'été 1955 en Kabylie et plus encore dans l'est du pays, tout particulièrement dans les Aurès où le second de Ben Boulaïd, Bachir Chihani, à peine âgé de vingt-cinq ans, a tout de suite pris le commandement après la « disparition » de son chef.

Le gouverneur général, confronté à la poursuite des actions armées des indépendantistes, n'a pas résisté longtemps, en effet, à la tentation autoritaire. Dès le début du printemps, alors qu'il dit encore vouloir réaliser des réformes en faveur des musulmans — ne serait-ce qu'appliquer enfin au moins pour partie... le statut de 1947 — et prendre des mesures d'« apaisement » — comme des libérations de prisonniers —, il obtient de l'Assemblée nationale à Paris, sans ménager ses efforts pour arriver à ses fins, que l'Algérie puisse vivre désormais sous le régime de l'« état d'urgence ». Un régime qui doit surtout lui permettre, assure-t-il, de calmer les esprits et par là même de mettre l'accent avant tout non plus sur la seule répression mais sur ce qu'on va appeler la « pacification ». Et qu'il entend n'appliquer qu'aux régions les plus troublées, et avant tout à l'Aurès. En fait, il permet désormais à l'administration non seulement de limiter la liberté d'expression, de fermer des commerces ou de contrôler la détention d'armes, mais aussi et surtout d'arrêter à discrétion des « suspects » et de les mettre en résidence surveillée dans ce qu'on appelle officiellement des « camps d'hébergement » — des camps que beaucoup d'Algériens qualifieront immédiatement, et pour longtemps puisqu'ils se multiplieront pendant les années à venir, de « camps de concentration ».

La nomination à la tête des troupes françaises dans la région, à la place du général Spillmann, du général Parlange, un homme réputé « compréhensif » en tant que spécialiste depuis son long séjour au Maroc des « affaires indigènes » — comme le disent toujours significativement les Européens pour bien se différencier des musulmans — va de pair à la mi-1955 avec la mise en place de la politique théoriquement réformatrice et de fait de plus en plus dure des autorités. La création des SAS, les sections administratives spécialisées, dont « profite » prioritairement cette même région de l'Aurès puisqu'elle est la plus troublée, illustre bien à cette époque la méthode Soustelle, qui allie un certain paternalisme — ce que les colons, méfiants, prennent encore pour un penchant « de gauche » d'un gouverneur nommé par Mendès France — à un souci de plus en plus obsessionnel du maintien de l'ordre. Le principe des SAS consiste en effet à installer au milieu de la population, dans chaque *douar* si possible, un officier — qu'on qualifiera lui aussi de spécialiste des « affaires indigènes » d'autant qu'il doit normalement parler l'arabe pour occuper ce poste — entouré d'une petite troupe. Supposé à la fois aider et assister les musulmans dans tous les domaines (administratif, économique, médical, etc.) et obtenir des renseignements sur eux, le responsable de chaque SAS a évidemment avant tout, au-delà de sa fonction « sociale », une mission de contrôle des Algériens, dans tous les sens du terme. Ce qui le désigne par là même comme une cible prioritaire pour le FLN, qui a pour objectif numéro un en ces premiers temps de la guerre d'assurer lui-même un tel contrôle.

NORD-CONSTANTINOIS : LE CALME AVANT LA TEMPÊTE

Autant, au lendemain du 1er novembre, les Aurès se sont illustrés comme l'abri de combattants qui continueront à jouer pendant un bon moment le rôle de fers de lance de l'insurrection, autant, on le sait, la région voisine du Nord-Constantinois est apparue alors en retrait. Les quelques actions qu'ont pu mener le 1er novembre les hommes de Didouche Mourad, peu nombreux, n'ont guère eu d'impact. La seule qui a un tant soit peu dépassé le stade de l'opération symbolique, l'attaque de la mine de Sidi Maarouf, a eu de surcroît un épilogue peu glorieux. Les militants du commando qui s'en est chargé, après quelques jours passés à se cacher dans un refuge préparé à l'avance, ont décidé de leur propre chef, puisque aucune autre initiative n'est alors prévue, de regagner leurs domiciles habituels. Sans trop savoir s'ils ont été repérés par les autorités. Et pour attendre, diront-ils, le moment de reprendre du service… quand la guerre commencera vraiment. Aussitôt revenus chez eux, ils seront évidemment arrêtés sur l'instant par la police. Leur coup d'éclat se révélera donc peu productif et ils se retrouveront eux-mêmes tout de suite hors de combat.

La plupart des combattants de la région, moins naïfs, ont pour leur part pu échapper à la répression. Comme le raconte l'un des responsables locaux, Lakhdar Bentobbal, ce ne fut cependant pas sans mal. Ainsi, le groupe d'une vingtaine de *moudjahidines* qui a tiré quelques coups de feu le 1er novembre sous la direction de ce dernier contre la gendarmerie de Mila, petite ville des environs de Constantine, éprouvera les plus grandes difficultés pour trouver des abris afin d'échapper aux militaires français décidés à étouffer dans l'œuf l'insurrection. Ils iront de refuge en refuge pendant des semaines, jouant à cache-cache avec les gendarmes et craignant maintes fois la dénonciation. « Ce n'est qu'après le déclenchement que nous avons réalisé tous les problèmes de logistique à résoudre », se souviendra Bentobbal, qui s'aperçoit un peu tard qu'il n'est pas simple de faire loger et encore plus nourrir vingt hommes par des familles miséreuses dans les campagnes, même quand elles sont sympathisantes et prêtes à beaucoup de sacrifices pour aider les nationalistes. Heureusement, expliquera-t-il, qu'il avait récupéré peu auparavant 60 000 francs auprès de sa mère, qui venait de vendre un terrain dont elle avait hérité et qui avait accepté de faire ce « prêt pour la révolution » — autrement dit un don, bien sûr — à la demande de son fils aîné. Grâce à ce petit magot qui en faisait, selon ses propres termes, « le plus riche responsable du Nord-Constantinois », il pourra au moins pendant un temps résoudre la question des approvisionnements, jusqu'à ce que le travail de mobilisation politique de la population commence à porter ses fruits.

Le groupe de combattants le plus important de la région, celui du principal lieutenant de Didouche, Youssef Zighout, avec ses quarante-cinq hommes, a dû affronter une situation encore plus difficile à partir de début novembre. Il lui a fallu changer quasiment chaque jour de refuge dans les environs de Condé-Smendou, cette petite ville où est né son chef et qui s'appellera d'ailleurs après guerre... Zighout Youssef, du nom du héros local de la guerre d'indépendance. Impossible alors, faute de moyens, de mener des actions armées, hormis quelques attentats contre des « traîtres » qui collaborent avec les forces de l'ordre européennes. Pendant un bon moment, pour ne pas être repérés par l'armée française qui a alors décidé de ratisser les montagnes Toumiyate (« Les Jumelles »), les *djounoud* ont même dû rester cachés en pleine nature sans aucun ravitaillement. Zighout racontera vers la fin décembre à Bentobbal, avec encore des haut-le-cœur en y repensant, comment, pour pouvoir manger un minimum, ils avaient alors tous dû se résoudre à avaler pour la première et dernière fois de leur vie la seule nourriture disponible : des escargots ! Didouche, alors au maquis lui aussi avec ce groupe, savait un peu cuisiner et, précisera-t-il à l'autre responsable FLN venu le rencontrer, avait heureusement réussi à rendre présentables et consommables ces « bêtes repoussantes » en les faisant bouillir.

Si le groupe qui a opéré à l'extrême Est lors du lancement de l'insurrection, dans la région de Souk Ahras, a perdu son chef, Badji Mokhtar, tué par les Français lors d'un accrochage à la mi-novembre, les quelques dizaines de combattants sous les ordres de Didouche sont donc restés malgré tout, pour la plupart, potentiellement opérationnels. Mais ils sont si peu nombreux et tellement isolés que leur capacité d'agir, jusqu'à nouvel ordre, est des plus réduites. Le chef de la zone 2 ne sait pas trop comment rétablir le contact, totalement perdu, avec Alger, sans parler de l'extérieur, cette Égypte d'où l'on espère que viendra le ravitaillement en armes. En attendant, pour trouver au moins des renforts en hommes et de nouveaux appuis logistiques afin de préparer l'avenir, il multiplie les allers-retours vers les villes, et d'abord vers Constantine et Philippeville, ces deux fiefs traditionnels du MTLD qui, on le sait, n'ont pas fourni de combattants à l'ALN en raison de la défection du « groupe de Constantine » lors de la préparation du 1er novembre. C'est ainsi qu'il se trouve amené à prendre des risques en se montrant dans des lieux publics pour tenter de rallier au FLN les militants indépendantistes les plus décidés malgré l'attitude attentiste des responsables locaux. Un jour, dans un café de Constantine fréquenté par les nationalistes où il avait un rendez-vous, il ne réussira à échapper à la police, prévenue de la présence d'un important responsable, qu'en sortant son revolver pour tenir en respect plusieurs inspecteurs avant de s'enfuir. Il n'aura pas toujours cette chance.

Peu après la mi-janvier 1955, encouragé par des premiers succès, notamment à Philippeville, dans son entreprise volontariste pour renforcer l'implantation du FLN dans la zone, Mourad Didouche veut se rendre à Guelma, autre fief du parti messaliste, pour continuer son travail de recrutement d'indépendantistes prêts à participer à la lutte armée ou en tout cas à la soutenir. D'autant qu'il s'agit là d'un lieu stratégique, bien relié à plusieurs autres cités ou régions importantes du Constantinois, et proche des Aurès. Il compte ensuite poursuivre son chemin vers Souk Ahras pour rétablir le contact avec le groupe de Badji Mokhtar, dispersé depuis la mort de son responsable, qu'il entend remobiliser et réintégrer dans l'organisation de l'ALN et du FLN sous son commandement. Il quitte donc son PC provisoire avec le groupe de combattants de Zighout, avec lequel il fera route commune pour rejoindre le premier refuge prévu, dans une *mechta* où ils doivent être accueillis par un ancien de l'OS. Le neveu de ce dernier, qui fait partie des *moudjahidines*, est parti en éclaireur pour prévenir de l'arrivée de la troupe. Militant nationaliste connu, il est aperçu par un indicateur qui prévient la gendarmerie de sa présence dans le secteur, laquelle annonce probablement, explique-t-il, la venue d'autres *djounoud*.

L'accrochage, que racontera Bentobbal d'après le récit des rescapés, est inéluctable. Comme les gendarmes, venus intercepter au petit matin la troupe qui a marché comme toujours de nuit, constatent vite qu'ils ont affaire à forte partie, ils demandent le renfort de l'armée. Arrive immédiatement tout un bataillon. Vingt-six hommes d'un côté, quatre cents de l'autre, commandés par un officier d'élite, l'inévitable colonel Paul Ducournau, muté depuis peu dans le Constantinois par ses supérieurs pour éviter toute contagion de l'insurrection des Aurès plus au nord. La bataille, bien qu'inégale, fera rage pendant des heures, les *moudjahidines*, malgré des pertes, réussissant à défendre leur position. Une bonne surprise, avouera plus tard, très satisfait, Zighout, car, pour presque tous, c'était le baptême du feu. Au début de l'après-midi, alors que les tirs, à ce moment-là, ont cessé, peut-être parce que les Français pensent qu'ils ont décimé les rangs de leurs adversaires, Didouche, dont le courage, d'aucuns parlent même de témérité, est déjà légendaire parmi les siens, a du mal à rester immobile. Il veut bientôt se déplacer pour trouver un meilleur abri en attendant, comme les autres combattants encore valides, que l'arrivée de la nuit, rapide en cette saison, permette de tenter d'échapper à l'ennemi. Au lieu de bouger en rampant, sans doute parce qu'il a voulu suivre à la lettre les recommandations du manuel de guérilla qu'il connaît, il procède par « sauts de puce ». Repéré rapidement par les soldats d'en face, il reçoit une rafale de mitraillette sur le flanc, et notamment une balle mortelle sur la tempe. Les quelques survivants se garderont de l'imiter et pourront, Zighout en tête, s'évanouir dans la nature dès que l'obscurité sera suffisante pour briser l'encerclement.

Bentobbal, qui était venu discuter de la situation dans la région avec ce leader qu'il admirait tant, avait quitté Didouche peu avant pour aller rejoindre son groupe. Et il avait repris tout de suite sa tâche prioritaire d'implantation du FLN *douar* par *douar* dans la région où il devait opérer. Il faudra plusieurs jours pour qu'il apprenne la mort de son chef de la bouche d'un combattant envoyé par Zighout pour lui demander de venir d'urgence le retrouver. Il est vrai que personne ne connaissait sous son vrai nom celui que tous appelaient Si Abdelkader. Et surtout pas les Français qui, de ce fait, ignoreront longtemps qu'ils venaient de tuer l'un des chefs « historiques » de la révolution. Les autres responsables du FLN mettront d'ailleurs eux-mêmes des mois à savoir qu'ils ont perdu un des leurs.

Le second du dirigeant mort au champ d'honneur, qui va prendre désormais la tête de la zone 2, est alors « dans un état lamentable », témoignera Bentobbal. Car, comme il l'explique à ce dernier, désormais le numéro deux du FLN dans le Nord-Constantinois, les combattants indépendantistes sont dans « un sale pétrin ». Didouche, en effet, n'avait jamais confié à Zighout, malgré le temps qu'ils ont passé ensemble, ses « secrets », en particulier les éventuels moyens de rétablir dès que possible le contact avec les autres chefs du FLN — intermédiaires, mots de passe, etc. Et il n'a laissé aucune instruction pour les mois à venir. On a bien récupéré son portefeuille et des papiers sur son cadavre, mais un long séjour des rescapés dans un marécage lors de la fuite après l'accrochage a rendu tous ces documents illisibles.

Pour retrouver le moral, et surtout maintenir celui de leurs troupes, les deux principaux responsables de la zone ont alors redoublé d'efforts pendant les premiers mois de 1955 pour affirmer la présence de la nouvelle organisation sur tout le territoire qu'elle est chargée de contrôler. On fait profil bas d'un strict point de vue militaire, mais on prépare l'avenir. À en croire les propres rapports du préfet français de

Constantine, le terrain n'est d'ailleurs pas défavorable pour les indépendantistes : « L'attentisme dont témoigne la quasi-totalité de la population musulmane est souvent composé de plus de prudence que de sympathie à notre égard, écrit-il lucidement dès la mi-février. L'action des rebelles et la propagande du Caire sont au moins commentées avec faveur. » Ce qui, ajoute-t-il, « entrave le recrutement de nos goums et tarit nos sources d'information ». À tel point, en fait, qu'à la fin du mois d'avril, à en croire Bentobbal, à la seule exception de la région de Bône, l'actuelle Annaba, où les effectifs étaient encore faibles, le mouvement de libération avait pris une importance bien plus grande que celle de l'ancien MTLD. Il n'y avait « plus aucun problème de sécurité au sein du peuple » dans les campagnes. D'ailleurs, suite à des attentats contre les gardes forestiers qui avaient été armés après le 1er novembre, et en particulier à l'exécution de deux d'entre eux par des combattants, « toutes les montagnes avaient été libérées de la présence du service forestier ». Même en faisant la part de l'exagération dans ce bilan enthousiaste de l'action du FLN dans la région, rapporté bien des années après, la suite des événements dans le Constantinois, comme on le sait, lui donnera un certain crédit.

Zighout, quoi qu'il en soit, pense qu'on ne peut se contenter de s'installer petit à petit dans les campagnes sans jamais vérifier qu'il est possible, d'une part de mener des actions spectaculaires, d'autre part de faire participer aussi les villes à l'insurrection. Il lui apparaît donc nécessaire de lancer quelques opérations pour démontrer la capacité d'agir du FLN autant aux Européens qu'aux Algériens encore sceptiques. D'autant plus que, depuis que la nouvelle des arrestations successives de Ben Boulaïd et de Bitat s'est répandue, tout simplement à travers les comptes rendus de la presse française, beaucoup s'interrogent, y compris parmi les maquisards, sur l'ampleur réelle de l'influence de la nouvelle organisation. Il décide donc d'organiser une série d'attentats et d'opérations militaires qui devront être réalisés pour la plupart à deux dates symboliques, le 1er mai, fête de « tous les exploités du monde », et surtout le 8 mai, anniversaire des événements de Sétif. Ils se poursuivront en fait plusieurs semaines.

Pour la première fois depuis le 1er novembre, la capitale de la région, comme d'autres villes, est la cible d'actions ponctuelles menées par des combattants indépendantistes aidés par des complicités locales. Une bombe déposée au casino de Constantine le 8 mai fait en particulier de nombreuses victimes. Et beaucoup d'effet dans une ville jusque-là peu touchée par ce que les Européens appellent encore « les événements ». Pour la première fois aussi, alors que jusque-là c'étaient les Français qui avaient l'initiative en imposant des accrochages quand ils rencontraient des *djounoud*, on organise des embuscades. Par ailleurs, à beaucoup d'endroits, on détruit des ponts, on abat des poteaux télégraphiques et, c'est bien le moins pour des hommes que les Européens traitent déjà dédaigneusement de *fellaghas*, on coupe des routes. On harcèle aussi des fermes, dont on brûle parfois les récoltes, en espérant, non sans un certain succès dans les endroits les plus éloignés des centres urbains, effrayer suffisamment les colons pour les inciter à quitter les lieux. À El Harrouch, où le colonel Ducournau a installé son PC, c'est Zighout lui-même qui investit à la tête de ses hommes le centre-ville, qu'il n'a quitté qu'après avoir ouvert le feu sur la gendarmerie et les bâtiments militaires. Plus spectaculaire encore : Bentobbal réussira à isoler, en l'encerclant, la petite ville d'El-Milia, l'« occupant » — ce sera le terme employé par l'ALN — pendant presque une journée. Un peu plus tard, l'explosion d'une série de bombes fera plusieurs blessés graves à Philippeville.

Alors même que cette offensive du mois de mai et ses prolongements paraissent à bien des égards représenter un succès, elle s'avère vite décevante pour Zighout au vu de ses conséquences. Car, une fois de plus, la réaction des autorités est si massive et si violente qu'elle paralyse quelque peu l'ALN. Les maquisards qui ne craignaient plus de se déplacer en plein jour dans une grande partie de la région doivent à nouveau se replier dans des refuges sans jamais être totalement à l'abri du danger. Les Français, en effet, ont dépêché, quitte à alléger momentanément le dispositif militaire de l'Aurès, des renforts importants dans le Nord-Constantinois. Et cette volonté de disposer de plus de troupes pour quadriller la région n'est pas pour rien dans la décision prise à Paris le 17 mai au ministère de la Défense, en présence de Soustelle, de porter à 100 000 hommes — plus du double du chiffre de novembre 1954 — les effectifs de l'armée française sur le sol algérien. Mais l'évolution n'est pas que quantitative.

Dès le 13 mai, le général Allard, en charge de tout le Constantinois, a reçu par télégramme des instructions « secrètes » — autrement dit des instructions que le Gouvernement général et son bras armé n'osent pas assumer officiellement — qui vont faire franchir de nouveaux paliers à l'escalade de la répression face à l'activité du FLN. L'extension à la totalité de l'Est algérien de l'état d'urgence, et donc des mesures coercitives contre la population (camps de regroupement, etc.) qu'il permet, indique déjà alors l'intention de Soustelle de passer sans nuance à la manière forte dans un vaste périmètre, et plus seulement dans les deux principaux « foyers d'agitation » que représentaient jusque-là les Aurès et la Kabylie, considérés comme des cas particuliers. Mais ces instructions, qui seront confirmées par Soustelle aux militaires lors d'une conférence elle aussi très secrète quelques jours plus tard à Biskra, le 19 mai, en présence des responsables du Constantinois, permettent d'aller plus loin. « Toute éclosion rébellion nouvelle », comme on le dit dans le style inimitable des armées au principal responsable militaire local, « doit entraîner aussitôt, d'une part actions brutales contre bandes rebelles, et d'autre part sanctions contre complices en vertu responsabilité collective ».

Question « brutalité », les militaires tout comme les policiers français, d'après tous les témoignages crédibles, ceux des victimes mais aussi ceux des Européens, n'ont pas attendu ces « instructions » pour en user vis-à-vis des Algériens depuis le début des hostilités. Et pas seulement lors des opérations militaires au sens strict, que les propos de Soustelle à Biskra ne risquent pas de rendre moins impitoyables : « Tout rebelle pris les armes à la main doit être tué », a-t-il martelé, libérant les militaires de tout scrupule pour tirer en fait sur tout « suspect » d'être un combattant. Et les « suspects » qu'on se contente d'arrêter, autrement dit ceux qui ont la chance de ne pas avoir été victimes d'une de ces exécutions sommaires qui ne sont peut-être pas encore systématiques mais à coup sûr très nombreuses, sont déjà communément torturés. Aussi bien par les « spécialistes » de l'armée — le futur général Aussaresses a alors commencé par exemple depuis quelques mois à Philippeville sa carrière de chef tortionnaire qui atteindra son apogée lors de la « bataille d'Alger » — que par ceux des commissariats, chaque fois qu'on espère obtenir de la part des détenus le moindre renseignement, si hypothétique soit-il. On retrouvera par la suite des rapports très officiels à l'usage des autorités françaises datant de cette période qui le reconnaissent, dont l'un de mars 1955 qui explique très précisément que les pratiques les plus courantes sont alors en Algérie « les coups, la baignoire, le tuyau d'eau, l'électricité ». Le haut fonctionnaire qui a rédigé ce dernier texte précisait que « c'est le tuyau d'eau qui a les préférences » et il décrivait ainsi, comme dans une notice technique, cette méthode d'interrogatoire si prisée : « Le tuyau, du genre tuyau à gaz, est relié à un robinet ou à défaut à un jerricane ; pieds et poings liés, bras et jambes repliés, l'individu est placé de façon à ce que ses coudes soient à un niveau légèrement inférieur à celui des genoux ; entre coudes et genoux, on glisse un solide bâton ; l'homme ainsi entravé est basculé en arrière et à terre sur un vieux pneu où il se trouve bien calé ; on lui bande les yeux, on lui bouche le nez et on lui introduit dans la bouche le tuyau qui déverse l'eau jusqu'à suffocation ou évanouissement. »

Mais le plus grave, pourtant, est sans doute ailleurs, dans cette recommandation, qui va vite se généraliser, de retenir désormais le principe de la « responsabilité collective » de la population quand des « rebelles » se manifestent ici ou là. Par exemple, pour reprendre deux cas concrets évoqués alors dans un écrit par la hiérarchie militaire française à propos de cette nouvelle stratégie répressive applicable immédiatement dans le Nord-Constantinois, supposons que des poteaux télégraphiques aient été sciés ou qu'un pont ait été détruit dans un *douar* ou dans les environs de diverses *mechtas*. Les habitants de ces lieux, s'ils ont notoirement participé à ces actions, seront forcés de réparer ce qui a été endommagé et de payer pour les matériels détruits ; puis les « mâles » (*sic*) seront « éloignés », en clair envoyés dans des camps d'internement. Mais, ajoute-t-on, même si on n'est pas certain de la participation des hommes de l'endroit à ces sabotages, il suffira qu'on puisse supposer qu'ils étaient au courant pour qu'on les oblige à réparer et payer les dégâts et pour qu'éventuellement ils soient « éloignés ».

Inutile de préciser qu'une bonne partie de la population du Constantinois, déjà touchée par les représailles directes qui avaient suivi les actions de début mai (bombardements et incendies de *mechtas*, civils supposés sympathisants des indépendantistes abattus par des soldats ou, de plus en plus souvent, des milices de civils, etc.), se sentira bientôt toutes les raisons de prendre encore plus de distance avec l'administration. Et d'éprouver une solidarité, qui n'allait pas toujours de soi auparavant, pour le FLN. Surtout quand celui-ci, notamment grâce à des moissonnages nocturnes et sauvages dans des fermes de colons, vient en aide aux villages en difficulté ou aux personnes déplacées du fait des opérations militaires. L'effet immédiat de la politique de « responsabilité collective » est en effet de propager chez les Algériens des campagnes, comme si c'était encore nécessaire, un sentiment de profonde injustice.

Zighout, on l'a dit, est pourtant insatisfait. Il pense que l'avenir, en effet, reste des plus incertains pour les combattants de l'ALN, qui ne peuvent se contenter de cette alternance entre les rares périodes d'offensive et les longs temps de repli pour échapper ensuite à la répression. Et il décide quelques semaines après les événements de mai de s'isoler un temps pour réfléchir à la situation qui lui paraît imposer une nouvelle stratégie. L'ancien forgeron âgé désormais de trente-quatre ans, vieux militant du PPA-MTLD, dans la clandestinité depuis le début des années 1950 après son évasion de la prison de Bône où l'avaient conduit ses activités de soutien à l'OS, bourru mais d'un calme impressionnant, a vite pris, bien que très affecté par la disparition de Didouche, un ascendant indiscutable sur tous ceux qui l'entourent depuis qu'il dirige la zone 2. C'est, il est vrai, comme le dit Bentobbal, un homme « très particulier ». Et c'est notamment un habitué des retraites solitaires à l'heure des décisions : « De temps en temps, il échappait à ses propres *djounoud* et se retirait pour ne revenir que huit à dix jours plus tard. Il arrivait alors avec de grandes idées qui nous effrayaient. Il voyait toujours grand. Il décidait d'opérations d'envergure et il fallait nous débrouiller pour les réaliser. »

Cette fois encore, ses idées vont « effrayer » ses compagnons de lutte. Il convoque les principaux d'entre eux, probablement au tout début de juillet 1955, pour leur exposer l'état de ses réflexions au cours d'une réunion qui durera plusieurs jours à Zamane, dans une forêt de la presqu'île de Collo, à une cinquantaine de kilomètres à l'ouest de Philippeville. La situation lui apparaît alors très inquiétante à plusieurs titres, aussi bien au niveau régional, comme on le sait, qu'au niveau national, ce qui est beaucoup plus grave. La révolution — autrement dit la conquête de l'indépendance au profit du peuple — à laquelle ont rêvé ceux qui ont pris les armes le

1er novembre lui apparaît en effet en fort mauvaise posture. Ce que l'on sait par la presse ou par les rumeurs les plus crédibles suffit, en l'absence de toute liaison entre les régions, pour s'en persuader. Trois des six chefs « historiques » sont hors de combat. La plupart des zones semblent par ailleurs incapables de mener de véritables opérations militaires. L'Oranie et l'Algérois sont calmes. Le Sahara, appelé à devenir la zone 6 depuis le 1er novembre, n'a toujours ni chef ni organisation en état de marche. La Kabylie, où le FLN s'implante sans doute de mieux en mieux, paraît peu active d'un point de vue militaire. Quant aux combattants de l'Aurès, privés de leur dirigeant incontesté, car Ben Boulaïd mettra quelque temps à reprendre la tête de ses troupes après sa condamnation à mort et son évasion de prison en juin, ils se battent toujours mais paraissent avoir de plus en plus de difficultés à faire face aux offensives françaises. Le massif où ils opèrent est d'ailleurs quasiment encerclé. On peut ajouter à tout cela que seules les campagnes sont vraiment touchées par les actions de l'ALN, quasiment absente des villes depuis le 1er novembre.

Voilà pour le côté militaire. Du côté politique, poursuit Zighout, on peut également être inquiet. On a entendu parler dans les journaux de pourparlers plus ou moins secrets que le nouveau gouverneur général Soustelle ou son conseiller libéral Vincent Monteil ont menés avec les partis nationalistes « modérés », comme celui de Ferhat Abbas ou les Oulémas, mais aussi, laisse-t-on entendre, avec d'anciens dirigeants « centralistes » comme Ben Khedda et avec des messalistes. Ne risque-t-on pas, par conséquent, de se diriger vers une entente franco-algérienne, une sorte d'accord *a minima* — par l'octroi d'une plus grande autonomie à l'Algérie par exemple — avec certains dirigeants politiques nationalistes encore influents mais sans lien avec le FLN ? Un compromis aux allures de compromission qui permettrait à l'administration de reprendre l'initiative et de limiter sérieusement l'ampleur du soutien populaire aux actions des indépendantistes radicaux ? La situation n'est pas forcément meilleure au niveau international. L'audience du FLN reste faible. L'aide de l'Égypte, autant qu'on puisse en juger de l'intérieur du pays, se fait toujours attendre. Quant aux alliés au niveau maghrébin, il n'est pas certain qu'ils puissent être d'une grande utilité à l'avenir. La Tunisie semble déjà s'acheminer vers une solution négociée avec les Français. Le Maroc, tant que dure l'exil du roi « déposé » en 1953, reste un allié conjoncturel. Mais pour combien de temps ?

Zighout, après avoir évoqué ce sombre tableau, dit qu'il faut en tirer des conclusions. D'abord en tentant de retrouver le contact avec les autres zones, pour coordonner les stratégies et les actions. Ce qui le conduit à envoyer, sans succès dans un premier temps, semble-t-il, des émissaires en Kabylie et surtout dans les Aurès, tout proches et qui, plus encore que le Nord-Constantinois, ont besoin de retrouver un second souffle militaire. Ensuite en s'attachant à faire évoluer les méthodes pour combattre l'ennemi. Jusque-là, même si de nombreuses « bavures » avaient été tolérées, en particulier lors des offensives de mai, l'engagement pris à la veille du 1er novembre de ne pas attaquer de civils européens, et surtout de ne pas toucher aux femmes et aux enfants, avait été respecté. Seuls les civils armés peuvent être des cibles, disait de façon très claire le règlement interne de l'ALN que Didouche avait remis à tous les responsables sous ses ordres. Désormais, annonce le chef de la zone 2, approuvé par Bentobbal qui dit comprendre que « le peuple partout veut venger ses morts » après les représailles suite aux événements de mai, il n'en sera plus ainsi. Pour justifier cet abandon d'un principe posé par les « historiques », Zighout n'hésite pas à employer un argument spécieux mais qui lui paraît sans réplique : puisque les civils français et leurs milices ont été armés par les militaires, il est donc logique d'autoriser les *djounoud* à considérer que tous les Européens peuvent être combattus en tant qu'ennemis. Plus précisément même, il devient légitime, dit-il, de lancer dans les villes des actions de *fedayin* — littéralement « ceux qui se sacrifient » — afin de protéger le peuple en terrorisant l'adversaire. Enfin, puisque le 1er novembre ne semble pas avoir suffi à rallier tous les Algériens à la révolution, les attentistes étant encore très nombreux, il faut trouver un moyen de couper le contact de manière aussi définitive que possible entre Européens et musulmans. Donc il serait judicieux de lancer une action radicale qui impliquera une participation de la population telle qu'elle ne pourra plus faire ensuite marche arrière. Et qui servira de « modèle » partout dans le pays pour relancer l'insurrection.

C'est alors que Zighout annonce, pour remplir tous ces objectifs, la décision pour le moins audacieuse de lancer une série d'offensives de grande ampleur contre les villes, qui aura lieu le 20 août. Et en plein jour pour que ce soit plus spectaculaire et, par là même, plus terrorisant pour les Européens. Les troupes devront à cette occasion mêler les *djounoud*, donc les soldats « réguliers », les *moussebelines*, ces auxiliaires qu'on a recrutés petit à petit parmi les volontaires dans la population et qui n'interviennent qu'en cas de besoin comme combattants, et surtout tous les civils qu'on pourra mobiliser en profitant de la conjoncture favorable créée par les représailles collectives dans cette région où nul n'a oublié les massacres de 1945. Tous les hommes de tous les groupes de l'ALN doivent donc s'employer à mobiliser tous les Algériens, *douar* par *douar*, pendant les quelques semaines qui restent avant la date fatidique. En utilisant tous les moyens de propagande les plus efficaces. Comme celui qui consistera à évoquer, avec le succès que l'on sait, l'arrivée imminente des Égyptiens. Ou celui qui reviendra à laisser entendre qu'en cas de soulèvement général les Européens s'enfuiront... en laissant derrière eux, cela va sans dire, tous leurs biens, désormais récupérables. Pour être sûr de disposer de suffisamment d'hommes qui seront en mesure le jour J de semer la panique chez les Européens, il faut également se soucier de réunir un stock d'armes à feu important. Le seul moyen d'y parvenir, c'est de réquisitionner les fusils que possèdent presque tous les hommes à la campagne. Une tâche difficile car, comme l'explique Ali Kafi dans ses mémoires, « la possession d'une arme sert à parader à l'occasion des fêtes » et surtout « est avant tout dans les campagnes une marque de virilité ». Les unités de l'ALN devront donc récupérer des armes de gré ou de force dans tous les *douars* où elles peuvent pénétrer — et ce sera bien souvent de force.

Et voilà comment, suite à une analyse puis une directive du chef de la zone 2, la guerre d'indépendance va être relancée et prendre une tout autre tournure, plus favorable aux indépendantistes. Pour des raisons qui, paradoxalement, ont trait à des informations qui ne sont pas dénuées de fondement mais sont en général incomplètes ou dépassées. Notamment en ce qui concerne le risque réel de voir les « modérés » accepter une solution de compromis avec les Français. Ou, à un moindre degré, la crainte de ne pas trouver des appuis au niveau international.

QUAND LE FLN DEVIENT INCONTOURNABLE

Quand, fraîchement débarqué à Alger à la mi-février 1955, le nouveau gouverneur général s'est demandé comment reprendre en main la situation, il a effectivement cherché rapidement à trouver des interlocuteurs « modérés », autrement dit des figures nationalistes qui n'ont pas pris les armes, pour tenter d'éteindre l'incendie en promettant des réformes en échange d'un soutien au moins tacite à ses efforts pour rétablir la paix civile. C'est ainsi, on l'a vu, que Ben Boulaïd et quelques autres combattants aux mains des autorités coloniales ont eu droit à une visite surprenante de Vincent Monteil, venu chercher auprès d'eux des explications sur la genèse et les raisons effectives de l'insurrection. Mais les « politiques », comme les anciens leaders « centralistes » du MTLD Abderrahmane Kiouane ou Benyoucef Ben Khedda, ont également vu cette caution de gauche de Soustelle venir à eux, jusque dans leur cellule de la prison Barberousse, fin février ou début mars. Est-il possible de dialoguer avec eux ? leur demande ce conseiller de l'administration qui pense que l'on peut encore trouver des solutions de compromis, en visant une intégration progressive permettant de réduire les inégalités et les injustices, pour éviter la poursuite de la lutte armée. Ben Khedda, semble-t-il, a évoqué, comme préalable à toute négociation, un ensemble de conditions qu'il ne sera pas possible de satisfaire : des élections libres, la libération de la majorité des militants emprisonnés, un changement général d'attitude vis-à-vis des musulmans... Mais ces entretiens auront néanmoins des suites.

Le 28 mars, ainsi, des représentants des mouvements nationalistes, FLN mis à part évidemment, se rendent, à l'initiative de Monteil, à un rendez-vous secret à Alger avec le gouverneur général au palais d'Été. Ces discrets visiteurs du soir — c'est leur hôte, ce qui mesure l'étroitesse de sa marge de manœuvre, qui a tenu à fixer une heure tardive pour la rencontre car il craint d'être dénoncé comme un bradeur de l'Algérie si les représentants des colons apprennent trop vite un tel contact ! — sont quatre : deux membres de l'ex-MTLD, le « centraliste » Hadj Cherchali et le « messaliste » Me Ouagouag, le vice-président des Oulémas, Cheikh Kheireddine, et le numéro deux de l'UDMA, Ahmed Francis. Soustelle évoque la politique qu'il entend mener : promouvoir petit à petit une véritable intégration grâce à des réformes économiques et sociales devant réduire les inégalités et les injustices. Les nationalistes, pour leur part, expriment surtout leurs inquiétudes car on s'apprête, ce qui ne paraît guère compatible avec une politique de changement, à voter l'état d'urgence en Algérie, dont on imagine déjà facilement à quels débordements il pourra conduire quand et là où il sera appliqué.

L'entrevue s'est suffisamment bien passée, cependant, pour que quelques jours plus tard, le 2 avril, Soustelle reçoive, toujours très discrètement même si le secret ne sera pas gardé longtemps, un nationaliste de tout premier plan, Ferhat Abbas. Celui-ci ne voyait au lendemain du 1er novembre que « désespoir, désordre et aventure » dans la lutte armée. Et en février, officiellement du moins, il réclamait toujours en priorité l'application du statut de 1947. Mais il semble avoir alors durci sa position. « Nous sommes tous des *fellaghas* », a commencé par dire au gouverneur général, à l'en croire, le président de l'UDMA. Avant d'expliquer que l'intégration, pour laquelle il avait tant combattu, lui paraît désormais chimérique puisque, l'expérience l'a prouvé, « les porte-parole des Français d'Algérie n'accepteront en aucun cas l'égalité avec les Arabes ». D'ailleurs « vous trouverez plus de sagesse chez ceux qui se battent que chez les grands seigneurs de la colonisation ». Il aurait continué sur un ton sans doute revendicatif mais moins radical, assurera Soustelle, réclamant simplement la création d'un cabinet au sein du Gouvernement général associant un nombre égal d'Européens et de musulmans faisant chacun fonction de quasi-ministre.

Le nouveau gouverneur général, d'après ce qu'il a confié par la suite, a été séduit par tous ces interlocuteurs, de tout autres hommes, pense-t-il, que ces « assassins » que représentent à ses yeux les chefs du FLN, à commencer par Ben Boulaïd, Chihani, Krim ou Ouamrane. Et il pense certainement alors qu'il tient là certains des leaders d'une « troisième force » avec laquelle il pourra peut-être un jour négocier si l'évolution de la situation — autrement dit sa détérioration — l'exige. De fait, comme on le sait, il y aura bien une détérioration de la situation, en particulier dans le Nord-Constantinois, mais elle conduira à une évolution inverse de la stratégie de

Soustelle, qui privilégiera de plus en plus la répression au détriment des réformes et d'éventuelles négociations. Tout au plus, pour l'instant, se résoudra-t-il, comme gage de bonne volonté, à libérer certains leaders nationalistes « centralistes » contre lesquels aucune charge sérieuse ne pèse, comme Kiouane, le premier à être élargi, et Bouda ou Ben Khedda, qui quittent la prison de Barberousse en mai. Ceux-ci, et en particulier le plus influent d'entre eux, Ben Khedda, revenu exercer dans sa pharmacie de Blida, n'hésiteront pas longtemps avant de se mettre à la disposition du FLN, où Abane se chargera d'utiliser au mieux leurs compétences. Ce ralliement des anciens leaders de l'appareil du MTLD permettra au responsable d'Alger de récupérer des fonds importants puisque Saad Dahlab, son ancien camarade de collège, futur responsable des Affaires étrangères du Front, avait mis à l'abri la « caisse » du parti aux mains des centralistes.

Soustelle ignore au printemps 1955, quand il ordonne ces libérations, qu'il est déjà bien tard, même dans l'esprit de la grande majorité des leaders nationalistes les moins radicaux, pour se satisfaire de vagues promesses. De son côté, Ferhat Abbas, si modéré soit-il, a déjà en grande partie perdu l'espoir d'obtenir des concessions réelles de la part du colonisateur quand il rencontre Soustelle début avril. Une désillusion que le trucage des élections au conseil général, où son parti, tout comme les communistes, présente encore des candidats à cette époque, ne pouvait que renforcer. Il paraît certain, en tout cas, que son analyse de la situation a vite évolué pendant cette première moitié de l'année 1955. Dès le mois de janvier, affirmera-t-il, il a fait savoir à un militant nationaliste qu'il supposait en mesure d'entrer en contact avec le FLN, Amar El Kama, qu'il désirait rencontrer Krim ou Ouamrane « pour s'informer ». Et c'est par son intermédiaire qu'il finira en mai par pouvoir recevoir, à son propre domicile, non seulement Ouamrane mais aussi Abane, en passe de devenir alors à la fois, on l'a vu, le « patron » d'Alger et la tête politique du FLN. À ce moment-là, sans être encore prêt à franchir définitivement le pas du ralliement aux chefs de la lutte armée, Ferhat Abbas a déjà employé à plusieurs occasions, notamment dans une réunion publique à Djidjelli, l'expression d'« Algérie algérienne », ce qui montre qu'il n'entend plus du tout se satisfaire de bonnes paroles sur une éventuelle intégration de tous dans l'Algérie française.

C'est au cours de la nuit du 26 mai que le président de l'UDMA, prévenu à peine quelques heures auparavant pour d'évidentes raisons de sécurité, a pu enfin parler longuement avec des responsables au plus haut niveau du FLN. Ceux-ci sont désormais d'autant plus désireux de le rencontrer qu'ils ont eu vent des rumeurs sur les tentatives de Soustelle de convaincre des notables nationalistes de « jouer » avec lui. Les deux parties échangent d'abord les informations en leur possession. Puis elles discutent de leurs analyses encore divergentes : Abane et Ouamrane affirment que la lutte armée peut aller à son terme s'il le faut — « si l'ALN avait l'armement nécessaire, elle serait en mesure de jeter l'armée française à la mer » — alors qu'Abbas maintient que « la France n'admettra pas une défaite » et qu'en conséquence il faut négocier : « Si vous amenez la France à négocier, vous aurez gagné la partie. » Mais, malgré ce désaccord, ils forgent déjà une sorte d'alliance. Le pharmacien, qui a admis que son pays est désormais en guerre, accepte, en particulier, d'aider le FLN de manière concrète, en fournissant des médicaments et de l'argent — 2 millions de francs — qu'il réunira avec l'aide de ses amis politiques. Et les dirigeants du Front dans l'Algérois lui donnent le feu vert pour qu'il continue, en les tenant au courant, à sonder les responsables français pour une éventuelle négociation « en vue d'arrêter les tueries ». À condition qu'il soit bien clair qu'ils seront des interlocuteurs incontournables pour les Français si ceux-ci acceptent enfin de parler avec les partisans résolus de l'indépendance.

De fait, début juillet, Ferhat Abbas se rend à Paris où il voit une nouvelle fois Soustelle, de passage dans la capitale, et toute une série de personnalités du monde politique, de la presse et même de l'armée, comme le prestigieux maréchal Juin. Il leur dit alors que « rien d'irréparable ne s'est encore produit » et que si l'on se dirigeait vers un « statut d'État associé à la France », il serait toujours possible d'arrêter la guerre. Une analyse que partageaient encore il y a peu les quelques libéraux français qui ont rejoint le cabinet du gouverneur général en février. Mais eux-mêmes n'y croient plus. Persuadé que l'intégration est une voie dépassée mais que les autorités ne sont pas prêtes à accepter une solution fédérale, seul moyen de sauvegarder une certaine présence française en Algérie, persuadé aussi qu'il n'est pas possible de poursuivre une politique contradictoire en parlant de réformes tout en accentuant la répression, Vincent Monteil, découragé, a présenté sa démission le 24 juin. Et de fait Ferhat Abbas, comme il en conviendra par la suite, ne peut convaincre aucun des responsables contactés à Paris de le suivre dans son raisonnement : « Personne, parmi les hommes d'État français, ne voulut prendre la responsabilité de dénoncer l'anachronisme du système colonial imposé aux masses musulmanes. Personne n'a proposé de solutions réalistes et n'a voulu porter remède au drame que nous vivions. » Avant même le 20 août, qui, de son propre avis, marquera un tournant capital, un point de non-retour, il est donc devenu déjà plus un allié qu'un concurrent du FLN. Et le risque, que craint Zighout, de le voir cautionner une solution de « troisième force », guère praticable sans lui, est déjà quasiment nul. La direction de la zone 2 aurait-elle d'ailleurs ordonné l'assassinat de son neveu lors de l'insurrection du 20 août si elle avait su qu'il était déjà en contact avec les chefs FLN de l'Algérois ?

Au-dehors de l'Algérie, de même, la situation, sans être brillante, n'est sans doute pas aussi difficile pour le FLN quand on va vers l'été 1955 que le pense alors Zighout, sans aucune nouvelle directe du Caire. Même si la délégation extérieure ne fait pas la preuve de la même efficacité pour toutes ses missions, essentiellement de nature logistique et diplomatique.

Ses efforts pour fournir des armes aux *djounoud*, tâche essentielle placée sous la responsabilité de Ben Bella, ne sont pas souvent couronnés de succès, il est vrai, ce qui ne manque pas de mettre à rude épreuve la patience des combattants de l'intérieur qui ne voient rien venir alors qu'ils ne peuvent même pas disposer d'un fusil pour chaque homme. Jusqu'à l'été 1955, la seule livraison d'importance à partir de l'Égypte a été réalisée par mer. Ce fut « l'odyssée du *Dina* », ainsi que cette opération fut baptisée par ceux qui y participèrent. Dina, c'est le prénom de l'épouse du roi de Jordanie, mais c'est surtout le nom du yacht blanc que ce dernier vient d'offrir à sa jeune femme et qui a été « emprunté » dans le port d'Alexandrie, après qu'on eut chassé l'équipage, par un commando de jeunes Algériens vivant au Caire qui ont rejoint le FLN. Il a ainsi été totalement détourné de son usage normal, sans que sa propriétaire, partie pour un long voyage, en sache rien, pour servir à la fin de l'hiver 1955 à transporter quelques tonnes de fusils-mitrailleurs, de mitraillettes et de munitions jusqu'à Nador, dans une enclave espagnole proche de la frontière entre le Maroc et l'Algérie. C'est alors là, sur ce petit territoire que ne contrôlent pas les Français toujours présents dans le protectorat qui l'entoure, que vit en effet Boudiaf quand il n'est pas au Caire ou, pour telle ou telle mission, en Europe. Comme il est chargé — même si c'est surtout théorique pour l'instant — de coordonner les relations entre l'extérieur et les combattants de l'intérieur, c'est lui qui doit organiser la réception de la précieuse « marchandise ». Commandé par un officier yougoslave, Milan Bacic, alias Capitaine Jean, qui s'est mis au service des nationalistes algériens, le navire, parti pour un cabotage de huit jours, mettra un mois entier, après des péripéties dont quelques tempêtes redoutables furent les moindres, à atteindre son but. À son bord, outre un nouvel équipage « classique » recruté pour l'occasion, un commando de volontaires désireux, après le convoyage, d'aller se battre dans les maquis à l'intérieur du pays. Il était dirigé par un ancien professeur reconverti en combattant, Nadir Bouzar, et comprenait un étudiant algérien de l'université d'Al Azhar, un grand jeune homme maigre et roux, Mohamed Boukharouba. Voilà pourquoi ce dernier, le futur colonel Boumediene, commencera sa carrière au sein de l'ALN dans l'Oranais. Une région où le manque d'armes était un problème crucial et qui devra pour partie à cet arrivage — qui était aussi destiné aux combattants marocains du Rif — de pouvoir reprendre véritablement la lutte armée vers la fin de l'année 1955.

Les résultats sont plus encourageants, cependant, sur le plan diplomatique. Certes, les relations avec les pays arabes souffrent d'abord des relations difficiles entre Nasser et la plus grande partie de la délégation du FLN au Caire. Seul Ben Bella a accès au Raïs, qui entend s'affirmer comme le leader du monde arabe. Et qui veut contrôler autant que possible les représentants des combattants algériens, notamment à travers Fathi Dib, cet officier des services de renseignement qui s'occupe des affaires nord-africaines et que Ben Bella — il le dit aujourd'hui quand on l'interroge — voit alors quasiment tous les matins. Mais les autres dirigeants du FLN présents dans la capitale égyptienne n'entendent pas passer sous les fourches caudines de leur hôte, d'autant qu'ils constatent que son interlocuteur de prédilection, Ben Bella donc, s'il retire un bénéfice personnel de sa proximité avec le pouvoir égyptien qui le traite comme s'il était le chef de l'insurrection, ne réussit pas pour autant à obtenir rapidement un appui matériel très significatif, en armes ou en financement. Si l'Égypte est évidemment un allié précieux, son aide « concrète » restera en effet des plus mesurées en 1954 et 1955. Quant aux autres pays du Moyen-Orient, contactés par Khider, en charge des relations avec le monde arabe, ils n'acceptent pour leur part de soutenir le combat des indépendantistes que très prudemment. Seule l'Arabie Saoudite promet de dégager une centaine de millions de francs pour équiper les maquisards et d'envoyer une lettre au président du Conseil de sécurité de l'ONU pour attirer son attention sur le problème algérien. Les nationalistes marocains et tunisiens de l'Istiqlal et du Néo-Destour, en revanche, grâce aux efforts conjugués de Boudiaf et de Khider, accepteront vite de soutenir la résistance algérienne et de coopérer avec ses représentants à l'extérieur. Un appui bien sûr essentiel.

Mais le principal succès international du jeune FLN viendra d'ailleurs. Chargé des relations du Front avec « le reste du monde », soit l'Europe et l'Asie, Aït Ahmed, qui fera équipe pour remplir sa mission avec l'ex-centraliste M'Hammed Yazid, décide début 1955 de concentrer ses efforts sur un objectif majeur. La conférence de Bandoeng, qui doit se tenir en avril en Indonésie, réunira une trentaine de pays afro-asiatiques représentant près de 35 % de la population mondiale et elle aura certainement un retentissement planétaire. D'autant qu'y seront présentes les « vedettes » de ce qu'on n'appelle pas encore le tiers-monde, les Nehru, Nasser, Soekarno, Hô Chi Minh et autres Chou En-lai, tous auréolés de récents succès dans des luttes révolutionnaires ou des combats pour l'indépendance. On ne peut rêver meilleur endroit pour obtenir la première véritable reconnaissance internationale du FLN. L'entreprise ne sera cependant pas de tout repos.

Lors de la réunion préparatoire à la conférence, en février à Bogor, les deux représentants des indépendantistes, jeunes trentenaires apprentis diplomates, réussissent à grand-peine à obtenir un statut étonnant… d'« invités non invités », comme ils le noteront plaisamment. Ils ne peuvent faire mieux que tisser des relations, le communiqué final ne faisant même pas état de leur présence. Mais ils s'obstinent : Aït Ahmed prolonge son voyage par une longue tournée en Asie afin de trouver des alliés et de faire changer de position les pays, comme l'Inde, qui jugent très prématuré de soutenir la cause des Algériens — dont le dossier est à première vue beaucoup moins solide que celui de ses voisins du Maghreb, puisqu'il s'agit là de départements français. Du coup, à la conférence de Bandoeng même, aidés par les Marocains et les Tunisiens — représentés respectivement par Allal El-Fassi et Salah Ben Youssef — qui acceptent de constituer une délégation maghrébine commune avec les Algériens, ils n'arrivent plus comme de parfaits inconnus. De nombreux délégués s'entretiennent avec eux, beaucoup promettent d'entretenir des relations suivies avec le FLN. Surtout, le texte adopté à l'issue de cette rencontre appelée à devenir très vite historique évoque « l'appui donné par la conférence asiatique et africaine aux peuples d'Algérie, du Maroc et de Tunisie » et leur droit « à disposer d'eux-mêmes et à être indépendants ». Un immense pas est franchi : le FLN, à peine plus de six mois après sa création, est lancé sur le plan international. L'Organisation des Nations unies, où beaucoup des pays présents à Bandoeng sont influents, ne pourra longtemps ignorer la question algérienne — dès l'automne elle sera abordée à New York — et elle accordera bientôt un statut d'observateurs aux délégués du Front.

FLN-MNA : LE DÉBUT DE LA GUERRE DANS LA GUERRE

Pour s'imposer comme « le » représentant des Algériens indépendantistes, le FLN, que ce soit en Algérie, en France ou au niveau international, doit cependant faire face à un problème majeur depuis les lendemains de l'insurrection du 1er novembre : comment prendre définitivement le dessus sur les partisans de Messali, encore très majoritaires dans les milieux nationalistes radicaux ? Pendant plusieurs mois, en réalité, il a semblé envisageable de voir les diverses fractions de l'ancien MTLD se retrouver unies dans leur combat commun contre le colonialisme. Car, à la fin de l'année 1954 et jusqu'au printemps 1955, les activistes qui ont créé le FLN et les messalistes se parlent, que ce soit en Algérie ou au Caire. Les contacts, même s'ils ne seront pas tous rompus avant 1956, s'avéreront ensuite beaucoup plus difficiles et très conflictuels. Jusqu'à dégénérer, on le verra, en une véritable guerre fratricide entre le Front et le MNA — Mouvement national algérien —, nouveau nom que Messali donne dès décembre à son parti pour contourner — une fois de plus — son interdiction.

Sur le sol algérien, c'est dès le 16 novembre que Krim voit arriver dans le maquis en Kabylie un émissaire de Messali, Hadj Ali, cousin du leader communiste du même nom. L'entrevue ne donnera rien de concret car le chef de la zone 3 comprend qu'on lui propose en fait moins une alliance qu'un ralliement à la personne du chef indépendantiste abandonné par une bonne part des activistes mais qui n'a pas renoncé à reprendre la main face au FLN. Le contact, cependant, sera maintenu. Krim recevra même autour du nouvel an la somme, considérable pour lui, de 2 millions de francs de la part des messalistes de l'Algérois, lesquels tentent encore de le convaincre, lui qui fut le dernier des « historiques » à rejoindre les partisans de la lutte armée immédiate, de poursuivre le combat sous leur bannière. Il est vrai que le « Lion des djebels » ne les empêche pas alors d'entretenir cet espoir car il pense que plus il durera, plus il aura le temps de retrouver la trace d'anciens de l'OS restés dans le camp messaliste pour les attirer vers le FLN.

Il suppose d'ailleurs à ce moment, assurera-t-il plus tard en se confiant à Mohammed Harbi, que « tant que la rupture n'est pas intervenue les messalistes ne constitueront pas des groupes de combat ». Ce qui peut lui permettre à la fois d'éviter toute concurrence sérieuse dans la lutte armée et de profiter d'un « exode » vers ses troupes des militants radicaux qui veulent se battre. Ce petit jeu, qui se poursuit au fil de plusieurs rencontres à Alger, ne peut cependant durer très longtemps. D'abord parce que les messalistes, qui s'estiment encore en position de force, surtout en Kabylie et dans l'Algérois qui font partie de leurs fiefs, ne font pas preuve d'une grande souplesse. Sans sous-estimer l'importance du fait accompli du 1er novembre, Messali, qui estime qu'il peut encore marginaliser les jeunes dirigeants inexpérimentés du FLN, qui pense surtout que son aura constitue un atout décisif lui permettant de continuer à disposer de la confiance du peuple, encourage d'ailleurs ses partisans en Algérie à rester fermes. Ensuite parce que Krim, très vite, ne tire plus d'avantages de ces tractations puisqu'il apparaît que le MNA entend mener sa propre lutte armée et recrute effectivement lui aussi des combattants : de nombreux militants messalistes, surtout en Kabylie, reviennent même de France pour prendre le maquis, en continuant, on le sait, à ignorer en général que ce n'est pas leur mouvement qui a lancé l'insurrection. Enfin, parce que Abane, dès qu'il commencera à jouer son rôle de tête politique du FLN à la fin de l'hiver et pendant les mois qui suivent, durcira la position de son organisation, imposant rapidement — ses échanges de courriers avec les exilés du Caire en témoignent : dès avril c'est très net, en juin c'est définitif — un choix du type « avec nous ou contre nous » qui ne permet guère de négocier quoi que ce soit sinon un ralliement sans conditions que refusent ses interlocuteurs. L'idée même d'éliminer physiquement les chefs messalistes semble dater, dans l'esprit de plusieurs responsables du FLN, de cette époque. Et tout indique que l'autre camp partage déjà lui aussi cette vision radicale de la façon de régler le conflit entre anciens du MTLD.

Même s'il existe des différences de doctrine sur la façon de mener le combat — le FLN est plus « militaire » que le MNA qui, même converti à la fois de gré et de force à la lutte armée, privilégiera toujours les solutions politiques —, c'est donc, plus que tout, la volonté des deux parties de ne faire aucune véritable concession quant au leadership qui empêche tout rapprochement entre les deux organisations à l'intérieur de l'Algérie. La proximité de leur « programme » est telle, d'ailleurs, que plus d'une fois ils prennent des initiatives semblables pour mobiliser la population dont ils cherchent à s'attribuer la primeur. Ainsi en sera-t-il, par exemple, quand les messalistes, suivis immédiatement par le FLN, lanceront une campagne pour le boycottage du tabac et l'arrêt de la fréquentation des débits de boissons alcoolisées au printemps 1955. Une façon à la fois, en l'occurrence, de « porter un grand coup à l'économie impérialiste », comme le dira un tract du FLN le 15 juin, et de « montrer au monde » que le peuple, puisqu'il suit un mot d'ordre, approuve « le combat libérateur ».

À l'extérieur, au Caire, on a pu croire qu'on était tout près de réaliser un accord « au sommet » début 1955. Au lendemain du 1er novembre, en effet, deux des principaux lieutenants de Messali, les fidèles entre les fidèles Ahmed Mezerna et Abdallah Filali, sont au Caire, où ils sont venus pour tenter de rallier à leurs vues certaines des anciennes figures du parti présentes dans la capitale égyptienne, comme Mohammed Khider et certains centralistes ralliés au FLN. Peu après, Filali repartira pour prendre la direction de la Fédération de France du MNA. Mezerna tentera pour sa part de poursuivre sur place des pourparlers avec le pouvoir égyptien, avec Lahouel et surtout avec les représentants de ceux qui ont déclenché l'insurrection. Les négociations sont difficiles, mais elles aboutissent pourtant le 10 février à une déclaration commune, qui stipule que l'ensemble des tendances de l'ancien MTLD vont constituer un Front de libération nationale. Cet accord, obtenu à l'arraché sous la pression des Égyptiens représentés par Fathi Dib, qui tentent toujours d'apparaître comme les mentors des résistants algériens au colonialisme, n'a été signé par l'envoyé du MNA, déjà réticent à apposer son nom à côté de celui de Lahouel, toujours considéré comme un « traître » par les messalistes, qu'à la condition qu'on stipule qu'il sera élargi aux autres mouvements nationalistes comme l'UDMA et les Oulémas.

Une façon pour Mezerna de montrer qu'il ne s'agira que d'une fédération de mouvements dans laquelle chacun pourra jouer son rôle ? Et que cet accord entre nationalistes ne préjuge donc pas de la suite, et en particulier de la forme que prendra cette réunification et de l'importance respective des uns et des autres quand elle se traduira dans la pratique ? C'est ce que l'ancien député du MTLD soutiendra. Mais ce n'est pas ainsi que le texte est interprété par l'autre partie. Comme il évoque un rassemblement de tous dans un Front de libération nationale à l'appellation strictement identique à celle de l'organisation créée le 1er novembre, il est facile de soutenir, ce que feront certains des responsables du FLN au Caire, relayés publiquement par leurs représentants en France, que l'on vient d'assister à un ralliement du MNA, destiné à perdre son existence propre.

Difficile de montrer plus clairement à quel point ceux qui ont lancé l'insurrection n'ont en fait guère l'intention de partager la direction du combat pour l'indépendance. Résultat : l'accord qui devait mettre fin à l'éclatement de l'ancien MTLD et à la dispersion des nationalistes aboutit à un fiasco. Messali, qui se méfiait de toute façon beaucoup des Égyptiens — Nasser était à ses yeux un pro-communiste, ce qui n'était pas fait pour lui plaire — et de leurs éventuelles manœuvres, déclare nul et non avenu ce qu'a accepté Mezerna. Et ce dernier, désavoué par tous mais resté pourtant fidèle à son chef, finira même par être arrêté le 11 juillet 1955, à la demande de la délégation extérieure du FLN, par le régime nassérien. Celui-ci, après cette vaine tentative de modifier sous son égide la géographie de la résistance, est alors plus décidé que jamais à jouer la seule carte du FLN, même s'il n'est pas toujours aisé de mettre au pas cette organisation turbulente comme il le souhaiterait. Quant à Mezerna, il aura le temps de méditer sur l'ingratitude des hommes et tout particulièrement de ses anciens compagnons de lutte : il finira la guerre en prison dans la capitale égyptienne.

Même si le seul nom de Messali restera pendant un bon moment encore synonyme de combat pour l'indépendance dans l'esprit de la plupart des Algériens, d'autant que les « historiques » du FLN — à part l'exilé Ben Bella — sont encore peu connus et ne mettent pas en avant leurs identités, son organisation a perdu de fait en l'espace d'à peine six mois sa prééminence sur la plupart des terrains. En Algérie, où le jeu politique est vite dominé par Abane et où la lutte armée face aux Français est avant tout le fait de l'ALN, malgré la constitution de quelques maquis messalistes, notamment en Kabylie puis dans l'Oranais et le sud de l'Algérois. Et à l'extérieur, où le FLN réussit à s'arroger rapidement à la fois en Égypte — alors le pays arabe le plus en vue — et sur le plan international un quasi-monopole de la représentation des indépendantistes. En fait, il n'y a qu'en France, au sein de l'émigration, que le MNA va pouvoir rester longtemps très largement dominateur. Il conservera cette position jusqu'en 1956, quand l'affrontement algéro-algérien entre les deux organisations prendra absolument partout un tour terriblement meurtrier.

Cependant, c'est dès le début de 1955 que le FLN a commencé à s'implanter dans l'Hexagone, qui représente un enjeu majeur. C'est en « métropole », il ne faut pas l'oublier, qu'a pris naissance le mouvement indépendantiste et qu'il s'est développé dès avant la Seconde Guerre mondiale avec l'Étoile nord-africaine. Et il a gardé au milieu des années 1950 une grande vitalité dans l'Hexagone. Il y a alors environ 350 000 « émigrés » algériens de l'autre côté de la Méditerranée et, outre leur nombre et leur influence, ces hommes font certainement partie des mieux à même, avec leurs revenus, de financer la lutte et de constituer, à divers titres, une base arrière pour les combattants. Mohamed Boudiaf, qui bénéficie de sa connaissance du « terrain » puisqu'il a été un des responsables du MTLD en France avant de créer le CRUA début 1954, s'est chargé lui-même de préparer le lancement de la future Fédération de France du FLN. Il a réuni au Luxembourg des hommes de l'est de l'Hexagone qui ont penché vers les centralistes ou le CRUA lors de la crise de 1953-1954 et a chargé l'un d'entre eux, Mourad Tarbouche, de faire du recrutement, en particulier parmi les cadres de l'ancien MTLD que l'on peut supposer sympathisants. Ce dernier, premier responsable du FLN en France, réussit petit à petit, non sans difficultés, à obtenir l'adhésion de quelques dizaines puis quelques centaines de membres, alors que les effectifs des messalistes se comptent encore par milliers. Grâce à un mot de Ben Bella que lui a transmis Boudiaf, il persuade Mahsas de quitter le MNA pour le Front. Abderrahmane Guerras, alors résident à Lyon, qui a pourtant été l'un des initiateurs de la défection du « groupe de Constantine » avant le 1er novembre, le rejoint également. Et il deviendra l'un des principaux dirigeants du FLN dans l'Hexagone après l'arrestation de Tarbouche fin mai, à la suite d'une enquête de la police suisse qui a saisi sur Boudiaf des papiers évoquant son rôle et qui a transmis ses informations aux Français. Jusqu'à l'été 1955, l'essentiel des efforts des premiers cadres du FLN en « métropole », outre la recherche de militants, consistera à faire de la contre-propagande pour expliquer que ce ne sont pas les messalistes mais un mouvement nouveau, distinct également des centralistes, qui a déclenché la lutte armée fin 1954. Un travail de longue haleine mais qui finira par porter ses fruits au bénéfice du FLN. D'autant que l'affrontement avec les messalistes mettra plus de temps qu'en Algérie à prendre un tour ultra-violent.

ET TOUT A BASCULÉ

Si l'on garde en tête tout ce qui précède, et notamment la situation des cinq zones dans lesquelles on a déclenché la lutte armée le 1er novembre 1954, on comprend donc qu'à la veille du 20 août 1955, Zighout et son second Bentobbal ont quelques raisons de s'inquiéter d'un éventuel enlisement de la « révolution ». Même s'ils ne sont que très imparfaitement renseignés sur bien des points, ils ne se trompent pas sur l'impossibilité de se satisfaire d'un *statu quo*. Il y a encore très peu de réels combats, les villes sont à peine touchées par les opérations politiques ou militaires du FLN-ALN, la population est restée souvent attentiste, une bonne partie des chefs de l'insurrection ne sont plus à leur poste, les liaisons entre les cinq zones opérationnelles comme entre celles-ci et l'extérieur sont presque inexistantes — à tel point, on l'a vu, qu'aucune rencontre entre les « historiques » de l'intérieur, qui avaient prévu avant le 1er novembre de se retrouver tous, Boudiaf compris, pour faire le point début 1955, n'a pu avoir lieu. Mais cette situation, en l'espace de quelques semaines, de quelques mois tout au plus, va basculer. Grâce à l'offensive du 20 août.

L'insurrection du Constantinois, certes, a eu un coût humain terriblement élevé. Et elle sera diversement appréciée par les autres chefs de l'insurrection, comme ils le feront savoir par la suite : Chihani aurait parlé d'« opération suicide », d'autres, notamment les responsables de l'Algérois, diront ouvertement à l'été 1956 leurs réserves face à une initiative de cette ampleur, avec de si grands risques pour la population, décidée sans concertation. Mais, de fait, l'offensive atteindra la quasi-totalité de ses buts. « Si nous restons objectifs et patriotes », comme le dit candidement mais à raison pour l'essentiel l'un des participants à l'insurrection, Ali Kafi, dans ses mémoires, « nous devons reconnaître parmi les résultats du 20 août : une ligne rouge tracée face aux [Algériens] indécis et velléitaires ; la confirmation que l'ALN est le fer de lance véritable de la révolution, [apte à] armer le peuple ; un choc dans l'opinion publique française ; la mise à bas de l'idée de l'intégration ; l'intensification des actions militaires et des attentats dans les autres zones ; la fin de l'embargo médiatique français [...] ». Il aurait pu ajouter, ce que fera Bentobbal, que, de surcroît, la zone 1 a grandement bénéficié de l'opération puisque les Français ont alors transféré des troupes des Aurès vers le Constantinois. Et que les Marocains auront été sensibles à la marque d'intérêt pour leur propre combat de libération que signifiait le choix de cette date du 20 août pour agir. Et encore que, c'est peut-être l'essentiel, « la France ne peut plus avoir confiance dans le peuple algérien, qu'elle considère dans sa totalité comme un ennemi », ce qui « le fait basculer de notre côté ».

Il est certain, en effet, que, aussi bien psychologiquement que politiquement et militairement, plus rien ne sera comme avant. Le retentissement de l'opération, comme de la répression qu'elle entraîne, est tel que tous les acteurs du conflit sont conduits à changer de comportement. Roger Le Doussal, un simple commissaire des renseignements généraux alors en poste à Bône, très lucide, le dit on ne peut plus clairement, après avoir admis, dans ses mémoires, qu'il n'avait pris conscience de cela que très graduellement : « Alors que, durant le premier semestre 1955, la rébellion avait, à travers l'Algérie, subi des coups très durs [...], la folle aventure du 20 août lui avait au contraire donné un second souffle. » C'est effectivement à partir de cette date, tous les témoignages des deux côtés concordent, que le peuple — dont la participation massive au 20 août, à en croire Bentobbal, a surpris jusqu'aux promoteurs de l'offensive — se rallie partout dans sa grande majorité à la lutte de libération, que la quasi-totalité des anciennes formations politiques algériennes ne peuvent plus éviter de se poser la question du ralliement sans conditions au FLN, que les Européens comprennent que la guerre est cette fois irréversible et se sentent à jamais en insécurité, que la « question algérienne » devient une évidence sur la scène internationale. Les combattants indépendantistes ne s'y tromperont pas en organisant leur première grande réunion au sommet, le congrès de la Soummam, à la date du 20 août l'année suivante. Le « coup » audacieux du 1er novembre, celui d'une jeune avant-garde décidée mais peu nombreuse, a laissé la place moins d'un an après à un soulèvement populaire certes meurtrier, en particulier pour les civils des deux camps, mais qui marque l'entrée définitive des Algériens dans la guerre de libération. Un poème patriotique publié en juillet 1957 dans le journal du FLN *Résistance algérienne* le dira à sa manière peu subtile mais parlante :

Je respire la fierté depuis ce Novembre
Qui engendre l'Août du grand espoir de Libération.

Chapitre IV

LA VICTOIRE D'ABANE RAMDANE

20 AOÛT 1956 : LE CONGRÈS DE LA SOUMMAM

« Avec un diplôme en plus, nous ne ferons pas de meilleurs cadavres ! »

Extrait d'un appel de la section d'Alger de l'UGEMA (Union générale des étudiants musulmans d'Algérie) qui appelle le 19 mai 1956 ses adhérents à la grève et à « déserter les bancs de l'université pour le maquis », publié environ un mois après dans le premier numéro du nouvel « organe central » du FLN, *El Moudjahid*.

« Nous nous rencontrerons prochainement à Alger, à la fin de cette année ou au début de l'année 1957, rue d'Isly, pour la célébration de la victoire. »

Larbi Ben M'Hidi, l'un des chefs « historiques » du FLN, annonçant à la fin du congrès de la Soummam, début septembre 1956, à Lakhdar Bentobbal, adjoint du chef de la wilaya du Nord-Constantinois, Youssef Zighout, sa certitude d'une victoire rapide qui pourra bientôt être fêtée à Alger.

Le secrétaire de Belkacem Krim a été pris par les Français !

En cette nuit du 22 juillet 1956, les dirigeants du

FLN de l'Algérois et de la Kabylie, quelque temps après avoir fait leur jonction, sont en train de se rendre à pied à travers la campagne avec leurs escortes vers le lieu où doit se tenir normalement dans une dizaine de jours le premier congrès du FLN. À ce moment-là, ils auraient de quoi être inquiets. Ils ne le savent pas encore, car ils se débrouillent alors comme ils peuvent dans l'obscurité pour échapper à une banale embuscade tendue par un détachement de l'armée française qui ignore à qui il a affaire, mais ils viennent en effet de perdre un auxiliaire et surtout les très précieux documents qu'il transportait sur son dos. Ce « secrétaire » qui manquera à l'appel plus tard lorsque, l'accrochage terminé, tout le monde finira par se retrouver dans une forêt du massif des Bibans, au sud de la Kabylie, n'est pas un indépendantiste malchanceux ou un traître : il n'est autre que le mulet portant sur son dos, outre 500 000 francs en billets et une grande quantité de galons destinés à être distribués aux chefs maquisards pour être répartis dans les diverses zones, les textes top secret qui doivent servir de base aux discussions lors de la prochaine réunion au sommet des responsables de l'insurrection.

On ne sait pas avec certitude si le mulet en question a été tué par une balle perdue, comme l'affirmera un des témoins présent la nuit de l'incident, le responsable militaire de l'Algérois Amar Ouamrane, ou si, épouvanté par la fusillade, il s'est enfui jusqu'à rejoindre son écurie dans un poste abritant ses anciens maîtres, des goumiers auxquels il avait été subtilisé peu auparavant par des maquisards algériens. C'est la seconde version que rapporteront après guerre un cadre du FLN se confiant à Yves Courrière et, dans ses mémoires, Ali Kafi, l'un des adjoints de Youssef Zighout, à qui l'on a raconté la mésaventure survenue à ses camarades de combat à peine quelques jours après qu'elle a eu lieu. Toujours est-il que l'armée française et ses services de renseignement se sont emparés de l'animal, mort ou vif. Ils ont mis la main ainsi sur une somme relativement modeste — proche du prix d'une seule 4 CV Renault, qui est alors de 400 000 francs — bien que non négligeable pour les insurgés — le « budget » de la zone 4 de l'Algérois est estimé à la mi-1956 par ses dirigeants à 200 millions de francs ; ils ont récupéré également ces galons, fabriqués par des artisans kabyles à Beni Yenni à la demande de Belkacem Krim, qui démontrent que l'ALN entend désormais se structurer en attribuant des grades à ses cadres partout dans le pays. Ils apprennent alors surtout, sans effort et de façon certaine, que la plupart des principaux chefs indépendantistes s'apprêtent à se retrouver en Kabylie non loin de là, sur un versant des monts des Bibans, à la date du 30 juillet — c'est celle qui figure sur les textes qu'on a retrouvés dans le chargement du mulet —, pour organiser enfin rationnellement la lutte pour l'indépendance à l'échelle nationale.

L'armée du colonisateur va déclencher immédiatement une importante opération de ratissage avec la 7e DMR (division mécanique rapide) — l'opération Dufour, du nom d'un officier — pour tenter de capturer les chefs du FLN et empêcher la rencontre prévue, la première à ce niveau depuis le début de la guerre comme l'indiquent les documents saisis. Ce zèle des militaires français ne facilite pas, évidemment, la progression vers le lieu de la réunion des deux grandes colonnes qui escortent et entourent les futurs congressistes et qui sont parties respectivement de l'Algérois et du Constantinois plusieurs semaines auparavant pour converger vers la montagne kabyle. D'autant qu'il ne s'agit pas, loin de là, du premier obstacle qu'elles ont eu à affronter pendant ce trajet effectué entièrement à pied, comme le révéleront des récits de plusieurs des « marcheurs », en particulier Amar Ouamrane et Lakhdar Bentobbal.

ÉTÉ 1956 : LA « LONGUE MARCHE » DES ALGÉROIS VERS LA SOUMMAM

C'est environ un mois avant la date qui a été fixée pour le congrès du FLN, probablement tout à la fin de juin 1956, que les deux dirigeants de l'Algérois — Amar Ouamrane et Abane Ramdane — quittent la capitale en compagnie de Larbi Ben M'Hidi, le responsable de l'Oranie. Celui-ci les a rejoints depuis peu... en prenant tout simplement le train depuis la région d'Oran — une « imprudence » qui choquera certains responsables du Constantinois quand ils l'apprendront quelques semaines plus tard. Partis dans un taxi conduit par un militant nationaliste vers le sud de la région, ils rejoignent rapidement Blida. C'est près de là que doit débuter la « longue marche » de leur colonne vers le site prévu pour le congrès. Tous, les « politiques » comme les quarante maquisards de l'escorte qui ont été choisis et sont commandés par Si Sadek, l'adjoint de Ouamrane, ont revêtu des tenues militaires — une première pour un « civil » comme Abane.

La première journée, déjà, a failli être mouvementée. Une *dechra*, premier but que l'on doit atteindre près du village de Soumaa, supposée sûre car elle abrite de nombreux militants nationalistes, a subi en effet une opération de ratissage des troupes françaises juste avant l'arrivée de la « caravane » d'Alger, au cours de la nuit précédente. Tous les hommes du lieu, sauf deux qui se sont réfugiés dans la forêt du mont Chréa, ont été arrêtés. On ne s'attarde donc pas sur place et, après avoir été ravitaillé par la population, on prend de nuit la direction de Palestro — l'actuelle Lakhdaria — à travers la montagne pour éviter les postes militaires, tenus en général par des goumiers. C'est alors parti pour un périple de plus de 150 kilomètres à vol d'oiseau au cours duquel il faudra traverser à pied, en général de nuit, une région occupée par une bonne partie de l'armée française — un tiers environ de ses effectifs sur le sol algérien.

Dès le 3 juillet, après quelques jours de marche au cours desquels les dirigeants ont pu rencontrer et informer à l'occasion de « conférences politiques » impromptues des groupes de maquisards qui les ont accueillis un moment, la troupe affronte son premier accrochage autour de la *dechra* de Zbarbar, près de Palestro. Elle a rejoint en effet ce jour-là les hommes du très actif et déjà célèbre commando Ali Khodja. Or, avec à leur tête Mustapha Khodja — c'est son vrai nom —, un ancien sous-officier de l'armée française qui a déserté et qui s'est fait une réputation de baroudeur audacieux, ces derniers sont en cours d'opération : ils tentent alors d'encercler dans le lit d'un oued une unité de militaires français, qui réussiront à s'enfuir avant de réclamer des renforts terrestres et aériens. Lesquels se manifestent bientôt. « Nous fûmes arrosés de bombes et de balles de 12,7 pendant une heure », témoignera Ouamrane. C'est le véritable baptême du feu pour Abane Ramdane et

Larbi Ben M'Hidi, auxquels le responsable militaire de l'Algérois, selon ses dires, aurait lancé cette pique : « Jusque-là vous étiez bien cachés dans la capitale, voyez ce que sont la révolution et le maquis… »

Quatre jours après, le 7 juillet, quand on atteint le village de Draa El Khemis dans les environs de Bouira à l'orée de la Kabylie, nouvelle épreuve du feu, totalement involontaire et imprévue, celle-là. Mal informée par son éclaireur, pourtant un militant de la région, la colonne des Algérois, escortée pendant cette étape par une section de *djounoud* du commando Ali Khodja bien armée, notamment avec des fusils-mitrailleurs, tombe peu après la tombée de la nuit sur une ferme qui, on l'ignore, est désormais au centre d'un réseau de postes militaires français. Alors qu'on s'approche sans se méfier, inévitablement, un soldat français de garde repère l'avant de la troupe et crie « halte-là ! ». L'éclaireur, pris de panique, s'enfuit sur-le-champ, laissant les marcheurs désormais repérés et peu familiers du terrain faire face à une nuée de tirs ennemis. Ben M'Hidi fait lui aussi immédiatement demi-tour. Il va bientôt perdre de vue ses compagnons, qui ont choisi, eux, la fuite en avant, en se mettant tout seul à l'abri à une bonne distance dans cette contrée qui lui est totalement inconnue. L'autre pur « politique » présent au milieu des militaires, Abane, s'est blessé à l'épaule l'une des nombreuses fois où il a dû se jeter à terre. Ouamrane, pour sa part, blessé par balle, saigne au mollet gauche sous le genou, ce qui le fera longtemps souffrir.

Par précaution, heureusement, un lieu de rendez-vous, en cas d'accrochage sérieux provoquant une dispersion de la troupe, a été fixé à l'avance comme d'habitude. Et la colonne, qui s'est divisée en petits groupes, a de quoi riposter au feu ennemi pour protéger les percées qu'il faut réaliser pour sortir du piège. Afin d'atteindre l'endroit de repli dans le djebel Heidzer, dans le massif du Djurdjura, où l'on retrouvera finalement Ben M'Hidi, dont on s'inquiète évidemment pendant de très longues heures d'être sans nouvelles, il faudra non seulement passer en force à travers le réseau de postes français mais affronter aussi quelques mésaventures. Par exemple quand Ouamrane doit menacer de mort l'occupant algérien d'une maison qui, ne sachant pas à qui il a affaire et horriblement effrayé, refuse d'indiquer le chemin qu'on recherche tant qu'on ne sort pas un pistolet pour faire cesser ses hurlements et lui faire retrouver une parole normale. Ou, plus tard, quand, arrivant dans une *mechta* réputée très nationaliste, on se heurte à l'hostilité des habitants et à des portes fermées… car les villageois prennent tous ces hommes en uniforme exténués pour des goumiers, ces auxiliaires de cette armée française qu'on ne veut surtout pas aider. À tel point qu'ils refusent même de soigner la blessure d'Ouamrane. Du moins jusqu'à l'arrivée opportune d'un responsable local du FLN qui reconnaît ce dernier, ce qui va changer immédiatement l'atmosphère du tout au tout. Pour éviter de subir à nouveau pareille méprise et moins attirer l'attention, les marcheurs accepteront d'ailleurs de revêtir pour un temps les pantalons traditionnels et autres gandouras qu'on leur offre avant qu'ils ne se remettent en route après avoir été soignés, restaurés et pourvus de deux ânes pour véhiculer les blessés.

Après un troisième accrochage sans conséquence la nuit suivante, les militaires français renonçant à poursuivre dans les bois la colonne manifestement bien armée, ce sera l'arrivée au *douar* de Beni Mélikèche, dans la *dechra* de Taghalat, près de Maillot, l'actuelle M'Chedallah, où se fera comme prévu la jonction avec le groupe des responsables kabyles, mené par Belkacem Krim. Celui-ci est entouré de ses adjoints, Amirouche, le guerrier, et Mohammedi Saïd, son principal lieutenant, celui qui a dirigé militairement la zone pendant ses longs séjours algérois, de plus en plus fréquents depuis que la capitale a perdu Bitat. C'est la première fois que le responsable de la zone 4, Amar Ouamrane, ancien plus proche compagnon d'armes et collaborateur de Krim, rencontre le pittoresque Mohammedi Saïd, cet ancien de l'armée allemande qui, on le sait, est déjà célèbre aussi bien pour son casque allemand que pour « ses garde-à-vous à faire sauter les talons », comme le dit plaisamment « Sargène ». C'est surtout la première fois, au cours de la halte qui a suivi le regroupement, que tous ceux qui n'ont pas participé à son élaboration, à commencer par Ouamrane et tous les chefs militaires présents, prennent connaissance du projet de « plate-forme » préparé à Alger en vue de son adoption au congrès. Ainsi que des propositions d'ordre du jour pour ledit congrès. Cela conduira, comme en avant-première de cette réunion, à quelques échanges vifs entre les responsables, notamment entre les « politiques », qui s'affirment soucieux de rassembler surtout toutes les forces nationalistes, y compris les plus modérées, et les « militaires », peu enclins au compromis avec ceux qui n'ont pas immédiatement approuvé les actions du 1er novembre. En particulier quand, au cours d'une discussion, Abane, aux propos volontiers abrupts, s'accrochera avec Amirouche et Mohammedi Saïd, leur reprochant en termes peu flatteurs de ne rien comprendre à la politique. Bien que furieux d'apprendre notamment à cette occasion pour la première fois que le texte de la plate-forme doit beaucoup à l'ancien leader des communistes algériens Amar Ouzegane — « Si j'avais su plus tôt que des communistes y avaient pris part, j'aurais refusé la chose », affirmera-t-il plus tard —, Ouamrane fera pour sa part contre mauvaise fortune bon cœur en attendant la suite des événements.

C'est peu après, alors que la « caravane » qui compte désormais près de deux cents hommes a quitté Taghalat et s'est remise en marche, que se produira, près du point d'arrivée, cet accrochage déjà évoqué qui aura pour conséquence la perte du « mulet-secrétaire » de Belkacem Krim. Un incident qui, par ricochet, perturbera également la fin de la marche de la deuxième grande colonne qui se dirige alors vers le lieu du congrès, celle des Constantinois.

OÙ CERTAINS DÉCOUVRENT L'EXISTENCE DE COMMISSAIRES POLITIQUES

Le périple des dirigeants de la zone 2 a été moins agité et moins long, puisque leur marche n'a duré que quatorze jours. Le signal du départ a été donné au nord-ouest de la région, à El-Milia, afin de réduire le trajet. C'est dans cette ville que Youssef Zighout a rassemblé tous ses adjoints pour préparer les rapports qu'il entend présenter au congrès. Des rapports destinés à rendre compte des activités de sa zone : organisation, effectifs, finances, doctrine « morale et politique », selon les termes alors utilisés. Et à mettre en valeur ce qui pourrait servir d'exemple pour les autres.

Le groupe qui part vers la Kabylie, où il doit

être attendu par un responsable de cette zone à un lieu de rendez-vous proche du site du congrès, comprend — cas unique par comparaison avec les autres régions — tous les principaux cadres du Nord-Constantinois, soit, outre Zighout, le numéro deux Lakhdar Bentobbal ainsi qu'Amar Benaouda, Ali Kafi, Brahim Mezhoudi et Hocine Rouibah. Leur sécurité est assurée par une section de l'ALN de plusieurs dizaines de *djounoud* qui les accompagne ainsi que par sept soldats marocains, des déserteurs de l'armée française réfugiés chez les combattants de la zone 2 et qui profitent du déplacement pour entamer avec l'appui des insurgés algériens le voyage de retour vers leur pays désormais indépendant. Des mulets assurent le transport du matériel et parfois de sacs à dos quand certains marcheurs sont fatigués.

Sur le chemin, on profite de ce déplacement pour tenir des réunions politiques et pour inspecter l'état des maquis. Bentobbal, ainsi, peut évaluer de ses propres yeux pour la première fois la qualité de l'organisation du Front dans certains lieux où il n'a encore jamais pu se rendre bien qu'ils dépendent de son commandement. Il découvre aussi sur le flanc nord du djebel Babor une région théoriquement sous son autorité mais qui, de fait, s'est trouvée rattachée à la zone 3 puisqu'elle a été atteinte en premier par les hommes d'Amirouche. Ce qui lui permet de constater, comme il l'affirmera avec une ironie mordante, que tous les responsables n'ont pas la même conception de l'organisation : « Pour Amirouche, c'était implanter l'armée et nommer des responsables de *mechtas*, chargés de la collecte de fonds. Le peuple n'était ni structuré ni formé politiquement et il ne savait rien de la révolution. » Façon de dire que dans le Nord-Constantinois on a appris depuis longtemps, depuis les événements du 20 août 1955 en tout cas, qu'on ne peut mener le combat sans le peuple alors que, dans d'autres zones, on ne le sait pas encore.

Paradoxalement, ce n'est pas dans ces contrées encore peu explorées mais plus loin, après avoir retrouvé en Kabylie au lieu de rendez-vous prévu le lieutenant Kaci, l'un des responsables de la zone 3 envoyé par Krim qui doit les convoyer et les guider avec ses hommes jusqu'au site du congrès, que les Constantinois voient leur marche devenir plus mouvementée. Peu après la jonction, déjà, la colonne s'est installée pour se reposer dans une *mechta* qui a la réputation d'être acquise aux indépendantistes d'après les informations de Kaci mais qui va réserver une mauvaise surprise. Le propriétaire de la maison où se sont abrités les chefs du convoi annonce en effet subitement que des « amis » qu'on voit au loin, descendant de la montagne, sont sur le point d'arriver. Des amis de qui ? Nul n'en connaît et encore moins n'en attend dans cet endroit. En fait, il apparaît vite que l'hôte des maquisards ne fait pas de différence entre tous les groupes armés d'Algériens qui passent chez lui et qu'il a fait dire sans penser à mal à… des goumiers de rejoindre ses « invités ». Les responsables locaux du FLN et de l'ALN qu'il loge parfois et pour lesquels il récolte des fonds sans trop se poser de questions, remarquera encore, acide, Bentobbal, « ne lui avaient jamais expliqué ni les buts ni les objectifs de leur action ». Il faudra, cela va sans dire, rassembler tout le monde et tout le matériel d'extrême urgence afin de mettre rapidement une certaine distance entre les maquisards et les combattants ennemis.

Ce risque de confusion des maquisards de l'ALN

avec d'autres combattants algériens hostiles ne concerne pas alors que les goumiers et autres auxiliaires de l'armée française. En Kabylie, comme Kaci l'a expliqué aux Constantinois juste après les avoir rencontrés, il y a toujours quelques groupes armés actifs qui revendiquent leur appartenance au MNA de Messali Hadj. Or ces derniers portent comme signe de reconnaissance des écussons avec les motifs — l'étoile, le croissant — et les couleurs — le vert, le rouge, le blanc — du drapeau popularisé par le MTLD et qui deviendra d'ailleurs celui de l'Algérie indépendante. Exactement les mêmes, ou presque, que ceux confectionnés par des femmes pour qu'ils soient portés par les insurgés du Front dans le Nord-Constantinois. D'où cette nécessité qui apparaît pour Zighout et ses hommes, après la mise en garde de Kaci, d'enlever immédiatement ces écussons, une fois entrés en territoire kabyle, pour éviter toute méprise avec les adversaires et concurrents messalistes.

Dans la région de Lafayette, l'actuelle Bougaa, sur le chemin de Guenzet, la troupe devra traverser une région sans forêts, sans montagnes… et « sans organisation », comme le soulignera à nouveau Bentobbal, très sourcilleux sur ce point. Dans ces grandes étendues céréalières, il faut dormir à la belle étoile, car, loin d'être « comme un poisson dans l'eau », les combattants indépendantistes ne sont pas là les bienvenus. Quand, comme cela se produit un jour, on se trouve alors pris dans une opération de ratissage de l'armée française qui dure vingt-quatre heures, on sent le danger qui menace à tout moment. D'autant qu'il est difficile de rester discret quand on se déplace avec un groupe comportant des dizaines et des dizaines d'hommes. Par chance, il n'y aura pas d'accrochage à cette occasion, ce qui aurait provoqué une catastrophe en l'absence de lieu de repli possible.

Peu après, cependant, les Constantinois et leur escorte n'échapperont pas au feu. Arrivés, après avoir dépassé Guenzet, à El Maïne, traditionnellement un fief du MTLD, ils se sont installés dans la mosquée. Au lever du jour, le réveil est brutal : des avions de chasse se sont mis à piquer en tirant sur le village, probablement signalé comme abritant des suspects. Aucune force terrestre ennemie ne se montre cependant avant le soir. Mais alors, il apparaît que des militaires français occupent les crêtes des alentours en grand nombre. Un responsable du *douar* vient prévenir les marcheurs que le « commissaire politique » de l'endroit — c'est la première fois que Bentobbal entend parler de cette fonction, qui n'existe pas en tant que telle et surtout sous cette dénomination dans sa zone — est venu dire qu'il fallait partir au plus vite pour s'échapper tant que c'est encore possible. Kaci, qui connaît la région, se fait fort de faire passer pendant la nuit la colonne, disposée en file indienne avec les principaux chefs devant, à travers les « lignes » françaises. Zighout, qui marche en tête face au vent sur le terrain très accidenté avec Kaci à ses côtés, demande soudain à ce dernier sans trop faire de bruit si on a le droit de fumer en Kabylie — c'est en effet déjà interdit par le FLN dans le Nord-Constantinois. Entendant une réponse négative, il annonce qu'il y a sans doute des Français devant car, avec son odorat particulièrement développé, il a senti une cigarette. C'est alors qu'éclate un coup de feu. Le guide, le seul à le précéder, vient effectivement de tomber sur un guetteur ennemi qui somnolait son fusil-mitrailleur à la main. Il l'a abattu à bout portant avec son arme de chasse, prenant juste le temps de récupérer son précieux fusil avant de revenir en arrière.

Évidemment alertées, les troupes françaises se mettent vite en action. Des rafales sont tirées au jugé dans la nuit noire. Avec la forêt et les ravins qui ne permettent guère de se repérer, il est difficile de savoir qui est qui et la colonne se disperse en petits groupes. Bentobbal racontera comment à un moment il s'est retrouvé tout seul, fort inquiet alors qu'il ne connaissait ni les lieux ni même la langue qu'on y parlait, avant de buter heureusement sur le guide de la colonne dont il prendra le bras, qu'il ne lâchera pas avant un bon moment. Après 2 kilomètres de marche au cours desquels ils ont récupéré Rouibah, affolé par la perte de ses lunettes qu'on retrouvera rapidement par chance, ainsi que Mezhoudi, les deux hommes rejoindront les environs d'une *mechta* où Kaci et son groupe de combattants ont réussi à regrouper presque tout le monde. Croyant avoir brisé l'encerclement, on s'apprête, alors que le jour se lève, à aller s'abriter dans les maisons quand une femme arrive pour signaler que des militaires sont présents sur place. Il faut donc repartir se cacher et, pour s'éloigner du danger, se réfugier dans le lit d'un oued.

Il n'était pas loin de six heures du matin. Tout à coup, de la fumée indique qu'on a allumé un feu un peu plus loin, après un tournant de l'oued. Ce sont des militaires français qui veulent réchauffer leurs rations avant de partir patrouiller dans le secteur ! Plus question de bouger, même si un bouquet de figuiers empêche les deux groupes de se voir directement. Les responsables se cachent dans une petite grotte pendant que les *djounoud* tentent de ne pas se faire remarquer. Il faudra rester là toute la journée, en observant dans le ciel à quelque distance un ballet d'hélicoptères qui montre qu'il ne s'agit pas d'une simple opération de routine pour les soldats français. Le soir, le calme revenu, le groupe pourra rejoindre une autre *mechta*, cette fois réellement sûre, où il pourra se restaurer, se reposer et compter les hommes manquants à la suite des événements des dernières quarante-huit heures : deux Marocains et trois ou quatre *djounoud* de l'escorte kabyle sont portés disparus, probablement morts. Puis on reprendra la marche, dans cette contrée sur la rive gauche de l'oued Soummam, proche du dernier lieu de rendez-vous prévu avec les représentants des autres zones, mais sans jamais pouvoir avancer tranquillement car on peut rencontrer partout des troupes ennemies.

Au total, le groupe des Constantinois sera resté trois jours et trois nuits dans un territoire ratissé en permanence par des milliers d'hommes de l'armée française. Nous sommes alors dans les tout premiers jours d'août et, sans le savoir, les marcheurs qui accompagnent Zighout et Bentobbal font les frais de la capture mort ou vif du mulet de la colonne d'Alger. Ils sont en effet entrés dans le « cercle de ratissage » défini par l'armée après cette prise, lequel couvre une vaste région entre la vallée de l'oued Soummam et la route Bougie-Sétif et comprend l'essentiel des monts Bibans où les Français croient savoir que le congrès annoncé par les documents en leur possession se déroulera. Ce sera donc avec soulagement que, toujours guidés par Kaci, ils rejoindront enfin début août les marcheurs de l'Ouest pour gagner le lieu où se déroulera, finalement beaucoup plus tard que prévu, la rencontre des chefs du FLN. Un lieu qui, bien sûr, n'est plus le même que celui choisi fin juin, pour éviter toute mauvaise surprise vu les moyens mobilisés par les Français pour empêcher les insurgés de réussir dans leur entreprise qui n'est malheureusement plus secrète.

Ce n'est d'ailleurs que tardivement qu'Amirouche, qui « tient » cette région kabyle avec ses hommes, annoncera au militant nationaliste Makhlouf, de son vrai nom Saïd Mohamed Amokrane, qu'on entend utiliser sa maison forestière d'Igbal pour abriter les travaux des congressistes initialement prévus sur l'autre rive de la vallée de la Soummam, dans la forêt du massif des Bibans. On rejoint ce bâtiment avec un étage des plus simples, un rez-de-chaussée avec deux pièces au-dessus, après une marche de 10 kilomètres sur une mauvaise piste caillouteuse à partir de la route nationale. Le chemin qui y mène comme la maison elle-même sont très peu visibles à distance, se confondant avec la roche de cette partie du djebel Soummam sur les pentes du massif du Djurdjura. Les chefs FLN seront logés dans des habitations toutes proches.

La sécurité de ce lieu bien situé en pleine montagne est assurée par les centaines d'hommes qu'Amirouche a mobilisés pour cette tâche. Les premières sentinelles veillent à environ 5 kilomètres de la maison de Makhlouf, qui aurait été vite surnommée par la population des alentours la « caserne d'Amirouche ». D'autres groupes de *djounoud* continueront pour leur part à provoquer de petits accrochages avec les troupes françaises à la recherche des congressistes dans la région des Bibans pendant plusieurs semaines afin de « fixer » le plus loin possible les unités ennemies engagées dans les opérations de ratissage.

LES SURPRISES DES CONSTANTINOIS

Le voyage quelque peu mouvementé des deux colonnes qui ont amené tous les principaux responsables des zones 2 (Nord-Constantinois), 3 (Kabylie), 4 (Algérois) et 5 (Oranie) dans la vallée de la Soummam a fait apparaître à quel point les combattants indépendantistes, d'une part, et l'armée française, d'autre part, sont alors omniprésents sur le terrain. Difficile, en effet, de ne pas être impressionné par la capacité qu'ont pu démontrer les principaux chefs de l'insurrection présents à l'intérieur de traverser une bonne partie du pays au cours d'un périple de plusieurs semaines sans être interceptés par les « forces de l'ordre ». Leur marche, même si on doit accueillir avec prudence le compte rendu triomphaliste qu'en ont fait certains d'entre eux, s'est manifestement déroulée pour l'essentiel dans des régions assez bien contrôlées par leurs sympathisants quand ce n'était pas par des maquisards dépendant de façon plus ou moins directe de leur commandement. Et ils pourront séjourner longuement, on va le voir, dans le lieu choisi pour se réunir sans que les autorités coloniales puissent faire quoi que ce soit pour empêcher ou même perturber leurs travaux malgré tous leurs efforts. Mais il reste vrai, on l'a vu également, que le territoire algérien est quadrillé par des troupes françaises nombreuses et très actives, de telle sorte que le danger peut surgir presque partout et à tout moment pour les insurgés du Front, dont les chefs ont été une fois de plus à même de mesurer presque deux ans après le début du soulèvement l'ampleur du combat qui reste à mener pour libérer le territoire.

Quoi qu'il en soit, la rencontre des dirigeants du FLN afin de faire le point de la situation et de coordonner la lutte une fois le lancement de l'insurrection effectué, qui n'avait pu être organisée comme prévu en janvier 1955 — elle aurait été précisément fixée en octobre 1954, lors de la dernière réunion au sommet des six « chefs historiques » de l'intérieur, pour le 11 janvier, assure un peu péremptoirement Yacef Saadi, sans pouvoir préciser l'origine du renseignement —, va enfin avoir lieu. Même si elle a été minutieusement préparée dans la capitale depuis de nombreux mois, sa mise en route ne se fera cependant pas sans problème. Car les présents qui n'ont pas participé aux travaux préalables — et pas seulement Ouamrane, on va le voir — se diront parfois réticents avant même le début « officiel » de la réunion devant les motions et les décisions déjà inscrites noir sur blanc sur le papier à Alger — la plate-forme politique en particulier — et apparemment préadoptées ou presque. Ils s'inquiètent par ailleurs de l'absence de plusieurs dirigeants qu'ils s'attendaient à retrouver à ce rendez-vous au sommet. Enfin, il apparaît rapidement que les initiatives prises par les uns et les autres depuis le 1er novembre, chacun de son côté, ne font pas toujours, c'est le moins que l'on puisse dire, l'unanimité chez les congressistes.

Dès que les responsables constantinois peuvent enfin souffler et rencontrer leurs homologues de l'Ouest après la fin de leur périple, ils vont ainsi aller, à en croire notamment le récit que fera de ces moments Bentobbal, de surprise en surprise. Et pas seulement parce que ce dernier et son chef Zighout se retrouvent pour la première fois en présence des deux principaux organisateurs du congrès, Krim et Abane, qui leur sont physiquement inconnus — ceux-ci n'ont pas participé en effet à la fameuse réunion des « vingt-deux », ce moment décisif où l'on fit définitivement le choix des armes deux ans auparavant.

En s'entretenant en priorité avec Ouamrane, le seul dirigeant majeur, outre Ben M'Hidi, qu'ils connaissent vraiment bien, ces responsables apprennent en effet rapidement que le « sergent » est très réservé devant non seulement le texte de la plate-forme politique mais aussi le projet d'organisation de la direction du FLN que proposent les hommes forts de la Kabylie, d'Alger et de l'Oranie. Krim, Abane et Ben M'Hidi, se plaint leur interlocuteur, veulent intégrer dans les organes dirigeants de la révolution des hommes issus des mouvements qui ont combattu avec détermination à un titre ou un autre les auteurs du 1er novembre avant de se décider à les rallier. Peut-on accepter que les ex-centralistes ou les anciens leaders de l'UDMA et des Oulémas rejoignent le Front à un tel niveau ? Ouamrane cherche donc des soutiens pour contrer les tenants de cette ligne. Il s'apercevra que, bien qu'apparemment minoritaire, il n'est pas le seul à penser, comme il le fait savoir, que les « politiques », à la différence des « militaires » des diverses zones « surtout présents sur le terrain », sont trop conciliants avec les adversaires d'hier.

Au-delà de ces divergences de vues entre certains responsables, dont ils auront bientôt l'occasion de mesurer l'ampleur, les Constantinois constatent aussi progressivement à quel point les communications et les liaisons entre les dirigeants des diverses zones sont, selon les cas, difficiles, mauvaises ou inexistantes : ils n'étaient pas les seuls, apparaît-il manifestement, à avoir du mal à savoir précisément ce qui se passait ailleurs dans le pays. De fait, si l'on ne commence pas les travaux « officiels » rapidement en ce début du mois d'août, leur dit par exemple Abane, c'est parce qu'on attend l'arrivée d'autres congressistes. D'abord celle éventuelle mais peu probable, car il semble, affirme-t-il, qu'ils ne réussissent pas à passer la frontière, de membres de la délégation extérieure du Caire. Mais aussi celle, qu'il annonce comme certaine et sans doute très prochaine, d'un dirigeant des Aurès, qui devrait être Omar Ben Boulaïd, mandaté par son frère Mostefa pour représenter la zone 1.

De quoi laisser pantois les Constantinois. Ils n'imaginent guère possible une réunion au sommet sans la présence des « extérieurs », ces « historiques » qui ont contribué à organiser le 1er novembre et qui sont des dirigeants aussi importants que Boudiaf, Ben Bella, Aït Ahmed et Khider. Et surtout, ils pensent savoir avec certitude, comme ils le disent aussitôt, que Mostefa Ben Boulaïd est mort. Ils ont envoyé une petite délégation dans sa région il y a plusieurs semaines. Celle-ci devait à la fois obtenir des renseignements sur la disparition de Bachir Chihani, le numéro deux de la zone qui avait remplacé un temps son chef après son arrestation à la mi-1955 avant d'être apparemment éliminé par ses adjoints, et proposer à Mostefa Ben Boulaïd une réunion pour se concerter avec lui avant le congrès. Or si les envoyés de Zighout ont rapporté des nouvelles peu claires sur le cas Chihani — on a appris seulement, ce qui s'avérera, qu'il a été exécuté par ses propres camarades qui l'auraient accusé de « mauvaises mœurs », autrement dit d'homosexualité —, ils ont obtenu des informations précises sur un « piège » tendu par les Français qui a coûté la vie au leader « historique » aurésien. La nouvelle n'a pas encore été communiquée ouvertement, notamment pour ne pas l'apprendre aux Français s'ils l'ignorent, mais, affirme Zighout, elle est sûre. Impossible, leur rétorque pourtant Abane : lors du passage de la « caravane d'Alger » dans les Bibans, près du lieu où devait primitivement avoir lieu le congrès, il y a eu une rencontre avec Omar Ben Boulaïd, venu dire en personne, une lettre de la main de son frère le mandatant pour cela à l'appui, qu'il participerait à la rencontre au sommet au nom de la zone 1, même s'il devait, pour l'instant, retourner régler des problèmes dans les Aurès avant de revenir pour de bon. Ben M'Hidi assure d'ailleurs qu'il connaît l'écriture de Mostefa et qu'il a pu l'authentifier. L'envoi immédiat d'un nouvel émissaire permettra de départager les tenants des deux versions : il confirmera à son retour, sans doute le 19 août, que les Constantinois ont raison de prendre pour un faux l'écrit de Mostefa Ben Boulaïd, puisque sa mort apparaît confirmée par ce que l'on peut apprendre en se rendant dans sa zone.

Autre surprise des Constantinois, moins dramatique celle-là mais révélatrice aussi du manque d'unité et de cohésion des animateurs du soulèvement : pendant les jours précédant l'ouverture du congrès, en parlant avec les cadres des autres zones venus accompagner leurs chefs, des hommes qu'on découvrait enfin pour la première fois dans la plupart des cas, ils ont appris que certains dirigeants touchaient de très importants traitements mensuels. Tout particulièrement dans la zone 3. Alors que la solde des cadres de premier plan du Constantinois comme Benaouda ou Bentobbal atteint à peine 2 000 francs de l'époque par mois, soit le double de ce que touchent les *djounoud*, on parle de traitements « exorbitants » qui font penser aux revenus de « mercenaires » — les mots sont ceux qu'emploie Bentobbal — de 200 000 francs pour les gradés de Kabylie. Plus que ce que gagnent de nombreux cadres dans l'administration française ! Les responsables de la zone 2 décident donc qu'il faudra insister pour évoquer cette situation choquante lors du congrès. Ils ont peur en effet que de telles inégalités entre combattants des diverses régions puissent affecter, si elles venaient à être connues, le moral des hommes.

Enfin, alors qu'ils étaient certains que les hauts faits d'armes de chaque zone suscitaient l'admiration des autres, Zighout, Bentobbal et leurs adjoints s'aperçoivent vite que de nombreuses initiatives pourtant spectaculaires sont critiquées sans ménagement par certains responsables. À commencer, ce qui ne saurait les laisser indifférents bien sûr, par la grande offensive du 20 août 1955 dans leur région dont ils pensaient pouvoir se targuer et que tous, nous allons le voir, n'ont pas considérée comme une totale réussite, loin de là.

Quoi qu'il en soit, ces discussions informelles entre les responsables du FLN qui ont convergé avec leurs « caravanes » vers la vallée de la Soummam auront conduit à mettre déjà « sur la table » les principaux problèmes tout en permettant aux uns et aux autres de mieux se connaître avant le début officiel du congrès. Après la mi-août, cependant, tous les responsables commencent à sérieusement s'impatienter. Comme il paraît désormais certain que plus personne ne rejoindra les présents, à court terme en tout cas, on décide d'un commun accord de commencer les travaux au plus vite. Les premières réunions donnant lieu à un procès-verbal auront donc lieu le 20 août, un an jour pour jour après la grande offensive des Constantinois, une date décidément majeure pour l'histoire du FLN et de l'ALN. Les décideurs, ceux qui participeront aux séances où textes et directives seront définitivement adoptés, sont au nombre de six : Abane Ramdane, le principal organisateur et inspirateur du congrès, devenu aussi le principal dirigeant du Front à Alger ; Belkacem Krim, l'homme qui a permis à Abane de réaliser son ascension et qui continue, malgré ses fréquents séjours dans la capitale, à diriger la zone 3 en Kabylie ; Larbi Ben M'Hidi, chef, à partir du Maroc, de la zone 5 oranaise et désigné aussi comme représentant par défaut de la délégation extérieure puisqu'il a longuement rencontré ses membres lors d'un séjour au Caire au cours des mois précédents ; Amar Ouamrane, le dirigeant de la zone 4 de l'Algérois depuis l'arrestation de Rabah Bitat, chargé aussi de représenter la zone saharienne dépourvue jusqu'à très récemment d'une tête de proue ; enfin Youssef Zighout et son adjoint Lakhdar Bentobbal, qui, cas unique, sont invités tous deux à participer comme délégués de plein droit aux travaux alors qu'ils viennent de la même zone, la 2, celle du Nord-Constantinois. Les autres cadres présents au congrès — quatre de la zone 2 (Benaouda, Kafi, Mezhoudi et Rouibah), trois de la zone 3 (Amirouche, Kaci et Mohammedi Saïd) et deux de la zone 4 (Si Sadek et Si M'Hamed alias Bouguerra) — seront régulièrement consultés par les responsables de leur région lorsque des questions cruciales seront abordées mais ils n'auront jamais le pouvoir de décider.

C'est donc bien, comme l'écrira Mohammed Harbi, « un aréopage limité en nombre qui légifère pour l'ensemble du FLN » à partir du 20 août. Car il y a presque autant d'absents de marque que de congressistes. Ni les quatre « historiques » de l'extérieur, ni les responsables des Aurès, ni le chef nommé il y a peu de la zone 6 du Sahara (Ali Mellah alias Si Chérif), ni les dirigeants de la Fédération de France du FLN ne sont en effet présents. Et ils ne sont même pas en mesure d'influer véritablement à travers d'autres sur les discussions et leurs résultats. Cela permettra, nous le verrons, à plusieurs d'entre eux de contester *a posteriori* la légitimité du groupe des six décideurs de la Soummam et la validité de certaines de leurs décisions. Ben Bella, en particulier, assure qu'il a attendu vainement sur la côte italienne puis à Tripoli en Libye un message d'Abane lui indiquant précisément comment rejoindre le site de la réunion en compagnie de Khider. Il se considérera donc comme non engagé par les choix d'un congrès dont les organisateurs — il en est alors persuadé, non sans de bonnes raisons — n'ont pas voulu le faire participer à ses travaux, le responsable d'Alger ainsi que Ben M'Hidi, avec lequel il s'est violemment accroché quelques mois auparavant au Caire, le traitant à l'évidence comme un élément indésirable. Aurait-il pu rejoindre par ses propres moyens la vallée de la Soummam s'il l'avait vraiment voulu, comme le diront — sous-entendant qu'il ne voulait pas affronter un débat contradictoire — ses adversaires au sein du FLN ? A-t-il même volontairement renoncé en fin de compte à entreprendre ce périple alors même qu'il était le bienvenu dans la vallée de la Soummam, comme l'affirmera Abane à ses compagnons pendant le congrès ainsi qu'en témoignera plus tard Bentobbal ? On peut vraiment en douter. Et Ben Bella, amer aujourd'hui encore quand on l'interroge à ce sujet, ne changera jamais d'avis sur ce point.

DES DÉCISIONS QUI DONNENT UN NOUVEAU VISAGE AU FLN

Les débats officieux et officiels entre les leaders indépendantistes qui se sont réunis dans la vallée de la Soummam auront duré au total plusieurs semaines avant de déboucher sur l'ensemble des décisions qui vont dessiner au début du mois de septembre, au moment de la séparation, le nouveau visage du mouvement de libération nationale. Ils auront permis, en premier lieu, de faire le point sur la situation réelle des diverses zones et, en second lieu, malgré les importants désaccords préalables entre les congressistes déjà évoqués, d'adopter — c'était là l'enjeu essentiel du congrès — une position commune sur tous les sujets importants. D'abord sur l'analyse des opérations les plus spectaculaires menées depuis le 1er novembre, ensuite, et surtout, sur le contenu d'un véritable programme et la définition de nouvelles structures pour le FLN et l'ALN. Il s'agit en effet, pour ses dirigeants, de doter enfin le mouvement insurrectionnel d'une « ligne » claire et d'une organisation digne de ce nom qui devront s'imposer à tous — ceux qui combattent politiquement et militairement sur tout le territoire comme ceux qui agissent à l'extérieur.

Le procès-verbal du congrès dressera pour commencer un tableau des moyens matériels et humains dont dispose chaque région un peu moins de deux ans après le lancement de l'insurrection. Des moyens pour le moins limités comme l'ont montré dès le 20 août, peu après l'ouverture de la première séance de travail à huit heures du matin, les rapports des chefs de zone présents ou représentés dans la maison d'Igbal. C'était le premier point abordé après un bref rappel des motifs de la réunion et de son ordre du jour par Ben M'Hidi, qui préside les premiers débats, et Abane, chargé du « secrétariat » de la réunion dont il devra rédiger le compte rendu.

Krim, le premier, prend la parole pour dresser, de mémoire, un bilan de l'état de sa zone, la 3, qui recouvre la quasi-totalité de la Kabylie. Il disposait, dit-il, de 450 *moudjahidines* le 1er novembre, avec pour tous moyens financiers la somme dérisoire d'un million de francs (de l'époque bien sûr, où l'« ancien franc » valait à peu près deux centimes d'euro d'aujourd'hui). Moins de deux ans après, il peut compter sur 3 100 *moudjahidines*, soutenus par 7 470 *mousse-belines*. Quant aux militants du FLN, on en dénombre désormais précisément 87 044, annonce-t-il. Les combattants sont équipés de quelques centaines d'armes de guerre (404 fusils de guerre), d'une centaine d'armes légères (106 mitraillettes) et de plusieurs milliers d'armes de chasse (4 425 fusils). Il possède en caisse 445 millions de francs, avec des rentrées mensuelles de 110 millions de francs en moyenne. Le moral, assure-t-il, est bon, aussi bien chez les combattants qu'au sein du peuple, même si on ne peut armer tous ceux qui le voudraient. Il évoque les problèmes posés par des *douars* messalistes et d'autres, soit « réfractaires au nationalisme », soit alliés des Français après avoir constitué des unités de supplétifs de l'armée coloniale, des *harkas*.

Il passera alors la parole à son ancien adjoint Ouamrane, qui détaille également, en lisant un rapport écrit, les moyens dont il dispose dans sa zone, la 4. L'Algérois, qui ne pouvait compter que sur 50 *moudjahidines* le 1er novembre 1954, en possède désormais un millier, avec 2 000 *moussebelines* pour les appuyer. Les militants du FLN sont au nombre de 40 000. L'armement : 200 fusils de guerre, 80 mitraillettes, 300 pistolets, 1 500 fusils de chasse. En caisse : 200 millions de francs. « Sargène » évoquera également la situation dans la zone qui prolonge la sienne, la 6, celle du Sahara, dont il est considéré comme le représentant en l'absence de son responsable devenu opérationnel depuis trop peu de temps, Si Chérif. Cette zone, réellement active pour le moment uniquement dans sa partie la plus au nord, notamment autour d'Aumale, compte 5 000 militants du FLN et seulement 200 *moudjahidines* épaulés par 100 *moussebelines*, avec 100 fusils de guerre et un nombre équivalent de fusils de chasse. Son budget atteint à peine les 10 millions de francs.

Pour la zone 2, le Nord-Constantinois, Zighout lit également son rapport. Il revendique, à partir d'un groupe initial d'une centaine de combattants en novembre 1954, un effectif actuel de 1 669 *moudjahidines* et de 5 000 *moussebelines*, disposant au total de 325 fusils de guerre et mitraillettes, de 13 fusils-mitrailleurs et de 3 750 fusils de chasse. Il dispose, côté financier, de 203,5 millions de francs. Et il assure — comme, d'une façon ou d'une autre, il est vrai, tous les autres responsables de zone, mais de son côté avec des arguments convaincants — que, grâce aux efforts d'organisation de la population déjà entrepris dans la région, où l'on a déjà réuni des assemblées populaires, l'état d'esprit des combattants comme du peuple est des plus satisfaisants.

Ben M'Hidi, enfin, présente la situation en Oranie, la zone 5. Environ soixante combattants seulement avaient pu être réunis pour agir le 1er novembre 1954, rappelle-t-il, cinquante d'entre eux ayant d'ailleurs été arrêtés ou tués au cours des jours ou des semaines qui ont suivi. Mais, après l'arrivée de la première cargaison d'armes par la mer, on a pu mobiliser environ cinq cents *moudjahidines* et autant de *moussebelines* dès octobre 1955, date du véritable déclenchement du soulèvement dans cette région qui n'était pas encore prête à passer sérieusement à l'action fin 1954. En mai 1956, les effectifs étaient de 1 500 *moudjahidines* et 1 500 *moussebelines*, avec environ 1 400 armes de guerre et 1 000 fusils de chasse, les finances disponibles se montant à 35 millions de francs.

Il apparaît ainsi qu'après presque deux ans de combat pour l'indépendance, le FLN et l'ALN ne disposent toujours pas de moyens importants, ni du point de vue financier ni en matière d'armement, pour mener la lutte. S'agissant des armes, en particulier, et comme Ben M'Hidi le soulignera avec force dès le début du congrès en attribuant cette carence pour l'essentiel à l'inefficacité de la délégation extérieure et de son responsable chargé de l'approvisionnement qui n'est autre que Ben Bella, toutes les zones sont gravement sous-équipées. Il est facile de constater à quel point les armes de guerre sont peu nombreuses dans l'absolu et par comparaison avec le « stock » des simples armes de chasse. Seule l'Oranie, qui a bénéficié de l'arrivée de cargaisons d'armes par le Maroc, dispose d'un matériel quelque peu conséquent à défaut de finances prospères et de militants ou de combattants en grand nombre. En revanche, c'est en Kabylie et dans le Nord-Constantinois que le mouvement insurrectionnel a le mieux réussi à s'implanter politiquement.

Après ce tour d'horizon de la situation à travers le pays, les « congressistes » ont vite abordé le sujet beaucoup moins consensuel — c'est un euphémisme — des opérations armées atypiques et brutales menées depuis le 1er novembre sans épargner les civils. L'examen de trois d'entre elles, concernant respectivement les zones 2, 3 et 4, permettra de s'interroger, essentiellement à la demande d'Abane Ramdane qu'appuie Ben M'Hidi, sur les possibles contradictions entre l'« activisme » militaire de certains et les objectifs politiques à court et long terme du combat indépendantiste. Une discussion en toute confraternité révolutionnaire, entre camarades de combat, qui restera en fait en travers de la gorge des dirigeants mis en cause.

La première initiative qui se retrouve ainsi sur la sellette, à la grande surprise — on l'a vu — des responsables de la zone 2 restés très fiers de cette entreprise, sera la grande insurrection d'août 1955 dans le Constantinois. Il faut discuter de son opportunité et réexaminer son bilan, affirme Abane, car elle peut susciter au moins trois réserves. D'une part, on a exposé inutilement la population algérienne aux terribles coups des colonisateurs en la lançant presque désarmée à l'assaut des villes. Et sans que le résultat finalement obtenu justifie de tels sacrifices vu l'ampleur de la répression à laquelle ce soulèvement a conduit : des milliers et des milliers de morts, on s'en souvient, comme lors des événements de Sétif en mai 1945. D'autre part, en acceptant délibérément que, des deux côtés, les civils soient les principales victimes d'une opération, en contravention avec les règles édictées le 1er novembre, on a permis aux adversaires de faire passer l'organisation révolutionnaire aux yeux de l'opinion pour un groupe terroriste fanatique. D'autant qu'on a pris d'abord pour cibles aussi bien les Européens que certains nationalistes modérés, à commencer par le neveu de Ferhat Abbas. Enfin, décidée sans concertation, et dans une seule région, cette initiative, pourtant de grande envergure, ne pouvait permettre au mouvement indépendantiste dans son ensemble d'en retirer d'importants bénéfices militaires, politiques et psychologiques. Zighout et surtout Bentobbal, naturellement peu porté à l'autocritique, ont évidemment contesté lors du congrès cette interprétation des faits. Ils ont rappelé, même si « le prix payé a été très élevé » comme l'a reconnu Bentobbal, les nombreuses raisons qui militaient pour l'organisation d'un tel soulèvement. Des raisons tant intérieures — impliquer de façon irréversible la population dans le combat pour l'indépendance, desserrer l'étau dans lequel était prise la zone des Aurès devenue le théâtre d'opérations prioritaire de l'armée française et rompre l'isolement entre les zones en relançant la lutte armée — qu'extérieures — remettre au premier plan les revendications des nationalistes algériens, notamment vis-à-vis de l'ONU, au moment où la Tunisie accédait à l'autonomie interne ; mais également soutenir les « frères » marocains après l'envoi en exil de Mohammed V.

C'est avant tout une façon de faire la guerre et tout particulièrement des méthodes de répression inacceptables qui seront ensuite mises en cause avec l'examen de l'affaire dite de « la nuit rouge » — selon l'appellation que lui ont donnée les Français mais qui sera reprise par certains dirigeants du FLN. Il s'agissait là de la première exécution collective par les troupes de l'ALN d'autres Algériens, accusés de trahir la révolution. Une expédition punitive, en fait, organisée par Amirouche, contre l'ensemble de la population du village d'Ioun-Dagen dans la région de Bougie, l'actuelle Bejaïa. Celle-ci avait rallié les Français à l'instigation d'un notable, l'ex-sénateur Ourabah, chef de la tribu des Oulad Ouroubah, qui refusait de payer sans discuter l'impôt révolutionnaire réclamé par le FLN. Et elle s'était même armée pour faire respecter son choix. La « punition » avait tourné, au cours d'une nuit, au massacre pur et simple de tous les habitants du village kabyle — plus d'un millier ? —, femmes et enfants compris, pour beaucoup égorgés. Abane mais aussi cette fois les responsables du Nord-Constantinois ont fermement condamné ces exactions de *djounoud* de la zone 3 — sans doute, au moins quantitativement, les pires de cette nature pendant toute la guerre même si on se souviendra plutôt par la suite d'abord du massacre de Melouza de 1957 que nous évoquerons plus tard. Contraires à ce que prônaient toutes les directives du FLN, en instaurant un principe de responsabilité collective et non pas individuelle, elles ne pouvaient que couper le peuple des combattants et même susciter la création de groupes de harkis. Il s'agissait donc à la fois d'un manquement au règlement et d'une grave faute politique qui portait préjudice à la révolution. Deux fautes qui auraient suffi à justifier, dira Bentobbal, qu'on destituât pendant la réunion de la Soummam, ainsi qu'il l'aurait d'ailleurs souhaité, Amirouche de toutes ses responsabilités. Mais Belkacem Krim défendra son « lieutenant » de loin le plus efficace avec une détermination sans faille, allant jusqu'à dire devant les autres participants au congrès qu'il prenait sur lui la responsabilité de toute l'affaire. Si l'on devait sanctionner quelqu'un, il faudrait donc que ce soit lui !

De même Amar Ouamrane prendra vigoureusement la défense de son subordonné très actif Ali

Khodja, devenu célèbre parmi les *moudjahidines* après avoir anéanti avec son « commando d'élite », qui avait adopté le style — notamment vestimentaire — des unités parachutistes adverses, un détachement de l'armée française constitué de jeunes appelés inexpérimentés au mois de mai précédent à Palestro. Les hommes de l'ancien sergent déserteur de l'armée française, parti depuis peu au maquis en emportant un imposant stock d'armes, avaient auparavant monté le 25 février 1956 une embuscade au col de Sakamody qui avait suscité une vive émotion. Elle avait conduit à intercepter un car transportant des civils et deux voitures de particuliers qui avaient été mitraillés sans autre formalité. Bilan : sept morts chez les Européens, dont une femme et une petite fille de sept ans, et plusieurs blessés, dont un enfant qui devra être amputé d'une jambe. Le type même d'action, affirme Abane, à l'efficacité militaire et surtout psychologique pour le moins peu évidente. Et qui autorise à bon compte les porte-parole de l'armée française à traiter de barbares les « rebelles », même si celle-ci commet certes également des atrocités — l'aviation bombarde « aveuglément » des villages et il est déjà devenu courant que n'importe quel « suspect » algérien prisonnier soit abattu lors de tentatives de fuite imaginaires — tout en couvrant, comme on le sait, celles de milices civiles européennes. Sans compter que s'attaquer, comme cela avait été le cas en mai, à des hommes du contingent alors même que se déroulait un débat crucial sur « les événements d'Algérie » à l'Assemblée nationale française n'était peut-être pas très habile. Ouamrane n'acceptera pas ces critiques, en affirmant que, même regrettables à l'occasion, de telles opérations spectaculaires servent tout compte fait les buts de guerre. Et qu'il ne faut pas décourager des responsables entreprenants comme Ali Khodja.

Au total, ce passage en revue d'initiatives des « militaires » que les plus « politiques », Abane et Ben M'Hidi, jugent à l'évidence irresponsables a surtout montré qu'un clivage apparaissait alors entre les premiers et les seconds. Les débats n'ont pas dégénéré à cette occasion, puisqu'il ne s'agissait là en théorie que de s'interroger *a posteriori*, à partir d'exemples concrets, sur les meilleures stratégies à suivre. On décidera d'ailleurs finalement, sans blâmer « officiellement » personne, d'être simplement très vigilant à l'avenir quand les opérations envisagées pourraient surtout servir en fin de compte la propagande française. Mais l'exercice inspirera certaines décisions ultérieures et, à l'évidence, laissera des traces. Abane, en particulier, sera désormais suspecté par plusieurs de ses pairs congressistes — à commencer par Bentobbal, mais aussi par Ouamrane et dans une moindre mesure Krim — de vouloir toujours jouer les donneurs de leçon et même les procureurs. Une suspicion que ses propres initiatives des plus radicales, notamment — on le verra — envers les messalistes, auraient déjà pu nourrir puisqu'il n'était pas sans reproche lui-même en matière d'« activisme ». Le principal organisateur du congrès, tout en critiquant certains responsables militaires, ne se privait pas en effet de prôner la violence sans réserve ou presque quand il le jugeait utile pour assurer la présence hégémonique de son mouvement sur le terrain et auprès de la population, aussi bien dans son fief d'Alger que dans tout le pays.

Mais on passera rapidement à la suite de l'ordre du jour, dont les « gros morceaux » seront constitués par, d'une part, la réforme des structures de l'ALN et du FLN, d'autre part l'adoption de la plate-forme politique qui détaillera enfin le programme du mouvement indépendantiste apparu sur le devant de la scène en novembre 1954. Un triple effort de cohésion, d'organisation et de doctrine qui conduit à l'adoption le 5 septembre d'un ensemble de textes et de mesures qui constitueront la Charte de la Soummam. Celle-ci correspond aux vœux d'Abane et de Krim, les deux hommes-orchestres de ce congrès dont ils ont supervisé la préparation, ainsi que de Ben M'Hidi, qui, fort de la confiance que lui font aussi bien Abane et Krim que Zighout et Ouamrane, trouvera tout au long des débats, parfois orageux, les formules de compromis qui permettront de prendre des décisions.

La plate-forme politique, dont la version proposée à Igbal a été couchée sur le papier au cours des derniers mois à Alger en grande partie de la main de l'ancien secrétaire général du Parti communiste algérien Amar Ouzegane, a été rédigée dans un langage quelque peu marxisant qu'on retrouvera dans le texte final[1]. Elle réaffirme avant tout l'objectif central du FLN et de l'ALN, à savoir la conquête de l'indépendance par la lutte armée, sans aucune concession, pour établir un régime révolutionnaire — « une république démocratique et sociale garantissant une véritable égalité entre tous les citoyens » — sous l'égide du Front. Dans la Charte de la Soummam, on évoquera ainsi des buts de guerre et des revendications sans nuance qui ne laisseront guère d'espoir à ceux qui rêveraient de compromis, notamment sur la souveraineté, sur le territoire concerné par la lutte pour l'indépendance ou sur les acteurs suscep-

1. *Cf.* annexe III, p. 495.

tibles de diriger la nation algérienne. Citons ainsi quelques bribes de phrases du texte définissant les objectifs poursuivis : « la reconnaissance de la nation dans ses limites territoriales actuelles comprenant le Sahara » ; « la reconnaissance du FLN comme représentant unique et exclusif du peuple algérien » ; « la reconnaissance de l'indépendance de l'Algérie et de sa souveraineté dans tous les domaines jusques et y compris la défense nationale et la diplomatie » ; « le triomphe de la révolution algérienne dans la lutte pour l'indépendance nationale ».

Des revendications qui ne varieront pas jusqu'en 1962. Et qui supposent, comme l'affirme la Charte, une position hégémonique du FLN, donc la condamnation des anciens partis nationalistes. Ce qui va de pair avec l'ambition affirmée d'intégrer dans la lutte « tous les patriotes algériens, de toutes les couches sociales, de tous les partis et mouvements », autrement dit d'obtenir l'adhésion, mais seulement sous forme individuelle, des militants des anciennes formations politiques. Et avec la volonté, tout en s'appuyant « d'une façon particulière sur les couches sociales les plus nombreuses, les plus pauvres, les plus révolutionnaires : fellahs, ouvriers agricoles », de gommer en fin de compte les différenciations sociales : nulle référence en effet ici à la lutte des classes, alors même que son évocation était encore banale à cette époque dans la plupart des milieux où l'on combattait pour l'émancipation des peuples.

Sont également traitées dans la Charte diverses questions sociales — ou de société — dont l'approche est parfois révélatrice de l'état d'esprit volontiers populiste et à l'occasion conservateur qui règne alors chez les dirigeants nationalistes. Le syndicat émanant du Front, l'UGTA, devra privilégier non pas l'adhésion et la défense des intérêts de l'« aristocratie ouvrière » — soit les cheminots et les fonctionnaires, précise-t-on — mais ceux des couches les plus défavorisées — ces « parias » que sont les ouvriers agricoles, les dockers et les mineurs. Cependant, les paysans, ce qui ne représente pas une grande marque de confiance envers eux, sont appelés à combattre, par la même Charte, sous la direction d'« éléments citadins politiquement mûrs et expérimentés ». Plus frappant, on définit la place des femmes dans la révolution d'une façon fort peu progressiste. Celles-ci ne sont pas appelées à exercer la moindre responsabilité réelle, leur mission consistant à épauler les combattants grâce à leur « soutien moral », à des actions facilitant les « renseignements, liaisons, ravitaillement, refuges », à leur participation à l'« aide aux familles et enfants de maquisards, de prisonniers ou d'internés ». La militante exemplaire, modèle d'une femme libérée ? On cite dans la Charte le cas d'une « jeune fille kabyle qui repousse une demande en mariage parce que n'émanant pas d'un maquisard », ce qui « illustre d'une manière magnifique le moral sublime qui anime les Algériennes » !

Côté religion, et d'une façon qui ne correspondra pas toujours — très loin de là — à ce qu'on pourra observer dans la réalité, les congressistes de la Soummam semblent bien refuser qu'on donne la moindre coloration religieuse au combat indépendantiste et même appeler de leurs vœux l'avènement d'un futur État laïque. On écrit que le combat du peuple algérien est une « lutte nationale pour détruire le régime anarchique de la colonisation et non une guerre religieuse » ; ou encore que les Français veulent tromper l'opinion publique « en définissant la résistance algérienne comme un mouvement religieux fanatique au service du panislamisme ». D'ailleurs, « la ligne de démarcation ne passe pas entre les communautés religieuses qui peuplent l'Algérie, mais entre, d'une part, les partisans de la liberté, de la justice, de la dignité humaine, et, d'autre part, les colonialistes et leurs soutiens, quelles que soient leur religion ou leur condition sociale ». Des affirmations qui vont de pair, bien sûr, avec celle assurant que les communautés qui ne sont pas arabo-musulmanes, comme la minorité européenne et en particulier les Juifs, auront toute leur place dans la nation algérienne d'après l'indépendance. Une « invitation » à rejoindre le FLN que les responsables de la communauté juive ne prendront pour leur part jamais en considération, même si certains de ses membres, individuellement, feront le choix du combat nationaliste…

Des positions tactiques, il est vrai, que les pratiques se chargeront à l'occasion de démentir par la suite et surtout après l'indépendance, mais qui sont inscrites noir sur blanc dans un texte qui engage le mouvement indépendantiste au plus fort de la guerre. Et qui sont cohérentes avec ce débat en petit comité qui, quelques semaines auparavant, lors de la création à Alger de ce qui sera désormais l'« Organe central du Front de libération nationale algérienne », avait conduit à la fois à le nommer après un temps d'hésitation *El Moudjahid* et à tenir à expliquer dans un éditorial anonyme du premier numéro, probablement écrit par Abane et Ben Khedda, que cela ne devait pas être considéré comme un choix « inspiré par un quelconque sectarisme politique ou par un quelconque rigorisme religieux ». Car, poursuivait le même texte passablement alambiqué intitulé « Bulletin de naissance », « le mot *djihad* (guerre sainte) duquel dérive *El Moudjahid* a toujours été, en raison d'un préjugé islamique datant des Croisades, pris en Occident chrétien dans un sens borné et restrictif ». Or « le *djihad* réduit à l'essentiel est tout simplement une manifestation dynamique d'autodéfense pour la préservation ou le recouvrement d'un patrimoine de valeurs supérieures et indispensables à l'individu et à la cité ». Donc le titre *El Moudjahid*, choisi en réalité surtout parce qu'il était le plus parlant et le plus efficace par rapport aux autres envisagés, dont *L'Algérien*, pouvait convenir, assuraient les fondateurs de ce journal destiné à devenir rapidement un outil essentiel de communication du FLN, car il n'était en rien contradictoire avec le but de la révolution prônant « une égalité entre tous les Algériens sans distinction de race ou de religion ».

Pour contrer là encore la propagande française, qui brandit non sans un certain succès en ces temps de guerre froide les spectres du communisme international et de la révolution égyptienne auxquels le FLN serait inféodé, le texte adopté à la fin du congrès entend démontrer et même revendiquer l'autonomie intégrale du mouvement indépendantiste face à ses soutiens ou alliés : « La révolution algérienne [...] est un combat patriotique [...]. Elle n'est inféodée ni au Caire, ni à Londres, ni à Moscou, ni à Washington. » Même si les grandes capitales anglo-saxonnes sont mentionnées — on sait que l'opinion française est volontiers hostile aux Anglo-Saxons et qu'on soupçonne à Paris ces derniers de vouloir profiter de la situation difficile du colonisateur au Maghreb —, l'important est évidemment la référence à Moscou et, plus encore, au régime de Nasser au Caire. Ce qui, au passage, permet aux rédacteurs de la Charte de jeter une pierre dans le jardin de Ben Bella, considéré par Abane, Ben M'Hidi et Krim comme trop proche du Raïs, voire suspecté par les mêmes d'être instrumentalisé par lui. Ce qui permettait aussi de souligner à quel point le soutien de l'Égypte — bien trop chiche, estimait-on, en matière de fournitures d'armes et plus qu'hésitant sur le plan diplomatique — et d'une manière générale celui des pays arabes était insuffisant. Seuls les deux pays frères du Maghreb trouvaient grâce jusqu'à un certain point aux yeux des dirigeants intérieurs du FLN, la plate-forme évoquant la solidarité nord-africaine et la convergence entre les points de vue des leaders tunisiens, marocains et algériens.

Les deux propositions les plus cruciales de la plate-forme qu'auront discutées puis adoptées les dirigeants présents au congrès, et qui influeront en partie sur les décisions prises ensuite au sujet de la réorganisation de l'ALN et du FLN, concerneront les rapports entre, d'une part, les sphères « politique » et « militaire », d'autre part, les responsables opérant à « l'intérieur » et à « l'extérieur » de l'Algérie. Dans les deux cas, on décide, conformément à ce que souhaite tout particulièrement Abane Ramdane, que si la direction de la révolution doit être impérativement collégiale, à tous les niveaux, il faut néanmoins définir un mode de fonctionnement qui accorde une primauté à certaines institutions et à certains dirigeants. Ainsi, le « politique » commandera au « militaire » et « l'intérieur » à « l'extérieur ». Pour que soit accepté par Zighout, Bentobbal et Ouamrane le premier de ces deux principes, qui limite théoriquement la liberté d'action des dirigeants de l'ALN sur le terrain et qui peut apparaître comme une sanction contre l'« activisme » déjà mis en cause, il faudra qu'Abane reçoive tout l'appui de Krim. Ce dernier réussit à convaincre les principaux chefs militaires qu'il s'agit seulement là d'améliorer l'efficacité des troupes combattantes en permettant de coordonner la répartition des armes et les opérations d'envergure nationale. L'adoption du second principe s'avérera moins problématique pour les présents puisqu'il consiste d'abord à marginaliser quelque peu mais sans le dire les « extérieurs », à commencer par Ben Bella ; et ensuite, et surtout, à privilégier les dirigeants proches du terrain et de l'action. Une satisfaction, donc, pour les militaires, même si ceux-ci ne souhaitent pas particulièrement mettre hors jeu les « extérieurs ». En un mot, en fin de compte, en vertu de ces deux principes, ce sont les principaux responsables politiques présents en Algérie qui sont voués à acquérir ensemble la plus grande légitimité et à diriger la révolution, à commencer par son armée.

L'ensemble FLN-ALN va pour sa part subir un réaménagement de son organisation militaire et administrative très profond... même si ce réaménagement sera parfois, on va le voir, autant ou plus « linguistique » que structurel. Pour les unités combattantes de l'ALN, on décide que, outre les *faïleks*, ces bataillons de 350 hommes qui n'existeront de fait sauf cas exceptionnel que sur le papier, les plus importantes, les *katibas* — l'équivalent des compagnies françaises —, réuniront 110 *djounoud* et seront composées de sections ou *firqas* (environ 35 combattants), de groupes ou *faoudjs* (11 hommes) et de demi-groupes (5 hommes). Mais surtout on ne parlera plus de zones pour désigner les six grandes régions militaires et administratives car on institue des wilayas : la zone 1 devient la wilaya 1, et ainsi de suite. Le terme de « zone » permettra en revanche de qualifier désormais les principaux territoires — les *mintakas*, dira-t-on le plus souvent au sein de l'ALN, au nombre de cinq par exemple dans le Nord-Constantinois — qui constituent chaque wilaya. Chaque zone ou *mintaka* sera divisée à son tour en plusieurs *nahias*, qualifiées aussi désormais de « régions », elles-mêmes divisées en *kasmas* ou « secteurs », l'élément géographique et administratif de base qui regroupera des *douars* et des *mechtas*. Une seule exception au sein de cette nouvelle structure : la capitale et sa banlieue sont érigées en « zone autonome d'Alger », laquelle sera indépendante des wilayas et notamment de celle de l'Algérois.

Les rectifications de « frontière » auxquelles on a procédé à cette occasion ne seront pas acceptées facilement par certains des responsables qui voient leur territoire amputé. Ainsi, Zighout et Bentobbal n'apprécient guère par exemple le rattachement de la ville de Sétif à la wilaya 3 (Kabylie) alors que le Nord-Constantinois dont ils ont la charge, et même d'ailleurs à un moindre degré la wilaya 1 des Aurès, pouvaient aussi revendiquer son contrôle. Mais surtout Ouamrane ne se rallie qu'à contrecœur, pour ne pas dire contraint et forcé, à la réduction de son terrain d'action et surtout de son influence que suppose la création de la zone autonome d'Alger. Même si, il est vrai, on ne faisait là que ratifier un fait déjà accompli pour l'essentiel, puisque Krim et Abane avaient pris progressivement le contrôle de la plupart des initiatives de toutes sortes dans la capitale.

Le commandement des wilayas, comme celui d'ailleurs de toutes les subdivisions de ces wilayas puisque la direction doit être toujours collégiale selon le principe général déjà adopté par les congressistes, sera assuré par un « comité des trois », donc une direction tricéphale comme l'indique son nom. Le conseil de wilaya, chargé d'administrer le territoire, sera composé d'un responsable militaire, d'un responsable politique — le commissaire politique — et d'un responsable liaisons-renseignement. Chaque wilaya aura cependant de fait à sa tête un seul et unique « coordonnateur », autrement dit un chef qui sera un peu plus qu'un *primus inter pares* et qui ressemblera fort à l'ancien chef de zone — certains échangeront d'ailleurs simplement le premier titre pour le second, comme Zighout ou Ali Mellah. Ces dirigeants suprêmes des six grandes régions auront désormais le grade de colonel, le plus élevé dans la hiérarchie puisque, sans doute pour préserver une certaine pureté révolutionnaire et se différencier par là même de l'armée coloniale, il a été décidé que « le grade de général n'existera pas jusqu'à la libération ». Les autres grades militaires seront ceux qui existent déjà en Kabylie et qui ne sont guère différents de ceux en vigueur dans l'armée française, soit, du plus élevé au moins élevé : commandant, capitaine, lieutenant, sous-lieutenant, aspirant, adjudant, sergent-chef, sergent, caporal. Les principaux adjoints du chef seront en théorie nommés par la direction du Front, sur proposition du colonel, mais en pratique ils seront presque toujours choisis par leur supérieur direct.

L'administration du territoire au niveau local, celui des *douars* et des *mechtas*, sera confiée à des assemblées du peuple composées de cinq membres élus par la population. Compétentes pour tout ce qui concerne « l'état civil, les affaires judiciaires et islamiques, les affaires financières et économiques et la police », elles formeront la base de l'infrastructure politico-administrative que le Front entend implanter à travers tout le pays sous la direction des commissaires politiques et qu'on nommera le

Nizam. Dans la réalité, l'ambition démocratique affichée en l'occurrence, puisqu'on annonce des élections, n'aura guère de suite. Malgré quelques rares exemples contraires dans les mois qui suivront le congrès, ces assemblées seront assez vite toutes désignées par l'autorité militaire et non choisies démocratiquement par le peuple. Et leur principale tâche consistera par conséquent sans surprise à assurer, sous le commandement des commissaires politiques, un soutien matériel et logistique ainsi qu'un appui en matière de renseignements aux combattants de l'ALN.

Au niveau des organes principaux du FLN, soit de la direction de la révolution au sommet, le congrès innove réellement. Les « six » qui ont le pouvoir de décision dans la vallée de la Soummam décident en effet de créer deux institutions qui détiendront respectivement, même si ces termes ne sont pas employés, le pouvoir législatif et le pouvoir exécutif. Le Conseil national de la révolution algérienne — on parlera généralement du CNRA en ne retenant que ses initiales — comprendra 34 membres, 17 titulaires et 17 suppléants, et devra se réunir une fois par an. Cette sorte de parlement du FLN sera le dépositaire de la souveraineté nationale et donc seul habilité à engager des négociations avec la France et à ordonner un cessez-le-feu. Le pouvoir exécutif sera, lui, aux mains des cinq membres du Comité de coordination et d'exécution, ou CCE. Celui-ci, responsable devant le CNRA, sera le véritable détenteur permanent du pouvoir au sein du FLN, et donc en théorie aussi — en vertu du principe de la primauté du politique sur le militaire énoncé plus haut — au sein de l'ALN — où il aura cependant plus de mal à faire « passer » ses décisions : il ne sera guère recommandé, bien souvent, d'apparaître parmi les combattants comme un « parachuté » du CCE. Ce dernier, quoi qu'il en soit, convoquera les réunions du CNRA et contrôlera toutes les organisations et tous les organismes liés au mouvement indépendantiste. Il représentera donc bien de fait l'autorité suprême. En conformité avec le principe de la primauté de l'intérieur face à l'extérieur, il ne pourra que s'installer sur le territoire algérien. Où ? Krim pense que les dirigeants de la révolution seront plus en sécurité dans la montagne. Mais les congressistes se rangeront à l'avis d'Abane et de Ben M'Hidi, qui pensent qu'Alger est à tous les points de vue — conditions de travail, facilité des liaisons avec les wilayas et l'extérieur, mais aussi sécurité — l'endroit le plus indiqué. Les deux options, peut-on remarquer, excluent la présence d'hommes de l'extérieur dans l'instance exécutive majeure.

Cette nouvelle organisation du pouvoir, celle voulue par Abane, met fin au système précédent, de fait plus théorique qu'opérationnel, qui déléguait ce pouvoir aux neuf « historiques » — les « six » d'Alger et les « trois » du Caire qui avaient organisé en septembre et octobre 1954 le lancement de la lutte armée. Elle suscitera des débats passionnés pendant le congrès, en particulier, évidemment, quand il faudra désigner les membres des deux nouvelles instances dirigeantes. Il peut s'agir, au cas par cas, de questions d'hommes, chacun ayant ses préférences ou ses protégés. Mais le problème essentiel qui sera évoqué concernera l'opportunité d'accepter la présence dans ces organes de pouvoir de nationalistes — des « centralistes » du MTLD, d'ex-militants de l'UDMA de Ferhat Abbas, des communistes, des membres de l'Association des oulémas — qui sont d'anciens adversaires des hommes du 1er novembre et qui n'ont rejoint le FLN, on le verra, qu'après, et souvent même longtemps après, le début des combats.

Pour le CCE, c'est celui qu'on considère comme le « sage » de l'assemblée des congressistes, Ben M'Hidi, qui proposera une liste de noms, qu'on peut supposer établie depuis un certain temps en concertation avec Abane et Krim. D'emblée il cite, témoignera Bentobbal, « Krim, Abane, Ben Khedda, Aïssat Idir et lui-même ». Comme on ne sait pas alors si Aïssat Idir, le fondateur de l'UGTA, le syndicat lié au FLN, est réellement disponible — on craint qu'il n'ait déjà été arrêté par les Français —, Abane propose qu'on désigne un éventuel remplaçant en la personne de Saad Dahlab, un autre ancien centraliste du MTLD, qui, ainsi, une fois confirmé le sort du syndicaliste, se retrouvera finalement bientôt membre de plein droit du CCE. Les délégués du Nord-Constantinois sont des plus réservés, tout comme Ouamrane, face à l'accession aux plus hautes responsabilités de deux anciens membres de ce Comité central du MTLD — Ben Khedda et Dahlab — qu'on avait considéré comme un adversaire après le moment où, avec les « vingt-deux », on avait décidé de lancer la lutte armée. Mais ils accepteront de s'incliner, témoignera Bentobbal, en raison de la confiance qu'ils font à Ben M'Hidi et parce qu'ils pensent que, minoritaires, ces nouveaux venus ne pourront guère influencer le cours des événements. D'autant que Krim, un historique du FLN qui est avant tout un combattant présent depuis très longtemps sur le terrain, sera chargé au sein de ce CCE de la coordination de l'ALN, ce qui en fera en quelque sorte le chef militaire suprême.

Quand il a fallu désigner les membres du CNRA,

les objections des mêmes congressistes, qui veulent éviter selon les mots d'Ouamrane « les vieux mouillés dans la politique », prendront encore plus d'ampleur. Il faudra une fois de plus que Ben M'Hidi s'emploie pour les convaincre de rejoindre la position des autres. Il fera remarquer surtout qu'il est important de réaliser l'union nationale en incorporant dans le Front des représentants de tous les mouvements partisans déclarés de l'indépendance — à l'exception des messalistes qu'on considère toujours comme irrécupérables bien sûr. Ne serait-ce que pour empêcher les Français de tenter de négocier avec une éventuelle troisième force en prenant langue avec des nationalistes dissidents. L'argument portera suffisamment pour que les dirigeants réticents s'inclinent... tout en tentant, en particulier — à l'en croire — Bentobbal qui aura à cette occasion une petite altercation avec Ben M'Hidi, de récuser certains candidats. C'est ainsi que, après celui réunissant les principaux chefs de l'ALN, les ex-centralistes constitueront en fin de compte le deuxième groupe le plus important au CNRA, auquel participeront également des représentants originaires de l'UDMA et de l'Association des oulémas. Mais aussi, bien sûr, car là il n'est pas possible de les marginaliser, des membres éminents de la délégation du FLN à l'extérieur. Le CNRA, membres et suppléants compris, comprendra donc la plus grande partie des poids lourds du FLN version été 1956. Soit, autour des « historiques », des membres du CCE et de divers responsables « civils » et « militaires » de toutes origines, des leaders nationalistes comme Ferhat Abbas — le premier visé bien sûr quand on parle alors pour les critiquer des « vieux » de la politique — et Ahmed Francis (ex-UDMA) ou encore Tewfik El Madani (Oulémas).

Au cours des débats, divers points moins essentiels, et même apparemment très secondaires pour certains, mais tous en fait très révélateurs de la situation sur le terrain à cette époque, ont été tranchés. Ainsi décide-t-on d'abord de lever l'interdiction de fumer qu'avait édictée le FLN. Cette mesure, on le sait, avait été imposée par le MNA de Messali qui était alors maître d'Alger et le FLN n'avait fait que suivre quand il avait cru voir que la population obéissait au mot d'ordre. Mais la portée de cette mesure « morale », supposée surtout pénaliser les fabricants européens de cigarettes, semble en fin de compte faible, puisque le chiffre d'affaires des sociétés de tabac, précise Abane, n'a pas baissé. On peut penser aussi que le fait que plusieurs congressistes, Abane lui-même en tête, soient restés des fumeurs invétérés — Bentobbal dira ainsi sa surprise d'avoir vu le responsable d'Alger cigarette à la bouche avant même la levée de l'interdiction — les aura aidés à préconiser un rétablissement de la situation antérieure dans ce domaine... Il s'agissait cependant avant tout sans doute de lever une mesure autoritaire dont l'application avait conduit à une grave bavure dans le Constantinois : un militant zélé de la région avait en effet fait couper le nez de sept contrevenants à titre d'exemple ! On décide également, ce qui soulèvera encore moins d'objections, d'autoriser à nouveau les mariages, afin d'apaiser les *djounoud* et tous les citoyens que mécontente sérieusement la consigne de reporter de telles cérémonies jusqu'à l'époque de l'indépendance.

Plus important, on entend mettre un terme aux pratiques judiciaires — ou plutôt extrajudiciaires — les plus expéditives. Le droit à la défense des accusés sera désormais inscrit dans le règlement intérieur des wilayas. Et nulle condamnation ne pourra plus être prononcée par un seul individu : ce sera la prérogative d'un collectif érigé en tribunal. La plate-forme de la Soummam dira noir sur blanc qu'« aucun officier, quel que soit son grade, n'a plus le droit de prononcer une condamnation à mort ». Qu'on doive préciser ces points laisse évidemment penser que jusque-là les droits des accusés n'étaient guère respectés. Le seront-ils mieux à l'avenir ? Bentobbal, ce qui n'est guère rassurant, commentera plus tard l'apparition de ces procédures judiciaires en avouant : « Nous avons bien tenté de les appliquer à la lettre mais ce fut sans grand succès. » Il n'est pas certain non plus — c'est le moins que l'on puisse dire — que l'on respectera le plus souvent à l'avenir les interdictions qu'on édicte pour mettre fin à des pratiques inacceptables : plus question, disent les congressistes, d'égorger les adversaires, d'exécuter les prisonniers de guerre et de mutiler les cadavres des ennemis.

Une fois la rédaction de la Charte qui dresse le procès-verbal des travaux achevée et lue par Abane le 5 septembre devant les « six » qui vont l'adopter, on ne se séparera pas quelques jours plus tard, le 10 du même mois, sans avoir décidé comment résoudre certains problèmes aigus. D'abord, la mort de Ben Boulaïd et de son successeur Chihani, au vu des derniers renseignements reçus, n'est plus désormais, on l'a vu, une hypothèse très probable mais une certitude. On se demande donc quoi faire pour restaurer la discipline dans l'est du pays, au sein de la wilaya 1, dans les régions des Aurès et des Nementchas, où divers candidats à la succession du chef historique se disputent manifestement le contrôle des troupes de l'ALN et des territoires sur lesquels elles opèrent. Une sorte d'anarchie qui risque de contrecarrer gravement les efforts de réorganisation de l'ALN consentis par tous les « militaires » pour assurer son unification et améliorer son efficacité. Pour y faire régner l'ordre, ce qui se révélera très ardu, et pendant longtemps, Krim accepte d'envoyer le très entreprenant Amirouche dans les Aurès. Le Constantinois Brahim Mezhoudi sera chargé de la même mission dans les Nementchas. Ensuite, pour que l'acheminement des armes à travers la frontière orientale devienne enfin moins problématique, un autre responsable du Constantinois, Amar Benaouda, est envoyé en Tunisie pour imposer les mesures adéquates.

Au total, au vu du contenu de la Charte adoptée, et même si celle-ci ne fera pas l'unanimité parmi les leaders nationalistes, en particulier du côté des absents de la réunion, le congrès de la Soummam apparaît comme une belle réussite. Une réussite pour le FLN et l'ALN, qui ont pu enfin se doter de structures et d'un programme opérationnels grâce à cette première grande réunion au sommet de leurs dirigeants depuis le 1er novembre, laquelle n'aura d'ailleurs plus d'équivalent jusqu'en 1962. Une réussite aussi pour ceux qui ont préparé la réunion au cours des derniers mois et qui, à quelques nuances près, ont fait avaliser leur « ligne » par les dirigeants présents. Mais c'est surtout, de fait, au triomphe d'un homme, Abane Ramdane, principal concepteur de cette ligne, qu'on a assisté. Après avoir fait adopter les principes de la primauté du civil sur le militaire et de l'intérieur sur l'extérieur auxquels il tenait tant, il se positionne désormais comme le principal dirigeant du Front. Certes, cette victoire d'Abane, totale sur le papier, aura du mal à se transformer en un succès définitif sur le terrain. Elle s'avérera fragile à la lumière des événements futurs, en un mot plus apparente que réelle. Mais, pour l'instant, jusqu'à preuve du contraire, elle est indéniable. Et elle résulte de tout le travail accompli depuis les lendemains de l'offensive du 20 août 1955, dont les résultats pouvaient être contestés mais qui, on l'a dit, avait marqué un point de non-retour dans le processus d'installation du FLN comme unique fer de lance du mouvement indépendantiste et comme seul interlocuteur valable du colonisateur. Un travail qui mérite d'être relaté en détail.

ET LE FLN TEND À DEVENIR HÉGÉMONIQUE

La traduction politique et militaire du franchissement de ce point de non-retour n'a pas tardé à se manifester, dès le tout début de l'automne 1955. À ce moment-là, le gouverneur général Soustelle, après son déplacement dans la région de Constantine au lendemain des événements du 20 août, a certes opté définitivement pour la manière forte et la répression sans limites face aux indépendantistes. Mais, au-delà du « maintien de l'ordre », il entend toujours fonder sa politique à plus long terme, au moins en théorie, sur l'« intégration ». Ce programme, qui fait toujours horreur aux ultras de la colonisation, c'est celui de beaucoup d'Européens « éclairés », qui pensent qu'une meilleure intégration de l'Algérie à la France suffirait à contenter les nationalistes dits modérés, voire à les rallier définitivement pour constituer une « troisième force » susceptible de supplanter le FLN. Il s'agit, à travers des réformes significatives, de laisser espérer un cheminement progressif mais réel vers l'application du « modèle » démocratique hexagonal des deux côtés de la Méditerranée, une étape cruciale vers l'égalité des droits. Pendant longtemps, c'est d'ailleurs effectivement tout ce que réclamaient les élus musulmans qui n'étaient pas des indépendantistes.

Soustelle veut donc faire adopter par l'Assemblée algérienne des mesures allant dans ce sens. Certaines ne sont pas vraiment anodines et pourraient conduire à une amélioration du statut effectif des musulmans : on propose de mettre fin petit à petit au système peu démocratique des communes mixtes, de faciliter l'accession à la propriété pour un plus grand nombre de musulmans, de promouvoir la séparation du culte islamique et de l'État, de développer l'enseignement de la langue arabe, etc. Mais tout cela est très timide, et fort peu inventif, puisque, pour l'essentiel, il ne s'agit une nouvelle fois que de mettre en œuvre enfin ce que prévoyait le statut de 1947, jamais appliqué. Il est bien tard, de toute façon, un an après le 1er novembre, pour séduire des responsables algériens avec de telles demi-mesures. Ni les indépendantistes, évidemment, ni même la grande majorité des « modérés » ne raisonnent plus du tout, en effet, en ces termes. Et ce n'est certes pas la nuance qui sépare la notion d'intégration désormais chère à Soustelle de celle d'assimilation qu'on faisait miroiter jusque-là — la première supposant, à la différence de la seconde, qu'on prenne en partie en compte la personnalité arabo-musulmane — qui peut leur faire oublier qu'il s'agit dans les deux cas de préserver autant que possible l'Algérie française telle qu'elle existe.

La réunification de l'ancien MTLD, à l'exception

bien sûr des partisans de Messali Hadj, est déjà alors un fait accompli puisque, on le sait, la totalité des anciens activistes et, au fil des mois, la plupart des anciens partisans du Comité central, ses dirigeants comme Ben Khedda ou Dahlab en tête, ont rejoint le FLN. Mais, au-delà, le regroupement de tout l'ensemble des nationalistes — messalistes là encore mis à part — est lui-même en bonne voie.

L'UDMA, le seul parti politique non européen dont l'activité reste encore autorisée, n'envisage toujours pas à la fin de l'été 1955 de disparaître en tant que tel. Cependant son leader, Ferhat Abbas, n'hésite plus, on l'a vu, à parler d'« Algérie algérienne » dans ses discours. Déjà en rapport avec Abane, il peut être considéré au minimum comme un quasi-allié du FLN, auquel il apporte d'ailleurs depuis quelques mois une aide matérielle. Ce qui n'a pas tardé à se savoir, aussi bien du côté des autorités françaises, qui ont trouvé des documents évoquant les rendez-vous entre le pharmacien et des leaders du Front, que parmi les Algériens les mieux informés, qui ont été atteints par des rumeurs à ce sujet.

Les Oulémas, attentistes depuis le 1er novembre 1954, ne sont pour leur part pas aussi proches de franchir le Rubicon. Pendant l'été 1955, manifestement toujours sceptiques face à la revendication de l'indépendance, ils ne réclament encore que des élections libres, la suppression du deuxième collège — donc de la séparation entre élus musulmans et européens qui garantit la prééminence de ces derniers — et la libération des détenus qui n'ont pas été impliqués dans la préparation ou la mise en œuvre de la lutte armée. Mais, à en juger par certains propos contestataires tenus par leurs figures de proue dans les mosquées ou par certains articles du journal de l'association Al-Baçair au lendemain des événements du 20 août, on peut déjà pressentir qu'ils ne resteront pas longtemps aussi « neutres » et aussi réticents face à la démarche des indépendantistes radicaux.

La majorité des élus musulmans à l'Assemblée algérienne, en raison des pratiques électorales déjà évoquées, n'appartiennent cependant, pour leur part, à aucun des grands partis nationalistes. Ces « réformistes » peu vindicatifs doivent d'ailleurs très souvent leur fortune politique et leur position sociale pour l'essentiel à leur plus ou moins grande proximité avec les autorités coloniales. C'est sur ces notables que compte Soustelle pour faire adopter par les parlementaires des deux collèges sa politique d'intégration, celle qui peut encore lui permettre, pense-t-il, de satisfaire la majorité des Algériens. Il se trompe sans aucun doute sur ce dernier point : on ne voit pas pourquoi la perspective de voir adoptées des mesures qui concerneront surtout une petite minorité de la population pourrait susciter un quelconque enthousiasme à un tel moment. Mais, de surcroît, il se fait des illusions sur sa capacité à mobiliser ne serait-ce que les parlementaires musulmans supposés les plus conciliants autour de son projet de réformes.

L'action militaire du 20 août dans le Constantinois comme l'offensive politique d'Abane Ramdane dans la capitale ont changé la donne du côté des notables. À tous points de vue. D'une part, on prend maintenant au sérieux la détermination et l'idéal indépendantiste des insurgés, d'autre part, tout bonnement, on craint l'ALN et le FLN. Ne sont-ils pas désormais capables de prendre des initiatives spectaculaires et de susciter des allégeances ou des alliances hier encore improbables ? Et prêts à tout pour aboutir à leurs fins ? Résultat : même les plus modérés parmi les élus ne peuvent rester insensibles quand ils sont interpellés d'une façon ou d'une autre par des représentants du Front. Or, pendant les semaines qui précèdent la fin du mois de septembre 1955 où doit débuter l'examen du projet Soustelle, un intense travail de persuasion a été mené pour les « retourner ». Il est orchestré par Abane Ramdane et son équipe, animée désormais par des politiques chevronnés comme les anciens dirigeants centralistes ou des personnalités de la société civile de premier plan comme le grand commerçant d'Alger Mohammed Lebjaoui. Les élus reçoivent des visites de sympathisants des combattants, se voient adresser des lettres leur conseillant de cesser de cautionner de quelque manière que ce soit les projets de l'administration coloniale, peuvent lire des tracts très explicites à propos du sort qui sera réservé à ceux qui collaborent avec les autorités. Un texte d'Abane, largement distribué à Alger, exprime sans fard malgré son style quelque peu administratif l'état d'esprit des indépendantistes : « Tous ceux qui se feraient les complices d'une importante collaboration avec les autorités en donnant l'illusion d'une possibilité de création d'une troisième force deviendraient les ennemis du peuple et subiraient sa colère. » Nul besoin d'une longue exégèse pour comprendre le sens de ce libelle.

Le coup de tonnerre se produit le 26 septembre 1955, veille de la réunion de l'Assemblée algérienne. Ce jour-là dans la ville blanche, un représentant du Constantinois, le député et conseiller général Mohammed Bendjelloul, préside, dans une salle du Quartier latin — l'actuel restaurant universitaire du boulevard Amirouche —, une séance de travail avec une centaine d'élus musulmans de toutes les grandes assemblées. Ce médecin, vieux notable parmi les notables, a eu son heure de gloire dans les années 1930. Parfait représentant des « évolués », comme les Européens baptisaient les Algériens qui avaient pu faire des études secondaires ou supérieures, il était alors le champion des partisans de l'« assimilation » de l'Algérie par la France, à une époque où cette timide revendication aux relents égalitaires suffisait d'ailleurs à vous faire classer comme un trublion par les autorités. Il est désormais plutôt considéré par ces dernières comme un allié face aux « rebelles » et même face aux « modérés », de plus en plus suspects de s'apprêter à virer de bord à l'instar, semble-t-il, de Ferhat Abbas. Et quasiment comme un pur « béni-oui-oui » par les indépendantistes. Or le voilà, en ce début de l'automne 1955, qui, tel un révolté, plaide devant les autres élus pour l'adoption d'une déclaration d'inspiration très nationaliste. Une déclaration qui va ruiner à jamais tous les espoirs de Soustelle de trouver le moindre soutien significatif chez les parlementaires algériens, même pour approuver des réformes que beaucoup auraient considérées comme « progressistes » jusqu'à peu.

Que s'est-il passé ? Il est manifeste qu'un élu de la région dans laquelle viennent de se produire les terribles événements du 20 août, soit l'insurrection sanglante puis la répression ultra-violente qui ont témoigné toutes deux d'une rupture radicale entre les Européens et les musulmans, ne peut que reconsidérer ses positions à la lumière de cette nouvelle situation. Encore plus, il est vrai, si sa famille a été directement touchée : le propre frère du médecin, pharmacien à Oued Zenati, a été pris comme otage puis fusillé lors des représailles qui ont suivi l'insurrection à l'instigation des Européens. Dès le début de septembre, après avoir été reçu à l'hôtel Matignon avec une délégation du Constantinois, le docteur Bendjelloul a ainsi fait part à Paris, notamment dans une interview au *Monde*, de sa profonde déception face à l'attitude du gouvernement français qui ne paraît pas du tout prêt à tirer la leçon de ce qui s'est passé fin août outre-mer. Il ne cache plus sa conviction que, désormais, le temps de l'intégration est passé. De retour en Algérie, où, on le sait, les élus nationalistes « modérés » sont déjà arrivés aux mêmes conclusions, il ne pourra donc que soutenir, d'abord dans le Constantinois puis dans la capitale, que le moment de rompre avec l'administration est venu. Avec quelques autres élus, dont des dirigeants de l'UDMA comme le bras droit de Ferhat Abbas Ahmed Francis, il acceptera alors de préparer, en coordination aussi, semble-t-il, avec des proches d'Abane qui serviront d'intermédiaires avec lui, un texte que nul ne l'aurait imaginé pouvoir avaliser quelques mois plus tôt.

La déclaration du 26 septembre, qui restera connue sous le nom de « motion des 61 », sera finalement signée, après une discussion aussi longue qu'animée à Alger, par la majorité des élus présents à la réunion au Quartier latin : dix des collègues députés du docteur Bendjelloul (sur quinze au total), cinq sénateurs (sur sept), quatre conseillers de l'Union française (sur sept) et quarante-deux membres du deuxième collège de l'Assemblée algérienne (soit plus des deux tiers de l'effectif). Son contenu est sans équivoque. Il se réfère d'abord directement aux massacres du Constantinois du mois précédent en dénonçant la « répression aveugle » qui s'est abattue sur « des populations sans défense » en « appliquant le principe de la responsabilité collective ». Et il « constate » que « la politique d'intégration, qui n'a jamais été sincèrement appliquée, est actuellement dépassée ». Ne reste donc plus aux signataires, très logiquement, qu'à dire en des termes choisis, en s'abritant derrière un supposé basculement récent de l'opinion publique, qu'ils changent de camp : « L'immense majorité des populations est présentement acquise à l'idée nationale algérienne. Interprètes fidèles de cette volonté, les élus soussignés croient de leur devoir d'orienter leur action vers la réalisation de cette aspiration. » Certes il ne s'agit pas encore d'un ralliement au FLN et on remarquera que le mot « indépendance » ne figure pas dans la motion. Mais que de chemin parcouru par des hommes qui devaient pour la plupart leur élection à la bienveillance de l'administration coloniale et aux trucages des scrutins qu'elle organise ! Le gouverneur général ne s'y trompe pas, puisqu'il ajourne immédiatement après la réunion du 26 septembre les travaux de l'Assemblée algérienne, où il sait que ses projets de réformes ne pourront plus être approuvés.

Ce n'était qu'un début. Le FLN réclame en effet de tous les élus musulmans des preuves encore plus éclatantes de leur rejet définitif du pouvoir colonial et de leur ralliement au nationalisme. Certains ont donné l'exemple dès après l'adoption de la « motion des 61 ». Le 14 octobre 1955, par exemple, un membre du parti radical, le docteur Aïssa Bensalem, le très modéré vice-président du conseil général de Constantine, a démissionné avec éclat de ses mandats avec douze de ses collègues en annonçant qu'il luttera désormais pour faire triompher « les aspirations nationales du peuple algérien ». Un tel boycott des institutions coloniales est d'ailleurs bientôt non plus fermement souhaité mais clairement exigé par Abane Ramdane. Et il est entendu. En décembre 1955, cent trente élus de l'UDMA abandonnent de concert à leur tour leurs mandats. Au tournant de l'année, après la démission du gouvernement Edgar Faure à Paris début novembre et à la veille des élections législatives anticipées convoquées en France comme outre-mer pour le 2 janvier, notamment afin de tenter de débloquer la situation dans une Algérie désormais ingouvernable, on ne compte donc déjà plus beaucoup d'élus non européens dans toutes les assemblées.

Certes, cette conversion au discours nationaliste radical des élus modérés doit beaucoup aux menaces du FLN. Tout particulièrement sans doute dans le Constantinois du docteur Bendjelloul, où les insurgés du 20 août, on le sait, n'ont pas épargné les notables. Mais aussi partout en Algérie. Abane Ramdane, qui a pourtant inspiré probablement le texte très politique de la motion du 26 septembre, le dira à sa manière franche et même brutale, et sans la moindre nuance cette fois, dans un message qu'il adressera le 15 mars suivant aux responsables de la délégation extérieure du FLN au Caire : « Les "61" sont restés les mêmes salauds, ils s'alignent parce qu'ils ont peur d'être abattus, c'est tout. » Un tract largement distribué début décembre, dont l'écrivain Mouloud Feraoun, lui-même concerné en tant que conseiller municipal de Fort National en Kabylie, fournit le contenu dans son journal, donne d'ailleurs une idée de la pression à laquelle sont soumis les élus dans les semaines qui précèdent les élections du 2 janvier. Ce texte, écrit avant que Paris ne décide prudemment d'annuler ces élections qui se présentent mal pour le colonisateur sur le territoire algérien, fait savoir que le FLN, qui prône l'abstention, a décidé « l'exécution des candidats quel que soit le bord auquel ils appartiennent » mais aussi, et immédiatement, « la démission de tous les élus en place », sachant que celui qui refusera de se démettre de ses mandats « sera considéré comme traître à la Patrie et abattu sans ménagement ». La cascade de démissions enregistrées alors, inimaginable quelques mois auparavant, témoigne au minimum de la nouvelle puissance aussi bien idéologique que « physique » du FLN, auquel il est devenu difficile de ne pas faire allégeance à peine plus d'un an après son apparition, même en imaginant les réels risques de représailles de l'administration.

En l'espace de quelques mois en 1956, la situation va ainsi se décanter. Aucune élection ne peut plus être organisée sur le sol algérien. Non seulement les législatives du 2 janvier seront restées purement métropolitaines, mais l'administration n'ose même plus, malgré une réforme communale, faire procéder à un vote pour choisir des responsables municipaux : les maires, sélectionnés parmi les derniers élus non démissionnaires, seront désormais nommés par les autorités. Et quand, le 11 avril 1956, l'Assemblée algérienne, hors d'état de fonctionner depuis la fronde des « 61 », sera dissoute, les dernières formations politiques algériennes représentatives — messalistes là encore exceptés — auront déjà presque toutes renoncé à jouer leur propre partition. Abane Ramdane, en effet, avait fait savoir à tous ses interlocuteurs que, selon ses termes, le Front est « quelque chose de nouveau », soit « un rassemblement de tous les Algériens qui désirent l'indépendance », ou encore « la projection sur le plan politique du peuple », ce qui exclut de le transformer en une union de partis ou de tendances. Ne peuvent donc le rejoindre que des individus patriotes, libres de toute autre appartenance, un par un.

UN COUP DE MAÎTRE : FERHAT ABBAS SE RALLIE AU FLN

Ferhat Abbas fait savoir pour la première fois publiquement dès le 11 janvier 1956, dans une interview accordée au journal tunisien *L'Action*, qu'il appuie désormais le FLN : « Mon rôle est aujourd'hui de m'effacer devant les chefs de la résistance armée [...] Je ne m'engagerai dans nulle action politique si le FLN ne me délègue pas. » Certes il passe toujours pour le plus représentatif des Algériens musulmans « modérés » auprès des « libéraux » européens et c'est à ce titre qu'il est invité le 22 janvier à participer sur l'estrade, dans une salle en bordure de la basse Casbah, à une réunion autour d'Albert Camus au cours de laquelle un appel est lancé pour instaurer une « trêve civile » en Algérie. Le vieux partisan du dialogue peut donc encore à cette date être appelé à coparrainer une telle initiative, visant à protéger tous les « innocents » civils des actions armées et du terrorisme, avec des hommes de bonne volonté des deux camps. Côté Algériens, il côtoie ce jour-là des hommes qui ont déjà rejoint secrètement le Front comme Lebjaoui et Ouzegane, ce qu'ignore évidemment Camus. Lui-même n'en est pas encore là, mais il a déjà parcouru une bonne partie du chemin vers la même position. À la fin du même mois, les principaux dirigeants de son parti se réunissent d'ailleurs avec lui en Suisse pour s'interroger principalement sur un éventuel ralliement sans conditions au FLN, en faveur duquel plaide tout particulièrement Ahmed Boumendjel, ancien avocat de Messali et ancien dirigeant des Amis du manifeste de la liberté, ces AML si consensuels dans les milieux nationalistes en 1944. Pressés par Abane de prendre définitivement position, ils réclament un mois de réflexion, au terme duquel ils accepteront de saborder leur formation.

Début avril, les deux chefs de file de l'UDMA, Ferhat Abbas et Ahmed Francis, quittent Alger, où, en raison d'instructions judiciaires les concernant puisqu'ils sont désormais suspects de complicité avec le FLN, ils risquent à tout moment d'être arrêtés. Bien que réticents *a priori* — Ferhat Abbas, il le dira, craint d'être mal accueilli par les anciens activistes du MTLD du Caire qui pourraient « l'accuser d'avoir pris le train du FLN en marche » —, ils partent comme le veut Abane pour la capitale égyptienne où, au cours d'une conférence de presse, ils disent se mettre officiellement à la disposition de la délégation extérieure du Front le 22 avril. Quand la radio annonce le ralliement officiel de l'ex-président de l'UDMA au FLN, le retentissement de la nouvelle est énorme chez les musulmans comme chez les Français des deux côtés de la Méditerranée : c'est tout simplement — si l'on met de côté Messali, dont cependant l'étoile a déjà commencé sérieusement à pâlir, et peut-être Ben Bella, que les Français présentent très souvent comme le chef de l'insurrection pour le compte de Nasser — le plus connu de tous les hommes politiques algériens, et surtout celui qu'on avait toujours dit le plus ouvert au dialogue entre les Européens et les nationalistes, qui vient de faire défection et de rejoindre les indépendantistes ! Un coup de maître pour le FLN, même si les plus « militaires » parmi ses responsables mettront du temps à accepter qu'un tel politicien « ancienne manière » ait pu rejoindre leurs rangs et devenir un de leurs porte-parole.

C'est au début de 1956 que l'Association des oulémas, elle aussi, a finalement basculé. Son président Cheikh Bachir Al-Ibrahimi, qui résidait au Caire depuis 1952, avait refusé de qualifier de *djihad* la lutte armée menée par l'ALN après le 1er novembre comme le voulait Ben Bella. Mais un an après, il aurait voulu rectifier sa position, à en croire un document interne de l'armée française, en demandant au recteur de l'université d'Al Azhar de proclamer le *djihad* contre la France. À la fin de l'année 1955, en tout cas, le président de l'association en Algérie, Cheikh Larbi Tebessi, désormais numéro un du mouvement sur le sol national, a pris langue avec les responsables du FLN. Rien d'étonnant, donc, si l'assemblée générale de l'association qui se déroule le 7 janvier 1956 se termine par la publication d'une résolution signée par son président ainsi que par son secrétaire général — Tewfik El Madani — qui annonce l'entrée imminente des Oulémas dans le camp indépendantiste aux côtés du FLN. Elle ne se contente pas en effet de dénoncer « l'ordre colonialiste », son « racisme éhonté » et sa « politique de paupérisation » ou, référence évidente bien que non exclusive aux massacres du 20 août, « les ignobles atrocités et les actes de barbarie qui sévissent dans toute l'Algérie sous prétexte de réprimer la révolte ». Après avoir qualifié de « dérisoires » le projet d'intégration de Soustelle et ses « réformes » qui ne seraient que du « rafistolage du passé », elle appelle sans détour à la reconnaissance de la « libre existence de la nation algérienne », de « son gouvernement national », de « son assemblée législative souveraine ». Il ne peut donc « y avoir de terme à l'état actuel de guerre » sans négociations avec « les représentants authentiques du peuple algérien », autrement dit, cela ne fait aucun doute pour le lecteur de ce véritable manifeste, avec le FLN. Ce nouveau ralliement, bientôt effectif bien que jamais officialisé puisque l'association entend rester légale, est d'autant plus important qu'en tant que défenseurs de longue date de la langue arabe et de la religion musulmane, donc de la « personnalité algérienne », de l'âme du peuple pourrait-on dire, les « docteurs de la foi » apportent un appui et une légitimité essentiels au mouvement insurrectionnel.

On ne sait si cet élément a joué un rôle majeur dans ces conversions à la révolution, mais il est vrai que la campagne pour les élections législatives qui a eu lieu en métropole pendant les deux derniers mois de 1955 et le résultat du scrutin n'ont pu qu'encourager tous les nationalistes à penser que leur combat était entré dans une nouvelle phase. Pour la première fois, en effet, la question algérienne s'est retrouvée au centre de tous les débats préélectoraux et a même fait figure d'enjeu du vote dans l'Hexagone. Mieux : les partis de gauche, qui ont fait campagne notamment sur le thème de la « paix en Algérie », remportent la majorité à la Chambre des députés. Voilà qui laisse espérer au tout début de l'année 1956 — même si cela ne durera pas — que la politique algérienne de Paris pourrait s'assouplir. Voire, pour les plus optimistes, que de véritables négociations pourraient s'engager un jour prochain entre les indépendantistes et le gouvernement du socialiste de Guy Mollet, sorti vainqueur des élections.

LES COMMUNISTES HORS JEU

Pour les communistes algériens du PCA, dont les « camarades » de métropole, s'agissant de la guerre, soutiennent — de l'extérieur il est vrai car la SFIO et le PCF sont à couteaux tirés — le programme apparemment conciliateur de Guy Mollet fin 1955-début 1956, la conjoncture électorale en France ne risque guère de changer fondamentalement leur situation. Celle-ci reste un an après le 1er novembre des plus incommodes. La question des rapports avec le FLN, en effet, se pose depuis le début de l'insurrection d'une façon particulièrement complexe et elle ne saurait donc être résolue par un simple ralliement sans conditions des militants du Parti à la cause indépendantiste radicale comme dans le cas des centralistes, de l'UDMA ou des Oulémas. La méfiance, profondément enracinée, règne aussi bien d'un côté que de l'autre.

Composé à la fois d'Européens et de musulmans, très structuré et centralisé comme tous les partis frères, fortement dépendant — pour ne pas dire plus — des positions adoptées par les dirigeants communistes à Paris mais aussi à Moscou, où l'on n'entend pas rompre avec la France, le PCA n'a applaudi, on le sait, ni au lancement de l'insurrection ni à la constitution du FLN au lendemain du 1er novembre. Certes anticolonialiste, il n'appelle alors qu'à la coexistence entre les communautés grâce à une « solution démocratique » mal définie et il ne soutient pas explicitement la revendication de l'indépendance. Les activistes qui ont lancé la lutte armée lui apparaissent *a priori* comme des aventuristes minoritaires et irresponsables, prônant des pratiques terroristes inacceptables. Le PCA a donc logiquement dénoncé au bout de quelques semaines dans un écrit ces « actes individuels » qui « traduisent un manque de confiance dans l'action de masse ». Les militants, il est vrai, sont divisés : certains d'entre eux, notamment dans les Aurès, procurent rapidement une aide aux maquisards. Mais, jusqu'à la mi-1955, où la direction commence à s'inquiéter de son déphasage avec sa base et ne peut que constater la montée en puissance du FLN et l'attrait qu'il exerce, c'est au mieux une position d'attente, sur fond d'hostilité, qui prévaut. Du côté du FLN, on cultive également un préjugé très défavorable envers l'autre parti. Les anciens radicaux du MTLD, un mouvement déjà volontiers anticommuniste, se souviennent de l'attitude hostile voire haineuse du PCF au moment de la tragédie de Sétif. Et ce n'est pas son manque de solidarité après le lancement de la lutte armée qui risque de faire oublier ce péché originel que rien n'a permis depuis lors de considérer comme une pure erreur de jugement.

Quand, le 20 juin 1955, le Parti communiste algérien réunit son Comité central à Bab el-Oued pour redéfinir sa position à la lumière des événements des derniers mois, ses dirigeants, et en premier lieu les Européens, sont donc toujours dans l'embarras, comme en témoigneront leurs décisions encore quelque peu ambivalentes, même si les partisans d'un soutien clair aux indépendantistes du Front l'emporteront enfin sur les tenants de l'alignement sur le PCF. Très logiquement, ils constatent d'abord qu'avec le développement de l'insurrection, ils ne peuvent plus rester sur la réserve et se taire face à la politique purement répressive du soulèvement anticolonialiste par les autorités. Ils décident donc d'être solidaires du FLN face à la répression qu'il affronte — le Parti soutient d'ailleurs déjà parfois ses combattants à travers son collectif d'avocats et son organisation caritative du Secours rouge. Et ils affirment désormais ouvertement leur conviction que la voie de la lutte armée est dorénavant la seule praticable. Mais ensuite, tout aussi logiquement, et bien que cherchant à établir des contacts avec lui, ils se refusent à rallier le FLN et encore moins à envisager de se saborder à son profit. Ils mèneront donc, décident-ils, la lutte pour l'émancipation de l'Algérie de façon autonome, à travers la création de leurs propres détachements armés. Dans les mois qui suivent seront ainsi formées de petites unités de maquisards appelés « combattants de la libération », notamment dans les deux régions où le Parti était le plus influent, l'Algérois et l'est de l'Oranais — plus précisément les monts de l'Ouarsenis dans la région d'Orléansville qui se prêtent assez bien, pensent-ils, à la constitution d'un maquis.

Mais au lendemain des événements du 20 août, condamnés alors à la clandestinité totale en raison de l'interdiction officielle du Parti édictée par les autorités en septembre, les communistes peuvent de moins en moins continuer à tergiverser. Ils devront eux aussi tirer les conséquences de la nouvelle étape dans laquelle est entré le conflit : les élus du Parti finiront ainsi, le 17 décembre, par démissionner de tous leurs mandats comme le réclame le FLN. Ce premier pas unitaire est cependant considéré comme insuffisant par Abane. Quand deux émissaires musulmans du PCA, le jeune docteur Sadek Hadjeres et l'ancien postier Bachir Hadj Ali, deux des dirigeants les plus désireux de coopérer avec le

FLN, réussissent enfin à la fin du printemps 1956 à prendre langue avec le Front, celui-ci se montrera totalement intransigeant par la voix d'Abane et de celui qui est devenu le principal négociateur avec les communistes, Benyoucef Ben Khedda alias Monsieur Joseph depuis qu'il est passé dans la clandestinité en décembre 1955. Affirmant ne pas être demandeur, le FLN maintient, sans succès immédiat il est vrai, son exigence d'un ralliement individuel des militants communistes. Et réclame, pour preuve de la sincérité de leurs interlocuteurs qui affirment vouloir soutenir désormais sans réserve le combat indépendantiste, que soit livré à l'ALN un substantiel stock d'armes. Les communistes ont en effet réussi peu de temps auparavant à se procurer un tel stock lors de la spectaculaire désertion début avril à Alger d'un de leurs militants, le jeune aspirant Henri Maillot, parti au volant d'un camion chargé de centaines de mitraillettes, de fusils et de cartouches.

« Ce que nous voulions, affirmera très clairement plus tard Ben Khedda, c'était empêcher l'existence de toute autre force militaire que la nôtre. Le reste était sans importance. » Ce que confirme le très anticommuniste Ouamrane, le dirigeant de la zone de l'Algérois, qui, comme il le dira à des interlocuteurs constantinois au moment du congrès de la Soummam, n'avait pas souhaité participer en fin de compte aux négociations mais avait fait savoir à Abane qu'il « fallait insister sur la récupération des armes que le PCA avait cachées ». De fait, ce refus de voir les communistes mener leur propre lutte armée, au point qu'Abane menacera début 1956 de traiter leurs combattants comme des ennemis au même titre que les messalistes, n'aura vite plus d'objet. Certes, le PCA, dans un premier temps, tout en livrant une partie du stock Maillot à l'ALN, continuera à soutenir ses propres « combattants de la libération ». Mais bien vite, il devra renoncer — au moins *de facto*, car le PCA clandestin, désormais sous la direction de Hadjeres et Hadj Ali cachés à Alger, ne se dissoudra pas jusqu'à la fin de la guerre — à toutes ses prétentions à une véritable autonomie. Aussi bien sur le plan politique que militaire.

Pendant que se poursuivent laborieusement les pourparlers avec Abane et ses émissaires à Alger, une bonne partie des communistes européens, de toute façon, s'éloignent peu à peu du Parti. Soit parce qu'ils optent pour une position de retrait qui leur évite des choix trop douloureux alors que le fossé entre les communautés ne cesse de grandir. Soit, pour quelques-uns, parce qu'ils sont tentés de coopérer sans plus attendre avec les groupes de guérilla urbaine en constitution, notamment à Alger où le docteur Timsit, par exemple, deviendra bientôt l'un des artisans d'un « laboratoire d'explosifs » qui se mettra au service du FLN jusqu'à son arrestation en octobre 1956. Quant aux militants algériens, ils rejoindront bien souvent, d'une façon ou d'une autre, au maquis ou dans les villes, ce FLN devenu manifestement maître du jeu dans le camp indépendantiste.

Il est vrai que l'éventail des choix possibles s'est vite réduit à sa plus simple expression. Car ceux, Européens ou musulmans, qui avaient opté pour le passage à la lutte armée pour le compte du Parti en formant des maquis « rouges » se sont retrouvés rapidement hors d'état de combattre. Certains, en particulier les quelques petits groupes actifs dans l'Algérois, ont été neutralisés par des troupes de l'ALN. Les autres, en particulier ceux qui avaient formé le seul maquis de quelque envergure dans l'Ouarsenis, succomberont peu après sous les coups de l'armée française qui dispose dans cette région de l'appui efficace des supplétifs algériens du *bachagha* Boualem, pionnier dans la mobilisation de ceux qu'on ne nomme pas encore des harkis. C'est ainsi que seront tués en juin 1956 dans le massif du Cheliff les plus connus des militants qui avaient pris les armes, et notamment l'ex-instituteur de Biskra et ancien des Brigades internationales Maurice Laban, mort en combattant à la tête du groupe qu'il dirigeait, et l'aspirant Maillot, très probablement capturé vivant par les Français puis torturé et exécuté comme on l'apprendra après la fin de la guerre.

Démuni de toute carte pour négocier une réelle contrepartie, le PCA, qui ne comptait déjà que quelques milliers de membres au temps de sa splendeur et craint désormais une hémorragie continue, ne peut plus désormais que s'incliner face au principal souhait du FLN. Il finira ainsi par accepter au début de l'été 1956, à la veille du congrès de la Soummam, l'intégration des derniers maquisards qui se réclamaient de lui dans l'ALN. La majorité des « combattants de la libération » concernés se trouvent alors dans l'Algérois. Là, ce sera — choix machiavélien qui ne doit certainement rien au hasard — un ancien sympathisant communiste, Omar Oussedik, qui sera chargé par le Front de s'occuper de leur « transfert » chez les combattants de la zone 4. En effet, on peut supposer que c'est parce qu'il est tenu, vu son passé, de démontrer encore à cette occasion sa loyauté qu'à en croire divers témoignages, et en particulier celui du futur commandant Azzedine alors présent sur le terrain dans la région, il orientera les ex-combattants du PCA vers des « zones difficiles » où « beaucoup moururent au champ d'honneur ». Les communistes ralliés par choix ou par nécessité à un FLN peu accueillant paieront ainsi souvent très cher l'aggiornamento tardif du Parti.

Au moment du congrès de la Soummam, le Parti communiste algérien a donc presque cessé d'exister, sinon officiellement du moins dans la réalité. Il a perdu, on l'a vu, toute capacité d'initiative sur le plan politique et plus encore sur le plan militaire en son nom propre. Tout au plus pourra-t-il continuer avec quelques militants clandestins à maintenir une petite action d'information et de propagande pour réfuter le discours « officiel » de l'administration et de l'armée françaises, notamment en direction des soldats du contingent de métropole. Mais, et c'est le pire peut-être pour le parti ouvrier, sa base syndicale, qu'on aurait pu imaginer échapper à ce repli forcé tant elle était prépondérante jusque-là sur le terrain des luttes sociales, va également se retrouver contestée. Car le FLN va appliquer sur ce terrain aussi sa stratégie de recherche de l'hégémonie.

SUR LE FRONT SYNDICAL

Jusqu'en 1954, les indépendantistes algériens n'avaient pas accordé une attention primordiale à la lutte syndicale. Tout au plus avaient-ils fini par mettre en place quelques années auparavant sous l'autorité d'Aïssat Idir, employé aux Ateliers industriels de l'Air avant de rejoindre la Caisse d'allocations familiales du bâtiment à Alger, membre du Comité central du mouvement, une commission syndicale au MTLD. Celle-ci, malgré des premiers contacts avec la Confédération internationale des syndicats libres (CISL), n'avait guère eu le temps de fonctionner, de toute façon, avant que l'éclatement du parti nationaliste puis les arrestations consécutives au 1er novembre ne réduisent à néant son activité. Entre-temps, en juin 1954, la puissante CGT, tout comme longtemps auparavant le parti communiste de la colonie auquel elle était alors totalement inféodée, avait enfin décidé de « s'algérianiser » en se transformant en UGSA (Union générale des syndicats d'Algérie). Mais ce changement de nom n'avait modifié en réalité ni les pratiques, ni les méthodes de direction, ni l'origine des membres d'un syndicat qui dépendait étroitement de la CGT métropolitaine et restait essentiellement contrôlé par des Européens. Il n'empêchera donc pas la « désertion » de nombre d'Algériens, avant et après le déclenchement du conflit. Le FLN, ainsi, a là un terrain à conquérir, qu'il ne se préoccupera d'investir pourtant que tardivement et poussé par les événements.

Dans le camp nationaliste, en effet, les partisans de Messali ont été plus rapides que leurs adversaires du FLN à ce sujet. Ils avaient déjà songé à concurrencer la centrale communiste à la veille de novembre 1954 en se proposant de construire une organisation syndicale. En 1955, une fois passé le choc de l'insurrection imprévue et de la répression qu'elle a entraînée, ils entendent à nouveau se préoccuper de la question avec l'appui de leur nouveau parti, le MNA. Malgré des dissensions entre les anciens membres de la commission syndicale du MTLD, certains penchant désormais plutôt vers le FLN, une partie d'entre eux finiront par créer le 16 février 1956 l'USTA (Union syndicale des travailleurs algériens). Et les messalistes seront ainsi les premiers à pouvoir tenter d'obtenir une certaine reconnaissance internationale au plan syndical en approchant à nouveau la CISL. Le FLN, qui n'avait pas donné la priorité à ce sujet jusque-là, décidera alors, une fois de plus, de ne pas laisser la voie libre à son adversaire. Et d'agir vite. Dans les jours qui suivent la création de l'USTA, Abane et Ben Khedda s'emparent donc du dossier, fortement encouragés par Mohammed Lebjaoui, qui propose alors déjà depuis quelque temps aux dirigeants d'Alger, assurera-t-il dans ses mémoires, de fédérer les ouvriers, les paysans et les commerçants dans des organisations liées au Front.

C'est en l'espace d'une nuit, au domicile algérois du cheminot Boualem Bourouiba à Saint-Eugène, que seront ainsi rédigés dès le 18 février les statuts d'une nouvelle centrale syndicale, l'UGTA (Union générale des travailleurs algériens). Ne proclamant pas publiquement son lien direct avec le FLN, elle pourra tenir sa réunion constitutive et obtenir une existence légale dès le 24 février, avec pour responsable principal Aïssat Idir. Bien que regroupant à l'origine surtout d'anciens militants de la CGT, ce qui n'a rien de surprenant puisque celle-ci avait été jusqu'à récemment la principale organisation syndicale de l'Algérie et même du Maghreb, l'UGTA tente rapidement elle aussi de s'affilier à la CISL et non pas au mouvement syndical communiste de la FSM (Fédération syndicale mondiale). Est-ce par opportunisme, comme l'affirme notamment Mohammed Lebjaoui, soutenant que, l'appui du monde communiste étant acquis au FLN, il s'agit alors d'élargir ainsi le cercle des alliés et de faire signe en particulier aux États-Unis dont le soutien diplomatique serait précieux ? Par inclination idéologique puisque les dirigeants algérois du FLN, on le sait, sont plus que méfiants envers les communistes, tout comme la CISL ? Par pur pragmatisme puisque tout laisse à penser que la CISL, moins progressiste mais pas moins anticolonialiste que sa rivale, sera plus réceptive à cette demande de reconnaissance internationale que la FSM, qui vient alors de démontrer sa frilosité en refusant de traiter dans un délai raisonnable la candidature de l'UGTT tunisienne ? Les trois sans doute. Ce n'est pas en tout cas une erreur tactique puisque, au bout de quelques mois, à la mi-juillet, et à la grande fureur des messalistes, la CISL admettra en son sein l'UGTA.

Dès l'été 1956, même s'il est bien entendu difficile d'évaluer la crédibilité de cette statistique « officielle » probablement fort optimiste, l'UGTA, immédiatement bien implantée dans les entreprises et les services publics (éducation, transports, postes et télécommunications, etc.), revendique à peine moins de 100 000 membres. Elle démontre en tout cas alors sa représentativité en recueillant plus des deux tiers des suffrages lors d'élections professionnelles à l'importante régie départementale des transports d'Alger (RDTA). Certes, à ce moment-là, la première équipe de direction du syndicat, accusée de collusion avec le FLN par l'administration, a déjà été arrêtée. Et le siège de l'organisation des travailleurs algériens a déjà subi, le 30 juin, un attentat à la bombe fomenté par des Européens ultras. Mais l'objectif principal du FLN, décidé à combattre toute initiative nationaliste concurrente, a été atteint en à peine quelques mois sur le terrain syndical. L'UGSA communiste est désormais très affaiblie et l'USTA messaliste, confrontée à l'UGTA qui bénéficie du concours du FLN, ne pourra plus guère espérer qu'afficher au mieux une existence symbolique en Algérie, sa base militante restant confinée en métropole.

L'activité de l'UGTA, vite condamnée à la clandestinité, consistera essentiellement à relayer l'action du FLN par des appels à la grève ou à des commémorations patriotiques. Un rôle qui sera également celui du syndicat des commerçants lié au Front, l'UGCA (Union générale des commerçants algériens), qui finira par être créé grâce à l'obstination de Mohammed Lebjaoui au lendemain du congrès de la Soummam et qui lancera, non sans dommages pour ses adhérents souvent victimes d'une répression sans retenue, des mots d'ordre de fermeture des magasins. Aucun syndicat paysan lié au FLN, malgré le souhait de certains responsables, ne verra en revanche le jour.

Le FLN pourra aussi s'appuyer bientôt sur un syndicat étudiant, l'UGEMA (Union générale des étudiants musulmans d'Algérie), bien que celui-ci soit né hors de son contrôle direct le 13 juillet 1955. Sa création avait été mouvementée puisque, en particulier à Paris où étaient présents la majorité du demi-millier d'étudiants à l'université qui pouvaient se revendiquer algériens, une lutte d'influence avait opposé deux lignes. Le groupe des tenants d'un syndicalisme « laïque », comprenant en particulier les militants communistes et des nationalistes marxistes, désireux de réunir des membres de toutes origines, y compris donc des non-musulmans à l'instar des Juifs ou des Européens d'Algérie, voulait fonder une association sans référence à la religion, sous la dénomination UGEA (Union générale des étudiants algériens). Mais il ne pourra tenter de faire exister cette association que quelques mois à la mi-1955. Car les tenants de l'autre ligne, essentiellement des nationalistes proches de l'ex-MTLD regroupés autour de leur leader Belaïd Abdesslam, qui entendaient ajouter le

M de musulman à ce sigle pour ne regrouper que leurs compatriotes qu'ils considéraient comme de « vrais » Algériens, autrement dit pour eux les seuls arabo-musulmans, devaient finalement l'emporter. Un succès véritablement symbolique si l'on considère qu'il préfigure la victoire finale des partisans de cette conception « ethnoculturelle » de la nation dans l'Algérie indépendante en 1962.

Alors étudiant en médecine à Paris, penchant lors de la scission du PPA-MTLD du côté des centralistes, Abdesslam, entré en politique brutalement dès l'âge de seize ans en 1945 pour avoir vécu sur place les événements de Sétif, était actif depuis le début des années 1950 dans le syndicalisme étudiant maghrébin. Après le 1er novembre, il avait d'abord adopté, pendant que le MNA et le FLN se disputaient encore la paternité du passage à la lutte armée, une position d'attente. Mais il continuera malgré tout à s'affirmer comme l'homme clé de l'ensemble du mouvement étudiant algérien. Il saura habilement rassembler après novembre 1954 dans l'univers des facultés des jeunes militants nationalistes de tous horizons, y compris ceux qui ne sont pas de son bord comme les messalistes du MNA et les proches de l'UDMA de Ferhat Abbas ou des Oulémas. À tel point que les partisans de Messali encore membres de l'UGEMA pourront considérer comme une sorte de trahison la décision de la direction du syndicat d'afficher de plus en plus à partir de fin 1955 la proximité de l'organisation avec le FLN, puis, après son deuxième congrès du printemps 1956, son soutien direct et sans équivoque aux dirigeants du Front.

La principale initiative attribuée à l'UGEMA pendant l'année qui suivra sa création ne sera pourtant ni imaginée par Abdesslam ni décidée avec son assentiment. Le 19 mai 1956, en effet, pour protester après l'arrestation d'un étudiant dans la capitale de l'Algérie, c'est la section d'Alger de l'UGEMA qui lance un mot d'ordre de grève illimitée des cours et des examens, suivi d'un appel aux étudiants — comprenant la célèbre formule « avec un diplôme en plus, nous ne ferons pas de meilleurs cadavres » — pour qu'ils rejoignent l'ALN dans les maquis. Pris de court par cette initiative qui lui paraît improvisée et quelque peu excessive, Abdesslam, toujours à Paris, n'incite pas les étudiants de France à suivre cet exemple. Puis il se rend non sans mal à Alger, après avoir difficilement obtenu le nécessaire laissez-passer grâce à un sympathisant chrétien des nationalistes, membre du groupe Esprit, qui faisait partie du cabinet Lacoste. Là, il se rend vite compte de la situation, plus radicale qu'il ne l'imaginait et sur laquelle il ne peut plus espérer peser.

La décision prise de cesser les cours est non seulement irréversible, mais a même été étendue aux lycéens d'Alger après qu'une grande partie d'entre eux ont rejoint spontanément la grève. De toute façon, il apparaît que les dirigeants du FLN présents à Alger, en particulier l'homme fort de la capitale Abane Ramdane, font plus qu'encourager ce mouvement. Celui-ci, pensent-ils, sert leur stratégie en ce moment où, quelques mois après l'arrivée au pouvoir à Paris d'un Guy Mollet qui a osé parler de paix, le gouvernement français pourrait être amené à négocier si l'évolution de la situation jouait en sa défaveur. L'heure de l'indépendance pourrait donc bien sonner dans un avenir assez proche et, en tout cas, le FLN doit se doter de tous ses atouts pour acquérir une position de force dans le cas d'éventuels pourparlers. Rencontrant Ben Khedda, le leader de l'UGEMA, comme il le racontera, l'entend justifier en des termes on ne peut plus explicites la politique suivie en la matière au sommet : « On ne peut pas revenir sur la grève. Pour engager massivement et profondément les étudiants dans l'action du FLN, il était nécessaire de les émanciper de toute préoccupation personnelle concernant leur avenir immédiat : la préparation des examens, avancer dans les études, etc. D'où l'idée d'une grève illimitée qui les rende disponibles pour la lutte. Mais en plus, cette grève des étudiants n'est qu'un exemple, car on veut travailler à une rupture totale qui mettra fin à toute coopération de la population algérienne avec la France. » Abdesslam constate qu'on confie ainsi un rôle d'avant-garde aux étudiants pour qu'advienne cette « rupture » totale : « Il y aura d'abord la grève des étudiants, ensuite celle des instituteurs, des fonctionnaires, etc., et le pays se paralysera », lui disent ainsi en substance, selon son témoignage, d'autres responsables.

Abdesslam a beau considérer, à raison, quelque peu optimiste et même « aventureuse » et « utopique » cette vision des rapports de forces et de l'avenir immédiat, il comprend donc, au moment de rentrer à Paris, qu'il n'y a plus d'autre choix que d'appeler à une généralisation de la grève, en France comme outre-Méditerranée. De bonne — le plus souvent — ou de mauvaise grâce, la grande majorité des étudiants et un nombre important de lycéens suivront en Algérie comme dans l'Hexagone le mot d'ordre désormais sans nuance, mettant ainsi fin, provisoirement ou définitivement, à leurs études. Et beaucoup, avec l'aide de militants FLN, rejoindront soit les maquis, soit les bases arrière du Front en Tunisie ou au Maroc. Un apport qui n'est pas majeur au niveau numérique — on parle là, y compris avec les lycéens en âge de faire ce choix, d'une population de 2 000 individus au maximum — mais qui pourrait ne pas être négligeable pour la révolution qui manque de cadres.

S'agit-il cependant d'une décision judicieuse en considérant l'avenir à moyen terme alors que si peu d'Algériens peuvent envisager d'acquérir une formation de haut niveau ? Abdesslam continuera à penser manifestement que tel n'est pas le cas, puisqu'il réclamera vainement aux dirigeants du FLN d'Alger à la rentrée de l'automne 1956 un mot d'ordre de levée de la grève, considérant, comme il le leur écrit alors dans une lettre, que, pour les étudiants qui n'ont pas rejoint le maquis, « se croiser les bras est malsain ». On lui répond, affirmera-t-il, qu'on « a envoyé beaucoup d'étudiants au maquis et que, si maintenant on dit aux autres de reprendre leurs études, cela démoralisera les premiers et nous créera des ennuis ». Bien que doutant quelque peu désormais de l'opportunité du sacrifice demandé aux étudiants, on considère donc à Alger qu'on ne peut revenir en arrière. À tel point qu'on envisage même en octobre de cette année-là de lancer pour couronner le mouvement une grève des petits écoliers. Ce n'est que quand il apparaîtra à l'évidence que la situation ne risque pas d'évoluer vers l'indépendance à court terme, un an après, au début de l'année scolaire 1957-1958, que la consigne de boycotter les études sera finalement levée par le CCE converti au réalisme.

Entre-temps, les étudiants et même beaucoup de lycéens ont cependant déjà dû faire des choix toujours difficiles et bien souvent irréversibles. En Algérie même, ainsi, on peut évoquer au moins un exemple typique, non sans grandes conséquences pour l'avenir de l'individu concerné, celui d'Abdelaziz Bouteflika. Originaire d'Oujda, ville marocaine frontalière où réside une majorité d'Algériens, il a déjà animé au lycée une cellule du grand parti nationaliste marocain de l'Istiqlal. Son bac obtenu, il se demande en 1956 s'il va entrer dans la vie active ou, plus probablement, entrer à l'université. C'est le mot d'ordre lancé par le FLN qui décidera pour lui : vu ses convictions et surtout le déclenchement de la grève, il ne peut que répondre favorablement à l'appel aux étudiants et se prononcer pour la participation à la lutte indépendantiste. Il rejoindra ainsi l'ALN dans l'Oranais, ce qui lui permettra bientôt de faire la connaissance des responsables de la zone 5 et en particulier de son futur mentor Mohamed Boukharouba, déjà alors plus connu sous son nom de guerre d'Houari Boumediene.

Le mouvement, quoi qu'il en soit, comme le reconnaîtra Abdesslam dans ses mémoires, a atteint un but essentiel en s'inscrivant, à côté d'initiatives de même type concernant les ouvriers et les commerçants, « dans une série d'actions qui matérialisaient l'engagement, aux côtés du FLN, des différentes catégories sociales du peuple ». Dans le cadre de sa politique de recherche d'un soutien unanime des musulmans algériens, le FLN a en effet manifesté en s'arrogeant la direction de ce mouvement de grève bien suivi qu'il prend désormais pied dans toutes les catégories sociales. Y compris celles, par exemple le monde étudiant, considérées à tort ou à raison — cela dépend évidemment au cas par cas des situations familiales individuelles — comme privilégiées et donc plus difficiles à mobiliser.

LES MESSALISTES PERDENT LEUR PARI MILITAIRE

L'ascendant pris par le FLN sur le terrain politique et syndical en Algérie pendant l'année qui précède le congrès de la Soummam de l'été 1956, grâce à l'efficace stratégie d'Abane d'union-absorption des nationalistes et une quête assidue du monopole de la représentation des indépendantistes, ne peut évidemment qu'inquiéter les messalistes. Et en particulier leur dirigeant charismatique, qui a cru longtemps que son mouvement, s'il ne pouvait finalement « récupérer » ou soumettre l'organisation apparue le 1er novembre, réussirait au minimum à rivaliser aisément avec elle sinon à la dominer. Cette impossibilité de reconnaître l'ascendant déjà pris par le FLN explique d'ailleurs qu'on continue à croire pendant longtemps que plusieurs têtes du Front sont restées en fait, contrairement aux apparences, des messalistes. À commencer par Belkacem Krim et surtout Mostefa Ben Boulaïd. À tel point que, quand on apprendra l'arrestation de ce dernier début 1955, on supposera qu'il a certainement été trahi par un de ses hommes en raison de son attachement à Messali. Et quand sa mort sera connue en 1956, le bruit courra immédiatement chez les militants du MNA que le piège dans lequel il était tombé avait pu être monté par les militaires français uniquement parce que leur cible numéro un dans les Aurès avait été « donnée » par des hommes du FLN. Et si le même Ben Boulaïd n'avait pas participé à l'offensive d'août 1955 lancée dans la région voisine, n'était-ce pas la preuve qu'il restait réservé face aux autres dirigeants du Front ? Mais il ne s'agit là, on le sait, que d'illusions. Et, de toute façon, cela ne concerne pas l'essentiel. Car le plus grave alors pour le MNA, ce qui lui interdira après 1956 tout espoir, même chimérique, de reprendre le dessus face au FLN, a surtout trait au cours de cette période non pas à la situation politique ou à la fidélité supposée de quelques « figures » indépendantistes à Messali, mais à la situation militaire.

Fin 1955, la lutte armée, un an après son déclenchement et surtout après l'insurrection du Constantinois, ne peut plus du tout être considérée par des indépendantistes comme une option ou un atout parmi d'autres à faire valoir pour obtenir un résultat décisif : c'est incontestablement désormais, quoi qu'il se passe par ailleurs, l'alpha et l'oméga du combat nationaliste. C'est le principal terrain sur lequel, vis-à-vis de la majorité de l'opinion publique algérienne, on conquiert sa légitimité pour incarner l'espoir de l'indépendance. Sans compter qu'on ne saurait prétendre devenir le jour venu l'interlocuteur du gouvernement français si l'on n'apparaît pas comme le réel adversaire de son armée. Messali, bien que porté depuis toujours à privilégier le combat politique, ne l'ignore pas, puisqu'il a ordonné lui aussi à ses partisans de prendre les armes après que le FLN a sauté le pas. Mais, pour les combattants messalistes qui ont pris le maquis, tout va aller vite de mal en pis.

Dès le début de 1955, on le sait, des militants messalistes de France et de Belgique, en particulier des Kabyles, qui ne voulaient pas rester à l'écart de la lutte armée désormais irréversible, avaient rejoint leurs villages. Les plus motivés parmi eux avaient commencé très vite à organiser des groupes clandestins décidés à passer à l'action. Petit à petit, autour de ces hommes qui avaient choisi la voie du retour au pays mais aussi grâce à des initiatives locales dans plusieurs régions, pendant cette période encore confuse, des unités de combattants messalistes étaient apparues. Certaines, notamment celle qui se développera autour de Bouira dans l'Algérois, bénéficieront de l'appui de dirigeants du MNA qui leur fourniront, non sans difficultés, des tenues militaires et quelques armes. Des maquis messalistes existeront non seulement dans l'Algérois mais aussi dans le Sahara, en Oranie et surtout en Kabylie. Dans le Constantinois, où les militants de l'ex-MTLD ont vite rejoint en masse le FLN, comme à Alger même et à Skikda, seuls quelques attentats urbains témoigneront en revanche pendant un temps d'une activité armée des messalistes, peu présents militairement.

À l'orée du printemps 1955, alors que la perspective, déjà guère évidente, d'un regroupement entre les maquisards du FLN et ceux du MNA paraît définitivement s'éloigner, un représentant de Messali dans l'Algérois chargé des questions militaires, Mustapha Ben Mohamed, entend passer à la vitesse supérieure. Il charge un militant qui avait rejoint le PPA juste après avoir quitté l'armée au lendemain de la Seconde Guerre mondiale, Mohammed Bellounis, de tenter de structurer autant que possible les principaux groupes de combattants qui se réclament du MNA en Kabylie et dans l'Algérois. Cet ancien conseiller municipal de Bordj Menaïel, à 70 kilomètres à l'est d'Alger, ancien membre du Comité central du MTLD, deviendra ainsi, la quarantaine déjà bien entamée, le principal chef de guerre messaliste. Il était surtout appelé à faire beaucoup parler de lui à l'avenir en raison d'initiatives très personnelles et très controversées — c'est le moins que l'on puisse dire — pour tenter de peser à son avantage sur le déroulement de la guerre en ne reculant pas derrière des liaisons dangereuses avec le colonisateur.

Bien que considéré par beaucoup comme un peu fruste, Bellounis était alors depuis longtemps un notable nationaliste. Ses secondes noces en 1947 avaient pris la forme d'un meeting et fourni l'occasion de réunir près de 5 000 personnes, dont des dirigeants anticolonialistes de premier plan comme Ahmed Mezerna ou Hocine Lahouel qui avaient prononcé à cette occasion des discours très appréciés. Et il avait reçu cette même année chez lui Messali en personne. Ainsi que deux des futurs chefs de l'OS en voie de constitution — Aït Ahmed et Ben Bella — et, encore plus significatif, Belkacem Krim, déjà au maquis et considéré par les autorités comme un « bandit » et un meurtrier. Orgueilleux, courageux, rusé, colérique, il avait acquis, manifestement à raison, la réputation d'un « dur » après avoir été emprisonné longuement deux fois en 1945 et de 1947 à 1952. Il avait alors été accusé par les autorités coloniales d'avoir commis ou au moins commandité dans sa commune et ses environs des violences extrêmes contre des musulmans ouvertement liés à l'administration — comme le *caïd* Chérifi, exécuté en plein jour en 1945 —, mais aussi contre de simples rivaux politiques ou certains Algériens pas assez enthousiastes à son goût pour soutenir les nationalistes.

Cet homme décidé a donc pris la tête quelques mois après le 1er novembre du plus important maquis messaliste, fort d'environ cinq cents combattants en uniforme disposant de fusils de la Seconde Guerre mondiale ou, le plus souvent, de simples fusils de chasse. Il s'est établi dans la forêt de Guenzet, en

Petite Kabylie, à une quarantaine de kilomètres de Sétif. Certains groupes de la même obédience, qui ont conservé alors leur autonomie, sont dans son aire d'influence, comme, plus à l'ouest en Kabylie dans la région entre Michelet et Les Ouadhias, celui de vingt-cinq ou trente hommes dirigés par un autre militant messaliste, Rabah El-Berradi.

Au début de l'été 1955, Belkacem Krim et Amar Ouamrane, donc les dirigeants des zones 3 et 4 du FLN — la Kabylie et l'Algérois —, entendent se préparer à donner une nouvelle impulsion à leurs activités militaires, jusque-là très sporadiques. Ils estiment alors qu'il faudra commencer par faire place nette sur le terrain en se débarrassant de ces « concurrents » messalistes qui veulent eux aussi s'assurer de gré ou de force le concours de la population et avec lesquels il n'est plus envisageable depuis déjà plusieurs mois de faire un jour alliance. Pas question de partager le contrôle du territoire avec des gêneurs qui disent également appartenir à une armée de libération. D'autant que les maquisards de l'ALN ont déjà du mal à mener des opérations significatives contre l'armée française, qui s'apprête d'ailleurs à renforcer considérablement sa présence en Kabylie avec l'arrivée des troupes fraîches de la « division de fer » du général Beaufre.

Le premier à faire les frais de l'offensive du FLN sera alors, très logiquement, le maillon faible des maquis MNA en Kabylie, soit le groupe de Rabah El-Berradi. Krim charge l'un de ses lieutenants, Slimane Dehilès, le futur colonel Sadek, de le neutraliser au plus vite. Ce sera chose faite en l'espace d'à peine plus de quarante-huit heures, grâce à des renseignements recueillis auprès de la population. Une fois la grotte qui sert à ce moment-là de repaire à l'adversaire localisée près de Draâ El Mizan, le détachement du FLN prépare l'assaut. Il sera mené le jour suivant à l'aube, par surprise, ne laissant aucune chance aux assiégés de s'enfuir. Quelques-uns, qui résistent, sont tués, les autres désarmés et, pour certains, humiliés publiquement en étant exhibés en petite tenue dans les *douars* environnants. Ayant annoncé qu'il accepte de se rallier au FLN, Rabah El-Berradi sera épargné, ce qui lui permettra de s'enfuir à la première occasion pour se réfugier beaucoup plus au sud, où les messalistes sont encore largement dominants.

Ce combat fratricide entre maquisards fera quelque bruit, notamment dans la presse. Mais Bellounis, vu l'ampleur de ses effectifs, ne s'inquiète pas trop. Il a tort. Au bout de quelques mois, à la toute fin de l'année 1955, alors qu'Amirouche a réussi à mobiliser sous ses ordres une troupe supérieure en nombre, Krim pense que le moment est venu de frapper un grand coup. Il donne donc au plus puissant de ses lieutenants l'ordre d'anéantir la petite armée de Bellounis. L'opération est évidemment plus difficile à réaliser. Elle sera pourtant menée de main de maître, malgré, cette fois, une vive résistance. Les centaines d'hommes d'Amirouche encerclent d'abord le demi-millier de combattants messalistes qui ont commis l'erreur de rester groupés dans un vallon. Puis ils attaquent simultanément de tous côtés par petits groupes. Il ne leur faudra que deux jours pour venir à bout de leurs adversaires. Ceux qui ne sont pas tués ou assassinés après reddition peuvent parfois échapper aux assaillants. Ce qui sera le cas de Bellounis, qui rejoindra lui aussi le Sud, où il s'emploiera à organiser un nouveau maquis. À partir de cette base, il essaiera, avec les plus grandes difficultés et finalement sans succès, de se réimplanter en Kabylie. On y reviendra.

Quand commence l'année 1956, la lutte armée version messaliste n'est donc pas terminée, mais ses animateurs ont connu de grands revers qui les ont déjà condamnés à jouer les seconds rôles, sauf dans la région considérée comme peu stratégique du Sud algérien. Au mieux, les combattants fidèles au chef du MNA représentent 2 000 ou — c'est un grand maximum — 3 000 hommes, soit dix fois moins environ que les effectifs de l'ALN. Une situation de grande faiblesse dont le mouvement messaliste ne se remettra jamais. D'autant que la défaite face à l'ALN et le repli consécutif vers le sud des principaux maquis sont allés de pair sur le sol algérien avec de sérieuses difficultés dans les villes, où le MNA, comme autrefois le MTLD, était resté jusque-là bien implanté. Le passage à l'action directe enfin décidé en octobre 1955 dans diverses cités de l'Est algérien, à Oran et dans quelques autres lieux, a eu pour effet principal de provoquer l'arrestation d'une bonne partie des responsables messalistes de la région. Parce qu'ils ont été dénoncés par leurs concurrents du Front, comme l'assurera le MNA dans des documents internes ? Ce n'est pas prouvé. En revanche, ce qui est certain, c'est que les coups portés directement par le FLN contre divers responsables du MNA, désormais désignés dans des tracts comme des traîtres selon le vœu d'Abane et des autres dirigeants du Front, sont alors sévères, souvent mortels. C'est ainsi qu'à la fin 1955, des commandos qui ont été mis sur pied sous l'autorité d'Ouamrane à Alger, avec à leur tête des hommes décidés comme l'ancien soudeur Mostefa Fettal et l'ancien mécanicien Mokhtar Bouchafa qui règnent sur les quartiers est de la ville ou le futur héros de la bataille d'Alger Yacef Saadi qui a entrepris de contrôler la Casbah, sont déjà passés à l'action autant contre les troupes messalistes que contre les forces de la colonisation et leurs alliés. En décembre, par exemple, le leader MNA de la capitale Rehani a été abattu par Bouchafa lui-même. Et quantité de cadres ou de militants messalistes moins connus ont subi ou vont alors subir le même sort.

LA DIFFICILE ÉMERGENCE DU FLN EN MÉTROPOLE

L'influence politique du chef du MNA s'affaiblit donc considérablement en Algérie pendant cette période allant de l'été 1955 à l'été 1956 où le FLN, désormais bien identifié comme l'organisateur du 1er novembre puis de l'offensive du 20 août, est manifestement devenu le porte-drapeau de la grande majorité des indépendantistes. Seul le territoire français, où Messali Hadj a pris la tête du combat nationaliste radical depuis le milieu des années 1920, n'est pas encore sous la domination manifeste du Front. Mais, là aussi, on assiste quand même déjà à une évolution significative du rapport de forces entre les deux mouvements indépendantistes.

Petit à petit, après avoir eu le plus grand mal à tout simplement exister face à la domination écrasante dans l'Hexagone des messalistes qui, on le sait, ont réussi à faire croire pendant longtemps avec succès de ce côté-ci de la Méditerranée qu'ils étaient les véritables initiateurs du 1er novembre, la branche française du FLN se développe. Bien que restant nettement minoritaire face aux effectifs du MNA dans toutes les régions jusqu'au lendemain du congrès de la Soummam fin 1956 et malgré d'énormes difficultés pour s'organiser.

La Fédération de France du FLN, en effet, n'a plus de chef reconnu comme seul légitime pour la diriger depuis l'arrestation précoce de celui intronisé par Boudiaf, Mourad Tarbouche, en mai 1955. Une direction collective quadricéphale — réunissant Mohamed Méchati, responsable de l'Est, Fodil Bensalem, en charge du Nord, Abderrahmane Guerras, pour le Centre et le Sud, soit surtout Lyon et Marseille, et Ahmed Doum, pour Paris et ses alentours — a bien pris la suite et se retrouve une fois par mois pour coordonner les efforts de chacun dans l'appartement de la mère d'un sympathisant français, Jean-Jacques Rousset, dans le XIe arrondissement de Paris. Mais le seul fait de travailler à implanter le Front dans l'émigration grâce à des réunions d'information, principale activité de chacun, reste encore une tâche à la fois difficile et dangereuse. Difficile parce que la légitimité du quatuor ne s'impose pas d'elle-même, y compris vis-à-vis d'une bonne partie de ceux qui ont opté pour le FLN — on parle alors au sein de la Fédération des « mécontents » pour évoquer ces contestataires. Dangereuse face à l'hostilité des messalistes, en position quasi hégémonique comme on le sait et défendant leur fief historique par tous les moyens, y compris musclés si nécessaire.

Après l'arrivée fin 1955 de Salah Louanchi, envoyé par Abane pour établir la liaison avec Alger et s'occuper de la propagande et des relations avec les organisations françaises de gauche, puis la cooptation de trois nouveaux membres — dont Tayeb Boulharouf, qui jouera brièvement par la suite, on le verra, un rôle important —, le « comité » supervisant les activités du Front en France réunit bientôt huit membres. Toujours sans hiérarchie établie. Du moins tant que ce groupe de dirigeants peut fonctionner puisqu'il va être assez rapidement décimé : fin août 1956, les plus influents d'entre eux, à part Louanchi et surtout Ahmed Doum, sont arrêtés ; et, un peu plus tard, en novembre, ce sera au tour de ce dernier, qui s'apprêtait à devenir le responsable numéro un du FLN en France, de tomber entre les mains de la police française, qui détient désormais la totalité du quatuor qui avait succédé à Tarbouche.

Les problèmes organisationnels, pendant cette période 1955-1956, ne concernent pas que l'organigramme de la direction du Front à Paris. Les responsables de la Fédération de France ne sont en effet formellement rattachés ni à Alger ni au Caire. À tel point qu'ils chargent un des leurs de prendre des contacts avec la tête du FLN pour trouver enfin des interlocuteurs réguliers avec lesquels se concerter. Ahmed Doum, ainsi, s'est rendu d'abord à Alger puis peu après deux fois en Italie pour tenter de clarifier la situation en parlant avec les uns et les autres. Sans grand résultat jusqu'à l'été 1956. Ayant eu lieu avant qu'Abane n'ait pris sérieusement les affaires en main à Alger, le voyage de Doum dans la ville blanche ne lui a pas permis d'établir des liens sérieux avec les responsables du Front outre-Méditerranée. Ce ratage n'aurait pu être que provisoire, puisque le nouvel homme fort du FLN « de l'intérieur » a vite manifesté sa volonté de chapeauter les activités de la Fédération de France, ce qui explique l'envoi de Salah Louanchi à Paris. Mais le souhait d'Abane s'est heurté au dessein semblable des responsables « de l'extérieur ».

Boudiaf, initiateur de la création d'une organisation FLN dans l'Hexagone, estime que le rattachement de celle-ci à la délégation du Caire va de soi et le dit à Ahmed Doum lors d'une rencontre en Italie. Et Ben Bella, peu après, a lui aussi établi un contact avec le même Doum, également lors d'un rendez-vous dans la péninsule, à Rome. Là, il évoque d'abord devant son interlocuteur, qui n'en savait rien, les relations difficiles entre les responsables du Caire et ceux de l'Intérieur, ces derniers reprochant aux premiers, on le sait, leur incapacité à livrer comme prévu des armes et des munitions aux maquis. Acceptant au passage le principe d'un envoi d'armes de poing à la Fédération pour lui permettre de passer à l'action avec des « groupes de choc » en voie de constitution, envoi qui n'aura d'ailleurs jamais lieu, Ben Bella propose aussi à Doum de délivrer à partir de Paris des messages de sa part aux dirigeants de l'intérieur, notamment pour leur dire de patienter vu la difficulté à organiser les livraisons attendues.

La question du lien hiérarchique entre la Fédération de France et la direction du FLN reste donc en suspens jusqu'à nouvel ordre. Elle aurait dû être résolue clairement lors du congrès de la Soummam en présence de tous les intéressés. Mais Ahmed Doum, une fois de plus désigné comme « ambassadeur » de la Fédération hors de l'Hexagone pour assister au congrès, attendra en vain à San Remo en Italie, au cours de la première quinzaine d'août 1956, l'émissaire d'Abane qui devait organiser son acheminement ainsi que celui des responsables de l'extérieur vers l'Algérie et la réunion au sommet du FLN.

La place de la Fédération de France dans l'organisation générale du Front ne sera donc pas définie avant un nouveau délai de quelques mois, quand la mise hors de combat des principaux dirigeants de l'extérieur en octobre 1956 rendra sans objet la querelle de préséance. Entre-temps, malgré toutes les mésaventures de la direction de la Fédération, les effectifs du Front, grâce au travail de ses militants, auront enfin atteint le seuil critique qui pourra lui permettre de commencer à se positionner comme un réel challenger du MNA en métropole. Pour l'instant, c'est cependant toujours sur le seul sol algérien que l'essentiel, c'est-à-dire la guerre, se déroule.

L'ALN PLUS PUISSANTE QUE JAMAIS

En Algérie, comme les rapports des chefs de zone au congrès de la Soummam déjà évoqués l'ont démontré, le potentiel militaire de l'ALN reste limité entre l'été 1955 et l'été 1956, surtout en raison des insuffisances de l'armement. Mais, malgré cette puissance de feu réduite, ainsi que les liaisons presque inexistantes entre les différentes zones, la capacité à agir de l'Armée de libération nationale est désormais très significative, et les militaires français s'en aperçoivent à leurs dépens aussi bien lors d'accrochages ou d'attentats au jour le jour qu'à l'occasion de quelques opérations spectaculaires. Elle est suffisante en effet sinon pour voler « de victoire en victoire » comme l'annonce péremptoirement le premier numéro de l'organe central du FLN *El Moudjahid* créé à la mi-1956 à l'initiative d'Abane et surtout de Ben Khedda, du moins pour mener une guerre de guérilla de plus en plus efficace et avoir ainsi le plus souvent le privilège de l'initiative. On peut d'ailleurs considérer que c'est pendant cette période que l'ALN a tendu, à la fois en termes numériques — avec plus de 20 000 véritables combattants en armes, peut-être près de 30 000 — et en influence, vers l'apogée de sa puissance sur le terrain, qu'elle contrôle en très grande partie entre les frontières de la Tunisie et du Maroc.

Ce n'est pas que l'armée française manque pour sa part de moyens, au contraire. Dès après les événements du 20 août 1955, il est devenu clair pour son commandement et toutes les autorités coloniales, même si on ne le reconnaîtra jamais, en continuant à affirmer publiquement ne faire que du « maintien de l'ordre », qu'on doit affronter un ennemi déterminé et qu'on est incontestablement en guerre. Et cela s'est traduit par une augmentation importante des effectifs, avec dès octobre 1955 les premiers débarquements de soldats du contingent, autrement dit des renforts composés de jeunes appelés d'outre-Méditerranée qui font leur service militaire. La population en métropole était pourtant peu encline à voir le pays se lancer à corps perdu dans un nouveau conflit juste après la défaite en Indochine. Elle l'a démontré, on l'a vu, en élisant fin 1955 à l'Assemblée nationale une majorité que dominent les socialistes de Guy Mollet qui a fait campagne — moins qu'on ne le dira par la suite, mais quand même pour une part — sur le thème de la « paix en Algérie ». Mais elle va vite constater, tout comme les responsables du FLN, qu'il s'agissait là surtout — fût-elle de bonne foi — d'une simple promesse électorale. Et en tout cas d'un vœu pieux.

Décidé de prime abord à nommer gouverneur de l'Algérie, en la personne du général Georges Catroux, un homme capable de faire des concessions — il l'a démontré lorsqu'il était en poste en Indochine — pour tenter de délégitimer le combat du FLN, Guy Mollet, nouveau président du Conseil, a dû faire très rapidement machine arrière. Une véritable volte-face même. Les Français d'Algérie, qui avaient si mal accueilli Soustelle lors de sa nomination, ne veulent plus le laisser partir maintenant qu'il a rejoint les positions des partisans les plus radicaux du *statu quo* colonial.

Venu à Alger le 6 février 1956 pour installer Catroux, le chef du gouvernement est accueilli par les Européens dans une ambiance d'abord glaciale — il fait le trajet entre l'aéroport et le centre à travers une ville morte, presque en deuil — puis franchement hostile : devant le monument aux morts où il a tenu à se rendre dès son arrivée pour honorer les anciens combattants d'Algérie des deux guerres mondiales et manifester ainsi son patriotisme, il est entouré par une immense foule convoquée par les ultras de l'Algérie française qui hurlent des slogans en faveur de Soustelle et contre Catroux — « Au poteau ! » scande-t-on pour faire savoir ce qu'on pense de ce « bradeur de l'Indochine ». Bientôt, c'est l'échauffourée. À l'initiative des activistes du mouvement d'extrême droite poujadiste menés par le cafetier Ortiz, les plus excités et les plus déterminés, des projectiles de toutes sortes commencent à pleuvoir sur les officiels sans même que l'on respecte la minute de silence de rigueur lors de toutes les cérémonies de ce genre. On parlera de la « journée des tomates ». Les projectiles en question, de fait, à en croire *Le Journal d'Alger* du lendemain, étaient surtout, outre sans doute quelques tomates qu'on peut supposer issues d'un magasin de primeurs, des pommes de terre ou des fruits mais aussi des mottes de terre, des plantes grasses, des branches et autres objets solides, cailloux compris. Ils n'étaient donc pas tous aussi inoffensifs que le légume qui passera à la postérité à Alger pour avoir peut-être taché le manteau gris de Max Lejeune, le secrétaire d'État à la Guerre dans le nouveau cabinet investi à Paris qui accompagne Guy Mollet. Peut-être, car la victime démentira plus tard qu'il en fût ainsi et *Le Journal d'Alger* parle plutôt d'une banane touchant cette cible. Quoi qu'il en soit, la délégation venue de l'Hexagone doit être exfiltrée d'urgence sous la protection des CRS.

La manifestation, qui s'est poursuivie après dans d'autres lieux en réunissant une part non négligeable de la population européenne d'Alger, et notamment autour du palais d'Été où Guy Mollet s'est installé, marque profondément ce dernier. À tel point qu'en l'espace de quelques heures il va se résoudre à remplacer Catroux, officiellement démissionnaire. Il choisira pour lui succéder un homme à poigne, Robert Lacoste. Et il va surtout de fait changer radicalement du jour au lendemain de politique algérienne, cédant devant la rue et les tenants de l'Algérie française version ultra. Élu, on l'a vu, pour réunir les conditions de la paix, qui devaient à ses propres yeux, à en croire ses discours, impliquer une évolution sensible de la situation — réunir les Européens et les musulmans dans un collège unique, donc égalitaire, pour les scrutins électoraux en vertu du principe démocratique, assurer le développement économique et social des trois départements de la colonie, etc. —, il devient au contraire tout à coup un partisan intransigeant de la manière forte, du rétablissement de l'ordre comme préalable à tout infléchissement de la politique suivie.

Malgré quelques mini-réformes qui seront entreprises après la prise de fonctions de Lacoste

— comme un meilleur accès des musulmans à la fonction publique —, on va donc miser désormais avant tout sur la guerre. La traduction de la stratégie des autorités à Paris et Alger en termes de dimensions de l'armée française en Algérie est éloquente : au lendemain de l'intronisation de Lacoste, on dénombre 300 000 soldats sur le sol algérien, soit déjà un quasi-doublement par comparaison avec les 160 000 de septembre 1955 ; en juillet 1956, à la veille du congrès de la Soummam, la même armée vient d'atteindre les 400 000 hommes. Ce qui représente alors nettement plus de dix fois le nombre de combattants indépendantistes en armes. Mais aussi et surtout près de 5 % de la population globale et, c'est encore plus impressionnant, pas loin de la moitié du nombre des Européens vivant en Algérie ! Jusqu'à la fin de la guerre, on ne descendra plus sous ce chiffre, ce qui signifie, en simplifiant bien sûr puisque l'armée n'est pas « ethniquement » homogène, qu'on aura désormais à peu près une chance sur trois de se trouver face à un soldat en rencontrant un Européen où que ce soit en Algérie. À coup sûr on ne prépare pas la paix mais on vise une victoire guerrière en constituant une telle armada, ce que ne manquera jamais de souligner désormais le FLN dans ses efforts de propagande. De surcroît, la France admet ainsi *de facto* qu'elle craint la force du FLN et de l'ALN et leur emprise sur la population.

Cette arrivée en masse de soldats, pour l'essentiel des appelés du contingent de l'Hexagone venus faire leur service militaire ou des rappelés, tous peu, ou pas du tout, expérimentés, avantage paradoxalement, au moins dans un premier temps, l'ALN. Car les conscrits sans entraînement et peu familiarisés avec le terrain algérien sont particulièrement vulnérables face à des *djounoud* qui pratiquent une guerre de guérilla. Les Français s'en apercevront rapidement, et tout particulièrement lors du fameux accrochage meurtrier de Palestro de mai 1956, qui a fait couler un torrent d'encre dans la presse française locale et nationale. Car ce « massacre », comme on l'écrit immédiatement dans les journaux d'Alger et de Paris, qui a provoqué la mort de vingt parmi les vingt et un membres d'une patrouille imprudemment engagée dans un site aux reliefs accentués, propice aux embuscades, touchant des hommes du contingent d'outre-Méditerranée, prend une valeur symbolique : il apparaîtra aux yeux de beaucoup de Français — surtout en métropole bien sûr, où l'on n'a pas prêté une énorme attention à l'offensive indépendantiste d'août 1955 dans le Constantinois — comme « l'événement » qui révèle que l'Algérie est véritablement en guerre. Un événement traumatisant, donc. Et qui l'aurait été encore plus si ces journaux avaient pu tout de suite savoir et révéler que les corps des soldats abattus avaient été ensuite mutilés par les villageois des environs désireux de se venger de ce que leur faisait subir l'armée française.

S'il avait été également médiatisé au lieu d'être honteusement caché par les Français, à tel point qu'on n'en connaîtra les détails que longtemps après la fin des hostilités, un autre épisode de la guerre, certes de nature différente mais encore plus spectaculaire, aurait sans doute aussi choqué et sans doute même scandalisé l'opinion métropolitaine à la même époque. Un épisode qui montre aussi comment l'ALN réussit alors habilement à se renforcer pour pallier son manque de moyens. Se déroulant en Kabylie, l'opération K — « K » pour kabyle —, plus connue sous le nom d'opération « Oiseau bleu », qui durera presque une année, entre novembre 1955 et septembre 1956, démontrera en effet la supériorité des maquisards à ce moment-là pour mener une guerre totalement non conventionnelle en pratiquant la ruse.

Tout est parti d'une tentative des plus hautes autorités françaises à Alger de « pacifier » en cette fin de l'année 1955 la remuante Kabylie, où déjà, sous l'autorité de Belkacem Krim, Amirouche et d'autres s'activent, du moins autant que le leur permettent leurs faibles moyens militaires. La hiérarchie policière, avec tout de suite le soutien des services du contre-espionnage de la DST et plus tard l'appui du bras armé du service action du SDECE, la brigade de parachutistes du 11e Choc, décide donc d'organiser dans le fief de Krim, en enrôlant des musulmans adversaires du FLN, un « contre-maquis », la « force K », apte à neutraliser les combattants indépendantistes. D'autant plus apte à réussir cette mission qu'il sera clandestin et donc non soumis au minimum de contraintes — légales ou éthiques — auxquelles ne peut toujours échapper l'armée régulière. L'Algérien chargé de recruter les premiers maquisards pro-français et surtout les chefs qui pourront les encadrer est un inspecteur de la DST kabyle nommé Ousmer, lequel se décharge de cette tâche sur un autre auxiliaire des forces de l'ordre françaises, un certain Hachiche, lequel, enfin, fait confiance à un aubergiste de sa connaissance, Ahmed Zaïded, pour mener à bien l'entreprise.

Ce qu'ils ignorent tous, les commanditaires français comme leurs relais algériens, c'est que Zaïded, ancien membre du MTLD, connaît fort bien certains des principaux responsables de l'insurrection dans la région, en particulier Amar Ouamrane et Mohammed Yazourène, soit, chacun à son niveau, deux des hommes les plus liés à Krim même si le premier est désormais en fonction dans l'Algérois. Le dirigeant FLN de la Kabylie est donc très rapidement mis au courant de l'affaire par un de ses proches. L'un de ses principaux soucis étant le manque d'armement, Krim décide immédiatement de sauter sur l'occasion pour transformer ce coup tordu qui devait profiter aux Français en un coup encore plus tordu au bénéfice de la zone 3 de l'ALN. Il fait donc présenter aux Français par l'intermédiaire de Zaïded un possible dirigeant de la « force K » en la personne de… Yazourène. Et il fournira lui-même les contre-maquisards supposés ralliés aux autorités en « prêtant » à l'opération Oiseau bleu quelques centaines de *djounoud* qui joueront en diverses occasions comme l'auraient fait des figurants professionnels leur rôle de soldats pro-français. En l'espace de quelques mois, les hommes de Krim se verront ainsi livrer gracieusement par l'armée et la police coloniales des centaines de fusils et d'armes de chasse et même un peu plus tard des fusils-mitrailleurs. Avec une pléthore de munitions bien sûr. Sans compter d'importantes sommes d'argent — on a parlé de 10 millions de francs par mois en 1956 — pour pourvoir aux dépenses en tout genre de cette sorte de milice dont on ignorera au Gouvernement général à Alger le côté factice jusqu'à la fin de l'été 1956.

Comble de l'ironie, c'est à l'efficacité supposée de cette force supplétive secrète, à son potentiel militaire offensif comme à ses capacités d'autodéfense, que les autorités attribueront le calme relatif qui règne à cette époque en Kabylie du Nord, dans le quadrilatère stratégique de 400 kilomètres carrés où elle est censée agir contre le FLN et l'ALN. Alors que ce calme n'est bien entendu qu'un effet de la volonté de Krim de pousser son avantage — c'est-à-dire la réception d'armes et de moyens financiers — toujours plus loin. Jusqu'à quel point ? Certains Français, notamment le capitaine Hentic du 11e Choc qui rencontre plusieurs fois inopinément dans la zone supposée nettoyée des combattants non identifiés qui tirent sur son unité, ainsi que l'ethnologue Jean Servier chargé d'enquêter sur la troupe des ralliés et qui constate une proportion inquiétante d'anciens du PPA en leur sein, commenceront à avoir des doutes à la fin du printemps et au début de l'été 1956. Ce qui ne saurait surprendre les responsables du FLN, Abane Ramdane et Amar Ouamrane en tête, qui émettent des doutes lors du congrès de la Soummam sur la possibilité de poursuivre la supercherie bien longtemps et obtiennent qu'on prenne la décision de tout stopper et de reprendre au plus vite la lutte armée dans cette zone. Comme Hentic et Servier n'ont pas été écoutés par leurs supérieurs, qui n'étaient pas prêts à admettre que leur magnifique Oiseau bleu était un coucou incapable de se mouvoir comme prévu, c'est sur le terrain, après des accrochages meurtriers avec des groupes de l'ALN et une embuscade dans un *douar* supposé rallié lors du passage de septembre à octobre 1956, que les Français comprendront enfin qu'ils ont été trahis à l'évidence depuis le premier jour par la « force K ». D'autant qu'ils constatent vite que les soi-disant combattants anti-FLN ont alors tous disparu avec leurs familles de leurs villages.

Entre-temps, d'après une évaluation française, Krim a pu équiper l'équivalent de trois *katibas*, soit plusieurs centaines d'hommes, en armes de guerre performantes. Les représailles qui suivront, à la hauteur de la déconvenue de l'armée française, seront massives. Deux régiments de parachutistes et plus de 10 000 hommes y participent à l'automne 1956. Elles provoqueront la mort de 122 *djounoud* dans la région, mais sans atteindre l'objectif principal de l'opération puisque seulement 132 fusils, pour l'essentiel de simples armes de chasse, seront récupérés. Les troupes de Krim disposent désormais d'un armement moderne. Des moyens militaires inespérés à cette époque où les responsables de l'extérieur ont toujours autant de mal à ravitailler l'intérieur, et en particulier la Kabylie.

Avec la Kabylie qui a donc réussi à s'équiper, l'Oranie qui a enfin rejoint véritablement la lutte armée déjà effective dans les autres zones, les ralliements de déserteurs de l'armée française qui commencent à prendre de l'importance — dans la région de Guelma, par exemple, une compagnie entière de tirailleurs algériens a déserté début 1956 après avoir neutralisé les deux officiers qui la commandaient —, la multiplication des actes de guérilla et des opérations spectaculaires qui font régner l'insécurité sur la grande majorité du territoire, c'est désormais bien l'ALN qui a l'initiative sur le terrain. Et qui peut d'autant plus envisager de la conserver en cette année 1956 qu'elle commence enfin à disposer d'une réelle « profondeur stratégique » grâce à l'émancipation du Maroc et de la Tunisie — devenus respectivement indépendants le 2 et le 20 mars 1956 — sur les deux flancs de l'Algérie.

Certes, les promesses de soutien indéfectible des frères du Maghreb aux indépendantistes algériens ne seront pas tenues à la lettre, très loin de là. Ainsi, les nationalistes marocains de l'Istiqlal qui avaient annoncé par la voix de leur président Allal El-Fassi qu'ils ne renonceraient à la lutte armée que le jour où l'Algérie serait indépendante oublieront vite cet engagement que n'a d'ailleurs jamais repris à son compte le roi Mohammed V. Quant à l'appui sans conditions du leader tunisien très radical Salah Ben Youssef, il ne vaut que ce que vaut la situation de ce dernier, qui ne pourra empêcher le « Combattant suprême » Habib Bourguiba, qui n'a guère d'atomes crochus avec les chefs du FLN, de prendre le pouvoir à Tunis. Mais les deux pays voisins acceptent dès cette année 1956 de servir de base arrière pour les politiques du FLN et les maquisards de l'ALN. Ils autorisent le transit des armes et accueillent les combattants. Ils font preuve pour l'instant, quitte à mécontenter les autorités françaises, d'une solidarité presque sans faille, qui sera d'ailleurs saluée au congrès de la Soummam.

PERCÉE INTERNATIONALE ET NÉGOCIATIONS SECRÈTES

Le soutien des voisins maghrébins, même si ceux-ci ne pouvaient guère prendre déjà le risque d'un véritable conflit ouvert avec l'ex-colonisateur et son armée à peine sur le départ, est somme toute naturel. Celui de la communauté internationale est évidemment plus difficile à obtenir. Mais, de ce côté aussi, la situation s'améliore petit à petit. La première tentative d'alliés du FLN pour faire pénétrer la « question algérienne » dans l'enceinte de l'ONU, en janvier 1955, lorsque le roi d'Arabie Saoudite l'a évoquée auprès du Conseil de sécurité, s'est conclue par un échec : la motion proposée a été rejetée et n'a pas même été inscrite à l'ordre du jour de l'Assemblée générale. Dès septembre 1955, cependant, un mémoire des pays afro-asiatiques soutenant l'application aux Algériens du droit de chaque peuple « à disposer de lui-même », comme le prévoit la charte de l'ONU, est présenté à l'Assemblée générale et adopté. De justesse, à une voix de majorité, mais adopté quand même. Un vote indicatif qui marque un succès même s'il est sans conséquence pratique immédiate. D'autant que l'année suivante, en juin 1956, un nouveau mémoire du même type n'obtiendra pas un vote majoritaire. On ne cessera cependant plus de débattre à l'ONU de la cause algérienne, avec bientôt, on le verra, un soutien suffisant pour contrer les manœuvres de la France, soucieuse d'éviter l'internationalisation d'un conflit qu'elle entend continuer à traiter comme une simple affaire intérieure de maintien de l'ordre. Du moins officiellement puisque des contacts tout à fait concrets avec la direction du FLN ont alors déjà été établis avec l'accord du gouvernement.

Persuadées que la direction effective du FLN se trouve au Caire, où elle serait en réalité — pensent-elles plus précisément — exercée par Ben Bella, Khider et Debaghine, avec pour mentor Nasser, les autorités françaises ont en effet pris discrètement le chemin de la capitale égyptienne dès après l'installation de Guy Mollet à l'hôtel Matignon. Le 14 mars 1956, ainsi, le ministre des Affaires étrangères Christian Pineau, sur le chemin du retour d'une visite à New Delhi, rencontre Nasser dans la capitale égyptienne. Le Raïs, brossant en l'occurrence un tableau de la situation proche de la réalité même s'il passe sous silence son influence sur Ben Bella et son appui matériel aux indépendantistes, lui dit qu'il « ne peut s'ingérer dans les affaires des Algériens ou parler en leur nom » mais qu'il est « prêt à faciliter les conversations discrètes que vous souhaiteriez avoir avec les représentants du FLN ». La proposition, immédiatement rapportée à Guy Mollet, est prise au sérieux à Paris, d'autant que les Égyptiens semblent animés d'une réelle volonté de jouer les facilitateurs de paix, à en juger par une initiative comme celle consistant à suspendre pour un temps les émissions de radio pro-FLN de La Voix des Arabes.

Les « extérieurs » du FLN au Caire vont vite comprendre ce qui se passe, puisqu'ils sont effectivement mis en rapport par l'intermédiaire des Égyptiens avec des représentants des autorités françaises. Le chef du gouvernement a chargé Pierre Commin, le secrétaire général de son parti, la SFIO, d'organiser cette prise de contact — qui doit rester discrète et indirecte, bien sûr, puisque la position officielle de Paris est et reste de ne pas reconnaître les indépendantistes comme des interlocuteurs valables et de ne pas considérer le FLN comme le seul porte-parole des nationalistes. Le dirigeant socialiste charge à son tour deux hommes de sa formation, Joseph Begarra, représentant du département d'Oran à l'assemblée de l'Union française — nouvelle appellation depuis quelques années de l'empire colonial —, et Georges Gorse, conseiller de la même Union française, de partir en mission d'exploration dans la capitale égyptienne.

Une première rencontre a ainsi lieu dès le 12 avril 1956. Mohammed Khider, désormais marié à une sœur d'Aït Ahmed, âgé maintenant de trente-six ans, est, en l'absence des autres principaux dirigeants du FLN résidant dans la capitale égyptienne, le représentant des indépendantistes à cette occasion. Il est conscient de prime abord qu'il a une marge de manœuvre fort limitée. Pour ne pas risquer d'être immédiatement désavoué par ses compagnons d'exil au Caire, et plus encore par les responsables très intransigeants « de l'intérieur » qui n'ont pu être consultés à l'avance, il entreprend d'annoncer tout de suite à ses interlocuteurs, ainsi que le rapportera Begarra, que « le préalable à toute discussion » est « la reconnaissance [...] du droit du peuple algérien à l'indépendance, cette indépendance ne pouvant pas être acquise par étapes ». Une fois affirmée cette revendication qui énonce la ligne officielle du FLN, laquelle, radicale, est totalement contraire à celle de Guy Mollet, qui entend donner la priorité à un cessez-le-feu avant toute autre avancée, les entretiens se poursuivent malgré tout. Car chacun, au-delà de positions de principe inconciliables, est surtout là pour entamer une discussion exploratoire avec l'adversaire. Et ne fait donc pas de l'acceptation de ces positions, qui seront d'ailleurs assouplies le lendemain par des paroles plus conciliantes de part et d'autre avant qu'on ne se quitte, un véritable *sine qua non* pour maintenir l'échange de vues.

Une nouvelle rencontre se poursuivant durant quarante-huit heures la semaine suivante, les 20 et 21 avril, après un aller-retour à Paris des chargés de mission socialistes pour consultation, se déroulera, d'après ces derniers, « sur un ton toujours amical et confiant » pour examiner les conditions qui permettraient de lancer une réelle négociation secrète. Les indépendantistes algériens du Caire n'excluant plus *a priori*, selon Mohammed Khider, de réclamer aux dirigeants des opérations militaires à l'intérieur un cessez-le-feu au moins provisoire. Les Français, par la voix de Begarra, se disent même prêts à organiser un voyage discret en Algérie de deux des chefs FLN de l'extérieur — Ben Bella et Khider — afin d'obtenir l'accord des « responsables des djebels » à ce propos.

En fait, ainsi que cela apparaîtra à l'évidence lors d'un troisième round de pourparlers les 30 avril et 1er mai, les deux parties s'étaient avancées bien au-delà de ce qu'elles étaient capables de garantir. Begarra n'a pas obtenu l'accord de Guy Mollet pour faciliter un aller-retour en Algérie de chefs indépendantistes. Et Khider, pour sa part, n'a reçu l'aval de personne pour évoquer un éventuel silence des armes, si provisoire soit-il. Et surtout pas celui des « patrons » de l'intérieur, qui n'auront même pas eu le temps de réagir à l'annonce de ces pourparlers — grâce à des courriers de Khider envoyés du Caire et datés des 23 et 30 avril — avant que ceux-ci ne soient interrompus. Puis repris brièvement, grâce aux bons offices des leaders des pays non alignés et plus particulièrement des Yougoslaves, avec d'autres participants — Ahmed Francis et M'Hammed Yazid côté algérien, Pierre Commin en personne ainsi que le secrétaire général adjoint de la SFIO Pierre Herbaut côté français — au milieu de l'été à Belgrade pendant que se tient le congrès de la Soummam. Sans plus de résultat dans l'immédiat, toujours pour les mêmes raisons, à savoir les préalables posés et maintenus en fin de compte par les deux parties (la reconnaissance du droit à l'indépendance pour l'une, le cessez-le-feu avant toute véritable négociation pour l'autre). Et malgré, là encore, « un climat détendu et de courtoisie », à en croire les nouveaux émissaires de Guy Mollet. Lesquels, au passage, ont de fait traité le FLN — c'est, bien que sous forme officieuse, une nouveauté importante — comme le seul interlocuteur nationaliste qui compte pour les autorités françaises.

Premiers d'une longue série de contacts plus ou moins secrets et plus ou moins productifs qui se dérouleront pendant des années, ces échanges de vues, ce qu'ignore alors Guy Mollet qui ne sait manifestement pas quelle est la physionomie réelle du mouvement indépendantiste, ne pouvaient de toute façon guère permettre aux Français de trouver des interlocuteurs à même de prendre des engagements au nom de l'ensemble FLN-ALN. À ce moment-là, avant le congrès de l'été 1956, l'unité dudit mouvement est gravement compromise par les problèmes déjà évoqués de liaison entre les divers responsables de la lutte armée à l'intérieur. Et, encore plus, par les dissensions entre la plupart de ces derniers et les dirigeants de l'extérieur et entre ces dirigeants eux-mêmes. Comme, au sujet de ces pourparlers, le prouvera d'ailleurs, le 24 juillet, le premier commentaire venu de l'intérieur suite aux lettres d'avril de Khider, dans une missive rédigée sous le pseudonyme de Salah par Ben Khedda alors qu'Abane est déjà en route vers le congrès de la Soummam : Alger manifestera alors par écrit en des termes très clairs la plus grande réserve face à des « négociations » que « les Français ne sont pas prêts [à mener] sérieusement ». Une sorte de désaveu de l'extérieur par l'intérieur.

UNE PREMIÈRE GUERRE DES CHEFS ?

La période qui va d'août 1955 à août 1956, et qui a vu se concrétiser le rassemblement de presque tous les principaux nationalistes à l'exception des messalistes derrière le FLN, s'est certes avérée sur tous les plans, on le sait, plutôt faste pour l'avancée de la cause indépendantiste. Mais la longue préparation du congrès de la Soummam pendant la deuxième partie de cette période n'avait pas été chose aisée précisément en raison de désaccords croissants sur fond de rivalité entre les grandes figures du Front.

La genèse de l'idée même d'une telle réunion au sommet, déjà, fait débat entre certains. Elle ne sera pas rapportée par tous les protagonistes de la même façon. Les dirigeants très radicaux de la zone du Constantinois, si l'on en croit les mémoires d'Ali Kafi comme ce que dira Bentobbal, auraient été les premiers à songer à un tel congrès national — dès novembre 1955, affirme Kafi — et à réclamer ensuite explicitement une concertation entre l'ensemble des responsables régionaux pour « dégager une direction de la révolution » et se mettre d'accord sur « l'avenir de l'Algérie » — selon les termes de Bentobbal. Mais, de fait, la demande insistante de concertation de Youssef Zighout à laquelle il est fait référence par son second, adressée à Abane par l'intermédiaire de Saad Dahlab envoyé en mission dans la zone 2 au printemps 1956, ne faisait qu'aller dans le sens de ce qui était déjà en cours depuis longtemps à Alger, où l'on préparait alors un programme à faire adopter par tous qui préfigurait la plate-forme de la Soummam. Plusieurs mois auparavant, notamment à la suite des arguments échangés au cours d'un long entretien avec Lebjaoui après l'été 1955, Abane, d'après ce dernier, avait jugé nécessaire de tenir une réunion au sommet du FLN pour adopter une charte politique dès que les liens entre les différentes régions et entre l'intérieur et l'extérieur auraient été enfin bien établis. Et la suite des événements semble confirmer ce témoignage.

Il semble donc difficile de refuser à Abane Ramdane sinon la paternité exclusive de l'idée du congrès tel qu'il eut lieu concrètement à l'été 1956, du moins le rôle essentiel dans sa conception, sa préparation et son organisation. Cela même si la tonalité des textes politiques qui seront discutés et, à des amendements près, adoptés par les responsables indépendantistes présents dans la maison d'Igbal a en grande partie pour origine la « culture » personnelle de son principal rédacteur, l'ancien responsable du Parti communiste algérien Amar Ouzegane, comme on le sait. C'est ce dernier qui a en effet été chargé par Abane dès les premiers mois de 1956 de mettre noir sur blanc avec son concours et celui de quelques autres — Mohammed Lebjaoui certainement, l'avocat Abderrazak Chentouf et le futur ministre des Finances de l'Algérie Abdelmalek Temmam très probablement, Boualem Moussaoui, alors marchand de bonbons dans la Casbah et futur premier ambassadeur d'Algérie en France, peut-être, du moins au début du processus — le « programme » qui deviendra pour l'essentiel la plate-forme de la Soummam. Ces rédacteurs s'étaient appuyés d'abord sur les réflexions préalables d'un « comité d'études » dirigé par H'Didouche, ce militant marchand de légumes très actif à Alger, dont l'objet initial était de créer un petit manuel à l'intention de commissaires politiques exerçant leurs fonctions auprès de l'ALN. Et le résultat de leur travail a certainement bénéficié dans les semaines précédant le voyage vers la Soummam des participants au congrès d'un enrichissement ou d'inflexions à la suite des discussions entre Abane et ses principaux interlocuteurs réguliers ou du moment, tout particulièrement Belkacem Krim en ce qui concerne la partie militaire, et Ben M'Hidi, dès après son arrivée à Alger en juin, pour l'aspect politique.

Malgré des échanges de lettres fréquents entre Alger et Le Caire, il ne semble pas en revanche que l'avis des dirigeants de l'extérieur ait pu beaucoup influer sur le contenu des textes adoptés dans la vallée de la Soummam, et qui minimiseront d'ailleurs, on le sait, leur vocation au leadership et leur rôle au sein du FLN d'une manière générale. D'abord parce que la rédaction de la plate-forme, qui sera finalisée en leur absence pendant le congrès, fut matériellement réalisée à Alger et ne leur sera jamais communiquée en détail pour leur permettre de réagir à temps — le 15 août, à la veille du début des travaux du congrès, une missive envoyée du Caire signale que le projet de plate-forme évoqué précédemment par des courriers d'Alger n'est toujours pas arrivé ! Mais aussi sans doute parce qu'il était difficile pour les figures du FLN au Caire de forger eux-mêmes collectivement des propositions comme cela a été fait à Alger. À la fois en raison de leurs querelles entre eux et en raison de leurs désaccords profonds avec les responsables de l'intérieur, et plus particulièrement ceux de la capitale, avec Abane Ramdane pour figure de proue désormais incontestée au plan politique.

L'hétérogénéité du « groupe du Caire » est particulièrement évidente depuis le début de la guerre et l'installation dans la capitale égyptienne d'anciens messalistes et, par intermittence, de Boudiaf. Elle n'a fait que se renforcer avec l'arrivée des « ralliés » issus du groupe centraliste et surtout de l'UDMA — Ferhat Abbas, dont beaucoup se méfient, en tête — ou de l'Association des oulémas. Mais elle a aussi pris de l'ampleur en raison du comportement d'Ahmed Ben Bella, qui prétend à l'évidence occuper une position privilégiée parmi les responsables du FLN et faire ce qu'il faut pour justifier cette ambition à ses yeux légitime. Ce qui ira notamment jusqu'à le pousser à proférer directement ou indirectement des propos très désobligeants envers ses « frères » de la direction de la délégation extérieure. Il sera ainsi grandement question d'une lettre qu'il aurait fait transmettre fin 1955 au chef de la zone des Aurès par son homme de confiance Ahmed Mahsas et dans laquelle on traitait notamment Khider — « un homme cuit [...] qui s'est embourgeoisé » — et Aït Ahmed — « toujours le même, c'est-à-dire berbéro-matérialiste » — de « corrompus » qui « jouent simplement un rôle de couverture et n'ont pas voix au chapitre ». L'émoi soulevé par le contenu de cette missive expédiée d'Égypte, et rendue publique après qu'elle eut été saisie par l'armée française au cours d'une bataille dans les Nememtchas à l'extrême est de l'Algérie, fut tel que Ben Bella dut ouvertement affirmer qu'il n'en était pas l'auteur, Mahsas acceptant d'en endosser la paternité. Malgré cette mise au point, la proximité entre ce dernier et celui qu'on avait très logiquement — et peut-être injustement — supposé être le véritable auteur de ces attaques peu amènes n'aidera pas à dissiper le malaise — le mot est faible — entre les chefs FLN du Caire.

Mais les dissensions sont encore plus vives entre Le Caire et Alger. Avec souvent Ben Bella, là encore, au centre des controverses. Et Abane Ramdane dans le rôle de celui qui dénie à ce dernier toute vocation à occuper une position prééminente au sein de la direction de ce qu'on va bientôt appeler communément la révolution. Et qui affirme et réaffirme sans arrêt qu'il n'est pas d'accord avec les prises de position du Caire, qu'il réprouve l'action — ou plutôt l'inaction — des dirigeants de l'extérieur, enfin qu'il pense que la direction la plus légitime est celle de l'intérieur. Les courriers d'Alger adressés au Caire entre fin 1955 et l'été 1956 en témoignent éloquemment. Des exemples ? Ils font savoir, le plus souvent sous la signature en clair d'Abane, que les « patrons » d'Alger ainsi que d'autres dirigeants de l'intérieur sont totalement opposés à l'idée attribuée à l'extérieur par un envoyé des Oulémas de bientôt « former un gouvernement provisoire » (lettre du 29 février 1956) ; que l'effort de la délégation du Caire pour entraîner dans la lutte la Tunisie et le Maroc se résume à « du bla-bla-bla » et que Mahsas aurait dû être « passé par les armes » après avoir reconnu être le rédacteur de la lettre retrouvée et dévoilée par l'armée française (13 mars) ; que « la Fédération de France doit d'abord par principe dépendre de l'Algérie et non du Caire » (13 mars encore) ; que « nous n'avons pas la même conception du FLN que vous » car « pour vous le FLN est la continuation du PPA-MTLD-CRUA » alors que « pour nous [...] il est le rassemblement de tous les Algériens qui désirent sincèrement l'indépendance » (15 mars). Mais ces remarques vigoureuses, exprimant notamment de sérieux différends doctrinaux, ont déjà été précédées dès la fin 1955 — le 4 novembre exactement — d'une sèche mise au point quant au statut et de Ben Bella et de la délégation extérieure : « Nous sommes contre tout ce qui peut rappeler de près ou de loin le culte de la personnalité », « Ben Bella n'est pas représentant de l'Armée de libération nationale au Caire, pas plus d'ailleurs que Boudiaf, Aït Ahmed, Yazid, Khider, Lahouel, etc. », puisque « vous êtes » simplement « des patriotes émigrés en Orient » où « le FLN et l'ALN vous ont chargés d'un travail à l'extérieur ».

Les passages les plus virulents des courriers ne sont pourtant pas ceux-là, mais ceux qui concernent la carence inacceptable aux yeux d'Alger des hommes du Caire — et en premier lieu de Ben Bella qui est chargé de cette mission côté est et à un moindre degré de Boudiaf également concerné côté ouest — quant à la livraison d'armes aux maquis de l'intérieur. Les accusations à cet égard, déjà évoquées et qu'on retrouve dans la quasi-totalité des lettres, sont directes et radicales (« Les chefs de zone [...] nous demandent de vous dénoncer publiquement » ; n'y a-t-il pas du « favoritisme » au profit de certaines régions et au détriment d'autres dont « se méfient » peut-être Ben Bella et Boudiaf ? etc.). Et seront suivies d'effets, au-delà des reproches écrits, sur un plan concret. Elles conduiront en effet Alger à dépêcher au Caire Lamine Debaghine pour « prendre la tête de la délégation », ainsi que le dit sans détour une lettre du 13 mars, afin de rendre plus efficace son action en particulier en matière de livraison d'armes. Un camouflet, assurément, pour les dirigeants du Caire, qui n'accepteront d'ailleurs pas de fait un tel assujettissement. Peu après, au printemps 1956, Larbi Ben M'Hidi, excédé par l'impossibilité de recevoir des armes, se rendra pour sa part en personne dans la capitale égyptienne pour demander des comptes à ce sujet aux responsables de l'extérieur. Il faudra séparer Ben Bella, se sentant à juste titre visé, et le responsable de la zone 5 un jour où ils commenceront à en venir aux mains publiquement. Un épisode qui fera beaucoup parler parmi les dirigeants du FLN et dont on imagine qu'il ne pourra qu'encourager Ben M'Hidi, après son retour en Algérie, à renforcer son alliance avec Abane quand il s'agira de décider de la suprématie de l'intérieur sur l'extérieur.

C'est évidemment sans surprise qu'on apprendra donc, au lendemain du congrès de la Soummam, le rejet de ses principales décisions par Ben Bella. Mais cette position sera sans grand effet, à court terme du moins, sur le cours des événements. Parce qu'Abane, on l'a vu, a réussi en pratique à affirmer son leadership chez les indépendantistes en cet été 1956, moment charnière de la vie du FLN. Mais aussi parce que, nul ne le sait encore bien sûr, tous les principaux dirigeants « historiques » du Caire — on le verra — vont très bientôt perdre leur liberté de mouvement. Peu avant qu'une offensive de l'armée française visant à détruire l'organisation FLN dans la capitale — ce qu'on a appelé la « bataille d'Alger » — ne vienne de surcroît perturber les plans des chefs indépendantistes réunis au sein du CCE. La « guerre des chefs » qui s'annonçait en 1956 ne prendra donc pas une grande ampleur comme on pouvait alors le craindre. Des événements extérieurs auront eu raison de ce risque d'affrontement au sommet pour le FLN. Provisoirement en tout cas.

Chapitre V

ALGER, 1957 : LE FLN A PERDU UNE BATAILLE...

JUIN 1956-OCTOBRE 1957 : LA « BATAILLE D'ALGER »

« Reconnaissons que, nous non plus, nous n'avons pas lésiné sur les moyens. »

Yacef Saadi, dans l'introduction de son long récit intitulé *La Bataille d'Alger*, dont il fut un acteur essentiel à la tête des combattants algériens sur le terrain, publié en trois tomes dans sa dernière version de 1997.

« Si je meurs, vous ne devez pas pleurer, je serez [*sic*] morte heureuse, je vous le certifie. »

Extrait d'une lettre, la dernière, de Hassiba Bent Bouali à ses parents, alors qu'elle pense partir sous peu au maquis. Cette héroïne de la « bataille d'Alger » sera tuée par les « paras », juste après avoir écrit ces lignes dans son refuge de la Casbah, en compagnie d'Ali la Pointe, l'adjoint de Yacef Saadi, et du jeune « Petit Omar ».

Cette nuit-là, le 10 août 1956, dans son refuge discret de la rue Sidi-Ben-Ali au cœur de la basse Casbah, Yacef Saadi, désormais le seul responsable des groupes armés du FLN à Alger depuis l'arrestation une semaine auparavant de son homologue Mokhtar Bouchafa, s'est endormi, comme pendant tout l'été 1956, après une journée intense. Depuis plusieurs mois, il doit non seulement continuer à assurer l'emprise du FLN sur la ville blanche face au MNA de Messali Hadj — déjà très affaibli — et aux autorités françaises, mais aussi se préoccuper de l'activisme grandissant des Européens « ultras ». Qu'il s'agisse de « purs » civils ou de membres des « forces de l'ordre » qui entendent continuer le combat hors de leurs heures de service, ces derniers, en effet, ont commencé à s'attaquer directement aux musulmans qu'ils suspectent de sympathie pour les indépendantistes.

À minuit passé d'à peine deux minutes, à en croire, dit-il, sa montre qu'il consulte immédiatement, il va, si nécessaire, en avoir une nouvelle preuve. Alors qu'il s'accordait un sommeil réparateur en profitant d'« une nuit relativement plus calme que les précédentes [...] sans cesse perturbées par les alertes et les bouclages de quartier », Yacef Saadi est soudain réveillé par « une violente déflagration ». Avec son fidèle adjoint Ali la Pointe, il est « littéralement projeté hors de son lit ». Il monte sur la terrasse de la maison, d'où il ne voit rien malgré la nuit étoilée sinon une épaisse couche de poussière qui s'élève à peu de distance. Mais il entend, à quelques dizaines de mètres, des hurlements de douleur entrecoupés d'appels au secours. Il plonge dans les étroits escaliers de la demeure et rejoint en quelques minutes le lieu de l'explosion. Il se trouve face à un « trou béant » : les façades des numéros 8 à 12 de la petite rue de Thèbes — aujourd'hui rue Mustapha-Latrèche — ont disparu, soufflées par ce qu'il imagine tout de suite être un attentat. Comme après un bombardement, le spectacle est horrible : des membres déchiquetés dans les débris, des bouts de chair collés à des poutres, des blessés enfouis sous les gravats qu'on entend gémir, des dizaines de cadavres d'adultes et d'enfants morts pendant leur sommeil qu'on sortira petit à petit des décombres.

Des hommes et des femmes accourus des environs, des ruelles voisines de la Casbah surpeuplée, s'improvisent secouristes. Avant qu'au bout d'un assez long moment — deux heures, affirmera sans doute un peu vite dans ses mémoires Yacef Saadi qui a dû trouver le temps long, beaucoup trop long —, des sapeurs-pompiers entourés de policiers et de soldats n'investissent les lieux. Le chef des commandos FLN d'Alger, afin de rester en sécurité, s'éloigne alors évidemment de la scène de l'explosion. Pour constater que des centaines et des centaines d'Algériens, horrifiés par ce qui vient de se passer, sont restés dans la rue et parlent ouvertement de vengeance après — cela ne fait déjà plus de doute à leurs yeux — cette action terroriste d'ultras « pieds-noirs ». Et que certains sont même tentés, au moins en paroles, d'organiser une descente vers la ville européenne le long du port pour rechercher l'affrontement. Pour les calmer, avant d'organiser un quadrillage nocturne du quartier, il promet une contre-offensive qui sera « plus meurtrière » que ce « forfait de lâches ». Et de fait, on le verra, il tiendra sa promesse en lançant dans Alger des groupes armés qui exécuteront en représailles des Européens.

LA VÉRITABLE ORIGINE DE LA BATAILLE D'ALGER

On dénombrera finalement plusieurs dizaines de morts — seize « seulement », diront les autorités, plus de soixante, assurera le FLN — et beaucoup plus de blessés rue de Thèbes. La presse puis la justice européennes tenteront d'attribuer la tragédie à des groupes armés indépendantistes qui n'auraient pas su manipuler des explosifs. Ce n'est pas tout à fait improbable sinon absurde seulement pour Yacef Saadi, qui sait que la Casbah n'abrite encore aucune réserve significative de bombes ni aucun atelier de fabrication de tels engins. Car les autorités coloniales n'ignorent pas les agissements des ultras. D'ailleurs l'attentat, assez rapidement, est *de facto* revendiqué par un « Comité antirépublicain des quarante », derrière lequel on retrouvera des responsables policiers ainsi que l'ex-commissaire et ex-sous-préfet de Guelma de sinistre mémoire André Achiary, qui affirme dans un tract que, « pour un Européen tué, un pâté de maisons de la Casbah sautera ». On saura plus tard que c'est une bombe à retardement de grande puissance — 30 kilos ? — prévue pour exploser à minuit qui a été préparée, selon ses propres dires, par l'activiste, ancien des services secrets français, Philippe Castille ; et déposée par un représentant de commerce nommé Michel Fessoz. Elle a été convoyée jusqu'à la Casbah par ces deux ultras liés au « Comité des quarante », qui entendent ainsi réaliser un coup d'éclat qu'ils considèrent comme du « contre-terrorisme » face aux attentats du FLN. Ils ont choisi la rue de Thèbes parce que, selon un commissaire sympathisant, c'est notamment là qu'habite, d'après les aveux d'un homme des commandos supervisés par Yacef Saadi arrêté puis interrogé sans ménagement après un attentat, son « chef de groupe », propriétaire d'un bain maure au numéro 20. Mais l'engin a été posé au hasard, à dix numéros de l'adresse en question dont l'occupant a bien entendu disparu au plus vite après avoir appris cette interpellation. Et plus loin encore du domicile d'un autre combattant du FLN abattu récemment par la police et résidant lui au numéro 2, coïncidence qui a suffi au commissaire disposant du renseignement et à ses amis activistes européens pour considérer la rue entière comme « un repaire de terroristes ».

L'attentat de la rue de Thèbes du 10 août — dont les auteurs, bien qu'identifiés rapidement de façon probable et dès février 1957 de façon certaine, ne seront jamais poursuivis ! — peut être considéré comme une date essentielle dans l'engrenage qui conduira à ce moment de la guerre que les Européens nommeront la bataille d'Alger — à vrai dire une curieuse bataille, comme le feront remarquer plus tard dans leurs mémoires plusieurs responsables indépendantistes, puisqu'elle opposera pour l'essentiel, on le verra, non pas deux armées l'une à l'autre mais une seule à quelques dizaines de guérilleros urbains vivant dans la Casbah au sein d'une population civile terrorisée par les méthodes des paras de Massu et Bigeard. On peut situer cependant le tout début de cet engrenage un peu moins de deux mois auparavant, en juin, quand, décidé à faire « un exemple » sous la pression des ultras européens, le ministre résident Lacoste, appliquant là une décision du gouvernement et du président de la République René Coty, eux-mêmes convertis à une ligne dure, avait ordonné de faire exécuter deux hommes parmi les nombreux combattants indépendantistes déjà condamnés à mort.

Pour comprendre l'importance de l'événement, il faut déjà savoir qu'il était inédit sinon inattendu. Certes, 253 condamnations à mort ont alors été prononcées contre des nationalistes algériens. Et même si pour 163 d'entre elles, ce fut par contumace, il y a 90 indépendantistes qui sont promis à la guillotine — comme des droits communs, puisque officiellement on n'est pas en guerre — dans les prisons des principales villes d'Algérie. Pour 55 d'entre eux, cela peut même se produire à tout instant puisque leurs peines, confirmées par la Cour de cassation d'Alger, sont définitives sauf acceptation hypothétique d'un recours en grâce auprès du président de la République. Mais aucune de ces peines capitales n'a donné lieu à une exécution depuis le 1er novembre 1954. Un tour de table lors d'un des premiers Conseils des ministres du cabinet Guy Mollet, à la mi-février, avait abordé la question et laissé apparaître que plusieurs responsables politiques parmi les plus importants, dont le secrétaire d'État chargé de la Guerre Max Lejeune ainsi que son ministre de tutelle Maurice Bourgès-Maunoury et le garde des Sceaux François Mitterrand, étaient favorables à l'exécution rapide des sentences que réclamaient haut et fort autant les chefs militaires que les leaders pieds-noirs les plus déterminés — le 28 janvier, une manifestation d'anciens combattants avec à sa tête le président des ex-commandos d'Afrique Georges Roux l'a fait savoir, tout comme huit jours auparavant la Fédération des maires d'Algérie dirigée par le très radical Amédée Froger. Mais le gouvernement avait décidé de ne pas donner suite pour laisser les mains libres à Lacoste, juste nommé. Il était conscient qu'il pourrait s'agir là d'une véritable déclaration de guerre face aux insurgés alors qu'on pensait encore pouvoir mettre fin au conflit, comme on le sait, par des négociations secrètes.

Avant la fin du mois de mai, les autorités françaises ont fait volte-face. Cette fois, sans doute en raison du résultat jugé décevant des premiers pourparlers secrets — le FLN n'entend pas renoncer en effet à sa revendication de l'indépendance — et d'une évaluation de la situation militaire qu'on veut croire plus favorable, on cède aux pressions des durs de l'Algérie française. Lors de la séance du 5 juin du Conseil supérieur de la magistrature, qui siège sous la présidence du locataire de l'Élysée — René Coty — et en présence de l'influent garde des Sceaux, on examine ainsi selon l'usage mais pour la première fois des recours en grâce de combattants nationalistes, qui, sans surprise, seront finalement rejetés. Le choix des deux premiers guillotinés pour l'exemple a été opéré par le directeur de cabinet de François Mitterrand, Pierre Nicolaÿ, qui dira beaucoup plus tard qu'on lui avait demandé de repérer « des condamnés qui présenteraient un profil pas trop contestable » pour le cas « où ces exécutions déclencheraient une vague de protestation ». Un commentaire pour le moins étonnant quand on regarde sérieusement le dossier des futurs suppliciés, Abdelkader Ferradj et Ahmed Zabana.

Le premier, dont le nom complet est Abdelkader Ferradj Ben Moussa, était accusé, à en croire la presse d'Algérie comme les communiqués du gouvernement français reproduits alors un peu partout, d'avoir participé à un « massacre » — c'est le mot retenu — d'Européens. Plus précisément, on dit qu'il faisait partie du commando dirigé par le redouté Ali Khodja, qui a réalisé le 25 février 1956 l'embuscade de Sakamody, déjà évoquée, au cours de laquelle plusieurs civils, dont une fillette de sept ans, ont été assassinés. Les rares chercheurs qui ont eu accès aux documents présentés lors de la séance du 5 juin du

Conseil supérieur de la magistrature ont pu se rendre compte que cela était tout simplement faux. Totalement faux. Ferradj a été condamné pour « association de malfaiteurs et complicité de tentative d'assassinat » pour avoir participé le 7 mars 1956 avec quatre maquisards algériens à l'attaque d'une exploitation agricole au cours de laquelle il a tenté de mettre le feu à la maison et à des meules de foin avec un bidon de mazout mais n'a pas même tiré une seule balle. L'arrivée rapide d'un ami européen du propriétaire, lequel a reçu quelques coups, a mis fin à l'opération et permis d'éteindre le début d'incendie. Mais il y avait deux circonstances qui ont été certainement considérées comme aggravantes. D'abord, ce jour-là dans cette zone proche de Palestro, ce sont au total cinq fermes qui ont été attaquées par des combattants indépendantistes et dans deux cas, qui ne concernaient pas le groupe du futur condamné, il y a eu des morts européens — cinq hommes et deux femmes ont perdu la vie. Ensuite, Ferradj, père de deux enfants, faisait partie dans son travail de tous les jours des forces de l'ordre puisqu'il était goumier dans le 25e groupe de police rurale de sa ville natale de Palestro. Considéré comme « antifrançais » par certains dans le *douar* où il habitait, le capitaine dont il dépendait le décrivait pourtant comme un soldat qui « donnait satisfaction » et ajoutait que « rien ne laissait prévoir qu'il était en liaison avec des hors-la-loi ».

Rejoignant le lendemain son goum après avoir passé la nuit dehors, Ferradj avouera très vite sa participation au raid contre l'exploitation agricole. Il n'a pas d'antécédents, pas de sang sur les mains et n'est finalement que l'un des auteurs d'une attaque se soldant par quelques dégâts matériels et un homme blessé superficiellement. On ne lui accordera pourtant aucune circonstance atténuante et, probablement surtout pour « donner satisfaction à une opinion publique justement indignée par les crimes commis dans les fermes voisines », comme le dira son avocat, il est rapidement condamné à mort le 3 mai, son pourvoi en cassation étant rejeté dès le 9. Le cas était si peu évident pour justifier une condamnation aussi lourde, même dans le cadre d'une justice qui traitait ces affaires hypocritement comme relevant du droit commun, que la commission des grâces du Conseil supérieur de la magistrature avait conclu à l'unanimité qu'il faudrait commuer la peine en travaux forcés à perpétuité — ce qui était déjà très lourd pour un dossier sans « victime humaine ». Le président René Coty n'en tiendra pas compte et refusera la grâce.

Le deuxième condamné choisi pour inaugurer la longue liste des suppliciés — il y aura 45 Algériens exécutés jusqu'à la fin du gouvernement Guy Mollet le 21 mai 1957 et 222 au total jusqu'à la fin de la guerre — était un homme de l'offensive du 1er novembre dans l'Ouest algérien, un combattant du premier jour. Âgé désormais de trente ans, Ahmed Zabana — comme on le nomme le plus souvent, y compris en Algérie, bien que son nom, celui aujourd'hui de sa ville natale alors nommée Saint-Lucien, soit, on le sait, Zahana — a fait partie des militants nationalistes relativement peu nombreux en Oranie qui ont pris les armes le jour du déclenchement de la révolution. Bien que niant sa participation à cette opération lors de son procès, il a été accusé d'être un membre et même le chef du commando de quatre hommes qui a attaqué le 4 novembre à quelques dizaines de kilomètres à l'est d'Oran une maison de gardes forestiers dont le responsable européen a été tué d'une balle dans la tête. La police ayant retrouvé en interrogeant celui qui les ravitaillait le lieu où se sont repliés les indépendantistes, réfugiés dans une grotte avec deux autres militants, l'assaut est donné. À la suite d'un violent combat, un des combattants nommé Brahim est tué, quatre se rendent, et on retrouve Zabana à l'intérieur de la cache. Grièvement atteint à un bras et une jambe, mais surtout horriblement blessé par une balle entrée à droite par la tempe — l'homme, donc, ne voulait pas être pris vivant — et ressortie par son œil gauche. Durant le procès devant le tribunal militaire d'Oran, les quatre rescapés sont revenus sur leurs aveux, extorqués, disent-ils, sous la torture, assurant que c'était en fait Brahim et non Zabana l'auteur du coup de feu mortel. On ne les croira pas. Bien que clamant son innocence jusqu'au bout, l'accusé principal, déjà condamné à trois ans de prison pour avoir appartenu à l'OS au début des années 1950, réputé — à juste titre — spécialiste des explosifs depuis qu'il a travaillé comme ouvrier cimentier puis soudeur après avoir suivi une formation de plombier, ne bénéficie même pas d'une quelconque clémence en raison de son état de santé déplorable. Il est le seul parmi les cinq Algériens jugés qui sera condamné à mort, le 21 décembre 1955, le président du tribunal ayant affirmé que le nationaliste était « aveuglé par une haine fanatique ». Peine confirmée définitivement le 21 avril 1956 par le tribunal permanent des forces armées d'Alger, dont le président se déclare « réfractaire à tout sentiment de pitié ou de regret ».

Quand l'avocat de Zabana a présenté son recours en grâce, il a plaidé qu'« il n'est pas dans la tradition [de la France] d'achever les blessés ». Un argument qui n'a pas plus emporté l'adhésion du président Coty que celle de Lacoste ou de Bourgès-Maunoury. Mais qui a ébranlé, semble-t-il, Mitterrand, émettant cette fois un avis contre la mise à mort. Ainsi que les différentes autorités religieuses — le grand mufti mais aussi l'archevêque d'Alger, le président du consistoire, le représentant de l'Église réformée — qui demandent toutes ensemble la grâce des condamnés, assurant en particulier que, dans le cas de Zabana, comme le dit alors Mgr Duval, « c'est un infirme que l'on va exécuter ». Et qu'un premier recours à la guillotine contre les nationalistes aurait certainement des graves conséquences. On ne tiendra pas plus compte chez les décideurs à Paris comme à Alger de ce dernier avertissement « politique » que de l'appel à la clémence « humanitaire ».

Le 19 juin à quatre heures du matin, la macabre « cérémonie » des exécutions aura donc lieu dans la cour de la prison Barberousse, appelée le plus souvent Serkadji par les musulmans algériens, l'ancienne forteresse turque qui jouxte le haut de la Casbah d'Alger. D'après le récit écrit de Fernand Meyssonnier, fils du bourreau adjoint, présent ce jour-là comme auxiliaire de son père qui deviendra par la suite exécuteur en titre et auquel il succédera, Zabana, le premier à être amené devant la guillotine, est « calme et résigné ». Il aurait pu dire surtout qu'il manifeste alors un courage peu banal, revendiquant jusqu'au bout son combat pour l'indépendance et une Algérie libre, comme tous les témoignages oraux l'assurent. D'autant que son supplice se passe avec une prolongation imprévue qui, Meyssonnier en convient lui-même, ajoute à l'horreur : alors même que le condamné a déjà sa tête dans la lunette des « bois de justice », on donne satisfaction à une requête de l'imam présent parmi la quinzaine de personnes réunies dans la cour, qui demande au procureur de surseoir au lâcher du couperet pour permettre à Zabana, qui n'a, lui, rien demandé, de faire sa prière. C'est ainsi que le condamné reste au moins trois minutes à attendre le moment fatal pendant qu'on discute, puis voit sa tête libérée pour qu'il puisse prier avant qu'on ne le réinstalle sur la planche afin de lui trancher le cou.

Peu avant d'être extrait de sa cellule, Zabana a donné à son avocat une lettre qu'il a préparée pour sa famille « au cas où », d'une dignité remarquable, qui est restée aussi célèbre en Algérie qu'en France celle adressée à sa mère par le jeune résistant Guy Môquet exécuté par les autorités nazies pendant la Seconde Guerre mondiale. On la trouve aujourd'hui reproduite dans la section « El Moudjahid » du musée national d'Oran : « Mes chers parents, ma chère mère. Je vous écris sans savoir si cette lettre sera la dernière, et cela, Dieu seul le sait. Si je subis un malheur quel qu'il soit, ne désespérez pas de la miséricorde de Dieu, car la mort pour la cause de Dieu est une vie qui n'a pas de fin et la mort pour la patrie n'est qu'un devoir. Vous avez accompli votre devoir puisque vous avez sacrifié l'être le plus cher pour vous. Ne me pleurez pas et soyez fiers de moi. Enfin, recevez les salutations d'un fils et d'un frère qui vous a toujours aimés et que vous avez toujours aimé. Ce sont peut-être là les plus belles salutations que vous recevrez de ma part, à toi ma mère et à toi mon père ainsi qu'à Nora, El Houari, Halima, El Habib, Fatma, Kheira, Salah et Dinya et à toi mon cher frère Abdelkader ainsi qu'à tous ceux qui partageront votre peine. Allah est le Plus-Grand et Il est Seul à être Équitable. Votre fils et frère qui vous aime de tout son cœur. » L'auteur de ces mots est devenu un héros national en Algérie où des rues, des stades et des bâtiments officiels en grand nombre portent aujourd'hui son nom.

La double exécution « pour l'exemple » choque — le mot est faible — tous les Algériens et en premier lieu les camarades de combat des suppliciés. Même ceux qui ne s'étonnent pas que l'adversaire ait eu recours à cette mise à mort ne supportent pas ses modalités qui assimilent les condamnés à de simples criminels : « On peut fusiller » un combattant « mais pas guillotiner », dit encore aujourd'hui Abdelkader Guerroudj, ancien responsable de la lutte armée pour le Parti communiste algérien et lui-même condamné à mort après avoir été torturé, avant d'être gracié par le général de Gaulle. « Quand on est fusillé, on est debout », là « c'est le mépris, la *hogra* [autrement dit, pour traduire approximativement : l'acharnement contre quelqu'un d'impuissant] portés au dernier degré ». Louisette Ighilahriz, héroïne algérienne de la guerre parmi les plus connues et longtemps emprisonnée à Barberousse où elle a « assisté » à des exécutions de « camarades », confirme : « Les corvées de bois, on savait, on n'était pas à armes égales, mais on s'y attendait. Mais là, la guillotine, cette impuissance... » Mohammed Lebjaoui, ancien chef de la Fédération de France du FLN, parlera, lui — comme beaucoup d'autres —, d'un « double assassinat » qui « ne fit que rallier au Front certains indécis et exaspérer parmi les militants la volonté de se battre ».

Et c'est bien ce qui s'est passé. Puisque les autorités avaient choisi d'emprunter « le chemin des croisades », comme l'écrira sans peur de l'emphase Yacef Saadi, qui dit aussi que ce jour-là « le colonialisme français venait de couper la tête de tous les Algériens », il allait de soi qu'il fallait « concevoir une réplique » sous forme de « représailles » à la hauteur de l'événement. Un tract du FLN, assure-t-il dans ses mémoires sur la « bataille d'Alger », aurait d'ailleurs annoncé peu avant que « toute exécution de combattants capturés entraînerait la mort de dizaines de civils français ». Il dira aussi plus précisément que, tout comme l'autre responsable de commandos d'Alger, Mokhtar Bouchafa, il reçut alors l'ordre de ses chefs, et en particulier d'Abane Ramdane et d'Amar Ouamrane, de venger les guillotinés en passant à l'action dès le 21 juin avec ses jeunes combattants de la Casbah. Ce qu'on lui demande : « Descendez n'importe quel Européen de dix-huit à cinquante-quatre ans. Pas d'enfants, pas de femmes, pas de vieux. »

Pendant plusieurs jours, et moins systématiquement jusqu'à fin juin, la consigne sera appliquée sans restriction. Pour la première fois, des attentats individuels sont perpétrés en série à Alger contre des civils européens — jusque-là, outre quelques gardiens de prison jugés « sadiques » et dénoncés par leurs souffre-douleur à Barberousse, c'étaient surtout des messalistes ou des truands récalcitrants à aider le Front qui avaient été pris délibérément pour cible par les commandos FLN. Au moins une dizaine, peut-être une vingtaine d'entre eux, y laisseront la vie. Comme le leur avait demandé Yacef Saadi, qui leur avait distribué à cette fin des feuilles de cahier préparées par ses soins, les tireurs ont laissé auprès des cadavres le message écrit suivant : « Zabana-Ferradj, vous êtes vengés. » Début juillet, sachant, assure le même Yacef Saadi, que « les civils européens n'ont jamais constitué un objectif primordial », il est mis fin aux attentats non ciblés et, pour un temps, seuls resteront visés, comme auparavant, « l'armée, la police et ses supplétifs ». Sans répit : plusieurs dizaines d'attentats frapperont des commissariats et des postes de police, des casernes, des patrouilles de CRS et des inspecteurs considérés comme « cruels » ou « haineux » — toujours selon les mots de Yacef Saadi — à Alger et dans sa périphérie en juillet et début août.

C'est, prétendront-ils, pour répondre par la pareille à ces actes de terrorisme, donc par du contre-terrorisme, que les ultras du « Comité des quarante » ont déposé la bombe de la rue de Thèbes. Un argument non seulement hypocrite mais mensonger. D'abord parce que les extrémistes européens, de plus en plus actifs au moins depuis mars 1956, n'avaient pas attendu ces représailles après l'exécution de Zabana et Ferradj pour se livrer à des attentats contre les musulmans supposés favorables au FLN qui relevaient du simple terrorisme et non pas du contre-terrorisme si les mots ont un sens précis. De nombreux exemples en témoignent, comme, pour n'en citer qu'un parmi ceux jamais contestés, les deux grenades lancées contre l'épicerie d'un certain Tayeb Korichi au lieu-dit « La Tribu » à Bouzareah le 22 mai 1956. Ensuite parce que l'opération de la rue de Thèbes constitue de toute façon une véritable innovation : c'est le premier grand attentat terroriste sans cible définie, donc visant prioritairement et en grand nombre des civils « innocents », perpétré sur le sol algérien pendant la guerre. À un moment où, à en croire une estimation de l'écrivain Yves Courrière, on ne décompte encore, en mettant à part l'offensive d'août 1955, pas plus de 110 morts civils européens, soit « moins que le bilan d'un week-end pascal sur les routes de métropole ». Le FLN d'Alger, jusque-là, n'a de toute façon encore jamais posé de bombes à proprement parler — les engins de fabrication artisanale utilisés le 1er novembre 1954, avec d'ailleurs des objectifs bien définis, ou ceux dissimulés en décembre 1955 dans deux salles de cinéma du centre-ville ne méritaient guère ce nom. Et en tout cas pas d'explosifs risquant de provoquer un massacre dans la population européenne. Même, d'ailleurs, au plus fort de la période de « vengeance » après la double exécution capitale. Mohammed Lebjaoui, comme Yacef Saadi et d'autres sources, recense en revanche une douzaine d'attentats à la bombe entre fin juin et le 10 août qu'on peut attribuer aux ultras à Alger et dans ses environs et qui prennent pour cibles des hommes dont la proximité avec le FLN n'est même pas prouvée. À commencer par, le 30 juin, la pose d'un engin visant des militants de l'Union générale des travailleurs algériens (UGTA) réunis dans un local de l'ancien parti de Ferhat Abbas, l'UDMA, place Lavigerie et dont l'explosion fait dix blessés graves. Si une telle remarque fait sens dans un conflit qui laissait déjà libre cours à une violence extrême des deux côtés, ce sont bien les soi-disant « contre-terroristes » européens qui ont commencé — on n'ose pas écrire : ont montré l'exemple — en matière de terrorisme aveugle grand format dans les villes.

LE CHOIX DU TERRORISME URBAIN

Pas pour longtemps. Car après le massacre de la rue de Thèbes, en effet, le terrorisme urbain va devenir, beaucoup plus qu'auparavant, un mode de lutte

« courant » des commandos du FLN. Assumé par les dirigeants du Front dans la ville blanche. Yacef Saadi, qui avait promis, on le sait, de venger les morts de la Casbah, ne manifestera aucune retenue en organisant des opérations meurtrières. Au début, au lever du jour juste après l'explosion du 10 août, Yacef Saadi a envoyé ses hommes attaquer des Européens en recommandant qu'« en plus des armes automatiques », ils utilisent « des grenades à main et l'arme blanche comme appoint quand les conditions s'y prêtent ». Ce qui, selon lui, provoquera la mort d'« une vingtaine d'Européens » — entendre : des civils — et d'« une dizaine de policiers ». Puis seront ciblés en priorité des hommes considérés comme appartenant à la mouvance terroriste européenne ultra, comme le propriétaire de la salle de cinéma Rex Gérard Étienne, le commerçant Jean Di-Roza et son frère Vincent, le coiffeur Vincent Béringuez ou Vincent le Marseillais dit « La Rascasse », un homme proche de la pègre — tout comme d'ailleurs celui qui l'exécutera, surnommé Ali Z'yeux bleus, qui, on le sait, n'était pas le seul, loin de là, à être passé à Alger du milieu des voyous à celui de la résistance indépendantiste. Enfin, à partir de la fin septembre, alors que les autorités ont déjà procédé à un quasi-bouclage de la Casbah, le fief de Yacef Saadi qu'elles considèrent comme le sanctuaire des auteurs d'attentats et dont elles contrôlent désormais autant que possible les quelques issues laissées entrouvertes, on passe à l'échelle supérieure.

Si les « contre-terroristes » ont posé les premières véritables bombes à effet « massif », ils ne sont pas restés longtemps les seuls à utiliser ces moyens radicaux de se manifester. « L'idée des bombes à Alger nous vient de l'adversaire », assure dans ses mémoires Yacef Saadi, qui regrette d'avoir laissé à cet égard trop longtemps le champ libre aux ultras. Admettant aujourd'hui qu'il s'agit certes là d'« un recours à des méthodes barbares » mais qu'il lui « semblait que notre conscience serait sauve du moment que nos adversaires ne lésinaient pas sur cette matière », il commence à organiser dès le mois d'août ce qu'il appellera lui-même « le réseau des bombes ». C'est alors que Bouzrina Arezki, ce militant syndical et ancien du PPA plus communément surnommé H'Didouche dont il est le beau-frère, le met en relation avec Abderrahmane Taleb, un étudiant en chimie qu'on disait « surdoué », mais sans grand avenir dans l'Algérie coloniale, qui avait rejoint le FLN. Au maquis il avait déjà démontré sa capacité à fabriquer toutes sortes d'explosifs avec des moyens rudimentaires, et il était prêt à mettre son savoir et son expérience au service des commandos de Yacef Saadi. Ce dernier l'installe dans un « atelier » de la Casbah, impasse de la Grenade, pour lui permettre de constituer une équipe et de travailler à la mise au point artisanale d'engins explosifs efficaces. Il sera grandement aidé par des Européens communistes qui avaient rejoint le FLN et menaient des expériences similaires, comme le jeune médecin Daniel Timsit — lui-même fort peu « européen » en réalité d'ailleurs, même si c'est ainsi qu'on appelait alors communément tous les non-musulmans, puisque sa famille, des « Berbères judaïsés » comme il le dit lui-même, était présente depuis deux millénaires sans doute en Algérie. Ce sont eux en particulier qui fourniront, outre des matières explosives, d'utiles détonateurs — croyant *a priori*, assurera Timsit, que les bombes sont destinées aux maquis. Après un premier essai concluant sur la « plage des chevaux », un lieu peu fréquenté à l'ouest du quartier de Bab el-Oued, il fut décidé de passer à ce que Yacef Saadi nomme carrément « la phase industrielle ». Ainsi furent en tout cas fabriquées avant fin septembre trois bombes à retardement de 3 kilos prêtes à l'emploi.

A-t-il obtenu le feu vert explicite de la direction du FLN pour passer à l'action puisqu'il s'agit là, on l'a vu, d'envisager une escalade dans le choix des armes et surtout des cibles qui suppose une évolution de la tactique voire de la stratégie militaire ? On a toutes les raisons de le supposer même si le chef des commandos d'Alger laisse entendre qu'il a pris seul à ce moment-là cette initiative. En tout cas — est-ce le résultat de l'attentat de la rue de Thèbes ? —, le nouveau responsable en dernier ressort des combattants d'Alger après son retour du congrès de la Soummam, Larbi Ben M'Hidi, l'un des cinq membres du CCE qui dirige désormais la révolution, ne formulera finalement pas d'objection, bien au contraire, dit même Yacef Saadi, pour qu'on réalise des attentats à la bombe. Ce qui implique qu'on accepte désormais le terrorisme urbain, y compris le plus radical, comme un moyen de lutte « normal » pour le FLN. Une décision qui ne va pas de soi, à Alger en particulier à un moment où le CCE, qui vient de s'installer dans la « capitale », pourrait vouloir sanctuariser quelque peu cette ville où il lui faut pouvoir agir en relative sécurité et qui doit servir de base pour soutenir de diverses façons les maquis. On ne sait d'ailleurs pas si elle fait alors l'objet d'un réel débat entre les responsables, même si le sujet a été évoqué — mais simplement évoqué — au congrès de la Soummam, sans qu'un consensus se soit apparemment dégagé, puis, sans doute, à Alger fin septembre lors de la première réunion dans la capitale du CCE. Et même si certains dirigeants, comme Abane Ramdane en juillet dans un courrier adressé au Caire, ont déjà manifesté leur désir d'augmenter la pression notamment par le développement de la lutte armée autant dans les villes — jusque-là relativement épargnées — qu'à la campagne, à un moment où les forces françaises sont globalement sur la défensive et où il serait bon de faire régner partout l'insécurité. D'autant, sans doute, qu'on imagine facilement que la multiplication d'actions de nature terroriste dans les centres urbains ne fera qu'élargir la séparation entre les communautés européenne et musulmane que le FLN ne souhaite pas « officiellement » mais qui ne peut que faciliter son combat. Peu nombreux sont sans doute ceux qui, comme le colonel Sadek, ont à ce moment à l'esprit la possibilité de remporter carrément un Diên Biên Phu à Alger, mais l'idée de multiplier les actions militaires en vue d'une victoire plus ou moins proche ne paraît alors pas du tout chimérique — on se souvient à ce sujet de la prédiction de Ben M'Hidi la pronostiquant pour début 1957, selon Bentobbal, à la fin du congrès de la Soummam.

Le pas décisif est de toute façon franchi le 30 septembre par le réseau de Yacef Saadi. Lequel est pour sa part déjà persuadé depuis plusieurs mois, comme il le racontera volontiers par la suite, qu'« un pétard à Alger fera trembler toute la ville et connaître notre lutte au monde entier » plus sûrement que « la guerre dans les maquis », si utile soit-elle. Pour convoyer jusqu'à leur destination dans la ville européenne les bombes de Taleb, il faut des militants pleins de sang-froid et surtout capables de ne pas trop attirer l'attention. Il s'agira en fait de militantes, trois jeunes filles d'une vingtaine d'années.

Djamila Bouhired, recrutée à l'origine pour servir d'agent de liaison entre Abane Ramdane et Bouchafa, était devenue disponible après l'arrestation de ce dernier. Enfant de la Casbah, habitant dans une maison de l'impasse de la Grenade mitoyenne — à son insu bien sûr — du « laboratoire » de Taleb, elle n'avait pas fait de longues études mais parlait correctement le français et « présentait bien », autrement dit pouvait passer assez facilement pour une Européenne. Samia Lakhdari et Zohra Drif, la brune et la blonde, avaient pour leur part rejoint la faculté pour mener des études supérieures — cas, on l'imagine facilement, assez exceptionnel dans les années 1950 pour des musulmanes — avant que ne se produise la grève des cours. Filles respectivement d'un cadi d'Alger et d'un autre de Tiaret, elles avaient suivi la tradition familiale en se tournant vers la faculté de droit. Une fois habillées de robes « à l'européenne », rien ne pouvait distinguer ces élégantes parmi les nombreuses jeunes femmes qui déambulaient comme d'habitude dans les artères les plus fréquentées du centre de la capitale autour de la grande poste, comme la rue Michelet — aujourd'hui rue Didouche-Mourad — ou la rue d'Isly — désormais rue Ben-M'Hidi.

Réunies à partir de quinze heures impasse de la Grenade où elles apprennent leur mission, elles sont mises en condition par Yacef Saadi. Il doit, dit-il, surmonter les dernières réticences de l'une d'entre elles, « encore prisonnière de la morale qu'on enseigne aux écoliers », en évoquant les agissements impunis des Européens contre des civils qui durent depuis longtemps et font que « nous n'avons pas le choix ». Et bien sûr en rappelant ce qui s'est passé rue de Thèbes à peine un mois et demi auparavant. Ne leur cachant pas la nature toute particulière de ce qu'elles vont accomplir puisque « c'est la première fois que nous recourons aux bombes », il évoque le scénario de l'après-midi. Elles devront d'abord une à une emporter dans des sacs de plage, cachées sous des maillots de bain et des serviettes, les « boîtes en bois comme des plumiers » qui contiennent ces « bombes énormes comme les pièces d'un réveil géant », ainsi que le dira Zohra Drif. Ensuite, ayant rejoint vers dix-sept heures en bas de « la ville arabe » le quartier de Bab el-Oued, où les attendra Yacef Saadi, elles iront retrouver Taleb, qui réglera la minuterie à 18 h 25 pour le premier engin puis quelques minutes après pour les deux autres, avant de partir déposer les bombes.

« Jeunes, minces, habillées au goût du jour », les trois jeunes filles, qui ont pu passer sans difficulté des barrages différents pour rejoindre la ville européenne après de simples contrôles d'identité effectués par des militaires qui ne voient aucune raison de se méfier d'elles, ont suivi le plan prévu. Taleb, après avoir ouvert les boîtes puis tiré le couvercle à glissière des cylindres de fonte contenant les explosifs, a réglé les aiguilles du système d'horlogerie puis légèrement aspergé d'eau les nécessaires de plage des supposées baigneuses pour plus de vraisemblance avant qu'elles ne s'en aillent vers le centre-ville, disposant d'un peu plus d'une heure pour agir. Zohra Drif s'installe vers dix-huit heures à la première table qui se libère de la terrasse du Milk Bar, glisse son sac sous sa chaise, choisit une glace et la paye dès qu'on la lui amène. Elle quitte ensuite cet établissement, bondé comme tous les dimanches, situé rue d'Isly sur un côté de la place Bugeaud — alors décorée d'une statue du grand artisan de la colonisation qui lui donne son nom, aujourd'hui remplacée par celle de l'émir Abd el-Kader sur son cheval. Il est 18 h 15. Quasiment à la même heure, à quelques centaines de mètres, rue Michelet en face de l'université, c'est dans un autre lieu fréquenté par la jeunesse d'Alger, la Cafétéria, le café étudiant le plus populaire de la ville, que Samia Lakhdari, après avoir commandé une limonade, laisse elle aussi son sac à côté d'un juke-box. Enfin, toujours dans les environs, dans le hall de l'immeuble Maurétania, dans la salle d'attente de l'agence d'Air France, Djamila Bouhired place peu après le troisième sac sous le fauteuil qu'elle occupait en faisant semblant de consulter une brochure.

À 18 h 25, comme prévu, Yacef Saadi entend une première « détonation ». Suivie d'une seconde. La troisième ne se produira jamais. Les bombes du Milk Bar et de la Cafétéria ont explosé, pas celle du Maurétania, sans doute en raison d'un problème de détonateur ou de branchement de la minuterie. L'engin sera bientôt découvert, intact. Le bilan des attentats est lourd : quatre morts, des dizaines de blessés — parmi eux des enfants —, dont certains devront être amputés. Après, sur l'instant, un vent de panique, une psychose de l'attentat s'installe à Alger. L'objectif du FLN, à savoir qu'aucun Européen ne puisse plus se sentir en sécurité où que ce soit, est atteint. Et il n'y a plus de retour en arrière envisageable. Tout le monde le sent à Alger, où les contrôles policiers se multiplient et où l'on prend partout des mesures de protection dans la ville européenne.

Si le docteur Timsit a quelque mal à assumer sa participation indirecte au terrorisme contre des civils, comme il le dira, les poseuses de bombes n'exprimeront pas de regret *a posteriori*. Même si

Samia Lakhdari, à la demande, dira-t-elle, de son fiancé, inquiet de la voir participer à ce « jeu de massacre », a quitté rapidement le « réseau des bombes » pour se réfugier en Suisse puis en Tunisie où elle restera jusqu'à la fin de la guerre. Zohra Drif raconte de la façon suivante un demi-siècle après ce qu'elle a alors vécu. Même en faisant la part de la reconstruction dans un récit aussi tardif, le témoignage est très parlant. Ayant lu avec passion *La Condition humaine* de Malraux et des récits sur la résistance française pendant la Seconde Guerre mondiale, elle rêve depuis le 1er novembre d'appartenir à l'organisation de ceux qui luttent contre « l'occupation française ». En contact avec les indépendantistes du FLN depuis fin 1955 grâce au frère d'une amie, l'étudiant en lettres Boualem Oussedik, s'imaginant plus « efficace » en ville qu'« au maquis où elle [aurait été] infirmière », elle a rejoint les « groupes de la Casbah » où elle fait la connaissance de Djamila Bouhired. Quand cette dernière l'a emmenée pour la première fois visiter la « ville arabe », affirme cette descendante d'une grande famille qui « menait la vie d'une Européenne de la bonne société », elle était « malade » à l'idée que sa mère « apprenne que j'étais dans cet endroit qui, pour elle, était synonyme de débauche et de prostitution ». Peu de temps après l'attentat de la rue de Thèbes, se souvient-elle, elle est allée avec Djamila dans la ville européenne et, au retour, celle-ci « pleurait de rage » en disant — en substance sans doute — « les salauds, les pourris, même si c'est la guerre, ils vivent ». Et « c'est sans doute à cause de cette rage, de l'audace de la jeunesse, de ma conviction absolue qu'il fallait le faire, que j'ai posé les premières bombes dans les cafés chics de la jeunesse pied-noir », poursuit-elle. Car, « pour nous, les véritables adversaires, c'étaient les pieds-noirs pour lesquels on nous bombardait, on nous tuait, on nous torturait ». Pas d'hésitation même au moment où elle a posé les engins de mort ? « La seule chose à laquelle tu penses, c'est que tu dois réussir et ne pas te faire arrêter parce que tu sais ce qui t'attend. Si nous nous étions posé des questions morales, nous n'aurions pas fait la guerre. »

Les semaines qui suivent confirment que le temps de la guerre urbaine est bien venu. Les « contre-terroristes », toujours avec le soutien de policiers et de plus en plus de certains militaires, continuent leurs opérations provocatrices et souvent meurtrières à Alger. Comme celle qui aboutit à la mort par noyade sous la torture de Mustapha Chaouch, un buraliste musulman de la rue d'Isly enlevé par des ultras disposant d'une carte tricolore qui le soupçonnaient — à tort de surcroît ! — d'être un responsable indépendantiste qu'on pourra « faire parler ». Les attentats des commandos du FLN, surtout, se multiplient sous toutes les formes. Notamment, malgré l'arrestation le 8 octobre du docteur Timsit puis l'explosion d'un « atelier » et la découverte par la police d'un « laboratoire » d'explosifs installés dans la ville européenne, les attentats à la bombe. Certains d'entre eux atteindront leurs objectifs, comme une partie de ceux qui entendent « punir » jusqu'à la mi-novembre le spectaculaire « rapt » aérien du 22 octobre ayant conduit à la capture des dirigeants du FLN de l'extérieur — affaire sur laquelle nous reviendrons —, entretenant, même quand il n'y a pas mort d'homme, le climat de peur dans la ville. D'autres les rateront ou ne pourront même pas être réellement mis en œuvre. Le cas le plus célèbre, l'un des plus tragiques aussi vu son issue, est celui de la tentative d'attentat contre l'usine à gaz d'Alger.

Fernand Iveton, trente ans, ouvrier tourneur à l'EGA (Électricité et Gaz d'Algérie) qui a la réputation d'être un idéaliste, est depuis longtemps membre du Parti communiste algérien, dont il a vendu la presse dans la rue au Clos-Salembier, ce quartier populaire de la banlieue d'Alger où il est né et où, on le sait, eut lieu la fameuse « réunion des vingt-deux » de juin 1954. Comme quelques-uns de ses camarades européens du Parti, dont son ami très proche l'aspirant Maillot, il a rejoint le groupe des « combattants de la libération » favorable à la lutte armée sous l'autorité d'Abdelkader Guerroudj, puis le FLN à l'été 1956 après les difficiles négociations entre le Front et les communistes. Humaniste, donc opposé aux attentats aveugles comme ceux du 30 septembre, il propose ou accepte — car Yacef Saadi réclame pour lui ou ses lieutenants la paternité de l'idée — de réaliser une opération spectaculaire, démontrant la puissance du FLN et pénalisant éventuellement les Européens si la distribution du gaz est interrompue, mais qui ne sera pas meurtrière : faire exploser une ou deux bombes dans l'enceinte de l'usine à gaz, celle-là même qui avait été visée sans succès le 1er novembre 1954, après l'heure à laquelle les employés quittent le lieu. Le 14 novembre, après la pause du déjeuner, il se rend donc à son travail avec un engin explosif issu des « ateliers » du « réseau bombes », qu'on vient de lui livrer, dans un sac de toile verte. Un contremaître européen intrigué par ce sac de plage d'où dépassent des journaux et les allées et venues inhabituelles de cet « ouvrier connu pour ses sentiments extrémistes », comme il le dira, va inspecter en début d'après-midi un bâtiment où il l'a vu pénétrer. C'est ainsi qu'il découvre avec deux collègues qui l'accompagnent une boîte semblant contenir un système d'horlogerie dans une armoire.

La police, prévenue par un coup de téléphone, accourt. Elle s'aperçoit vite qu'il s'agit d'une bombe à retardement, prévue pour exploser à 19 h 30. Immédiatement arrêté, Iveton subit des tortures — l'eau, l'électricité — car on veut lui faire avouer où il a caché une deuxième bombe puisque des papiers retrouvés sur lui semblent attester l'existence d'un autre explosif. Et lui faire dire tout ce qu'il sait sur le réseau auquel il appartient et avec lequel il a organisé l'opération. Il n'y a en fait pas de deuxième engin prêt à éclater à l'EGA, car l'ouvrier n'a pu en emporter qu'un dans son sac, trop petit. L'autre a été jeté au hasard par les convoyeurs du FLN chargés de la livraison sous la bâche d'une camionnette où elle sera retrouvée par hasard le lendemain, sans avoir explosé, après une nuit de suspense pour la police et la population environnante. Iveton, comme il se doit, ne lâche des informations que petit à petit pour laisser le temps à ses camarades de se mettre à l'abri. L'affaire est vite montée en épingle par les autorités comme par la presse européenne, ravies de démontrer la collusion entre les communistes et le FLN, de surcroît dans un cas relevant du terrorisme. Et à un moment où les chars soviétiques quadrillent Budapest, ce qui n'arrange rien évidemment pour l'ouvrier communiste. Jugé en urgence le 24 novembre par le tribunal militaire d'Alger, à peine dix jours plus tard, Iveton, défendu d'abord par un simple avocat commis d'office en raison des réticences du PCF à soutenir cet irresponsable qui a pris le risque de détruire l'image du Parti, ne bénéficie d'aucune circonstance atténuante, au contraire : il faut, là encore, faire un exemple. Il a pris toutes les précautions pour éviter des pertes humaines ? Qu'importe ! « En admettant qu'il dise vrai lorsqu'il prétend qu'il ne voulait pas qu'il y eût de victimes, s'exclame le commissaire du gouvernement, son crime est aussi grave ! » Sans surprise, devant une salle que beaucoup décriront comme hystérique et qui saluera le verdict par des vivats, il est condamné à mort, bien que n'ayant pas de sang sur les mains et n'étant accusé que d'une tentative ratée d'attentat. Le 11 février, à cinq heures du matin, alors que fait encore rage la « bataille d'Alger », il sera guillotiné en compagnie de deux militants du FLN, Laknèche Mohamed Ben Ziane et Ouennouri Mohamed Ben Khiar, qui ont fait le coup de feu le premier contre un soldat et le second dans un bar après la mise à mort de Zabana en ne provoquant que des blessures chez leurs victimes. Iveton, encore incrédule devant ce qui lui arrive, à qui son avocat tente d'expliquer au pied de l'échafaud qu'il n'a pas été gracié contre toute attente « à cause de l'opinion publique », passera le premier sous la lame. Car, expliquent les bourreaux, quand il y a plusieurs condamnés à la peine capitale, il est de coutume de commencer par le moins coupable pour lui épargner l'attente ! Le seul Européen à avoir connu les « bois de justice » pour avoir combattu en Algérie avec le FLN a aujourd'hui donné son nom — presque toujours écorché en Yveton dans les ouvrages sur la guerre — à une petite rue et à une école au Clos-Salembier, près de là où il habitait.

QUI A TUÉ AMÉDÉE FROGER ?

L'exécution de Zabana et Ferradj en juin, l'attentat de la rue de Thèbes en août et l'entrée en activité du « réseau bombes » de Yacef Saadi fin septembre avaient marqué les trois coups de la véritable entrée en guerre totale de la capitale de l'Algérie en 1956. Mais il fallait un quatrième détonateur pour que devienne inéluctable un changement radical de la situation, provoquant presque immédiatement l'entrée en scène de l'acteur principal, côté français, de la « bataille d'Alger », à savoir l'armée du colonisateur. Ce sera l'assassinat le 28 décembre d'Amédée Froger. Un assassinat aux effets ravageurs et qui garde aujourd'hui encore une part de mystère.

L'attentat lui-même paraît se passer très classiquement. À la tête de la municipalité de Boufarik sans discontinuer depuis 1925, président omniprésent surtout de l'influente association des maires d'Algérie, ultra de l'Algérie française — on peut même dire qu'il l'incarne aux yeux de beaucoup —, proche des mouvements extrémistes qui pratiquent le « contre-terrorisme », cet homme de soixante-quatorze ans encore des plus actifs est une cible symbolique logique pour les indépendantistes. Quand il sort de son domicile algérois, 108, rue Michelet, ce matin-là un peu avant dix heures, il a à peine le temps de s'asseoir dans sa 403 derrière son chauffeur avant d'être atteint par trois balles tirées à bout portant par un homme qui s'enfuit. Il mourra une heure plus tard à la clinique Solal où il a été transporté. Le tireur, à en croire des témoins, était un homme jeune, dans les vingt-cinq ans, portant une gabardine beige sale et boitant très légèrement. L'un d'entre eux dira ensuite qu'il avait une cicatrice visible à la jambe. Il a été notamment poursuivi par le chauffeur de Froger, mais il a pu échapper à ses poursuivants en se servant deux fois encore de son arme avant de disparaître au bout des escaliers d'une rue toute proche.

L'assassinat de Froger, ce qui accentue encore si nécessaire l'émotion et la fureur qu'il suscite chez les Européens, suit de quelques jours celui du *bachagha* Aït Ali, président musulman du conseil général d'Alger. Cet « ami de la France », que Yacef Saadi considérait comme un « collaborateur » des autorités parmi les plus dangereux, est tué de deux balles de 7,65 à bout portant, alors qu'il était à sa table du Cercle franco-musulman, par un tout jeune *fidaï* — autrement dit un de ces combattants « volontaires pour la mort » — récemment recruté, Kerrar Smaïl dit Kalb-Ellouz (cœur d'amande), qui sera lui-même abattu alors qu'il s'enfuyait. Tout comme ce premier attentat, le second et le plus important, celui de Froger, est immédiatement attribué au FLN. On s'attend donc à ce que le jour des obsèques du maire de Boufarik, qui sont fixées au surlendemain 30 décembre, il y ait un risque de débordement de la foule européenne. Mais personne, pas plus du côté du FLN où l'on a décidé de faire profil bas ce jour-là que de celui des autorités et des pieds-noirs, n'a prévu à quel point ce serait le cas. Et pour cause.

Les activistes européens ultras, en effet, ont décidé de tout faire pour transformer le cortège funèbre des Européens — 20 000 personnes seront là — en une foule d'émeutiers. Eux qui rêvent de renverser les autorités de la République jugées trop timides dans le combat contre les indépendantistes pour installer au pouvoir des militaires extrémistes à leur image — ils le montreront encore très bientôt avec le célèbre attentat au bazooka contre Salan, jugé trop modéré — pensent que le prétexte est tout trouvé pour faire marcher sur le Gouvernement général les partisans de l'Algérie française venus accompagner la dépouille d'un des plus déterminés parmi les leurs jusqu'à sa tombe. Pour encourager une telle aventure, ils ne lésinent pas sur la méthode. Philippe Castille, encore lui, racontera comment il a alors fabriqué une charge de 2 kilos de plastic qui doit exploser dans le cimetière au moment de l'inhumation — en fait, mal réglée, elle fera plus de bruit que de victimes ou de dégâts peu avant l'arrivée de la foule. Ainsi qu'une vingtaine de petites bombes à retardement qu'il a réparties sur le parcours et dans quelques églises et synagogues pour créer, à cet égard ce sera une réussite, un climat d'affolement général.

Cette énorme provocation, car bien sûr tous ces attentats ne pourront qu'être attribués par les Européens au FLN, n'aura pourtant pas l'effet final attendu : il n'y aura pas de putsch ce jour-là, les militaires extrémistes ayant été rendus prudents par l'échec d'un complot imaginé par un haut gradé sympathisant des ultras, le général Faure, peu auparavant à la mi-décembre. Mais elle contribuera grandement à faire dégénérer la cérémonie mortuaire en une « chasse à l'Arabe dans le style des ratonnades de grande envergure », comme le dit, sans exagération en l'occurrence, Yacef Saadi. Dans les principaux quartiers européens — Bab el-Oued, Saint-Eugène, etc. —, des hommes se livrent à des actes d'une violence inouïe contre les musulmans. Des passants sont lynchés, d'autres tués par balles ou à coups de barre de fer, des magasins et de nombreuses petites échoppes sont détruits et leurs propriétaires brutalisés, des automobiles incendiées. On verra même sur le boulevard qui jouxte le port des groupes d'Européens se saisir de voitures avec leurs passagers arabes qu'ils jettent par-dessus le parapet vers la mer — le secrétaire du gouvernement d'Alger Pierre Chaussade, lui-même sérieusement malmené ce jour-là, confirmera les témoignages algériens à ce sujet. Pour qualifier ces événements, un document interne du Gouvernement général de l'Algérie évoquera le Ku Klux Klan. Les blessés sont innombrables. Le bilan des morts, que les autorités se gardent bien de comptabiliser sérieusement comme la plupart du temps en de telles circonstances, atteint plusieurs dizaines d'après les bilans officieux les plus crédibles — il y en aura « officiellement », c'est-à-dire à en croire le général Massu, quatre. Tout cela sous le regard passif des policiers qui n'interviennent pas.

Mais par qui a été tué Amédée Froger ? On ne le sait toujours pas aujourd'hui de façon absolument certaine. Un portefaix, Badèche Ben Hamdi, sera bien arrêté sur dénonciation par des légionnaires parachutistes deux mois plus tard dans la nuit du 25 au 26 février 1957. Comme il correspond très vaguement à la description du tireur par les témoins — l'âge, le fait qu'il boite légèrement —, ce malheureux, un analphabète réputé religieux qui ne faisait pas de politique et qui ne cessera de crier son innocence après avoir été torturé pendant dix jours pour qu'il avoue, sera condamné à mort dès le 10 avril. Alors qu'aucun élément sérieux n'a pu être produit pour ne serait-ce que rendre vraisemblable sa culpabilité. Et qu'il ne présente aucune cicatrice à la jambe, seul indice précis dont dispose l'accusation, affirme son avocate Gisèle Halimi. Il sera guillotiné le 25 juillet. Une fois de plus, il s'agit pour les autorités de donner des gages aux Européens et de démontrer qu'on fait preuve en toutes circonstances de fermeté — en tout cas on fait au moins semblant. Ce qui est facile quand on s'attaque à des proies de ce type. Comme le remarquera le dirigeant communiste Abdelkader Guerroudj, lui-même condamné à mort à l'époque, comme on le sait, mais ensuite gracié : « L'Histoire nous a enseigné que le système colonial n'exécutait pas les responsables politiques après jugement. On préférait s'en débarrasser avant, en les assassinant. Dans la réalité ce sont surtout des pauvres bougres qu'on a guillotinés. Pour l'exemple, pour faire peur. »

Dès l'époque, il paraissait très peu probable qu'on tienne là le vrai coupable. Albert Camus, pourtant peu porté à l'indulgence dès qu'il s'agit de terrorisme, est lui-même très choqué par cette exécution. Après y avoir été incité par l'un des avocats de Badèche, Yves Dechezelles, il interviendra ainsi discrètement auprès de René Coty pour empêcher que d'autres condamnés musulmans qui n'avaient pas commis de crimes irréparables ne subissent le même sort. Par la suite, plus personne, ou presque, ne doutera de l'innocence de Badèche. La version le plus souvent retenue attribue l'élimination de Froger au FLN d'Alger et plus précisément à l'adjoint de son chef militaire, Ali la Pointe. Yacef Saadi, donc, est *a priori* bien placé pour confirmer ou infirmer cette hypothèse. Or il la récuse absolument — il nous l'a redit à deux reprises à plusieurs années d'intervalle — en affirmant qu'il n'aurait pu l'ignorer si tel avait été le cas. Et qu'il n'aurait aucune raison de ne pas vouloir assumer cette exécution, lui qui a ordonné tant d'attentats meurtriers, si un de ses hommes l'avait réalisée. Qui alors ? Il est, assure-t-il après l'avoir écrit, quasi certain — ne suffit-il pas de voir à qui devait profiter le crime ? — que le meurtrier était un provocateur ultra. En revanche Mohamed Bedjaoui, qui accuse par ailleurs Froger d'avoir eu à sa disposition à Boufarik « une équipe de tueurs » qui aurait exécuté de nombreux musulmans, ne donnera pas l'identité du tireur mais assurera la connaître, le décrivant en 1972 comme « un militant [du FLN] spécialement venu du maquis » qui était reparti hors d'Alger une fois sa mission accomplie et « qui est toujours vivant ». Un historien algérien fort sérieux évoque le fait que, peu après la mort de Froger, un bruit a couru dans les milieux indépendantistes assurant que celui qui avait tiré était bien un homme venu de l'extérieur mais qu'il s'agissait d'un militant messaliste, qui n'avait guère les moyens de revendiquer son acte et qui a probablement disparu par la suite. Ce scénario, que considère comme probable un des défenseurs de Badèche, n'est pas invraisemblable. Qu'en conclure sinon que l'on n'aura sans doute jamais de certitude absolue quant à l'auteur des coups de feu mortels. Qui a peu de chances néanmoins de faire partie des Européens ultras, car ces derniers, peu avares de provocation il est vrai, n'ont jamais exécuté l'un des leurs.

GRÈVE GÉNÉRALE : ALGER SOUS LA TERREUR

La multiplication des attentats depuis des mois et les événements du 30 décembre, avec leur lot de victimes et parfois de massacres, auront-ils incité les autorités coloniales, déstabilisées à la fois par les actions indépendantistes et les provocations des ultras, mais aussi les dirigeants du FLN, qui constatent que les musulmans paient au prix fort l'escalade de la terreur, à calmer le jeu à Alger ? Bien au contraire. Aussi bien d'un côté que de l'autre, on se radicalise.

Pas question, du côté du FLN, de relâcher la pression. Même si l'envergure qu'il faut donner au combat urbain, notamment à Alger où l'on fait face à un adversaire puissant, fait encore parfois débat entre les dirigeants, la ligne générale reste celle définie par les plus déterminés, notamment Abane Ramdane, auquel on attribue une directive de l'automne 1956 qui rejoint — ou plutôt précède ? — l'opinion émise par Yacef Saadi sur l'intérêt de multiplier les opérations violentes dans la « capitale » : « Notre infériorité vis-à-vis de l'armée coloniale en hommes et en matériel ne nous permet pas de remporter de grandes et décisives victoires militaires. Vaut-il mieux pour notre cause tuer dix ennemis dans un lit de rivière de Telergma, dont personne ne parlera, ou un seul à Alger, dont la presse américaine parlera le lendemain ? » D'où la poursuite ininterrompue des attentats à la fin de 1956 et même, non sans difficultés vu l'évolution de la situation comme on va le voir, pendant le mois de janvier 1957. Les attaques à la grenade se multiplient mais les engins du « réseau bombes » continuent aussi d'être utilisés. Ainsi, le 14 janvier, une bombe de la taille d'un paquet de cigarettes, donc plus facile à transporter que celles des mois précédents grâce aux progrès en matière de miniaturisation de Taleb et à des livraisons d'explosifs plus performants venus du Maroc, explose à

20 h 30 dans le hall de la radiotélévision algérienne RTA, provoquant de graves dégâts matériels. Destinée, selon Yacef Saadi, non pas à tuer mais surtout à « administrer une frousse mémorable », au moment même où il officiait au journal parlé, à un « commentateur » qui « distillait du fiel » contre le FLN et désinformait ses auditeurs, Jacques Le Prévost, qui aurait d'ailleurs été le tout premier à employer l'expression « bataille d'Alger » pour « plaire aux militaires », elle a une fois de plus été convoyée jusqu'à sa destination par une très jeune femme, allant à peine sur ses dix-huit ans. Celle-ci, Danièle Minne, la belle-fille du dirigeant des « combattants de la libération » communistes Abdelkader Guerroudj qui vient d'être arrêté, est une Européenne, une particularité qui ne passera pas inaperçue quand elle sera identifiée et recherchée — d'autant qu'elle participera à d'autres attentats — puis quand elle sera arrêtée le 26 novembre suivant au maquis où elle s'était réfugiée. Le 26 décembre, en plein centre d'Alger une fois de plus, trois bombes exploseront dans des cafés voisins et très fréquentés, l'Otomatic, le Coq Hardi et, *bis repetita*, la Cafétéria. Le bilan, inévitablement, est encore lourd : quatre morts, des femmes, et des dizaines de blessés. Quant aux actions armées de toutes natures, leur fréquence ne baisse pas d'intensité puisqu'on en dénombre à peu près autant en janvier qu'en décembre, mois record jusque-là en la matière.

Mais après le retour du congrès de la Soummam, on a également décidé de promouvoir une autre forme de lutte. On ne sait pas précisément à quelle date, mais, probablement en décembre, les membres du CCE ont mis à l'ordre du jour l'organisation d'une grève générale dont on évoquait la possibilité depuis quelque temps et dont le principe avait été favorablement accueilli. Un prochain débat prévu à l'ONU pour évoquer à nouveau la question algérienne tôt en 1957 ne pourrait-il pas fournir l'occasion de déclencher ce mouvement ? À en croire un membre du CCE, Saad Dahlab, tout comme Yacef Saadi devant qui Ben M'Hidi aurait longuement évoqué la question le 2 janvier, les avis divergent fortement quant à la forme que doit prendre cette initiative. Si les bonnes raisons, outre l'ONU, de la prendre n'échappent à personne — démontrer pacifiquement la capacité de mobilisation du FLN, prouver une fois pour toutes sa représentativité sans équivalent, notamment face au MNA, obtenir une sorte de répétition d'un mouvement qui, le jour venu, pourra prendre une forme insurrectionnelle, dénoncer le mythe de l'Algérie faisant partie de la France, assurer un retentissement international au combat pour l'indépendance, etc. —, les risques qu'elle comporte — ne serait-ce, déjà, que l'obligation pour tous les sympathisants nationalistes de montrer au grand jour leur allégeance — ne paraissent pas négligeables aux yeux de certains dirigeants.

Comme le dit en pratiquant l'*understatement* Saad Dahlab, « nous fûmes difficilement d'accord sur sa durée, sur la date du déclenchement, sur toutes les conséquences à prévoir ». D'après l'ancien leader centraliste, la proposition de mettre en pratique l'idée de la grève, vite approuvée, semble-t-il, par Abane Ramdane, serait venue de Ben M'Hidi. Celui-ci est tellement acquis à cette façon d'impliquer la population urbaine dans la révolution — on lui prête la formule devenue célèbre : « Mettez la révolution dans la rue et vous la verrez reprise et portée par des millions d'hommes » — qu'il souhaite lancer un mouvement de longue durée, une grève, éventuellement tournante, qui se poursuivrait sur un mois. Une position maximaliste, défendue « avec fougue » par le plus idéaliste sans doute des membres du CCE, qui paraît déraisonnable à Dahlab, ouvert à une telle démonstration mais de façon ponctuelle : « Jamais je ne vis [Ben M'Hidi] me regarder avec autant de mépris ou peut-être de pitié — il m'avait toujours traité avec sympathie et chaleur — que lorsque je m'aventurai à proposer plutôt un ou deux jours. Personne d'ailleurs ne me répondit et je battis en retraite sans discussion. » Le CCE, où Belkacem Krim plutôt partisan de la lutte armée « classique » aurait aussi préféré un mouvement moins « dur », finira par opter pour une durée « moyenne » de huit jours. Parmi ceux qui, en dehors du groupe des cinq dirigeants de la révolution, ne sont guère favorables à une offensive urbaine de grande envergure, en particulier à Alger, on trouve, semble-t-il, Amar Ouamrane, l'ancien adjoint de Krim devenu chef de la wilaya 4 et partageant l'opinion très réservée de celui qui fut son mentor, mais aussi — à en croire ses mémoires — le très déterminé Yacef Saadi lui-même, qui craint qu'un passage à une autre étape de la lutte ne mette en danger ses troupes que l'offensive terroriste expose déjà à une terrible répression. Les dirigeants de l'UGTA, sans réussir à se faire entendre même s'agissant d'un mot d'ordre les concernant à l'évidence, sont également peu séduits par l'idée, à en croire l'un des membres fondateurs du syndicat, Abdenour Ali Yahia. Personne, cependant, ne saurait remettre en cause la décision du « sommet » une fois qu'elle est prise, puisqu'il s'agit d'une décision plus politique que militaire ou syndicale et d'importance stratégique. Et on se préparera donc à Alger comme dans tous les centres urbains de quelque importance — vingt-six sont concernés — pour l'opération ville morte. Qui concernera aussi les Algériens de métropole. La direction du FLN, assure encore Dahlab, pense que la bonne date pour lancer la grève serait le début du mois de février, qui doit permettre d'utiliser la tribune que fournira l'ONU tout en permettant aux salariés comme aux fonctionnaires de toucher leur paye de fin de mois avant de cesser le travail. Mais une annonce prématurée de La Voix des Arabes au Caire annonçant le mouvement et surtout précisant qu'il débutera le 28 janvier aurait obligé la direction d'Alger à confirmer la nouvelle vu l'audience de la radio chez les sympathisants des indépendantistes aussi bien en Algérie qu'outre-Méditerranée. « Nous essayâmes par la suite de justifier cela en insistant sur le sens du sacrifice [des nôtres] » mais c'était « tout simplement absurde », commentera Dahlab.

L'option de la grève est-elle une erreur ou au moins des plus imprudentes ? L'avenir montrera en tout cas que la direction du FLN a certainement en l'occurrence sous-évalué la détermination de l'adversaire et surévalué ses forces. Mais quand le mouvement est décidé, il est vrai, nul dans les rangs des dirigeants du FLN n'imagine l'ampleur — et encore moins le style, qui sera caractérisé par l'horreur et la terreur — de ce qui se prépare du côté français et qui va complètement changer la donne. Le 6 janvier 1957, en effet, face à la multiplication des attentats indépendantistes et sous la pression des ultras que l'assassinat de Froger a encore fait monter d'un cran, le ministre résident conclut toute une série de reculs devant les activistes civils ou militaires par une décision radicale. Avec bien sûr l'assentiment de Paris, autrement dit de Guy Mollet et des principaux ministres concernés, Robert Lacoste convoque le général Salan, commandant en chef de l'armée française en Algérie depuis le 15 novembre. Et il lui annonce qu'il va confier « tous les pouvoirs de police » dans la capitale au général Massu qui dirige la 10e DP (division de parachutistes), relativement inemployée depuis son retour de l'expédition franco-anglo-israélienne ratée en Égypte pour reprendre le contrôle du canal de Suez et, si possible, renverser Nasser début novembre 1956.

C'est inattendu et va au-devant des désirs des chefs militaires décidés à en découdre avec les indépendantistes : « C'est mieux que je n'espérais et je vous en remercie », aurait ainsi répondu, assurera-t-il, Salan, futur putschiste quelques années plus tard, qui n'en revient pas de voir que les civils, après s'y être parfois laissés aller dans les régions de l'intérieur, abandonnent leurs prérogatives aux militaires jusque dans la capitale. C'est en tout cas la conjonction de l'annonce de la grève et de cette mesure qui met le sort d'Alger sinon de l'Algérie tout entière entre les mains des soldats transformés subitement en policiers après une démission de fait des politiques qui va marquer un tournant de la guerre. Si, pour les Français, on situe habituellement le début de la « bataille d'Alger » en ce mois de janvier 1957, on a vu que pour le FLN elle a commencé de fait plus de six mois auparavant, vers le mois de juin. Mais c'est bien en ce début d'année que vont se précipiter les événements qui changeront la physionomie de l'affrontement avec les Français.

À peine investi des pleins pouvoirs avec ses propres paras renforcés par plusieurs milliers de soldats venus d'autres régiments ainsi que des policiers et des CRS — une dizaine de milliers d'hommes immédiatement disponibles au total —, Massu se met à l'ouvrage sans aucun état d'âme — c'est le moins que l'on puisse dire s'agissant de cet officier catholique qui ne manque jamais de rappeler sa foi. On lui a demandé de rétablir l'ordre face aux « terroristes », de reprendre en main la population musulmane et de faire échouer la grève prévue pour fin janvier, il a bien l'intention de réussir ce programme qui ressemble enfin, dans la plus grande ville d'Algérie qui est alors la deuxième de la France, à une épreuve de force décisive contre la « rébellion » qu'attend l'armée dont ses hommes sont les troupes d'élite. D'autant qu'on lui a fait savoir qu'il pourrait utiliser « tous les moyens » pour cela, et on le lui confirmera sans hésitation à maintes reprises par la suite, sans souci des « bavures » que cela pourrait entraîner. Des « bavures » dont on pourrait pourtant s'inquiéter puisque des militaires français en sont déjà régulièrement les auteurs. On peut citer, pour ne prendre que quatre exemples dans quatre régions différentes, ces massacres bien documentés et connus des autorités, qui resteront impunis, accompagnés de viols et d'actes de torture ou relevant du pur sadisme, à Khenchela dans les Aurès en mai 1956, à Merbah dans l'Oranais en juillet, à Bône dans le Constantinois en août ou à Médéa dans l'Algérois le 15 décembre : entre autres atrocités, on arrache, en présence de deux officiers, les yeux de « suspects » et on égorge un adolescent devant sa mère dans le premier cas, on lâche deux essaims d'abeilles sur un jeune homme suspendu à un arbre et enduit de confiture dans le deuxième, on fracasse des crânes de civils à coups de chaise métallique dans le troisième, on envoie des chiens policiers achever les blessés qui n'ont pas été totalement écrasés par des automitrailleuses dans le quatrième.

Alors « tous les moyens » ? Y compris les plus atroces ? Comment pourrait-il en être autrement de toute façon à Alger alors que les militaires habitués à opérer dans un pur souci d'efficacité les armes à la main sur le « terrain » ne sont nullement formés aux tâches de police. Ils n'ont ni le goût des procédures, ni la connaissance de la légalité, ni l'habitude de mener des enquêtes ou des interrogatoires « dans les formes » afin de se comporter en auxiliaires de la justice comme, y compris pour les moins scrupuleux d'entre eux, les fonctionnaires de police. Alors, quand les civils leur font savoir, ce qui est le cas, qu'ils seront couverts…

Visant en premier lieu la Casbah où les hommes de Yacef Saadi sont « comme un poisson dans l'eau » au milieu des 70 000 ou 80 000 habitants en quasi-totalité musulmans de cette ville dans la ville, Massu ne perd donc pas de temps. Dès la nuit du 7 au 8 janvier, ainsi que les jours suivants, il passe à l'action, face à ce qu'il nomme « la fourmilière terroriste », comme il le raconte lui-même dans le plus pur style militaire : « J'inaugure mes nouvelles fonctions en ordonnant, dès trois heures du matin, une opération de contrôle de la partie nord-ouest de la Casbah : énorme perquisition […]. Nous n'avons que peu de renseignements mais nos méthodes comprennent un bouclage absolu et le travail d'équipes spéciales. […] Pour contrarier la fuite des fourmis terroristes et les piéger, je fais isoler les quartiers arabes (barbelés et patrouilles) et appliquer un nouveau plan de circulation. La très grande majorité des rues seront à sens unique. Des voitures radio seront placées à tous les carrefours. Il s'agit aussi de recenser les musulmans travaillant dans les quartiers européens et sur le port et de les munir d'un laissez-passer permanent mais révocable pour leur permettre de se rendre sur leur lieu de travail. » « Chasse aux terroristes » — l'expression signifiant qu'on se livre à une chasse dont tous les militants et sympathisants indépendantistes constituent le gibier —, quadrillage de la population, propagande (les voitures radio), surveillance de tous les déplacements, tout est déjà en place, du moins ce qui peut être dit par le responsable d'une opération qui ne parle pas du tout des méthodes qui seront employées pour obtenir ainsi des résultats. Car tout est immédiatement fondé, vu le manque de renseignements qu'évoque Massu, sur la fouille des maisons et la recherche desdits renseignements — où sont les caches d'armes ? les repaires des groupes armés ? les combattants ? — en faisant parler au plus vite tout « suspect », c'est-à-dire déjà tous ceux, innombrables, dont le nom apparaît à tort ou à raison dans un fichier disponible. Et les militaires emploient les méthodes les plus brutales, dont, au premier chef, ces séances de torture rapidement devenues routinières — l'électricité avec la trop fameuse gégène, les noyades et autres mises à mort simulées, l'ingurgitation forcée d'énormes quantités d'eau, les mutilations, etc. — dans divers sites — la villa Sésini, l'école Sarrouy, etc. —, qui resteront comme la marque de la « bataille d'Alger » à la mode para.

Un homme, déjà connu pour sa façon expéditive d'opérer, le commandant Aussaresses, va jouer là un rôle essentiel. C'est lui qui, faisant fi de tous les usages républicains, ira en personne accompagné de quelques hommes décidés armés de mitraillettes « rapter » *manu militari* le volumineux fichier des renseignements généraux — un document « civil » donc — pour constituer les listes d'individus à appréhender d'urgence. Nommé à la tête d'un commandement parallèle hors hiérarchie qui ne rendra de comptes qu'à Massu, il a les mains libres avec ses hommes pour s'occuper de tous les cas « intéressants ». Et c'est lui qui supervisera, à partir de son QG de la villa des Tourelles à Hydra sur les hauteurs de la ville blanche, les pires exactions pour faire parler mais aussi éliminer les Algériens qui passeront entre ses mains, responsables du FLN ou simples suspects qu'on suppose importants, avec des méthodes que le civil responsable officiel — et donc pour une large part théorique — de la police, le « secrétaire général de la préfecture » Paul Teitgen, ne sera pas le seul à comparer alors à celles de la Gestapo. Une comparaison, en tout cas, proposée par au moins un vrai connaisseur puisque Teitgen, ancien résistant à l'occupant allemand en France, a eu à connaître très directement, sur son corps, des méthodes de la célèbre « police secrète d'État » nazie pendant la Seconde Guerre mondiale.

Yacef Saadi a été impressionné par la parade des troupes de Massu qui ont tenu à soigner leur entrée en lice à Alger le 7 janvier par un défilé parfaitement « mis en scène » sur le boulevard du front de mer le long du port. Constatant l'importance des forces qui s'apprêtent à l'affronter, le responsable militaire de la zone autonome d'Alger est dans l'expectative. Mais, assure-t-il, il peut encore obtenir des renseignements, grâce à des taupes dans l'administration de la colonie, qui lui permettent de se mettre à l'abri à temps, tout comme ses groupes de choc, quand les paras opèrent dans la Casbah. « Nous avions réussi à édifier un inextricable réseau de cachettes et de refuges, reliés entre eux par des filières aussi drues de communication [...]. Grâce à ce système, en principe invulnérable, nous étions convaincus de pouvoir y vivre à l'abri des mauvaises surprises sans cesser d'activer. Seul danger, la dénonciation. » Ce constat vaut pour les premiers temps, d'autant que même en cas d'arrestation le cloisonnement des cellules de combattants — composées *a priori* de trois hommes, chacun d'entre eux ne connaissant théoriquement, et souvent pratiquement, que deux de ses camarades de lutte, trois au maximum s'il a une responsabilité — protège normalement ces derniers d'une « remontée » jusqu'à eux au moins le temps de se trouver un nouvel abri. Quand l'opération de fouille et de ratissage des paras du 8 janvier se termine, Yacef Saadi peut d'ailleurs vérifier rapidement que ses commandos et leurs auxiliaires directs ont échappé à cette première rafle de « suspects ». Il apprend cependant, preuve qu'on a en fait cette fois surtout agi au hasard de façon précipitée pour impressionner les musulmans, que « cinq cents pauvres bougres n'ont pas regagné leur foyer » — il constatera ensuite que, parmi eux, « seul un petit nombre refera surface quelques semaines plus tard ». Mais le « danger de la dénonciation » est repéré à juste titre car il apparaîtra vite qu'il n'est pas que virtuel : si la méthode des paras suppose de recourir presque systématiquement à la torture, c'est bien parce que l'essentiel, selon la méthode de Massu et de ses adjoints dont le colonel Bigeard restera le plus connu, sera bientôt de remplir petit à petit et au plus vite, en obtenant des renseignements par « tous les moyens », les cases d'un organigramme aussi précis que possible dans lequel on mettra les noms de tous les combattants et de tous les responsables du FLN à Alger.

Le 14 janvier à minuit, Massu — qui se souvient que Salan lui a donné comme conseil : « Sortez beaucoup de nuit » — organise une deuxième opération, encore plus spectaculaire et massive, notamment parce qu'on y fait participer les unités territoriales regroupant des milliers de supplétifs pieds-noirs, dans tous les quartiers d'Alger, à commencer bien sûr par la Casbah. Cette fois, le péril est plus sérieux car les paras opèrent désormais en fonction du vaste fichier récupéré par Aussaresses et soigneusement ausculté pour sélectionner de très nombreuses cibles qui, pense-t-on non sans raison vu les méthodes d'interrogatoire utilisées, permettront d'en appréhender d'autres. Yacef Saadi conseille une fois de plus à ses hommes armés de « s'écraser et laisser passer la meute ». Dissimulé sous une dalle avec son jeune agent de liaison Petit Omar, l'un des responsables du réseau bombes Débih Chérif — Si Mourad pour ses camarades — et Ali la Pointe, qui a construit lui-même avec l'aide du maçon Hassan Rabah cette cache bien conçue mais très inconfortable, il entend au milieu de la nuit les paras fouiller longuement cette maison du 7, rue de la Grenade qui lui sert très souvent d'abri dans la Casbah. N'ayant rien trouvé à l'intérieur, sinon des femmes et un vieillard peu bavard mais apparemment « inoffensif », dans cette habitation désertée opportunément par les hommes qui en sont les propriétaires, les frères Haffaf, des restaurateurs-cafetiers qui figurent sur le fichier en tant qu'anciens militants du PPA probablement en rapport avec les « rebelles », les soldats quittent les lieux. Mais ce n'est qu'à la mi-journée, après le décrochage des paras et de leurs nombreux auxiliaires, que le chef des combattants peut aller aux nouvelles et apprendre que des milliers de personnes ont été interpellées et conduites dans des « centres de triage », parmi lesquelles « un nombre impressionnant de militants ». Dix-sept hommes — impossible de vérifier ce chiffre, qui paraît exagéré, alors que *L'Écho d'Alger* ne parlera que de deux morts — seraient même « tombés les armes à la main ». Et Ali Z'yeux bleus, alors le plus connu des lieutenants d'Ali la Pointe, que les opérations les plus violentes et les plus risquées pour le compte du FLN n'effrayaient pas comme on l'a vu, a été arrêté juste après « sur renseignement ». Globalement, le coup est rude, d'autant, pense avec raison Yacef Saadi, qu'il en annonce manifestement d'autres du même type vu la façon d'opérer de l'armée qui commence à apparaître : arrestations massives, interrogatoires « poussés », nouvelles arrestations, etc.

L'essentiel, aussi bien pour le FLN, bien sûr, que pour Massu, c'est la grève générale de huit jours à partir du 28 janvier. « Le premier grand objectif concret que m'avait donné le gouvernement était de faire échouer la grève insurrectionnelle », dira le général para, et il s'emploie à « la contrer aux diverses étapes de son déroulement : préparation, déclenchement, exécution, conséquences ». Ce qui signifie déjà que, une semaine avant le jour J, il décide, dit-il, de procéder à « un maximum d'arrestations » afin d'« appréhender tous ceux qui étaient à même de lancer les ordres de grève, puis de les diffuser ». Il n'espère pas à ce stade mettre la main sur « les chefs suprêmes » qui sont « hors de portée des autorités », car la chasse aux renseignements par tous les moyens est trop récente et le cloisonnement de l'appareil FLN reste encore suffisamment efficace pour protéger les responsables. Mais il entend se saisir de ceux qui ne se cachent pas vraiment car ils ne jouent qu'un rôle subalterne dans la lutte tout en pouvant aider au succès de la grève. Le week-end précédant le 28 janvier, il lance donc, une nouvelle fois de nuit, les quatre régiments de paras opérant à Alger sous ses ordres pour embarquer en camions un millier d'individus « fichés », qui seront internés dans la banlieue d'Alger. Il va non seulement à la pêche aux renseignements mais il commence aussi, préventivement, à vider quelque peu « l'eau » — entendre la population civile sympathisante du FLN — dans laquelle évoluent à leur aise les « poissons » — entendre les combattants indépendantistes — de la « ville arabe ». Les jours suivants, il fera lâcher par hélicoptère des tracts au-dessus des terrasses de la Casbah pour inciter les musulmans à se rendre à leur travail le 28 de ce mois.

Yacef Saadi, juste après ce « ratissage » du 21 janvier, retrouve Ben M'Hidi, lui aussi résidant impasse de la Grenade dans une autre cache de la même maison. Seul membre du CCE dans ce cas depuis que ses membres ont tous rejoint Alger, ce dernier a décidé de vivre dans cette citadelle du FLN que représente la Casbah et n'y a pas renoncé malgré l'arrivée des paras. Il en sort parfois, notamment pour retrouver les autres dirigeants, moins grâce à ces faux papiers qu'il possède comme tous les combattants qu'en utilisant une maison à la limite du quartier comportant une double issue. Sa principale préoccupation, puisqu'il en est le principal promoteur, est évidemment la réussite de la grève. Il fournit à cet égard une somme substantielle à Yacef Saadi pour qu'il permette aux nécessiteux de vivre même quand, selon toute vraisemblance, ce sera devenu difficile pendant l'opération ville morte. Il le charge aussi de mobiliser les habitants, ce que le chef militaire va entreprendre avec ses hommes mais aussi avec l'aide d'une trentaine de jeunes femmes issues de l'univers artistique — comédiennes, chanteuses, danseuses... — qui ont rejoint le combat nationaliste. Au cours d'une réunion impasse Kléber dans la belle maison du *bachagha* Boutaleb, un notable musulman que les autorités coloniales croient pourtant acquis à leur cause et qui aide le FLN, elles ont ainsi été chargées de porter la bonne parole et une aide matérielle — notamment des bons d'achat que les commerçants, eux aussi alertés à travers l'UGCA, se sont engagés à accepter pendant cette période — à la population qui les connaît et les estime. Il est enfin décidé que, pour tenter de mettre à l'abri les groupes armés, ceux-ci, qui opéreront jusqu'à la veille pour impressionner les Européens et démontrer qu'ils restent plus que jamais opérationnels, d'où les attentats du 26 janvier, se terreront à partir du 28 en attendant la suite des événements.

Yacef Saadi, sans imaginer là encore à quel point il va avoir affaire à forte partie, est d'ailleurs conscient des faibles moyens dont il dispose. À la veille du débrayage, il évalue ainsi, à sa manière, la situation : face à « des milliers d'hommes dotés des armes les plus sophistiquées, d'avions, d'hélicoptères, de canons de 105, de mortiers [...], nous disposions de quelques mitraillettes [...], quelques pistolets [...] et un petit stock de gomme explosive (plastic) en voie d'épuisement. D'armes lourdes, point ». Pas question, donc, d'affrontement direct avec l'armée coloniale, il faudra simplement pour l'instant « sauver sa peau », comme il le dit dans ses mémoires. Mais cette armée, qui ne cesse de présenter la grève du 28 janvier comme un véritable mouvement insurrectionnel, ce qu'elle n'est pas de fait, même si certains responsables du FLN — Ben M'Hidi en tête — rêvent probablement qu'elle le devienne, entend au contraire mettre toutes ses forces dans la « bataille ». Le « proconsul » Massu — comme le surnomme Yacef Saadi — a défini ainsi dès le 18 janvier l'objectif de ses troupes en parlant, désormais, de « course de vitesse avec le FLN » qu'il « faut stopper dans son effort d'organisation de la population à ses fins en repérant et en détruisant ses chefs, ses cellules et ses hommes de main ». Même le « travail antiterroriste de contrôle, patrouilles, embuscades en cours dans le département d'Alger » devient secondaire face à « la mission numéro un : la destruction de l'infrastructure politico-administrative rebelle ». L'objectif suppose donc de frapper fort, très fort.

Le 28 janvier, pourtant, malgré les innombrables arrestations, malgré les alternances de menaces et de promesses des autorités pour affaiblir et délégitimer l'initiative du FLN — et du MNA qui pour ne pas être en reste a également appelé à son tour à cesser toute activité à travers un mot d'ordre de l'USTA, mais pour trois jours seulement —, malgré l'installation désormais massive et permanente de l'armée dans toute la ville en quasi-état de siège — des automitrailleuses à chaque carrefour, des hommes avec de l'artillerie sur les promontoires, à commencer par les terrasses les plus hautes de la Casbah, etc. —, l'opération ville morte commence à Alger comme un succès. Peut-être même d'une ampleur inespérée pour le FLN. Dans la capitale, en effet, mais aussi dans les autres villes et, bien que dans une moindre mesure, en métropole, la grève est observée par quasiment tous les travailleurs concernés. Aucun magasin de la Casbah n'a ouvert, et ce n'est guère différent ailleurs dans la capitale s'il s'agit de commerces tenus par des musulmans. De même, à en croire un rapport du général Salan, seuls 70 écoliers sur les 35 000 attendus ont rejoint leurs établissements ce matin-là. Une unanimité impressionnante, que ne saurait expliquer sauf à la marge la crainte qu'inspire le Front, et qui prouve, si nécessaire, à quel point le soutien à la cause indépendantiste est massif dans la population. Hormis chez la quasi-totalité des Européens bien sûr, même si, ce jour-là, la peur ayant été entretenue autant par les militaires européens que par le FLN, ils sont le plus souvent restés terrés chez eux, écoliers compris on l'a vu.

Massu, dans un « appel à la population d'Alger », avait affirmé juste auparavant que la grève générale n'avait « pas pour véritable but de se livrer à une manifestation silencieuse » mais, « par une recrudescence d'attentats de toutes sortes, [...] de provoquer [...] une réaction qui serait utilisée pour poser les rebelles en martyrs » et « faire croire à une emprise totale [du FLN] sur la population ». Certes, des martyrs, il va y en avoir ! Mais il se trompait sur le reste : il n'y aura pas, ne serait-ce que pour des raisons tactiques, de recrudescence des attentats : la consigne pour les combattants, on le sait, est de se mettre à l'abri ; et l'« emprise du FLN » sera bien démontrée. Massu admettra d'ailleurs dans ses mémoires que les mesures préventives prises, pourtant on ne peut plus radicales on l'a vu, « n'eurent aucun effet sur le déclenchement » du mouvement car « les ordres [du FLN] étaient partis » et ils seront suivis.

Réveillé le jour J dès cinq heures du matin, Yacef Saadi, n'entendant pas l'habituel bruit que font les premiers travailleurs en route vers le port ou d'autres lieux de travail, se dit déjà que « le silence de la Casbah » prouve que la grève sera bien suivie.

Il est « certain » que « le pari est gagné ». Mais la satisfaction de voir la population obéir sans réserve à ses consignes, côté FLN, ne pourra pourtant être que de courte durée. Car, à Alger, le rouleau compresseur mis en branle par les nouvelles autorités pour briser la grève à tout prix ne va pas faire de détail. La dizaine de milliers de parachutistes qui occupent — c'est bien le mot — la ville se mettent en mouvement le jour même, dès le début de la matinée. Pendant que des hélicoptères munis de haut-parleurs très puissants tournent juste au-dessus des toits pour susciter l'effroi et lancer des tracts accusant le FLN de vouloir « affamer et acculer à la misère » le peuple en « l'empêchant de travailler ». Au fur et à mesure que les heures avancent, les paras ne reculent devant aucune brutalité pour, comme le dira Massu qui ne craint pas les euphémismes, « aller chercher les grévistes » afin de « les remettre au travail ». Le premier jour puis encore les jours suivants. En clair, on enfonce petit à petit les portes des maisons pour rafler sans ménagement tous les hommes en âge de travailler qu'on oblige à se masser près de la Casbah sur la place du Gouvernement — aujourd'hui place des Martyrs — avant d'être envoyés par camions dans des « centres de tri », le plus souvent au camp d'internement de Ben Aknoun en banlieue. Après vérification, s'il est encore temps, ils sont forcés de rejoindre leurs postes de travail *manu militari*. Du moins quand ils ne sont pas retenus pour interrogatoire. Si on ne trouve pas assez de bras pour telle ou telle activité, comme ce sera le cas sur le port où manquent beaucoup de dockers, on prend des hommes dans les lieux de regroupement des Algériens appréhendés et on les envoie suppléer les absents. Quand on dispose de listes d'employés faciles à obtenir, comme dans les services publics (électricité, transports, etc.), c'est l'armée qui va chercher à domicile et emmène les « agents » sur leur lieu de travail. Quant aux magasins, on imagine bientôt de tous les rouvrir de force quand on n'a pas retrouvé leurs propriétaires en brisant — armes à feu à l'appui s'il le faut — les serrures de leurs portes et volets. Les rideaux de fer ? Aucune fermeture ne résiste en fin de compte aux « ruades de half-track » — l'expression est de Massu — quand on n'a pas pu facilement en venir à bout autrement. Ceux qui ne sont pas accourus suffisamment vite devant leur boutique ou leur échoppe la retrouveront non seulement éventrée mais pillée. Massu raconte avec une apparente satisfaction dans ses mémoires que, dans un village de la Mitidja proche d'Alger, un colonel très énergique, le futur dirigeant OAS Antoine Argoud, a décidé tout simplement de faire tirer par un blindé un obus dans un rideau de fer pour pouvoir obtenir « une activité normale ».

LE REPLI FACE AUX PARAS

Quand, au soir du 28 janvier, Ben M'Hidi et Yacef Saadi peuvent quitter enfin un temps leur cachette, ils voient revenir les hommes de la maison des Haffaf du 7, rue de la Grenade, qui cette fois n'ont pas pu échapper à la rafle. On a forcé deux d'entre eux à ouvrir le café familial, même sans clients, et deux autres ont fait partie de ceux emmenés remplacer les dockers absents. D'autres témoignages qu'ils réussissent à obtenir leur confirment que l'ordre de débrayer a été effectivement bien suivi même si la chasse aux grévistes a donné des résultats. Mais les jours suivants, la chasse en question et les opérations des paras qui l'accompagnent redoublent d'intensité. Une grande partie des maisons de la Casbah sont « marquées » à la craie ou à la chaux, permettant aux militaires de Massu d'affiner le quadrillage et la surveillance puis l'arrestation d'une grande partie des « suspects ». Les « perquisitions » musclées ne cesseront pas avant la fin des huit jours de débrayage. Il n'y a plus le moindre moment de répit.

Difficile, pour les responsables du FLN résidant dans la « ville arabe », de se sentir encore en sécurité même dans les caches. Il faut changer plusieurs fois de maison. Ben M'Hidi, en particulier, déménage du 7 au 5, impasse de la Grenade avant d'être recueilli par les parents de Yacef Saadi qui ont aménagé un abri inviolable — derrière un W-C en trompe-l'œil — 3, rue des Abderrames. Puis il passe brièvement, circulant en compagnie de Yacef et de ses adjoints recouverts de haïks pour se déplacer en ayant l'apparence de femmes, par la demeure du *bachagha* Boutaleb. Avant, à la fin du mouvement, au bout d'une semaine, de pouvoir enfin quitter la Casbah pour rejoindre dans la ville européenne les autres membres du CCE, réfugiés pour leur part chez des Européens sympathisants. Comme l'admettra Yacef Saadi, déjà « au troisième jour, nous n'étions plus que des fugitifs » qui avaient l'impression que leurs « têtes venaient d'être mises à prix ». Pire, bientôt : « L'initiative dont nous nous enorgueillissions et qui nous avait permis de tenir tête au corps expéditionnaire pendant deux ans sans rechigner, la grève des huit jours l'avait réduite quasiment à néant. »

Quand, une fois la grève terminée, il faudra s'interroger sur son bilan, il apparaîtra d'ailleurs à la plupart des responsables très négatif sinon catastrophique. Certes, la conviction indépendantiste de la population a pu être testée. Et à New York devant l'Assemblée générale de l'ONU, où on a parlé de la question algérienne à partir du 4 février, la situation à Alger a aidé à populariser la lutte pour l'indépendance. Mais sans que rien de décisif — la résolution adoptée, la France s'abstenant puisqu'il s'agit pour elle, comme toujours, d'une affaire intérieure, réclame tout au plus une « solution pacifique, démocratique et juste [...] par des moyens appropriés » — n'ait pour l'instant été obtenu. Et au plan « militaire », impossible de ne pas se rendre compte des dégâts irréversibles qu'a causés ce mouvement qui, on s'en aperçoit maintenant, était trop ambitieux au moins quant à sa durée. Pour Yacef Saadi, la cause est entendue : « Nous dûmes nous rendre à l'évidence, raconte-t-il, que les trois quarts de nos effectifs armés avaient été défaits. Et notre organisation politique réduite à la portion congrue. » La « pyramide composée de dizaines d'hommes armés » si longue à construire s'est « écroulée en l'espace d'une semaine ». La plupart des rescapés de la répression « s'étaient repliés vers le maquis » ou « en exil » dans des pays plus sûrs. La fermeture de centaines de commerces a provoqué « la paralysie de notre réseau clandestin de communication ». Bref, « nous vivions la phase la plus sombre et la plus critique de notre guerre ».

Malgré ce tableau on ne peut plus pessimiste qu'il dresse de la situation, Yacef Saadi ne se décourage pas. Pour tenter de « retrouver une certaine confiance de la population », il essaie même rapidement avec les moyens qui lui restent et de nouvelles recrues — des jeunes connus depuis longtemps avec lesquels Ali la Pointe a réussi à reprendre contact — de passer à nouveau à l'action : dès le soir du 8 février puis le lendemain, on lance des grenades sur un camion militaire puis contre une caserne, un café et quelques autres cibles. « Pour passer à la vitesse supérieure », il décide surtout d'organiser de nouveaux attentats avec les quelques bombes dont il dispose encore. Une lecture de *L'Écho d'Alger* ayant appris à ce fou de ballon rond que des matchs de football importants auront bientôt lieu dans les deux grands stades d'El Biar et du Ruisseau, il charge deux petites équipes de placer des charges de plastic dans ou sous les tribunes.

L'impact de ces attentats meurtriers en plein match le 10 février au milieu de l'après-midi — dix morts européens, deux musulmans lynchés en représailles — n'est pas négligeable à un moment où les paras se vantent d'avoir cassé la grève. Mais l'essentiel n'est pas là. Car, fort de la masse de renseignements qu'ils ont accumulés, très souvent sous la torture, les paras et tous ceux qui exercent le travail policier deviennent de plus en plus efficaces et resserrent l'étau autour des caches d'armes et des responsables ou simples militants indépendantistes encore en liberté. Quelques exemples parlants ? Dès le 20 février, trois des quatre auteurs des derniers attentats à la bombe — deux jeunes femmes et un homme — ont été arrêtés. Auparavant, le premier jour de la grève, le ferronnier qui fabriquait les corps de bombe a déjà été appréhendé. Ainsi que, un peu plus tard, l'un des transporteurs occasionnels des engins, qui permet aux paras de trouver trois dépôts d'explosifs. Le 17 février, c'est le maçon Hassan Rabah qui est interpellé dans la Casbah et qu'on oblige à révéler certaines des caches qu'il a aidé à construire. Les hommes de Bigeard finissent ainsi notamment par découvrir que le domicile du *bachagha* Boutaleb, l'insoupçonnable, sert non seulement à l'occasion d'abri pour les combattants de la « ville arabe » — Yacef Saadi vient d'y séjourner un bon moment avec ses adjoints en compagnie de trois des poseuses d'engins explosifs, Zohra Drif, Djamila Bouhired et Hassiba Bent Bouali — mais aussi de dépôt d'armes et même de bombes. Le colonel de paras pourra se vanter, après avoir saisi, dans plusieurs lieux dont le 5, impasse de la Grenade, 87 engins explosifs, 70 kilos de dynamite et de cheddite et plus de 5 000 détonateurs, d'avoir quasiment démantelé le réseau bombes. Il ne s'agit que d'une petite exagération. Le 8 février, par ailleurs, un avocat proche des dirigeants du Front, Ali Boumendjel, est appréhendé. Livré au commandant Aussaresses, il est torturé puis éliminé le 23 mars sur instruction de ce dernier, avec l'accord un peu plus qu'implicite de Massu : on l'assomme d'un coup de manche de pioche puis on le jette d'une passerelle reliant à la hauteur du sixième étage deux immeubles d'El Biar, un assassinat de sang-froid qu'on tentera — mais en vain, et cela fera bientôt scandale autant en métropole qu'à Alger — de faire passer pour un suicide. Puis ce sera aussi au tour d'une taupe du FLN dans la police, l'inspecteur Ousmer, d'être arrêté.

La plus grosse prise est cependant à venir. Elle fait suite, une fois de plus, à une dénonciation, dont l'origine — et même la date — n'a jamais pu être totalement éclaircie et change selon les sources : un recoupement de renseignements obtenus lors d'interrogatoires « poussés » ou grâce à l'exploitation de documents saisis, hypothèse très vraisemblable ? un simple signalement par un voisin européen coopérant avec la police qui a remarqué un « Arabe suspect » ? une opération menée le 22, le 23, le jour le plus probable, ou le 25 février ? Toujours est-il qu'à cette date incertaine les « bérets rouges » de Bigeard se rendent rue Claude-Debussy, à moins que ce ne soit à côté, rue de Bettignies, en plein « sanctuaire européen » selon l'expression de Yacef Saadi, pour arrêter un individu dont on suppose — c'est le plus plausible — qu'il s'agira de Benyoucef Ben Khedda, comme l'assurera le colonel para. Ils se retrouveront effectivement, en tout cas, face à un membre du CCE, mais pas celui apparemment attendu. Car si c'est bien Ben Khedda qui séjourne régulièrement dans un studio à cette adresse, il a proposé à Ben M'Hidi, à la recherche d'un logement sûr depuis qu'il a quitté la Casbah, de l'occuper quelques jours. Voilà comment, subitement, l'armée met la main sur un homme encore en pyjama qui n'est autre que le « patron » politico-militaire d'Alger — dans l'organigramme du FLN d'Alger que réussissent de mieux en mieux à reconstituer les services de renseignement de l'armée, c'est lui, en effet, qui est logiquement, au-dessus de Yacef Saadi, dans la case au sommet de la pyramide. Avec l'un des « six » chefs historiques du FLN, l'armée réalise bien la plus belle prise imaginable en pleine « bataille d'Alger » au lendemain de cette grève générale qui lui était si chère. L'endroit où séjournait Ben M'Hidi ne paraissait pas dangereux à Ben Khedda jusque-là. D'ailleurs, sans savoir qu'il prenait un grand risque puisque les paras auraient pu laisser un homme en faction ou monter une souricière, ce dernier s'y serait présenté peu après l'arrestation pour conseiller à Ben M'Hidi de changer de domicile. Car il vient d'être prévenu que, sous peu, l'adresse risque d'être dévoilée par un militant qui la connaît et ignore que le lieu est occupé. Il s'agit de son agent de liaison avec le CCE Hachemi Hamoud alias Djelloul, qui vient de tomber entre les mains des paras et qui sera sûrement soumis à la « question ». Cet homme de confiance, ancien membre du Comité central du MTLD, est effectivement mort sous la torture, comme on l'apprendra plus tard, et sans révéler l'essentiel de ce qu'il savait — par exemple, puisqu'il ne sera pas perquisitionné tout de suite, le lieu de réunion le plus habituel du CCE, 133, boulevard du Télemly chez le vieux militant du PPA et agent de liaison d'Abane, le patron du restaurant plutôt bourgeois Le Chapon fin, Rachid Ouamara.

On a mis longtemps à établir avec une quasi-certitude ce qui est arrivé à Ben M'Hidi après, tant les témoignages des militaires qui se sont alors occupés du prestigieux prisonnier et ont livré des récits à ce sujet, de Bigeard à Massu et finalement ces dernières années Aussaresses, se sont révélés, une fois recoupés, mensongers ou « arrangés ». Pendant les huit jours où il sera interrogé, notamment au QG de Bigeard dans sa villa d'El Biar où il a été présenté à la presse menotté mais digne, un petit sourire aux lèvres, ne craignant manifestement pas le sort inquiétant qui l'attend, Ben M'Hidi va impressionner ses geôliers. Échappant très probablement à la torture mais drogué à son insu au Penthotal — le fameux « sérum de vérité » qui ne semble pas mériter sa réputation —, il aurait beaucoup parlé, notamment devant Bigeard ainsi que face à ceux qui l'interrogent jusqu'au 3 mars, mais sans jamais donner la moindre information utile et en continuant d'évoquer inlassablement la légitimité des objectifs du FLN. Massu, qui, pour l'avoir vu rapidement, reconnaîtra qu'« il avait une allure certaine », un compliment peu courant chez lui alors qu'il ne cessait de traiter de « tueurs » qui lui inspirent « une pitié dégoûtée » tous les combattants du FLN, a produit des extraits des minutes de ses interrogatoires qui, bien qu'ils n'aient certainement pas été choisis pour glorifier l'auteur des propos reproduits, prouvent à quel point il n'a jamais flanché. Après avoir clairement refusé d'indiquer où ils se réunissaient et quels étaient leurs refuges, tout ce qu'il raconte de précis sur les membres du CCE et leurs activités, par exemple, est tout simplement faux et destiné à l'évidence à égarer ses interlocuteurs. Notamment quand il évoque un cinquième dirigeant qui ne serait pas Dahlab — car les autorités ne paraissent pas connaître précisément le statut de celui-ci au sein de la direction du FLN — mais un syndicaliste, en fait déjà détenu. Ou quand il prétend que lesdits membres sont partis d'Alger depuis longtemps, Krim, qu'il vient pourtant de voir juste auparavant, étant par exemple « en Tunisie depuis deux mois environ ». Il affirme aussi, toujours pour protéger ses camarades combattants bien sûr, que Yacef Saadi et Ali la Pointe ont quitté la ville pour le maquis « il y a deux jours ». Et par ailleurs, s'il admet que la grève des huit jours telle qu'elle eut lieu a pu être « une erreur tactique », ce qui n'est pas étonnant de sa part car il l'a déjà dit en des termes voisins peu avant son arrestation à Yacef Saadi et cela n'aide de plus en rien l'ennemi, il soutient surtout que, comme la grève l'a montré, les Algériens « tous, même s'ils ne le disent pas, sont pour nous ». Et « si la France veut que l'on soit amis, il nous faut la liberté et l'indépendance ». Les bombes ? Pas question de s'excuser : si le procédé est en effet écœurant, aurait-il commenté, il est « nécessaire pour le triomphe de la cause » et « une bombe est préférable à un long discours ».

Au lieu de considérer qu'avec un tel homme, elles ont trouvé quelqu'un de solide à qui parler, les autorités coloniales font un choix peu glorieux. Puisqu'elles ne peuvent imaginer que Ben M'Hidi devienne conciliant, ne souhaitant pas de surcroît un procès d'une figure du FLN peu commode qui aurait des répercussions internationales, elles décident suivant la « jurisprudence Aussaresses » — à savoir : une fois qu'on a obtenu ce que l'on peut d'un responsable FLN, avec ou sans tortures, on le tue — qu'il faut s'en débarrasser. Le commandant préposé aux basses œuvres a-t-il reçu, au moins implicitement, un ordre pour agir dans ce cas « sensible » comme il a l'habitude de le faire ? C'est en tout cas ce qu'il affirme, certain d'avoir compris ce que signifie Massu — son supérieur qu'il voit quasiment tous les jours — quand il lui assène, comme toujours en grommelant : « Occupez-vous-en, faites pour le mieux, je vous couvrirai. » Il ne fait aucun doute pour lui que ceci indique même que le patron des paras a « le feu vert du gouvernement ». Bigeard se vantera souvent ensuite d'avoir été chevaleresque pour sa part envers Ben M'Hidi, cet adversaire « estimable » qui était « l'âme de la révolution », en lui faisant rendre les honneurs quand il sera livré comme on le lui demande à Aussaresses. Mais il n'évoquera jamais clairement dans ses nombreux ouvrages le fait qu'il savait alors — ce qui est beaucoup moins chevaleresque s'agissant de fait d'un « prisonnier de guerre » — le confier à un homme qui, avec son équipe, ne rendait jamais, sauf exception, les captifs vivants.

Aussaresses prouve une fois de plus ce jour-là de quoi il est capable, comme il le racontera sans aucun émoi dans son style vantard dans des mémoires. Lesquels, pour ne pas être toujours fiables, disent très probablement la vérité pour l'essentiel à ce sujet car au moins un témoignage d'un Algérien qui a vu le cadavre corrobore sa version de l'assassinat. Une fois entre ses mains, le 4 mars la nuit venue, Ben M'Hidi est emmené à toute allure, car on craint une embuscade pour le libérer, dans une voiture où il est sous la garde d'un sous-officier qui a des instructions précises : « Si nous sommes attaqués, tu l'abats immédiatement. » Le convoi arrive dans une ferme isolée à une vingtaine de kilomètres au sud d'Alger, « mise à notre disposition par un pied-noir », affirme Aussaresses qui utilise régulièrement ce lieu pour des exécutions sommaires. « Une fois dans la pièce, dira ce dernier, avec l'aide de mes gradés nous avons empoigné Ben M'Hidi et nous l'avons pendu, d'une manière qui puisse laisser penser à un suicide. » Le rapport pour Massu qui décrivait un suicide « était prêt depuis le début de l'après-midi ». Personne de sérieux ne croira bien longtemps à ce plus qu'improbable « suicide » pour expliquer la disparition d'un homme qui avait confié qu'il pensait mourir avant la fin de la guerre, ce qui lui permettrait de ne pas voir les inévitables règlements de comptes des lendemains de victoire, mais bien sûr « en combattant ». Il faudra donc attendre les aveux de son exécuteur au tout début du XXIe siècle pour que les circonstances de sa mort soient à peu près établies. Jusque-là, et certains le pensent toujours en évoquant par exemple mais sans preuve des impacts de balles qu'on aurait encore pu voir sur son corps lors de son transfert au Carré des Martyrs à Alger en 1962, on penchait plutôt pour une exécution par balles.

Ben M'Hidi aurait dit à Bigeard que son arrestation avait été « un coup de chance ». C'est on ne peut plus vrai, et pas seulement parce que les paras qui l'ont appréhendé ne savaient pas qui ils allaient trouver. Car, il n'en dira rien bien sûr lors des interrogatoires, mais, il le sait depuis peu, il est alors sur le point de quitter pour de bon Alger, comme tous les membres du CCE avec lesquels ce « pur » parmi les « purs » de la révolution aura fait preuve d'une solidarité sans faille jusqu'au bout. Depuis la fin de la grève générale, en effet, les cinq membres du CCE, même s'ils ne partagent pas tous la même analyse de la situation, se sont rendus à l'évidence : ils ne sont plus du tout en sécurité à Alger. À la Casbah, cela va de soi. Mais même les quatre dirigeants qui se cachent chez des Européens libéraux constatent que ces derniers sont presque autant dans le collimateur des paras qu'eux-mêmes. En particulier, on en aura d'ailleurs la preuve sous peu, le très utile et très déterminé docteur Pierre Chaulet et son épouse Claudine, leurs principaux pourvoyeurs en planques. Benyoucef Ben Khedda, on l'a vu, est très menacé, et Belkacem Krim vient d'éprouver lors d'une incursion des paras dans un logement où il se trouvait quelques sueurs froides malgré ses excellents faux papiers au nom d'un commerçant d'origine italienne nommé Albertini. Rien d'étonnant si, sommé de s'expliquer sur ce qui s'était passé alors par Yacef Saadi début juillet 1962 au moment de l'indépendance, il expliquera : « Nous étions sur un volcan, à la merci de la moindre perquisition ou du moindre contrôle de routine. [...] Un miracle si nous n'avions pas été arrêtés. » Une rencontre des cinq dirigeants du CCE a donc eu lieu pour décider s'ils devaient « se disperser dans les maquis ou s'adapter à la situation quel que soit le prix ». Krim ajoutera : « Le consensus pour le départ d'Alger s'était dégagé. » Abane, ainsi, aurait déclaré : « Je suis prêt à accepter d'être traité de lâche plutôt que de mettre en danger la révolution. » Et les autres participants à la réunion, y compris Ben M'Hidi qui ce jour-là aurait admis pour la première fois devant ses camarades du CCE qu'il aurait fallu « écourter » la grève, auraient également tous conclu qu'il faudrait sans doute « transférer le CCE hors de la capitale ».

Partir, donc. Mais pour où ? Tous songent qu'il vaudrait mieux *a priori*, pour respecter les récentes décisions du congrès de la Soummam, rester à l'intérieur du pays, donc rejoindre au moins pour un temps les maquis de l'Algérois (wilaya 3) ou de la Kabylie (wilaya 4), ensemble ou séparément. En laissant peut-être un représentant sur le champ de bataille à Alger. Car « il était impensable, aurait fait remarquer Krim, d'imaginer l'existence dans les maquis de moyens de liaison et de communication semblables à ceux que nous avait offerts Alger ». Mais « ce serait une erreur de se séparer », aurait remarqué Abane, présentant ainsi « le dilemme » dont « il faudra sortir » : « Ou nous quittons Alger et nous serons taxés de déserteurs, ou nous restons et dans ce cas on nous accusera d'avoir manqué de clairvoyance. » Or, « ce qui importe, c'est la poursuite de la lutte » et non « les questions d'amour-propre ». Krim — mais il est vrai que c'est lui qui raconte tout dans ce témoignage au second degré comportant sans doute une part d'autojustification — aurait continué à argumenter qu'« un chef doit rester auprès de ses hommes » avant d'admettre qu'on pouvait décider, comme le prônait Abane, « un repli tactique, forcément limité dans le temps » pour « sauver ce qui est encore susceptible de l'être ». Une fois cela admis, difficile d'imaginer qu'on ne sera pas à la fois plus en sécurité et plus efficace à l'extérieur de l'Algérie. Devant l'urgence de la situation, on décide cependant surtout à ce moment-là, à la veille même de l'arrestation de Ben M'Hidi, de partir au plus vite, et surtout pas ensemble, pour rejoindre près de Blida sur le mont Chréa le PC de Slimane Dehilès, alias le colonel Sadek, devenu récemment responsable de la wilaya 4 après le départ pour Tunis d'Ouamrane, chargé par le CCE de trouver des armes et remettre de l'ordre à l'extérieur. Là, protégé par les maquisards, et à supposer que la décision de passer la frontière n'ait pas déjà été prise de façon irréversible comme le laissera entendre Krim en 1962, on avisera sur la conduite définitive à tenir.

Le seul déplacement fin février vers Blida s'avérera déjà périlleux. Les premiers à quitter Alger, Abane et Krim, expérimentent un départ à suspense. Alors qu'ils doivent être conduits à destination par le docteur Chaulet, celui-ci est arrêté une heure avant le rendez-vous fixé près des lieux où logent les deux hommes. Car on vient d'appréhender à Paris son beau-frère, Salah Louanchi, presque en même temps que le nouveau chef de la Fédération de France du FLN Mohammed Lebjaoui, et on veut l'interroger à ce sujet. Au moment d'être emmené par les hommes de la DST, il a le temps de dire à sa femme : « Pense aux rendez-vous » comme s'il s'agissait de questions de la vie quotidienne. Et c'est ainsi que Claudine Chaulet va prendre sa petite 2 CV et, bien qu'inquiète pour le sort de son mari, ira chercher, avec son bébé comme premier passager, les deux dirigeants qu'elle connaissait bien pour les convoyer hors d'Alger. Au moment même, mais on l'ignore, où Ben M'Hidi tombe dans les mains des paras. Le lendemain, c'est Rachid Ouamara qui, avec sa 4 CV, déposera Dahlab à Blida. Il récidivera le jour d'après pour transporter le dernier membre du CCE, Ben Khedda. Sur le chemin du retour, il ne pourra éviter un barrage sur la route et sera remis aux paras, qui le tortureront atrocement, d'après ce qui sera rapporté à Dahlab, jusqu'à ce qu'il succombe. Mais, de justesse, quatre des cinq membres de la direction centrale du FLN sont à l'abri.

Une fois tous réunis, ils concluent — à supposer donc que ce ne soit pas déjà fait, comme c'est probable — que seule la solution du départ vers l'extérieur, qu'il soit provisoire ou définitif, peut leur permettre de poursuivre « normalement » leurs activités. Ce choix, sur lequel nous reviendrons, certes raisonnable mais qui marque une rupture avec l'une des plus importantes décisions du congrès de la Soummam, leur sera amèrement reproché, quand ils l'apprendront, par beaucoup de militants, comme l'avait notamment supposé avec bon sens Abane. Sur le terrain, bien sûr, et en particulier à Alger où Yacef Saadi, qui a appris entre-temps la raison de la « disparition » de Ben M'Hidi, laissé seul pour continuer autant que possible le combat dans la zone autonome d'Alger, vit très mal, quand il comprend que la destination des dirigeants n'est pas le maquis mais l'étranger, ce qu'il considérera comme, dira-t-il, « toute honte bue [...], un abandon des troupes » par des expatriés qui « nous avaient froidement livrés au brasier ». Mais aussi en métropole où, par exemple, un dirigeant de la Fédération de France comme Mohammed Harbi « n'apprécie pas » le « sauve-qui-peut qui avait suivi cette décision aventureuse » de la grève et le « départ du CCE en exil ».

La route vers les frontières ne sera pas de tout repos. Les quatre ont décidé, pour des raisons évidentes de sécurité, de partir deux par deux dans des directions opposées. Ce qui permet aux deux principales têtes de la révolution à cet instant, Belkacem Krim et Abane Ramdane, de ne pas risquer d'être pris ou abattus en même temps. Le premier duo, composé de Krim et Ben Khedda, ira vers la Tunisie en traversant les wilayas 3 (Kabylie) puis 2 (Constantinois). Abane et Dahlab se dirigeront à l'est vers le Maroc en parcourant les wilayas 4 (Algérois) et 5 (Oranais). Ce n'est que plus de deux mois plus tard — le royaume chérifien est atteint le 21 mai par les deux derniers, Tunis peu après par les deux autres — que les membres du CCE arriveront à destination, après des marches épuisantes. Mais nettement moins éprouvantes, manifestement, pour un « civil » comme Saad Dahlab que le vécu récent à Alger. « Vivant au milieu des *moudjahidines*, nous nous sommes sentis libres et par conséquent heureux », racontera-t-il. « Malgré les privations, et les dures conditions de vie du maquis, je ne sentais guère la peur et l'angoisse qu'il me fallait vaincre tous les jours à Alger. Le maquisard risque la mort [...] mais il fait face à l'ennemi avec les mêmes armes. En ville le militant est désarmé et évolue dans l'inconnu. L'inconnu est égal à la terreur. » Côté ouest, les deux « fugitifs » se sont même retrouvés dans des zones où le combat entre les *katibas* de l'ALN et les troupes françaises font rage. Krim a d'ailleurs cru qu'il serait obligé de rester un temps dans la wilaya 3 pour la réorganiser après une bataille au cours de laquelle, encerclé avec une partie de ses troupes, le colonel Mohammedi Saïd, son successeur, a failli perdre la vie — ce qui est arrivé à son adjoint Mohammed Yazourène. Mais le long voyage a aussi permis à Krim de préparer la suite. Au passage dans le Constantinois, pensant que la situation implique une nouvelle réunion au sommet sinon un nouveau congrès du FLN une fois les dirigeants principaux installés à l'extérieur, il a convaincu Bentobbal, successeur de Zighout depuis sa disparition, de l'accompagner avec Ben Khedda jusqu'à Tunis, laissant à son bras droit Ali Kafi la responsabilité de la wilaya 2. Le seul des six chefs « historiques » encore vivant et en liberté — et même des neuf si on compte ceux qui étaient à l'extérieur le 1er novembre — préparait-il déjà, fort de sa légitimité désormais sans pareille, une évolution de la révolution qui ne devait plus accorder un rôle aussi majeur que par le passé à Abane Ramdane ? N'anticipons pas...

UNE « DEUXIÈME BATAILLE D'ALGER » ?

Quoi qu'il en soit, la « bataille d'Alger », de fait, a quasiment pris fin avec le départ du CCE. Celui-ci signifie d'évidence que, militairement parlant, le contrôle du terrain dans la capitale est désormais assuré par l'armée française, qui peut d'ailleurs envisager dès la fin du mois de mars de renvoyer dans les djebels une grande partie des troupes, dont celles du colonel Bigeard. Même si, autant pour les autorités coloniales que pour Yacef Saadi, un combat sans merci va continuer jusqu'à l'automne 1957. Mais sans que jamais un véritable retournement de la situation puisse être envisagé malgré des moments où le FLN réussira à reprendre un peu l'initiative.

À partir de mars, et il pense que ce n'est pas sans rapport avec la « fuite » des membres du CCE, Yacef Saadi constate, dit-il, que, ne subissant plus la pression du FLN qui les empêchait de quitter la ville sans « permission », nombreux sont les musulmans algérois qui « fuient la guerre » en partant ailleurs, notamment à l'étranger — Tunisie et Maroc essentiellement. Quant à ceux, évidemment la très grande majorité, qui restent, ils sont traumatisés et ne permettent plus aux *moudjahidines* urbains d'être comme auparavant en osmose avec le peuple : « L'obtention des refuges et autres abris était devenue plus difficile. » Comme son organisation n'a pas été épargnée par les paras — c'est un euphémisme —, Yacef Saadi aura de toute façon le plus grand mal à la reconstituer de façon suffisante — en nombre comme en moyens — pour passer à ce que lui-même nommera la « deuxième bataille d'Alger », et qui n'en sera en fait que l'épilogue.

Il tentera, sans que ce dispositif soit très opérationnel semble-t-il, de reconstruire — selon ses termes — un dispositif politico-administratif, dirigé par le fidèle H'Didouche et composé de cinq « comités » : renseignement, liaisons, justice, rédaction (soit : propagande), santé. Il s'emploie surtout à retrouver la possibilité d'agir quelque peu sur le plan militaire en reconstituant son « état-major ». Il place ainsi auprès de son second Ali la Pointe le fougueux Hadji Othmane, surnommé Kamel, comme commandant des opérations pour le Grand Alger. Et il promeut certains, comme cet ami des années 1940 amateur de foot comme lui, Hassan Guendriche, alias Zerrouk, qui prend la tête de la zone Alger est, pour remplacer les morts ou les disparus. Il se préoccupe plus qu'auparavant du cloisonnement de l'organisation, qui laissait tellement à désirer qu'il dit avoir alors mis fin à la « clandestinité à ciel ouvert ». Il cesse en tout cas, par exemple, de garder auprès de lui

Kamel et son « conseiller spécial » et nouveau spécialiste des bombes — formé par Taleb — Débih Chérif alias Si Mourad, priés de construire leur propre PC, autrement dit de trouver leurs propres abris et leur propre système de liaisons.

Début mai, estimant le moment venu de repasser à l'action après une sorte de trêve qui pouvait faire croire à la neutralisation définitive des commandos FLN, Yacef Saadi pense qu'il serait judicieux de relativiser le mythe du para tout-puissant qu'entretient l'armée coloniale en organisant des attentats ciblés contre ces militaires qui passent désormais pour les « héros » de la « bataille d'Alger » chez les Européens. Plusieurs attaques de « bérets verts », « rouges » ou « bleus » ont lieu au cours de cette « opération para » qui se poursuit pendant deux semaines. Il y sera mis fin le 17 mai après un massacre consécutif à l'« élimination » de deux paras que leurs camarades vengent en s'attaquant mitraillettes au poing à des dizaines de civils qui se reposent dans un bain maure servant de dortoir la nuit venue et qu'un Européen leur a indiqué comme un possible repaire de terroristes. On dénombrera des dizaines de cadavres — Yves Courrière parle de quatre-vingts — à l'issue de la tuerie, que le ministre résident Lacoste, une fois de plus, « couvrira », malgré l'émotion qu'elle aurait suscitée pour sa sauvagerie jusque dans les couloirs du Gouvernement général.

Il n'est guère facile d'entreprendre et surtout de réussir des opérations importantes. Début avril une action majeure qui devait aboutir à l'élimination de Massu grâce à une bombe cachée dans un pot de fleurs à l'occasion d'une cérémonie militaire dans le stade de Saint-Eugène n'avait pu, par la faute d'un ratissage empêchant l'acheminement de l'explosif, être menée à terme. Tout comme plus tard échouera, à cause d'un rendez-vous mal conçu dans un taxi entre Djamila Bouhired et une autre poseuse de bombes nommée Djamila Bouazza, qui avait opéré en janvier au Coq Hardi, un attentat qui devait être spectaculaire contre la statue de Bugeaud érigée face au siège de la 10e région militaire. Parfois, pourtant, le coup réussit : ainsi, avant les deux ratages évoqués, le bourreau principal de Barberousse, Justin Daudet, « Monsieur d'Alger » comme on le surnommait, le supérieur pour l'instant des Meyssonnier père et fils, a été tué de plusieurs balles à bout portant devant son domicile discret de Bab el-Oued lors d'un attentat qui se voulait ô combien symbolique.

Les deux attentats qui feront le plus parler d'eux et donneront un moment l'impression que la zone autonome d'Alger est loin d'être moribonde se produiront les 3 et 9 juin 1957. Le premier, concernant une fois de plus l'EGA — Électricité et Gaz d'Algérie —, consistera à bourrer d'explosifs certains éclairages publics de la ville européenne. Les charges introduites dans trois lampadaires — qui n'impliquent pas d'utiliser beaucoup de plastic, ce qui arrange bien le réseau bombes de plus en plus à court de « matières premières » — feront de terribles dégâts et surtout de nombreuses victimes car elles ont projeté des éclats de matériaux comme autant de projectiles redoutables tout autour, faisant sept morts et un peu moins de cent blessés. Le bilan du second, celui du casino de la Corniche, où l'on pose une bombe — celle qui n'avait pu être utilisée pour « plastiquer » la statue de Bugeaud — dans la salle de bal sous l'estrade de l'orchestre un samedi en fin d'après-midi, sera encore un peu plus lourd : huit morts, uniquement des Européens car eux seuls fréquentent le lieu, et encore une centaine de blessés. Des victimes presque toutes issues de la jeunesse juive d'Alger puisque c'est un de ses lieux de rendez-vous préférés pour aller danser le week-end.

Les autorités sont obligées, après avoir fait preuve d'un certain triomphalisme, de montrer à nouveau à la population européenne leur détermination. On rappelle donc notamment les paras de Bigeard dans la capitale. Et cette fois, en continuant à employer plus que jamais « tous les moyens », et on sait ce que cela veut dire, les militaires français, organisant un système de délation très sophistiqué, arriveront à démanteler totalement l'organisation de Yacef Saadi. Même après le renvoi en France du commandant Aussaresses, qui a peut-être commis la bavure de trop en faisant exécuter à la mi-juin après tortures un mathématicien européen proche des indépendantistes. Il a tenté de camoufler cet assassinat en organisant en public la « disparition » du supplicié à l'aide d'une (fausse) évasion d'autant plus rocambolesque qu'elle n'avait pas eu lieu en réalité : ce sera l'« affaire Audin », du nom de cet universitaire communiste très apprécié, qui suscite un vif émoi en métropole. Une « affaire » qui, au cours de l'été 1957, résonnera avec une autre, celle du journaliste également communiste Henri Alleg, ancien directeur d'*Alger républicain*, qui évoque le 17 juillet les tortures qu'il a subies après son arrestation dans un numéro de *L'Humanité* immédiatement saisi, avant de les détailler début 1958 dans un livre qui, bien que rapidement interdit, restera à jamais une référence : *La Question*. Deux cas qui font indirectement apparaître au grand jour le soutien que des Européens apportent au FLN en Algérie même. Et qui feront beaucoup, avec celui d'Ali Boumendjel, pour donner de l'ampleur aux campagnes de protestations contre les méthodes de l'armée coloniale qui se développent devant la multiplication des témoignages accablants en métropole et ailleurs dans le monde.

C'est d'ailleurs à cette époque que se produira un épisode curieux de la « bataille d'Alger ». Aussi révoltée par les agissements de l'armée française que par les actions meurtrières réalisées par les hommes de Yacef Saadi, l'ethnologue spécialiste des Aurès et passionnée par l'Algérie Germaine Tillion prend contact début juillet à l'invitation d'une amie algérienne avec ce dernier, qui lui a fait parvenir des documents sur la répression alors qu'elle séjourne dans la capitale avec une Commission internationale qui enquête sur la situation dans les prisons. Elle réussit, montrant une fois de plus sa détermination et son courage, à le rencontrer discrètement en chair et en os en compagnie d'Ali la Pointe à deux reprises. Elle conjure ses interlocuteurs, qu'elle ne craint pas de traiter d'« assassins » au cours de la conversation qui dure plusieurs heures, de cesser les attentats aveugles. Elle s'entend répondre par Yacef Saadi — une façon de confirmer que le déchaînement de la violence a bien commencé pour cette raison — qu'une trêve n'est envisageable que si, en échange, les autorités françaises renoncent aux exécutions capitales de militants indépendantistes. Elle croira dans un premier temps, une fois revenue à Paris, avoir obtenu cette assurance de la bouche d'André Boulloche, vieil ami du temps de la résistance contre les nazis et directeur de cabinet de Bourgès-Maunoury, devenu depuis peu chef du gouvernement après le renversement du cabinet Mollet le 21 mai. L'envoi, sur l'insistance de Salan et Massu qui veulent satisfaire les ultras et leurs troupes, de trois condamnés à la guillotine fin juillet — parmi lesquels l'innocent accusé de l'assassinat de Froger — rendra caduc le préaccord passé avec Yacef Saadi. Un autre entretien Yacef-Tillion début août aura surtout pour objet de tenter d'organiser des « conversations » entre Paris et Tunis où siège désormais le CCE. Mais cette initiative — impliquant un voyage rocambolesque d'un émissaire de la zone autonome d'Alger muni d'un laissez-passer français vers la Tunisie à l'insu des militaires et des autorités coloniales — ne donnera pas non plus finalement de résultat. Elle aura permis au passage à Yacef Saadi de lancer par l'intermédiaire de cet émissaire, mais sans succès, une sorte d'appel au secours aux dirigeants de la révolution exilés, auxquels il explique à quel point il manque totalement de moyens pour poursuivre le combat.

Entre le mois de mars et le début de l'automne, non seulement un nombre considérable de militants et de combattants plus ou moins anonymes, mais aussi toutes les figures encore actives de la lutte armée urbaine à Alger tomberont entre les mains des paras ou seront tués. L'un n'excluant pas l'autre, on le sait : Paul Teitgen, désormais l'un des seuls responsables à Alger sinon le seul qui n'entend pas cautionner le comportement des paras et le fait savoir, notamment en proposant sa démission à Lacoste, qui la refuse, comptabilisera dès le début du printemps près de 4 000 « disparus » — 3 994 exactement — parmi les quelque 20 000 « suspects » passés entre les mains des paras, pour lesquels — seule marque de respect envers la légalité obtenue de haute lutte — il a pu signer une « assignation » à résidence dans un « centre de tri ». Disparus où ? En ont une idée, même s'il ne s'agit là que d'une des façons de se débarrasser de « preuves » encombrantes, ceux qui retrouvent sur les bords de mer ce qu'on nommera les « crevettes Bigeard », à savoir les cadavres de morts sous la torture ou de faux fuyards sommairement exécutés qu'on a jetés d'hélicoptère dans la Méditerranée.

Alors qu'elle circule dans la Casbah avec Yacef Saadi, qui réussit de justesse à s'enfuir, Djamila Bouhired, dont la cause deviendra vite célèbre, est arrêtée à la mi-avril — et sera condamnée à mort le 15 juin avant, à la suite d'une campagne d'opinion qui prendra une ampleur énorme, d'être graciée. Puis c'est le cerveau du « réseau bombes » Taleb qui est retrouvé le 5 juin par hasard par l'armée au maquis où il s'est réfugié — et qui, lui, sera exécuté, le 24 avril 1958. Avant que Guendriche ne tombe à son tour le 6 août, emmené pour interrogatoire à l'école Sarrouy. Enfin, les paras réussissent à « retourner » certains militants — parmi lesquels Farès Saïd, l'adjoint de Si Mourad, Amara Alilou, l'un des agents de liaison de Yacef Saadi, et surtout, là encore sans que ses camarades de lutte le sachent, Guendriche lui-même — qui n'ont pas su, pas pu ou pas voulu résister aux « pressions ». Grâce à ces nouveaux et redoutables auxiliaires de l'ennemi, qu'on appellera les « bleus de chauffe » en raison du « déguisement » qu'on leur fait porter en opération, on peut notamment identifier dans les « centres de tri » parmi les « assignés » divers combattants qui ne sont pas encore repérés. Mais surtout, les têtes de la « rébellion » dans la capitale vont finalement pouvoir être neutralisées.

Les premiers à tomber sont, en compagnie du frère du premier et d'une jeune femme, Kamel et Si Mourad. Ils sont piégés par des courriers adressés au premier sur ordre des militaires français par son adjoint Guendriche uniquement pour le localiser.

Le 26 août, cernés, sans aucune issue pour s'échapper, ils préféreront mourir en résistant plutôt que de se rendre. Après un siège de plusieurs heures et un baroud d'honneur consistant notamment à envoyer aux paras un couffin garni d'une bombe réglée pour exploser immédiatement — ce qui se produira — sous prétexte d'échanger un message avant la reddition.

En septembre, c'est Yacef Saadi lui-même qui est encerclé le 24 avant l'aube dans son refuge du 3, rue Caton, où il habite depuis quelque temps. Il est alors malade, entouré de Zohra Drif et de sa « logeuse » Fatiha Bouhired, veuve d'un combattant et tante de Djamila. Lui aussi a été localisé avec l'aide volontaire (Amara Alilou et Guendriche) ou involontaire (son adjoint « politique » Hadj Saïm, l'émissaire qui était allé en Tunisie, juste arrêté et sévèrement interrogé) d'anciens proches retournés ou piégés. Il s'aperçoit vite, après avoir brièvement fait usage d'une grenade et de sa mitraillette, que toute fuite de sa cache est impossible. Menacé d'être pulvérisé par des explosifs qu'on a déjà installés, il décide alors de se rendre. Autant, dira-t-il, pour sauver la vie des deux femmes en sa compagnie que pour protéger Ali la Pointe, réfugié à quelques mètres à vol d'oiseau en face, au 4, rue Caton, en compagnie de Petit Omar, de son ami Mahmoud Bouhamidi — l'occupant « officiel » du lieu — et de la très jeune Hassiba Bent Bouali. Fichu pour fichu, puisqu'il ne se fait aucune illusion sur le sort qui l'attend, il préfère, précisera-t-il, « opter pour une mort responsable » en acceptant de « glisser » sa tête « sous le tranchant du couperet » pour sauver des camarades de combat. De fait, après avoir cumulé trois condamnations à mort, il sera sauvé en 1958 par l'arrivée au pouvoir du général de

Gaulle, qui commue, comme pour d'autres, sa peine en détention à vie.

Parmi les responsables de l'organisation de Yacef Saadi, ne restent plus en liberté — si l'on peut dire, vu la situation — qu'Ali la Pointe et son entourage immédiat. Ce n'est que deux jours après l'arrestation de son chef que, bloqué dans sa cachette par les allées et venues des enquêteurs rue Caton, le lieutenant de Yacef aurait enfin appris ce qui lui est arrivé. Affublé de l'habituel voile féminin, il part dès qu'il le peut avec sa petite équipe se mettre un temps à l'abri ailleurs dans la Casbah, rue des Abderrames, où subsiste une cache bien aménagée. Il ne semble pas que le colonel Godard, l'adjoint de Massu qui interroge le responsable de la zone autonome d'Alger, croie ce dernier qui lui a affirmé, dira-t-il, que son plus proche adjoint est déjà au maquis. Ali la Pointe, en effet, va tomber à son tour dans un piège tendu par les militaires via Zerrouk-Guendriche. Ignorant lui aussi que ce dernier est entre les mains des paras, il communique par une lettre dictée à Hassiba — on sait qu'il est illettré — avec celui qu'il pense être le seul responsable militaire encore opérationnel. La filature des agents de liaison utilisés est efficace : il se retrouve bientôt repéré. Le 8 octobre vers vingt heures, la maison qui l'abrite est encerclée et tous les environs bouclés par un imposant dispositif militaire comprenant plusieurs centaines d'hommes. Sa cache ayant été dévoilée, il n'a aucune chance de s'en sortir. Il refuse pourtant de se rendre, avec sans doute l'assentiment au moins silencieux de ses compagnons d'infortune, même quand on menace de le faire sauter lui aussi à l'explosif. La menace est réelle. Le chef du premier REP (régiment étranger de parachutistes) présent sur les lieux fait placer une charge de plastic devant la cache. L'ordre sera donné, à la fin d'un bref ultimatum, de mettre le feu au cordon Bickford. C'est quasiment toute la maison, ainsi qu'une partie des logements voisins, qui saute — on peut encore voir aujourd'hui dans la Casbah un grand trou avec les débris du bâtiment soufflé. Les bombes qu'avait récupérées récemment Ali la Pointe ont donné de l'ampleur à l'explosion. En plus des quatre occupants du lieu, dix-sept Algériens, dont quatre fillettes, ont péri.

C'en est alors fini une fois pour toutes de la « bataille d'Alger ». Même si des tentatives de ranimer la lutte dans la capitale se produiront, sans grand succès. Le FLN, de fait, jusqu'aux grandes manifestations de la fin de 1960, ne se manifestera plus beaucoup dans la capitale. Sans que, pourtant, on le verra, cela semble handicaper outre mesure la suite de son combat pour l'indépendance, qui, au fur et à mesure que les années s'écoulent, deviendra plus politique que militaire.

RAPT EN PLEIN CIEL

La situation du FLN avait de toute façon radicalement changé depuis l'époque du congrès de la Soummam. Entre l'été 1956 et juin 1957, quand le CCE s'installe enfin avec ses membres rescapés à Tunis, bien des événements, et pas seulement ceux liés à la « bataille d'Alger », ont modifié le paysage dans lequel évoluent les dirigeants indépendantistes. Évoquons rapidement les principaux.

Le retour des montagnes de Kabylie en septembre et octobre a été agité, on le sait. Ceux qui ont été *de facto* exclus du congrès n'ont guère apprécié, et surtout Ahmed Ben Bella, cette mise à l'écart au moment de prendre des décisions majeures. Décisions que de surcroît le plus connu des dirigeants extérieurs n'approuvait pas, et pas seulement quand elles consistaient à donner la prééminence aux chefs de l'intérieur.

Ainsi, dès l'automne 1956, on s'attend à une prochaine « guerre des chefs » entre ceux qui se sont attribué la direction de la révolution au sein du CCE et ceux qui en sont écartés, à commencer par Ben Bella et Boudiaf. Une lettre de Ben Bella adressée au CCE dès qu'il a pu avoir connaissance du contenu de la plate-forme adoptée dans la vallée de la Soummam est éloquente : il récuse la légitimité du congrès, dont il estime avoir été délibérément écarté — une conviction qui ne le quittera jamais... puisqu'il la fait connaître encore en 2011 quand on le rencontre plus de cinquante ans après ; il refuse en particulier ses principales décisions affirmant la primauté de l'intérieur sur l'extérieur et du politique sur le militaire qui « prêtent à controverses » et nécessitent donc encore « une confrontation des points de vue » ; il affirme même que l'on s'est écarté de « la charte rendue publique le 1er novembre 1954 » car on a en particulier « remis en cause » un point doctrinal aussi essentiel que « le caractère islamique de nos futures institutions » ; enfin on a admis dans les « organismes dirigeants du Front » des « éléments » — entendre : les anciens centralistes et des nationalistes « modérés » comme Ferhat Abbas et d'autres — dont la présence « constitue une véritable aberration » au regard des « principes de notre révolution ». Difficile d'être plus clair pour exprimer un désaccord de fond !

Cette « guerre des chefs » aurait-elle éclaté de façon ouverte — puisque, de façon moins spectaculaire, elle ne cessera jamais, comme le prouvera encore, si nécessaire, un texte de Ben Bella de début 1957 qui entend toujours contester les décisions des congressistes et leurs griefs quant à son action à partir du Caire pour ravitailler en armes les maquis de l'intérieur — si tous ses protagonistes avaient alors conservé leur liberté de mouvement ? On ne le saura pas, même si le fait que d'autres dirigeants de l'extérieur concernés — Aït Ahmed et Khider en particulier — ne se sont pas alors solidarisés avec Ben Bella, restant plutôt dans l'expectative, ne paraît pas renforcer à court terme la position de ce dernier, relativement isolé.

Le fameux détournement sur Alger par l'armée française le 22 octobre 1956 de l'avion transportant entre le Maroc et la Tunisie sur le chemin d'une conférence maghrébine les poids lourds parmi les dirigeants de l'extérieur du FLN — Ben Bella, Boudiaf, Aït Ahmed et Mohammed Khider — empêchera en effet très vite une extension de ce conflit interne. À cet égard, ce fut même une « bénédiction », n'hésitera pas à dire beaucoup plus tard, après guerre, l'un des « kidnappés », Aït Ahmed. À supposer que tout n'était pas déjà joué depuis le mois d'août, c'est ainsi, paradoxalement, l'armée du colonisateur qui a arbitré *de facto* et au moins à court terme entre — pour simplifier — Abane Ramdane et Ben Bella au profit du premier. Ce « rapt » — préfiguration des détournements d'avions des années ultérieures auxquels on n'est pas encore habitué — a été décidé par l'armée et les services spéciaux à Alger qui ont forcé la main sinon de la totalité du gouvernement français, car Max Lejeune donne son feu vert, du moins de son chef Guy Mollet prévenu... une fois que l'opération est terminée. Son premier commentaire, alors qu'il pensait encore que la voie de la négociation serait malgré tout un jour ou l'autre la meilleure pour aboutir à une solution en Algérie, aurait été de s'exclamer : « Les imbéciles ! »

Cette décision majeure mais pourtant très improvisée — on n'a appris que tardivement que les leaders indépendantistes ne voyageront pas dans l'avion du roi du Maroc, difficile à intercepter, mais dans un autre aéronef affrété pour l'occasion et doté imprudemment d'un équipage de Français — n'a pas pour objet principal, même si ce n'est pas négligeable, de mettre en échec la conférence de Tunis qui devait permettre à Bourguiba, Mohammed V et les dirigeants du FLN du Caire de se concerter sur la question algérienne et le rôle que pourraient tenir les alliés tunisiens et marocains pour favoriser le combat pour l'émancipation. Le but recherché par les généraux français avec la complicité des autorités civiles d'Alger — Lacoste, rentré de France à un moment où l'opération est déjà en cours, approuvera immédiatement l'initiative — est de faire un « coup ». Que l'on suppose d'autant plus spectaculaire et décisif à la fois que Ben Bella, le plus connu des indépendantistes dans l'opinion en France et, croit-on souvent — à tort on le sait —, le plus influent, est dans l'avion. Quelle belle prise, se dit-on chez les militaires et au Gouvernement général à Alger, de nature à démoraliser de surcroît l'adversaire ! Il s'agit aussi de décapiter la représentation du FLN au Caire à une époque où l'on pense encore volontiers à Paris que le rôle de celle-ci, qu'on dit soutenue mais aussi manipulée par Nasser, est primordial.

Cette surévaluation, qui n'est pas nouvelle, on le

sait, du facteur égyptien dans la guerre — que l'arraisonnement récent en pleine mer de l'*Athos*, un navire fourni par l'Égypte et transportant de grandes quantités d'armes vers le Maroc à destination des maquis, n'a fait que renforcer — est manifeste. Beaucoup pensent tout simplement dans le camp français qu'une neutralisation du Raïs suffirait peut-être à changer complètement la donne, voire à mettre assez facilement fin à la guerre. Cette conviction est l'une des causes essentielles, bien sûr, de la décision du cabinet Mollet de se lancer, après la nationalisation du canal par Nasser quelques mois auparavant, dans l'expédition de Suez avec les Britanniques et Israël début novembre 1956. Mais le succès apparent initial de l'opération se transforme vite en fiasco quand les Américains et les Soviétiques obligent rapidement les alliés de circonstance à battre en retraite. L'espoir non dissimulé à Paris de voir le régime de Nasser s'effondrer a vécu. D'où le retour en Algérie, désireux de revanche, ce qui expliquera sans doute en partie leur comportement pendant la « bataille d'Alger », de Massu et de ses parachutistes qui avaient constitué le fer de lance du corps expéditionnaire français. D'où aussi la frustration de tous les responsables les plus radicaux de l'armée qui estiment qu'ils sont victimes de la « lâcheté » des politiques, prêts à céder face aux pressions, qu'elles soient intérieures ou, comme là, extérieures. Un encouragement à cet égard aux ultras civils et militaires de la colonisation qui tentent de préparer le terrain à un véritable coup d'État ou à un mini-putsch pour mettre au pouvoir des hommes décidés à ne rien céder en Algérie ? Le complot déjà évoqué du général Faure en décembre 1956 comme celui qui aura lieu en février 1957 — connu sous le nom d'« affaire du bazooka » — et consistant à tuer le nouveau commandant en chef en Algérie Salan, considéré par les ultras comme trop peu radical, semblent l'indiquer. Deux tentatives qui échoueront mais qui serviront sans doute indirectement de modèle quand les généraux, bien plus tard, iront jusqu'au bout de telles entreprises. Et qui, au passage, du moins la seconde, confirment si nécessaire qu'on ne se préoccupe guère à Alger de modérer sérieusement les agissements des activistes ultras : l'un des protagonistes essentiels de l'attentat contre Salan, le tireur, l'inévitable Philippe Castille, avouera en effet après sa rapide arrestation son rôle dans l'attentat au mois d'août précédent rue de Thèbes, alors toujours attribué officiellement par les autorités coloniales au FLN, sans que cette information soit jugée digne d'être divulguée.

Le revers certes plus diplomatique que militaire mais majeur de Paris dans l'affaire de Suez marque sans doute un tournant dans la position de la France sur le plan international s'agissant de l'Algérie. Car il constitue le vrai début d'un affaiblissement qui ira croissant de cette position, non seulement à l'ONU — où l'évolution ne sera que graduelle, comme les débats à l'Assemblée générale en février le démontreront, tout en allant toujours dans le même sens — mais aussi dans toutes les régions du monde alors que le vent de la décolonisation souffle de plus en plus fort. Le retentissement international de la « bataille d'Alger » et des exactions de l'armée française qui l'accompagnent aidera bien sûr également beaucoup à ce changement qui s'avérera plus tard décisif dans les rapports de forces entre les deux belligérants. Le FLN, désormais, trouve beaucoup plus facilement des interlocuteurs et des appuis.

La preuve même de cette bien meilleure position

du FLN dans les esprits sera fournie « par l'absurde ». Quand il apparaîtra, vers la fin de la « bataille d'Alger », qu'un événement qui aurait pu ruiner la crédibilité du Front et ses efforts pour se présenter en victime du colonialisme pratiquant la terreur contre des civils n'aura finalement pas cet effet. Du moins une fois passées l'émotion et les controverses surgies sur l'instant. L'affaire, connue improprement sous le nom de massacre de Melouza, s'inscrit dans la guerre que se livrent depuis le début du conflit le MNA de Messali Hadj et le FLN. Elle a pris racine en effet dans des escarmouches de plus en plus sérieuses entre les deux camps dans une région présaharienne voisine de M'Sila, non loin des frontières à la fois des wilayas 3 (Kabylie), 2 (Constantinois) et 6 (Sahara). Il s'agit d'une de ces poches dans l'intérieur du pays où les combattants du MNA sont encore parfois actifs et peuvent avoir le soutien de la population. Ce qui contrarie évidemment les responsables du Front et tout particulièrement Abdelkader Bariki alias Sahnoun, en charge d'un gros bourg dans la région acquis à son mouvement, celui de Melouza. D'autant qu'il aimerait bien étendre son influence. Ses hommes sont en butte aux actions à l'occasion meurtrières de certains membres de la population environnante, en particulier celle du *douar* des Beni-Ilmane d'obédience messaliste à quelques kilomètres de son fief. Les concurrents et adversaires musulmans du FLN sont peut-être encouragés dans cette voie par le comportement agressif dans la région de troupes se revendiquant du MNA mais qui, sous l'autorité du « général » autoproclamé Bellounis, sont déjà en train de se préparer à conclure un accord secret avec l'armée française impliquant, en échange d'armement et d'un soutien indirect, de s'attaquer prioritairement — exclusivement, entendent bien sûr les Français — au FLN.

La situation dans les environs de Melouza ne peut durer, estiment en tout cas non seulement les chefs locaux mais aussi la direction de la wilaya auprès desquels ces derniers se sont plaints. Et c'est ainsi que, après qu'une première tentative de représailles contre leurs adversaires menée par les combattants du FLN aux ordres de Sahnoun a échoué à atteindre son but car un petit détachement de soldats bellounistes les en a empêchés, le capitaine Mohand Ouddak alias Arab, responsable de la zone sud de la wilaya 3, entreprend à la demande de son chef, Mohammedi Saïd, d'« exterminer cette vermine » — l'expression, selon Arab, est de ce dernier, qui dira aussi par la suite à l'un des auteurs de ce livre : « Il fallait en finir ! » Trois cent cinquante *moudjahidines*[1] partent donc, renforcés par quelque deux cents *moussebelines* — des paysans kabyles des environs —, pour une expédition punitive contre le *douar* Beni-Ilmane dans la nuit du 27 au 28 mai. L'opération prendra une tournure atroce. Sous la direction de Sahnoun, Arab étant, semble-t-il, resté à distance, les assaillants, vite maîtres du *douar*, rassemblent tous les hommes de plus de quinze ans après avoir incendié des habitations et abattu le garde champêtre. Les captifs, tous évidemment des individus désarmés, sont alors conduits au début de l'après-midi du 28 par un sentier jusqu'à une *mechta* du *douar* — la *mechta* Kasbah — où on les interne dans une mosquée et dans diverses maisons. Et là commencera dans la soirée le massacre : on tue tous les

1. Bien qu'il s'agisse d'un pluriel, on met souvent un « s » à *moudjahidines*.

prisonniers, si possible jusqu'au dernier, au fusil, à la mitraillette, à l'arme blanche, à coups de gourdin… Un massacre qu'Arab affirmera ne jamais avoir ordonné, et surtout pas sous cette forme extrême, même si les instructions permettaient d'abattre des hommes en cas de résistance. On relèvera de 301 à 394 cadavres — selon les sources — à la suite de cette exécution sommaire de masse, parmi lesquels, au milieu de la totalité de la population masculine locale, ceux de quelques *djounoud* qui auraient refusé de prendre part à la tuerie.

Le massacre est vite comparé par la plupart des journaux français à un Oradour-sur-Glane algérien. En oubliant — ce qui n'excuse évidemment rien quant à ce qui vient de se produire, en aucune façon — que, comme le remarqueront non seulement des Algériens mais aussi Yves Courrière, les nazis, pour leur part, avaient brûlé vifs à la fois hommes, femmes et enfants lors de leur opération punitive contre ce village français martyr en juin 1944. Car les autorités coloniales, dès qu'elles ont été prévenues, ont bien sûr organisé une visite aéroportée pour les médias français et internationaux. Une aubaine, pensait-on à Alger et Paris, alors même qu'à ce moment-là faisaient rage en métropole et au-delà des frontières les débats autour de la torture et plus généralement des méthodes des paras pendant la « bataille d'Alger ». La direction du FLN tentera, non sans succès auprès de la population musulmane — Salan reconnaît dans une note le 18 juin qu'elle croit cette version — mais aussi pendant quelque temps auprès de la majorité de ses sympathisants — Frantz Fanon parle par exemple d'une « odieuse machination » dans *Le Monde* du 5 juin —, de faire porter la responsabilité du massacre à l'armée française. Elle ne pourra tenir indéfiniment cette position devant l'évidence que font apparaître des témoignages irrécusables. Et elle lancera même sa propre commission d'enquête pour éclaircir les circonstances du massacre au niveau de la wilaya 3. Ce qui se traduira, longtemps après, par une sanction qui peut évidemment paraître dérisoire vu les faits : Amirouche, une fois devenu chef de cette wilaya, décidera en effet simplement de suspendre de ses fonctions le capitaine Arab, qui aura sans doute surtout servi d'ailleurs de bouc émissaire commode.

UNE VICTOIRE À LA PYRRHUS ?

Contrairement aux espoirs du gouvernement français et des autorités à Alger, le massacre de Melouza, bien que resté depuis dans les mémoires, n'aura pas alors, on l'a dit, de conséquences majeures. Et cela bien qu'une autre tuerie, se produisant deux jours après et se soldant par la mort de trente-cinq ouvriers agricoles à Wagram dans l'Oranie, ait pu être attribuée aussi à raison à un détachement de l'ALN. Et même si la trahison de Bellounis que l'affaire de Melouza n'avait fait bien sûr qu'encourager — en montrant la détermination jusqu'au-boutiste de l'adversaire FLN, ou en tout cas de ses représentants locaux — contribuera pendant un très court moment à modifier la situation en défaveur du FLN dans la région saharienne. L'internationalisation du conflit, la délégitimation de l'armée coloniale en raison de ses méthodes de combat pendant la « bataille d'Alger », l'évolution globale du rapport de forces entre le FLN et le MNA en faveur du premier non seulement en Algérie mais même de plus en plus au fur et à mesure du temps en France, enfin et surtout l'installation de la direction du FLN à Tunis — et les luttes pour le pouvoir qu'elle va induire — auront beaucoup plus d'impact sur la suite des événements.

À l'été 1957, on est de toute façon incontestablement entré dans une nouvelle phase de la guerre. La guérilla urbaine continuera mais ne pourra plus jouer un rôle majeur après la mise en coupe réglée de la capitale par les paras. Quant aux opérations militaires dans les djebels, elles ont, certes, sans doute atteint leur point culminant en 1956 et 1957 du côté des indépendantistes, qui peuvent alors livrer de réelles batailles, comme celle d'Agenouda dans l'Algérois, par exemple, au printemps 1957. Mais la construction de barrages hermétiques par l'armée française le long des deux frontières avec le Maroc — c'est pratiquement terminé — et la Tunisie — les travaux commencent — va modifier du tout au tout les conditions du combat : le passage des hommes comme des armes devient très problématique. Donc le conflit va changer de physionomie. Après le temps des armes, ce sera surtout le temps de la politique. Puis des négociations. Même si, du côté algérien, ce seront souvent les militaires qui mèneront le jeu.

La « bataille d'Alger » a manifestement été perdue par le FLN sur le terrain et sur l'instant. Mais comme on perd justement une bataille et non pas la guerre. La victoire des paras, « la première que pouvait vraiment s'attribuer l'armée française depuis la guerre de 1914-1918 », persifle aujourd'hui Yacef Saadi quand on l'interroge pour expliquer l'acharnement mis par ses adversaires à la remporter, était à bien des égards pour le colonisateur une victoire à la Pyrrhus. « La grève nous avait coûté très cher », avoue dans ses mémoires Saad Dahlab en évoquant une réunion avec Abane fin mai au Maroc pour « tirer les leçons » de cette initiative avant de rejoindre les autres membres du CCE à Tunis. Mais c'est pourtant elle, ajoute-t-il, qui, en dernier ressort, « a sonné le glas de l'Algérie française ». En ouvrant enfin, quand c'est encore nécessaire, les yeux de presque tous — en particulier chez les musulmans en Algérie, les Français en métropole et les autres partout ailleurs — sur les réalités d'une colonisation qui ressemble fort, comme toujours, à une occupation, avec toutes les conséquences que cela implique. Et en rendant caducs à jamais les propos de propagande d'un pouvoir français qui affirmait, et affirmera sans discontinuer, qu'il s'agissait en Algérie de simples opérations de maintien de l'ordre. À tel point que ce n'est qu'à la toute fin des années 1990, à moins d'un an du passage au XXIe siècle, que, pour la première fois, l'Assemblée nationale française acceptera qu'on parle officiellement d'une « guerre » d'Algérie !

Ce n'est pas, bien sûr, parce que cette guerre sera finalement gagnée par le FLN surtout grâce à une solution politique et non militaire, comme le prédit d'ailleurs dès l'été 1957 Belkacem Krim au jeune Amirouche, avide d'en découdre après sa nomination à la tête de la wilaya 3, que ce n'en était pas une. Les Algériens, dont pas une famille, dès cette époque, et quels que soient son origine et ses choix, ne peut plus se considérer comme à l'écart de la guerre d'indépendance, en savent alors tous quelque chose. Pour beaucoup, jusque dans leur chair.

ANNEXES

Annexe I

Février 1927 : Messali Hadj revendique l'indépendance

Un congrès anti-impérialiste est organisé à Bruxelles du 10 au 15 février 1927. Messali Hadj, en tant que secrétaire général de l'Étoile nord-africaine, est invité à faire partie de la délégation du Parti communiste français à cette occasion. Il prépare un discours dans lequel il va annoncer qu'il revendique l'égalité de traitement avec les Français pour les Algériens et — c'est une première lors d'une intervention « officielle » — l'indépendance de l'Algérie. Son texte lui ayant été subtilisé peu avant, comme il l'expliquera dans ses Mémoires *à la veille de sa mort en 1974, il devra se remettre à l'œuvre dans l'urgence pour pouvoir parler une quinzaine de minutes. On se référera désormais souvent à ses propos du 10 février — qu'il situe lui-même à tort le 27 février — pour mener la lutte anticoloniale en Afrique du Nord. L'orateur déclare d'emblée : « Le peuple algérien qui est sous la domination française depuis un siècle n'a plus rien à attendre de la bonne volonté de l'impérialisme français pour améliorer son sort. » Le cœur du discours détaillait en deux parties un double programme, qui déclinait une série de revendications de l'Étoile nord-africaine ayant trait à l'Algérie :*

I. LES MESURES IMMÉDIATES

1. Abolition immédiate du Code de l'indigénat et de toutes les mesures d'exception.

2. Amnistie pour tous ceux qui sont emprisonnés, en surveillance spéciale ou exilés pour infraction au Code de l'indigénat ou pour délit politique.

3. Liberté de voyage absolue pour la France et l'étranger.

4. Liberté de presse, d'association, de réunions, droits politiques et syndicaux.

5. Remplacement des délégations financières élues au suffrage restreint par un Parlement national algérien élu au suffrage universel.

6. Suppression des communes mixtes et des territoires militaires, remplacement de ces organismes par des assemblées municipales élues au suffrage universel.

7. Accession de tous les Algériens à toutes les fonctions publiques sans aucune distinction. À fonction égale, traitement égal pour tous.

8. L'instruction obligatoire en langue arabe, accession à l'enseignement à tous les degrés ; création de nouvelles écoles arabes. Tous les actes officiels doivent être simultanément rédigés dans les deux langues.

9. En ce qui concerne le service militaire : respect intégral du verset de la sourate coranique qui dit : « Celui qui tue délibérément un musulman est voué à l'enfer durant l'éternité et mérite la colère et la damnation divine. »

10. Application des lois sociales et ouvrières. Droit au secours de chômage aux familles algériennes en Algérie et aux allocations familiales.

11. Élargissement du crédit agricole aux petits fellahs. Secours non remboursables du gouvernement aux victimes de famines épisodiques.

II. LES REVENDICATIONS POLITIQUES

1. L'indépendance totale de l'Algérie.

2. Le retrait total des troupes d'occupation.

3. Constitution d'une armée nationale, d'un gouvernement national révolutionnaire, d'une Assemblée constituante élue au suffrage universel. Le suffrage universel à tous les degrés et l'éligibilité dans toutes les assemblées

pour tous les habitants de l'Algérie. La langue arabe considérée comme langue officielle.

4. La remise en totalité à l'État algérien des banques, des mines, des chemins de fer, des ports et des services publics accaparés par les conquérants.

5. La confiscation des grandes propriétés accaparées par les féodaux alliés des conquérants, les colons et les sociétés financières ; la restitution aux paysans des terres confisquées. Le respect de la moyenne et petite propriété. Le retour à l'État algérien des terres et forêts accaparées par l'État français.

6. L'instruction gratuite obligatoire à tous les degrés en langue arabe.

7. La reconnaissance par l'État algérien du droit syndical, du droit d'association et du droit de grève ; l'élaboration des lois sociales.

8. Aide immédiate aux fellahs pour l'affectation à l'agriculture de crédits sans intérêts pour l'achat de machines, de semences, d'engrais ; organisation de l'irrigation et amélioration des voies de communication.

Annexe II

Proclamation du FLN
et
Appel de l'ALN
du 1er novembre 1954

Ces textes étaient ainsi rédigés, à quelques « coquilles » près, sur les originaux des deux tracts distribués à Alger le 1er novembre 1954. Le texte de la « Proclamation » du FLN, dans sa présentation, s'écarte très légèrement de celui publié par le numéro spécial de l'organe officiel du Front El Moudjahid, *n° 4, de novembre 1956. L'appel de l'ALN n'a alors pas été publié.*

FRONT DE LIBÉRATION NATIONALE

Proclamation
au peuple algérien
aux militants de la cause nationale

À vous qui êtes appelés à nous juger, le premier d'une façon générale, les seconds tout particulièrement, notre souci, en diffusant la présente proclamation, est de vous éclairer sur les raisons profondes qui nous ont poussés à agir, en vous exposant notre programme, le sens de notre action, le bien-fondé de nos vues dont le but demeure l'INDÉPENDANCE NATIONALE dans le cadre nord-africain. Notre désir aussi est de vous éviter la confusion que pourraient entretenir l'impérialisme et ses agents : administratifs et autres politicailleurs véreux.

Nous considérons avant tout qu'après des décades de

lutte, le Mouvement national a atteint sa phase finale de réalisation. En effet, le but du mouvement révolutionnaire étant de créer toutes les conditions favorables pour le déclenchement d'une action libératrice, nous estimons que : sur le plan interne, le peuple est uni derrière le mot d'ordre d'indépendance et d'action, et sur le plan externe, le climat de détente est favorable pour le règlement des problèmes mineurs dont le nôtre avec surtout l'appui diplomatique de nos frères arabes et musulmans. Les événements du Maroc et de la Tunisie sont à ce sujet significatifs et marquent profondément le processus de lutte de libération de l'Afrique du Nord. À noter dans ce domaine que nous avions depuis fort longtemps été les précurseurs de l'unité dans l'action. Malheureusement jamais réalisée entre les trois pays.

Aujourd'hui, les uns et les autres sont engagés résolument dans cette voie, et nous, relégués à l'arrière, nous subissons le sort de ceux qui sont dépassés. C'est ainsi que notre Mouvement national, terrassé par des années d'immobilisme et de routine, mal orienté, privé du soutien indispensable de l'opinion populaire, dépassé par les événements, se désagrège progressivement à la grande satisfaction du colonialisme qui croit avoir remporté la plus grande victoire de sa lutte contre l'avant-garde algérienne. L'heure est grave.

Devant cette situation qui risque de devenir irréparable, une équipe de jeunes responsables et militants conscients, ralliant autour d'elle la majorité des éléments sains et décidés, a jugé le moment venu de sortir le Mouvement national de l'impasse où l'ont acculé les luttes de personnes et d'influence pour le lancer aux côtés des frères marocains et tunisiens dans la véritable lutte révolutionnaire.

Nous tenons à préciser, à cet effet, que nous sommes indépendants des deux clans qui se disputent le pouvoir. Plaçant l'intérêt national au-dessus de toutes les considérations mesquines et erronées de personnes et de prestiges, conformément aux principes révolutionnaires, notre action est dirigée uniquement contre le colonialisme, seul ennemi obstiné et aveugle, qui s'est toujours refusé à accorder la moindre liberté par des moyens pacifiques.

Ce sont là, nous pensons, des raisons suffisantes qui font que notre mouvement de rénovation se présente sous le nom de :

FRONT DE LIBÉRATION NATIONALE,

se dégageant ainsi de toutes les compromissions possibles et offrant la possibilité à tous les patriotes algériens de toutes les couches sociales, de tous les partis et mouvements purement algériens de s'intégrer dans la lutte de libération sans aucune autre considération.

Pour nous préciser, nous retraçons ci-après les grandes lignes de notre programme politique :

BUT : INDÉPENDANCE NATIONALE

par :

1) la restauration de l'État algérien souverain, démocratique et social dans le cadre des principes islamiques ;

2) le respect de toutes les libertés fondamentales sans distinction de race ni de confession.

OBJECTIFS INTÉRIEURS :

1) ASSAINISSEMENT POLITIQUE par la remise du Mouvement national révolutionnaire dans sa véritable voie et par là l'anéantissement de tous les vestiges de corruption et de réformisme causes de notre régression actuelle.

2) RASSEMBLEMENT ET ORGANISATION de toutes les énergies saines du peuple algérien pour la liquidation du système colonial.

OBJECTIFS EXTÉRIEURS :

1) Internationalisation du problème algérien.

2) Réalisation de l'unité nord-africaine dans son cadre naturel arabo-islamique.

3) Dans le cadre de la Charte des Nations unies, affirmation de notre sympathie agissante à l'égard de toutes les nations qui appuieraient notre action libératrice.

MOYENS DE LUTTE :

Conformément aux principes révolutionnaires et compte tenu des situations intérieure et extérieure, la continuation de la lutte par tous les moyens jusqu'à la réalisation de notre but.

Pour atteindre ces objectifs, le Front de libération nationale aura deux tâches essentielles à mener de front et simultanément : une action intérieure tant sur le plan politique et de l'action propre, et une action extérieure en vue de faire du problème algérien une réalité pour le monde entier avec l'appui de tous nos alliés naturels.

C'est là une tâche écrasante qui nécessite la mobilisation de toutes les énergies et de toutes les ressources nationales. Il est vrai, la lutte sera longue mais l'issue est certaine.

En dernier lieu, afin d'éviter les fausses interprétations et les faux-fuyants, pour prouver notre désir réel de paix, limiter les pertes en vies humaines et les effusions de sang, nous avançons une plate-forme honorable de discussion aux autorités françaises si ces dernières sont animées de bonne foi et reconnaissent une fois pour toutes aux peuples qu'elles subjuguent le droit de disposer d'eux-mêmes :

1) L'ouverture de négociation avec les porte-parole autorisés du peuple algérien sur les bases de la reconnaissance de la souveraineté algérienne une et indivisible.

2) La création d'un climat de confiance par la libération de tous les détenus politiques, la levée de toutes les

mesures d'exception et l'arrêt de toutes les poursuites contre les forces combattantes.

3) La reconnaissance de la nationalité algérienne par une déclaration officielle abrogeant les édits, décrets et lois faisant de l'Algérie une « terre française » en déni de l'Histoire, de la géographie, de la langue, de la religion et des mœurs du peuple algérien.

En contrepartie :

1) Les intérêts français, culturels et économiques, honnêtement acquis, seront respectés ainsi que les personnes et les familles.

2) Tous les Français désirant rester en Algérie auront le choix entre leur nationalité d'origine et seront de ce fait considérés comme des étrangers vis-à-vis des lois en vigueur ou opteront pour la nationalité algérienne et dans ce cas seront considérés comme tels en droit et en devoirs.

3) Les liens entre la France et l'Algérie seront définis et feront l'objet d'un accord entre les deux puissances sur la base de l'égalité et du respect de chacun.

Algérien ! Nous t'invitons à méditer notre Charte ci-dessus. Ton devoir est de t'y associer pour sauver notre pays et lui rendre sa liberté. Le Front de libération nationale est ton front. Sa victoire est la tienne.

Quant à nous, résolus à poursuivre la lutte, sûrs de tes sentiments anti-impérialistes, forts de ton soutien, nous donnons le meilleur de nous-mêmes à la Patrie.

LE SECRÉTARIAT

ALN

APPEL

Peuple algérien,

À l'exemple des peuples qui ont brisé les chaînes de l'esclavage et de l'oppression,

En accord avec tes frères marocains et tunisiens auxquels tu es lié par des siècles d'histoire, de civilisation et de souffrance, tu ne dois pas oublier un seul instant que notre avenir à tous est commun.

Par conséquent, il n'y a pas de raison pour ne pas unifier, confondre et intensifier notre lutte. Notre salut est un et notre délivrance est une, dissocier le problème maghrébin, c'est aller contre une réalité historique qui, à dater de 1830, fait notre malheur à tous.

En outre, pense un peu à ta situation humiliante de colonisé, réduit sur son propre sol à la condition honteuse de serviteur et de misérable surexploité par une poignée de privilégiés, classe dominante et égoïste qui ne cherche que son profit sous le couvert fallacieux et trompeur de civilisation et d'émancipation.

À propos de civilisation, nous te rappelons quelques dates illustres : 1830 avec ses rapines et ses crimes au nom du droit du plus fort ; 1870 suivie de massacres et d'expropriations qui ont frappé des milliers d'Algériens ; 1945 avec ses 40 000 victimes ; 1948 et ses élections à la Naegelen ; 1950 avec son fameux complot. Comme tu le constates, avec le colonialisme, la Justice, la Démocratie, l'Égalité ne sont que leurre et duperie destinés à te tromper et à te plonger de jour en jour dans la misère que tu ne connais que trop.

Si à tous ces malheurs il faut ajouter la faillite de tous les partis politiques qui prétendaient te défendre, tu dois te convaincre de la nécessité de l'emploi d'autres moyens de lutte.

C'est pourquoi, conscients de la gravité de l'heure, au coude à coude, avec nos frères de l'Est et de l'Ouest qui meurent pour que vive leur patrie respective, nous t'appelons à secouer ta résignation et à relever la tête pour reconquérir ta liberté au prix de ton sang.

Dans ce domaine, nous savons ce dont tu es capable, mais au départ nous voudrions attirer ton attention sur la manière de servir les forces de libération qui, pour ton bonheur, ont fait le serment sacré de tout sacrifier pour toi.

1) Reste calme et discipliné. Ne te laisse pas aller au désordre qui ne peut servir que l'ennemi.

2) Ton devoir impérieux est de soutenir tes frères combattants par tous les moyens.

3) Sois vigilant. L'ennemi te guette et surveille tes moindres gestes pour gêner ton action.

Prends garde aux faux communiqués, aux mensonges, à la corruption, aux promesses dont le but est de te détourner de la voie que nous ont dictée notre religion et notre devoir national.

Pour finir :

— toute inattention peut coûter la vie à des hommes ;

— toute indiscrétion peut engendrer des conséquences graves.

Donc, sans perdre une minute, organise ton action aux côtés des forces de libération à qui tu dois porter aide, secours et protection en tout lieu et à tout moment.

En les servant tu sers ta cause

Se désintéresser de la lutte est un crime

Contrecarrer l'action est une trahison

DIEU est avec les combattants des justes causes et nulle force ne peut les arrêter désormais, hormis la mort glorieuse ou la libération nationale.

VIVE L'ARMÉE DE LIBÉRATION

VIVE L'ALGÉRIE INDÉPENDANTE

Annexe III

Ce texte quasi complet de la plate-forme de la Soummam, daté du 20 août 1956, jour du début du congrès du FLN dans la vallée de la Soummam, est celui publié en novembre de la même année dans le numéro spécial, n° 4, du périodique officiel du FLN El Moudjahid. *Des extraits du procès-verbal du congrès le précédaient dans ce numéro. Ils signalaient que cette plate-forme politique avait été adoptée à l'unanimité des congressistes. Ils évoquaient aussi les organes de direction du FLN, le Conseil national de la révolution algérienne (CNRA) — dont il précisait la composition (avec parfois des pseudonymes) — et le Comité de coordination et d'exécution (CCE) — dont les noms des cinq membres restaient secrets et qui était supposé avoir son quartier général « quelque part dans un maquis ». Ils donnaient enfin des informations diverses sur le rapport FLN-ALN (« Primauté du politique sur le militaire ») et sur le rapport intérieur-extérieur (« Primauté de l'intérieur sur l'extérieur ») ainsi que sur l'organisation de l'ALN (division du territoire en six wilayas, organes de commandement, grades, etc.) et les tâches des commissaires politiques.*

Plate-forme de la Soummam

Pour assurer le triomphe de la révolution algérienne dans la lutte pour l'indépendance nationale

Les extraits de la présente plate-forme du Front de libération nationale ont pour objet de définir, d'une façon générale, la position du FLN à une étape déterminante de la révolution algérienne.

Elle est divisée en trois parties : 1. La situation politique actuelle ; 2. Les perspectives générales ; 3. Les moyens d'action et de propagande.

I. SITUATION POLITIQUE ACTUELLE

A. L'essor impétueux de la révolution algérienne

L'Algérie, depuis deux ans, combat avec héroïsme pour l'indépendance nationale. La révolution patriotique et anticolonialiste est en marche. Elle force l'admiration de l'opinion publique mondiale.

a) La résistance armée

En une période relativement courte, l'Armée de libération nationale, localisée dans l'Aurès et la Kabylie, a subi avec succès l'épreuve du feu.

Elle a triomphé de la campagne d'encerclement et d'anéantissement menée par une armée puissante, moderne, au service du régime colonialiste d'un des plus grands États du monde.

Malgré la pénurie provisoire d'armement, elle a développé les opérations de guérilla, de harcèlement, de sabotage, s'étendant aujourd'hui à l'ensemble du territoire national.

Elle a consolidé sans cesse ses positions en améliorant sa tactique, sa technique, son efficacité.

Elle a su passer rapidement de la guérilla au niveau de la guerre partielle.

Elle a su combiner harmonieusement les méthodes éprouvées des guerres anticolonialistes avec les formes les plus classiques en les adoptant intelligemment aux particularités du pays.

Elle a déjà fourni la preuve suffisante, maintenant que son organisation militaire est unifiée, qu'elle possède la science de la stratégie d'une guerre englobant l'ensemble de l'Algérie.

— L'Armée de libération nationale se bat pour une cause juste.

Elle groupe des patriotes, des volontaires, des combattants décidés à lutter avec abnégation jusqu'à la délivrance de la patrie martyre.

Elle s'est renforcée par le sursaut patriotique d'officiers, de sous-officiers et de soldats de carrière ou du contingent, désertant en masse avec armes et bagages les rangs de l'armée française.

Pour la première fois dans les annales militaires, la France ne peut plus compter sur le « loyalisme » des troupes algériennes. Elle est obligée de les transférer en France et en Allemagne.

Les *harkas* de goumiers, recrutés parmi les chômeurs souvent trompés sur la nature du « travail » pour lequel ils étaient appelés, disparaissent dans le maquis. Certaines sont désarmées et dissoutes par les autorités mécontentes.

Les réserves humaines de l'ALN sont inépuisables. Elle est souvent obligée de refuser l'enrôlement des Algériens jeunes et vieux, des villes et campagnes, impatients de mériter l'honneur d'être soldats de leur « Armée ».

Elle bénéficie pleinement de l'amour du peuple algérien, de son soutien enthousiaste, de sa solidarité agissante, morale et matérielle, totale et indéfectible.

Les officiers supérieurs, les commandants de zones, les commissaires politiques, les cadres et soldats de l'Armée de libération nationale sont honorés comme des héros nationaux, glorifiés dans des chants populaires qui ont déjà pénétré aussi bien dans l'humble gourbi que la misérable khaïma, la ghorfa des casbahs comme le salon des villas.

Telles sont les raisons essentielles du « miracle algérien » : l'ALN tenant en échec la force colossale de l'armée colonialiste française, renforcée par les divisions « atomiques » prélevées sur les forces de l'OTAN.

Voilà pourquoi en dépit des incessants renforts, jugés aussitôt insuffisants, malgré le quadrillage ou autre technique aussi inopérante que les déluges de feu, les généraux français sont obligés de reconnaître que la solution militaire est impossible pour résoudre le problème algérien.

Nous devons signaler particulièrement la formation de nombreux maquis urbains qui, d'ores et déjà, constituent une seconde armée sans uniforme.

Les groupes armés dans villes et villages se sont notamment signalés par des attentats contre les commissariats de police, les postes de gendarmerie, les sabotages de bâtiments publics, les incendies, la suppression de grades de la police, de mouchards, de traîtres.

Cela affaiblit d'une façon considérable l'armature militaire et policière de l'ennemi colonialiste, augmente la dispersion de ses forces sur l'ensemble du sol national, et accentue la détérioration du moral des troupes, maintenues dans un état d'énervement et de fatigue par la nécessité de rester sur un qui-vive angoissant.

C'est un fait indéniable que l'action de l'ALN a bouleversé le climat politique en Algérie.

Elle a provoqué un choc psychologique qui a libéré le peuple de sa torpeur, de la peur, de son scepticisme.

Elle a permis au peuple algérien une nouvelle prise de conscience de sa dignité nationale.

Elle a également déterminé une union psycho-politique de tous les Algériens, cette unanimité nationale qui féconde la lutte armée et rend inéluctable la victoire de la liberté.

b) Une organisation politique efficace

Le Front de libération nationale, malgré son activité clandestine, est devenu aujourd'hui l'unique organisation véritablement nationale. Son influence est incontestable et incontestée sur tout le territoire algérien.

En effet, dans un délai extrêmement court, le FLN a réussi le tour de force de supplanter tous les partis politiques existant depuis des dizaines d'années.

Cela n'est pas le fruit du hasard. C'est le résultat de la réunion des conditions indispensables suivantes :

1) le bannissement du pouvoir personnel et l'instauration du principe de la direction collective composée d'hommes propres, honnêtes, imperméables à la corruption, courageux, insensibles au danger, à la prison ou à la peur de la mort ;

2) la doctrine est claire. Le but à atteindre, c'est l'indépendance nationale. Le moyen, c'est la révolution par la destruction du régime colonialiste ;

3) l'union du peuple est réalisée dans la lutte contre l'ennemi commun, sans sectarisme :

Le FLN affirmait au début de la révolution que « la libération de l'Algérie sera l'œuvre de tous les Algériens et non pas celle d'une fraction du peuple algérien, quelle que soit son importance ». C'est pourquoi le FLN tiendra compte dans sa lutte de toutes les forces anticolonialistes, même si elles échappent encore à son contrôle ;

4) la condamnation définitive du culte de la personnalité, la lutte ouverte contre les aventuriers, les mouchards, les valets de l'administration, indicateurs ou policiers. D'où la capacité du FLN à déjouer les manœuvres politiques et les traquenards de l'appareil policier français.

Cela ne saurait signifier que toutes les difficultés soient complètement effacées.

Notre action politique a été handicapée au départ pour les raisons ci-après :

— l'insuffisance numérique des cadres et des moyens matériels et financiers ;

— la nécessité d'un long et dur travail de clarification politique, d'explication patiente et persévérante pour surmonter une grave crise de croissance ;

— l'impératif stratégique de subordonner tout au Front de la lutte armée.

Cette faiblesse, normale et inévitable au début, est déjà corrigée. Après la période où il se contentait de lancer uniquement des mots d'ordre de résistance à l'impérialisme, on a assisté ensuite à une réelle apparition du FLN sur le plan de la lutte politique.

Ce redressement fut marqué par la grève d'anniversaire

du 10 novembre 1956, considérée comme l'événement décisif, tant par son aspect spectaculaire et positif que par son caractère profond, preuve de la « prise en main » de toutes les couches de la population.

Jamais, de mémoire d'Algérien, aucune organisation politique n'avait obtenu une grève aussi grandiose dans les villes et villages du pays.

D'autre part, le succès de la non-coopération politique lancée par le FLN est non moins probant. La cascade de démissions des élus patriotes suivie de celles des élus administratifs ont imposé au gouvernement français la non-prorogation du mandat des députés du palais Bourbon, la dissolution de l'Assemblée algérienne. Les conseils généraux et municipaux et les *djemâas* ont disparu, vide accentué et amplifié par la démission de nombreux fonctionnaires et auxiliaires de l'autorité coloniale, caïds, chefs de fraction, gardes champêtres. Faute de candidatures ou de remplaçants, l'administration française est disloquée ; son armature, considérée comme insuffisante, ne trouve aucun appui parmi le peuple ; dans presque toutes les régions elle coexiste avec l'autorité du FLN.

Cette lente mais profonde désagrégation de l'administration française a permis la naissance puis le développement d'une dualité de pouvoir. Déjà fonctionne une administration révolutionnaire avec des *djemâas* clandestines et des organismes s'occupant du ravitaillement, de la perception d'impôts, de la justice, du recrutement de *moudjahidines*, des services de sécurité et de renseignements. L'administration du FLN prendra un nouveau virage avec l'institution des assemblées du peuple qui seront élues par les populations rurales avant le deuxième anniversaire de notre révolution.

Le sens politique du FLN s'est vérifié d'une façon éclatante par l'adhésion massive des paysans pour lesquels la conquête de l'indépendance nationale signifie en même temps la réforme agraire qui leur assurera la possession des terres qu'ils fécondent de leur labeur.

Cela se traduit par l'éclosion d'un climat insurrectionnel qui s'est étendu avec rapidité et une forme variée à tout le pays.

La présence d'éléments citadins, politiquement mûrs et

expérimentés, sous la direction lucide du FLN, a permis la politisation des régions retardataires. L'apport des étudiantes et étudiants a été d'une grande utilité, notamment dans les domaines politique, administratif et sanitaire.

Ce qui est certain, c'est que la révolution algérienne vient de dépasser avec honneur une première étape historique.

C'est une réalité vivante ayant triomphé du pari stupide du colonialisme français prétendant la détruire en quelques mois.

C'est une révolution organisée et non une révolte anarchique.

C'est une lutte nationale pour détruire le régime anarchique de la colonisation et non une guerre religieuse. C'est une marche en avant dans le sens historique de l'humanité et non un retour vers le féodalisme.

C'est enfin la lutte pour la renaissance d'un État algérien sous la forme d'une république démocratique et sociale et non la restauration d'une monarchie ou d'une théocratie révolues.

c) La faillite des anciennes formations politiques

La révolution algérienne a accéléré la maturité politique du peuple algérien. Elle lui a montré, à la lumière de l'expérience décisive du combat libérateur, l'impuissance du réformisme et la stérilité du charlatanisme contre-révolutionnaire.

La faillite des vieux partis a éclaté au grand jour.

Les groupements divers ont été disloqués. Les militants de base ont rejoint le FLN. L'UDMA dissoute et les Oulémas se sont alignées courageusement sur les positions du FLN ; l'UGEMA groupant tous les universitaires et lycéens a proclamé par la voix de son congrès unanime le même sentiment.

Le Comité central du MTLD a complètement disparu en tant que regroupement d'ex-dirigeants et en tant que tendance politique.

— Le messalisme en déroute

Le MNA, en dépit de la démagogie et de la surenchère, n'a pas réussi à surmonter la crise mortelle du MTLD. Il conservait une assise organique seulement en France du fait de la présence de Messali en exil, de l'ignorance totale des émigrés de la réalité algérienne.

C'est de là que partaient les mots d'ordre, les fonds et les hommes en vue de la création en Algérie de groupes armés ou de maquis dissidents, destinés non à la participation de la lutte contre l'ennemi exécré, le régime colonialiste, son armée et sa police, mais à créer des opérations de provocation et à saboter par le défaitisme, le désordre et l'assassinat la révolution algérienne et ses dirigeants militaires et politiques.

L'activité sporadique et brève du MNA s'était manifestée publiquement, dans les rares villes telle Alger, comme une secte contre-révolutionnaire dans des opérations de diversion et de division (campagne anti-mozabite), de gangstérisme (racket de commerçants), de confusion et de mensonges (Messali, soi-disant créateur et chef de l'Armée de libération nationale).

Le messalisme a perdu sa valeur de courant politique. Il est devenu de plus en plus un état d'âme qui s'étiole chaque jour.

Il est particulièrement significatif que les derniers admirateurs et défenseurs de Messali soient précisément les journalistes et intellectuels proches de la présidence du gouvernement français. Ils prétendent dénoncer l'ingratitude du peuple algérien qui ne reconnaîtrait plus « les mérites exceptionnels de Messali, le créateur, il y a trente ans, du nationalisme algérien ».

La psychologie de Messali s'apparente à la conviction insensée du coq de la fable qui ne se contente pas de constater l'aurore, mais proclame qu'il « fait lever le soleil ».

Le nationalisme algérien dont Messali revendique effrontément l'initiative est un phénomène de caractère universel, résultat d'une évolution naturelle suivie par tous les peuples sortant de leur léthargie.

Le soleil se lève sans que le coq y soit pour quelque chose, comme la révolution algérienne triomphe sans que Messali y ait aucun mérite.

Cette apologie du messalisme dans la presse française

était un indice sérieux de la préparation psychologique d'un climat artificiel favorable à une manœuvre de grande envergure contre la révolution algérienne.

C'est la division, arme classique du colonialisme.

Le gouvernement français a tenté en vain d'opposer au FLN des groupements modérés, voire même le groupe des « 61 ». Ne pouvant plus compter sur les Sayah ou Farès, le béni-oui-ouisme étant discrédité d'une façon définitive et sans retour, le colonialisme français espérait utiliser le chef du MNA dans son ultime manœuvre diabolique pour tenter de voler au peuple algérien sa victoire.

Dans cette perspective, Messali représente, en raison de son orgueil et de son manque de scrupules, l'instrument parfait pour la politique impérialiste.

Ce n'est donc pas par hasard que Jacques Soustelle pouvait affirmer en novembre 1955 au professeur Massignon : « Messali est ma dernière carte. »

Le ministre résident Lacoste ne se gêne pas pour confier à la presse colonialiste algérienne sa satisfaction de voir le MNA s'efforcer uniquement d'affaiblir le FLN.

L'hebdomadaire socialiste *Demain*, dévoilant les divergences tactiques divisant les gouvernants français, pouvait écrire que certains ministres étaient disposés, pour empêcher le renforcement du FLN, à accorder à Messali sa liberté totale, « le seul problème étant de protéger la vie du leader algérien ».

Quand on se rappelle que Messali s'est livré à une violente attaque contre les pays arabes, ce qui ne peut que réjouir les Soustelle, Lacoste et Borgeaud, son déplacement d'Angoulême à Belle-Île justifie la thèse du journal *Demain*.

Lorsque la vie de Messali est si précieuse pour le colonialisme français, faut-il s'étonner de le voir glisser vers la trahison consciente ?

— Le communisme absent

Le PCA, malgré son passage dans l'illégalité et la publicité tapageuse dont la presse colonialiste l'a gratifié pour justifier la collusion imaginaire avec la résistance algérienne, n'a pas réussi à jouer un rôle qui mériterait d'être signalé. La direction communiste, bureaucratique, sans aucun contact avec le peuple, n'a pas été capable d'analyser correctement la situation révolutionnaire. C'est pourquoi elle a condamné le « terrorisme » et ordonné dès les premiers mois de l'insurrection aux militants des Aurès, venus à Alger chercher des directives, de ne pas prendre les armes.

La sujétion au PCF a pris le caractère d'un béni-oui-ouisme avec le silence qui a suivi le vote des pouvoirs spéciaux :

Non seulement les communistes algériens n'ont pas eu suffisamment de courage pour dénoncer cette attitude opportuniste du groupe parlementaire, mais ils n'ont pas soufflé mot sur l'abandon de l'action concrète contre la guerre d'Algérie : manifestations contre les renforts de troupes, grèves de transport, de la marine marchande, des ports et des stocks contre le matériel de guerre.

Le PCA a disparu en tant qu'organisation sérieuse à cause surtout de la prépondérance en son sein d'éléments européens dont l'ébranlement des convictions nationales algériennes artificielles a fait éclater les contradictions face à la résistance armée.

Cette absence d'homogénéité et la politique incohérente qui en résulte ont pour origine fondamentale la confusion et la croyance en l'impossibilité de la libération nationale de l'Algérie avant le triomphe de la révolution prolétarienne en France.

Cette idéologie qui tourne le dos à la réalité est une réminiscence des conceptions de la SFIO, favorable à la politique d'assimilation passive et opportuniste.

Niant le caractère révolutionnaire de la paysannerie et des fellahs algériens en particulier, elle prétend défendre la classe ouvrière algérienne contre le danger problématique de tomber sous la domination directe de la « bourgeoisie arabe », comme si l'indépendance nationale de l'Algérie devait suivre forcément le chemin des révolutions manquées, voire même de faire marche arrière vers un quelconque féodalisme.

La CGT, subissant l'influence communiste, se trouve dans une situation analogue et tourne à vide sans pouvoir énoncer et appliquer le moindre mot d'ordre d'action.

La passivité générale du mouvement ouvrier organisé, aggravée dans une certaine mesure par l'attitude néfaste des syndicats FO et CFTC, n'est pas la conséquence du manque de combativité des travailleurs des villes, mais de l'apathie des cadres syndicaux de l'UGSA, attendant, les bras croisés, les directives de Paris.

Les dockers d'Alger en ont donné la preuve en participant à la grève politique anniversaire du 18 novembre 1956.

Nombreux furent les travailleurs qui ont compris que cette journée d'action patriotique aurait revêtu un caractère d'unanimité nationale, plus démonstrative, plus dynamique, plus féconde, si les organisations ouvrières avaient été entraînées intelligemment dans la lutte générale par une véritable centrale syndicale nationale. Cette appréciation juste se trouve entièrement confirmée dans le succès complet de la grève générale patriotique du 5 juillet 1956.

Voilà pourquoi les travailleurs algériens ont salué la naissance de l'UGTA, dont le développement continu est irrésistible, comme l'expression de leur désir impatient de prendre une part plus active à la destruction du colonialisme, responsable du régime de misère, de chômage, d'émigration et d'indignité humaine.

Cette extension du sentiment national, en même temps que son passage à un niveau qualificatif plus élevé, n'a pas manqué de réduire, comme une peau de chagrin, la base de masse du PCA, déjà rétrécie par la perte des éléments européens hésitants et instables.

On assiste cependant à certaines initiatives émanant à titre individuel de certains communistes s'efforçant de s'infiltrer dans les rangs du FLN et de l'ALN. Il est possible qu'il s'agisse là de sursauts individuels pour retourner à une saine conception de la libération nationale.

Il est certain que le PCA essaiera dans l'avenir d'exploiter ces « placements » dans le but de cacher son isolement total et son absence dans le combat historique de la révolution algérienne.

B. La stratégie impérialiste française

La révolution algérienne, détruisant impitoyablement tous les pronostics colonialistes et faussement optimistes, continue de se développer : avec une vigueur exceptionnelle, dans une phase ascendante de longue portée.

Elle ébranle et ruine ce qui reste de l'empire colonial français en déclin.

Les gouvernements successifs de Paris sont en proie à une crise politique sans précédent. Obligés de lâcher les colonies d'Asie, ils croient pouvoir conserver celles d'Afrique. Ne pouvant faire face au « pourrissement » de l'Afrique du Nord, ils ont lâché du lest en Tunisie et au Maroc pour tenter de garder l'Algérie.

a) La leçon des expériences tunisienne et marocaine

Cette politique sans perspectives réalistes s'est traduite notamment par la succession rapide de défaites morales dans tous les secteurs : mécontentement en France, grèves ouvrières, révoltes de commerçants, agitation chez les paysans, déficit budgétaire, inflation, sous-production, marasme économique, question algérienne à l'ONU, abandon de la Sarre à l'Allemagne.

La poussée révolutionnaire nord-africaine, malgré l'absence d'une stratégie politique commune en raison de la faiblesse organique de ce qu'a été le Comité de libération du Maghreb, a acculé le colonialisme français à improviser une tactique défensive hâtive, bouleversant tous les plans de la répression esclavagiste traditionnelle.

Les conventions franco-tunisiennes qui devaient jouer le rôle de barrage néocolonialiste ont été dépassées sous la pression conjuguée du mécontentement populaire et des coups portés à l'impérialisme dans les trois pays frères.

Le rythme de l'évolution de la crise marocaine, l'entrée en lutte armée des montagnards venant renforcer la résistance citadine, et surtout la pression de la révolution algérienne ont été parmi les facteurs les plus déterminants du revirement de l'attitude officielle française et de l'indépendance marocaine.

Le brusque changement de méthode du gouvernement colonialiste abandonnant l'immobilisme pour s'engager dans la recherche d'une solution rapide était dicté d'abord par des raisons de caractère stratégique.

Il s'agissait :

1) d'empêcher la constitution d'un véritable second front, en mettant fin à l'unification de la lutte armée au Rif et en Algérie ;

2) d'achever de briser l'unité de combat des trois pays d'Afrique du Nord ;

3) d'isoler la révolution algérienne que son caractère populaire rendait nettement plus dangereuse.

Tous les calculs ont été voués à l'échec. Les négociations menées séparément avaient pour but de tenter de duper ou de corrompre certains dirigeants des pays frères en les poussant à abandonner consciemment ou inconsciemment le terrain réel de la lutte révolutionnaire jusqu'au bout.

La situation politique nord-africaine est caractérisée par le fait que le problème algérien se trouve encastré dans les problèmes marocain et tunisien pour n'en faire qu'un seul.

En effet, sans l'indépendance de l'Algérie, celle du Maroc et de la Tunisie est un leurre.

Les Tunisiens et les Marocains n'ont pas oublié que la conquête de leurs pays respectifs par la France a suivi la conquête de l'Algérie.

Les peuples du Maghreb sont aujourd'hui convaincus par l'expérience que la lutte en ordre dispersé contre l'ennemi commun n'a pas d'autre issue que la défaite pour tous, chacun pouvant être écrasé séparément.

C'est une aberration de l'esprit que de croire que le Maroc et la Tunisie pourront jouir d'une indépendance réelle alors que l'Algérie restera sous le joug colonial.

Les gouvernants colonialistes, experts en hypocrisie diplomatique, reprenant d'une main ce qu'ils cèdent de l'autre, ne manqueront pas de songer à la reconquête de ces pays dès que la conjoncture internationale leur semblera favorable.

D'ailleurs, il est important de souligner que les leaders marocains et tunisiens formulent dans des déclarations récentes et renouvelées des points de vue rejoignant l'appréciation du FLN.

b) La politique algérienne du gouvernement

Le gouvernement à direction socialiste, dès le 6 février, après la manifestation ultra-colonialiste d'Alger, a abandonné les promesses électorales du Front républicain : ramener la paix en Algérie par la négociation, renvoyer dans leurs foyers les soldats du contingent, briser les « féodalités » administratives et financières, libérer les prisonniers politiques, fermer les camps de concentration.

Si, avant la démission de Mendès France, celui-ci représentait au gouvernement la tendance à la négociation face à la tendance opposée, animée furieusement par Bourgès-Maunoury et Lacoste, aujourd'hui c'est la politique Lacoste qui fait l'unanimité. C'est la guerre à outrance qui a pour but chimérique de tenter d'isoler le maquis du peuple par l'extermination.

Devant cet objectif accepté par l'unanimité du gouvernement et la presque totalité du Parlement français, il ne peut exister aucune divergence, sauf quand cette politique d'extermination dite « de pacification » aura échoué. Il est clair que les buts politiques déclarés à nouveau par Guy Mollet ne servent qu'à camoufler l'entreprise réelle qui veut être le nettoyage par le vide de toutes nos forces vives.

L'offensive militaire est doublée d'une offensive politique condamnée, d'avance, à un échec.

La « reconnaissance de la personnalité algérienne » reste une formule vague sans contenu réel, concret, précis. La solution politique exprimée d'une façon schématique n'avait au début d'autres supports que deux idées-forces : celle de la consultation des Algériens par des élections libres et celle du cessez-le-feu. Les réformes fragmentaires et dérisoires étaient proclamées dans l'indifférence générale : provisoirement pas de représentation parlementaire au Palais Bourbon, dissolution de l'Assemblée algérienne, épuration timide de la police, remplacement de « trois » hauts fonctionnaires, augmentation des salaires agricoles, accès des musulmans à la fonction publique et à certains postes de direction, réforme agraire, élection au collège unique. Aujourd'hui le gouvernement Guy Mollet annonce l'existence de six ou sept projets de statuts pour l'Algérie, dont la ligne générale serait la création de deux assemblées, la première législative, la seconde économique, avec un gouvernement composé de ministres ou de commissaires et présidé d'office par un ministre du gouvernement français.

Cela démontre d'une part l'évolution, grâce à notre combat, de l'opinion publique en France, et d'autre part le rêve insensé des gouvernants français de croire que nous accepterons un compromis honteux de ce genre.

La tentative d'isoler les maquis de la solidarité du peuple algérien, préconisée par Naegelen sur le plan intérieur, devait être complétée par la tentative d'isoler la révolution algérienne de la solidarité des peuples anticolonialistes, engagée par Pineau sur le plan extérieur.

Le FLN déjouera comme par le passé les plans futurs de l'adversaire.

Nous mentionnerons l'appréciation sur la situation internationale dans la troisième partie.

II. LES PERSPECTIVES POLITIQUES

La preuve est faite que la révolution algérienne n'est pas une révolte de caractère anarchique, localisée, sans coordination, sans direction politique, vouée à l'échec.

La preuve est faite qu'il s'agit au contraire d'une véritable révolution organisée, nationale et populaire, centralisée, guidée par un état-major capable de la conduire jusqu'à la victoire finale.

La preuve est faite que le gouvernement français, convaincu de l'impossibilité d'une solution militaire, est obligé de rechercher une solution politique.

Voilà pourquoi le FLN, inversement, doit se pénétrer de ce principe : la négociation suit la lutte à outrance contre un ennemi impitoyable, elle ne la précède jamais.

Notre position à cet égard est fonction de trois considérations essentielles pour bénéficier du rapport des forces :

1) avoir une doctrine politique claire ;

2) développer la lutte armée d'une façon incessante jusqu'à l'insurrection générale ;

3) engager une action politique d'une grande envergure.

A) Pourquoi nous combattons

La révolution algérienne a la mission historique de détruire de façon définitive et sans retour le régime colonial odieux, décadent, obstacle au progrès et à la paix.

I) Les buts de guerre

Les buts de guerre, c'est le point final de la guerre à partir duquel se réalisent les buts de paix. Les buts de guerre, c'est la situation à laquelle on accule l'ennemi pour lui faire accepter tous nos buts de paix. Ce peut être la victoire militaire ou bien la recherche d'un cessez-le-feu ou d'un armistice en vue de négociations. Il ressort que, vu notre situation, nos buts de guerre sont politico-militaires. Ce sont :

1) l'affaiblissement total de l'armée française, pour lui rendre impossible une victoire par les armes ;

2) la détérioration sur une grande échelle de l'économie colonialiste par le sabotage, pour rendre impossible l'administration normale du pays ;

3) la perturbation au maximum de la situation en France sur le plan économique et social pour rendre impossible la continuation de la guerre ;

4) l'isolement politique de la France en Algérie et dans le monde ;

5) donner à l'insurrection un développement tel qu'il la rende conforme au droit international (personnalisation de l'armée, pouvoir politique reconnaissable, respect des lois de la guerre, administration normale des zones libérées par l'ALN) ;

6) soutenir constamment le peuple devant les efforts d'extermination des Français.

II) Cessez-le-feu

Conditions :

a) politiques :

1) Reconnaissance de la Nation algérienne indivisible.

Cette clause est destinée à faire disparaître la fiction colonialiste de « l'Algérie française ».

2) Reconnaissance de l'indépendance de l'Algérie et de sa souveraineté dans tous les domaines, jusques et y compris la défense nationale et la diplomatie.

3) Libération de tous les Algériens et Algériennes emprisonnés, internés ou exilés en raison de leur activité patriotique avant et après l'insurrection nationale du 1er novembre 1954.

4) Reconnaissance du FLN comme seule organisation représentant le peuple algérien et seule habilitée en vue de toute négociation. En contrepartie, le FLN est garant et responsable du cessez-le-feu au nom du peuple algérien.

b) militaires :

Les conditions militaires seront précisées ultérieurement.

III) Négociations pour la paix

1) Les conditions sur le cessez-le-feu étant remplies, l'interlocuteur valable et exclusif pour l'Algérie demeure le FLN. Toutes les questions ayant trait à la représentativité du peuple algérien sont du ressort exclusif du FLN (gouvernement, élections, etc.). Aucune ingérence de ce fait de la part du gouvernement français n'est admise.

2) Les négociations se font sur la base de l'indépendance (diplomatie et défense nationale incluses).

3) Fixation des points de discussion :

— limites du territoire algérien (limites actuelles y compris le Sahara algérien) ;

— minorité française (sur la base de l'option entre citoyenneté algérienne ou étrangère — pas de régime préférentiel — pas de double citoyenneté algérienne et française) ;

— biens français : de l'État français, des citoyens français ;
— transfert des compétences (administration) ;
— formes d'assistance et de coopération françaises dans les domaines économique, monétaire, social, culturel, etc. ;
— autres points.

Dans une deuxième phase, les négociations sont menées par un gouvernement chargé de préciser le contenu des têtes de chapitre. Ce gouvernement est issu d'une Assemblée constituante, elle-même issue d'élections générales.

— La Fédération nord-africaine

L'Algérie libre et indépendante, brisant le colonialisme racial fondé sur l'arbitraire colonial, développera sur des bases nouvelles l'unité et la fraternité de la Nation algérienne, dont la naissance fera rayonner sa resplendissante originalité.

Mais les Algériens ne laisseront jamais leur culte de la Patrie, sentiment noble et généreux, dégénérer en un nationalisme chauvin, étroit et aveugle.

C'est pourquoi ils sont en même temps les Nord-Africains sincères, attachés, avec passion et clairvoyance, à la solidarité naturelle et nécessaire des trois pays du Maghreb.

L'Afrique du Nord est un tout par : la géographie, l'histoire, la langue, la civilisation, le devenir.

Cette solidarité doit donc se traduire naturellement dans la création d'une Fédération des trois États nord-africains.

Les trois peuples frères ont intérêt pour le commencement à organiser une défense commune, une orientation et une action diplomatique communes, la liberté des échanges, un plan commun et rationnel d'équipement et d'industrialisation, une politique monétaire, l'enseignement et l'échange concerté des cadres techniques, les échanges culturels, l'exploitation en commun de nos sous-sols et de nos régions sahariennes respectives.

— Les tâches nouvelles du FLN pour préparer l'insurrection nationale

L'éventualité de l'ouverture des négociations pour la paix ne doit en aucun cas donner naissance à une griserie du succès, entraînant inévitablement un dangereux relâchement de la vigilance et de la démobilisation des énergies qui pourrait ébranler la cohésion politique du peuple.

Au contraire le stade actuel de la révolution algérienne exige la poursuite acharnée de la lutte armée, la consolidation des positions, le développement des forces militaires et politiques de la résistance.

L'ouverture des négociations et leur conduite à bonne fin sont conditionnées d'abord par le rapport des forces en présence.

C'est pourquoi, sans désemparer, il faut travailler avec ensemble et précision pour transformer l'Algérie en un camp retranché, inexpugnable. Telle est la tâche que doivent remplir avec honneur et sans délai le FLN et son Armée de libération nationale.

Dans ce but reste valable plus que jamais le mot d'ordre fondamental :

Tout pour le front de la lutte armée.

Tout pour obtenir une victoire décisive.

L'indépendance de l'Algérie n'est plus la revendication publique, le rêve qui a longtemps bercé le peuple algérien courbé sous le joug de la domination française.

C'est aujourd'hui un but immédiat qui se rapproche à une allure vertigineuse pour devenir, très bientôt, une lumineuse réalité.

Le FLN marche à pas de géant pour dominer la situation sur le plan militaire, politique et diplomatique.

— Objectifs nouveaux : préparer dès maintenant, d'une façon systématique, l'insurrection générale, inséparable de la libération nationale

a) Affaiblir l'armature militaire, policière, administrative et politique du colonialisme.

b) Porter une grande attention, et d'une manière ininterrompue, aux côtés techniques de la question, notamment l'acheminement du maximum de moyens matériels.

c) Consolider et élever la synchronisation de l'action politico-militaire.

Faire face aux inévitables manœuvres de division, de divergence ou d'isolement lancées par l'ennemi, par une contre-offensive intelligente et vigoureuse basée sur l'amélioration et le renforcement de la révolution populaire libératrice.

a) Cimenter l'union nationale anti-impérialiste.

b) S'appuyer d'une façon plus particulière sur les couches sociales les plus nombreuses, les plus pauvres, les plus révolutionnaires, fellahs, ouvriers agricoles.

c) Convaincre avec patience et persévérance les éléments retardataires, encourager les hésitants, les faibles, les modérés, éclairer les inconscients.

d) Isoler les ultra-colonialistes en recherchant l'alliance des éléments libéraux, d'origine européenne ou juive, même si leur action est encore timide ou neutraliste.

Sur le plan extérieur, rechercher le maximum de soutien matériel, moral et psychologique.

a) Augmenter le soutien de l'opinion publique.

b) Développer l'aide diplomatique en gagnant à la cause algérienne les gouvernements des pays neutralisés par la France ou insuffisamment informés sur le caractère national de la guerre d'Algérie.

III. MOYENS D'ACTION ET DE PROPAGANDE

Les perspectives politiques générales tracées précédemment mettent en relief la valeur et la vérité des moyens d'action que le FLN doit engager pour assurer la victoire complète du noble combat pour l'indépendance de la patrie martyre.

Nous allons en préciser les grandes lignes sur le plan algérien, français et étranger.

1. Comment organiser et diriger des millions d'hommes dans un gigantesque combat

L'union psycho-politique du peuple algérien forgée et consolidée dans la lutte armée est aujourd'hui une réalité historique.

Cette union nationale, patriotique, anticolonialiste, constitue la base fondamentale de la principale force politique et militaire de la résistance.

Il convient de la maintenir intacte, inentamée, dynamique, en évitant parfois les fautes impardonnables de sectarisme ou d'opportunisme, pouvant favoriser les manœuvres diaboliques de l'ennemi.

Le meilleur moyen d'y parvenir, c'est de maintenir le FLN comme guide unique de la révolution algérienne ; cette condition ne doit pas être interprétée comme un sentiment de vanité égoïste ou un esprit de suffisance aussi dangereux que méprisable.

C'est l'expression d'un principe révolutionnaire : réaliser l'unité de commandement dans un état-major qui a déjà donné les preuves de sa capacité, de sa clairvoyance, de sa fidélité à la cause du peuple algérien.

II ne faut jamais oublier que, jusqu'au déclenchement de la révolution, la force de l'impérialisme français ne résidait pas seulement dans sa puissance militaire et policière, mais aussi dans la faiblesse du pays dominé, divisé, mal préparé à la lutte organisée, et surtout, pendant une longue période, de l'insuffisance politique des dirigeants des diverses fractions du mouvement anticolonialiste.

L'existence d'un FLN puissant, plongeant ses racines profondes dans toutes les couches du peuple est une des garanties indispensables.

a) Installer organiquement le FLN dans tout le pays, dans chaque ville, village, mechta, quartier, entreprise, ferme, université, collège, etc.

b) Politiser le maquis.

c) Avoir une politique de cadres formés politiquement, éprouvés, veillant au respect de la structure de l'organisation, vigilants, capables d'initiatives.

d) Répondre avec rapidité et clarté à tous les mensonges, dénoncer les provocations, populariser les mots d'ordre du FLN en éditant une littérature abondante, variée, touchant les secteurs même les plus restreints.

Multiplier les centres de propagande avec machines à écrire, papier, ronéo (reproduction des documents nationaux et édition de bulletins ou tracts locaux).

Éditer une brochure sur la révolution et un bulletin intérieur pour directives et conseils aux cadres.

Bien se pénétrer de ce principe : la propagande n'est pas l'agitation qui se caractérise par la violence verbale, souvent stérile et sans lendemain. En ce moment où le peuple algérien est mûr pour l'action armée positive et féconde, le langage du FLN doit traduire sa maturité en prenant la forme sérieuse, mesurée et nuancée sans manquer pour cela de la fermeté, de la franchise et de la flamme révolutionnaire.

Chaque tract, déclaration, interview ou proclamation du FLN a aujourd'hui une résonance internationale. C'est pourquoi nous devons agir avec un réel esprit de responsabilité qui fasse honneur au prestige mondial de l'Algérie en marche vers la liberté et l'indépendance.

2. *Clarifier le climat politique*

Pour conserver juste l'orientation de la résistance tout entière dressée pour détruire l'ennemi séculaire, nous devons balayer tous les obstacles et tous les écrans placés sur notre chemin par les éléments conscients ou inconscients d'une action néfaste, condamnés par l'expérience.

3. *Transformer le torrent populaire en énergie créatrice*

Le FLN doit être capable de canaliser des immenses vagues qui soulèvent l'enthousiasme patriotique de la nation. La puissance irrésistible de la colère populaire ne doit pas se perdre comme la force extraordinaire du torrent qui s'évanouit dans les sables.

Pour la transformer en énergie créatrice, le FLN a

entrepris un colossal travail de brassage de millions d'hommes.

Il s'agit d'être présent partout.

Il faut organiser sous des formes multiples, souvent complexes, toutes les branches de l'activité humaine :

a) Le mouvement paysan

La participation massive de la population des fellahs, khammès et ouvriers agricoles à la révolution, la proportion dominante qu'elle représente dans les *moudjahidines* ou *moussebilines* de l'Armée de libération nationale ont profondément marqué le caractère populaire de la résistance algérienne.

Pour en mesurer l'importance exceptionnelle, il suffit d'examiner le revirement spectaculaire de la politique agraire colonialiste.

Alors que cette politique était basée essentiellement sur le vol des terres (*habous, arch, melk*) les expropriations s'étant poursuivies jusqu'en 1945-1946, le gouvernement français préconise aujourd'hui la réforme agraire. Il ne recule pas devant la promesse de distribuer une partie des terres d'irrigation, en mettant en application la loi Martin, restée lettre morte à la suite du véto personnel d'un haut fonctionnaire au service de la grosse colonisation. Lacoste lui-même ose envisager, dans ce cas, une mesure révolutionnaire : l'expropriation d'une partie des grands domaines.

Par souci d'équilibre, pour apaiser la furieuse opposition des gros colons, le gouvernement français a décidé la réforme du khammessat. C'est là une mesure trompeuse tendant à faire croire à l'existence d'une rivalité intestine entre fellahs et khammès, alors que le métayage a déjà évolué naturellement vers un processus plus équitable, sans l'intervention officielle, pour se transformer généralement en « *chourka benés* » ou l'association par moitié.

Ce changement de tactique traduit le profond désarroi du colonialisme voulant tenter de tromper la paysannerie pour la détacher de la révolution.

Cette manœuvre grossière de dernière heure ne dupera

pas les fellahs qui ont déjà mis en échec la vieille chimère des « affaires indigènes » séparant artificiellement les Algériens en Berbères et Arabes hostiles.

Car la population paysanne est profondément convaincue que sa soif de terre ne pourra être satisfaite que par la victoire de l'indépendance nationale.

La véritable réforme agraire, solution patriotique de la misère des campagnes, est inséparable de la destruction totale du régime colonial.

Le FLN doit s'engager à fond dans cette politique juste, légitime et sociale. Elle aura pour conséquence :

a) la haine irréductible à l'endroit du colonialisme français, de son administration, de son armée, de sa police et des traîtres collaborateurs ;

b) la constitution de réserves humaines inépuisables pour l'ALN et la résistance ;

c) l'extension de l'insécurité dans les campagnes (sabotages, incendies de fermes, destruction des tabacoops et des vinicoops, symboles de la présence colonialiste) ;

d) la création des conditions pour la consolidation et l'organisation de nouvelles zones libérées.

b) Le mouvement ouvrier

La classe ouvrière peut et doit apporter une contribution plus dynamique pouvant conditionner l'évolution rapide de la révolution, sa puissance et son succès final.

Le FLN salue la création de l'UGTA comme l'expression d'une saine réaction des travailleurs contre l'influence paralysante des dirigeants de la CGT, de FO et de la CFTC.

L'UGTA aide la population salariée à sortir du brouillard de la confusion et de l'attentisme.

Le gouvernement socialiste français et la direction néocolonialiste de FO sont inquiets de l'affiliation internationale de l'UGTA à la CISL, dont l'aide à l'UGTA et à la Centrale marocaine a été positive dans divers domaines nationaux et extérieurs.

La naissance et le développement de l'UGTA ont eu en effet un profond retentissement. Son existence a provoqué immédiatement un violent remous au sein de la CGT, abandonnée en masse par les travailleurs. Les dirigeants communistes ont essayé vainement de retenir les cadres les plus conscients en essayant de retrouver sous les cendres l'esprit de l'ancienne CGTU dont le mot d'ordre de l'indépendance de l'Algérie fut enterré au lendemain de l'unité syndicale en 1935.

Mais pour devenir une Centrale nationale, il ne suffit pas à la filiale de la CGT parisienne de modifier le titre, ni de changer la couleur de la carte, ni même de couper un cordon ombilical atrophié.

Pour s'adapter aux fonctions nouvelles du mouvement ouvrier ayant déjà atteint l'âge adulte, il ne suffisait pas à l'UGSA de changer de forme ou d'aspect extérieur. Quiconque observe les velléités communistes ne peut manquer de retrouver le rythme et la méthode colonialistes qui ont présidé à la transformation des délégations financières en la bâtarde Assemblée algérienne.

L'accession de certains militants à des postes de direction syndicale rappelle singulièrement la promotion symbolique de certains élus administratifs.

Dans les deux cas, il aurait fallu changer le but, la nature et le contenu du Foyer civique et du palais Carnot.

L'incapacité de la direction du PCA sur le plan politique ne pouvait que se traduire sur le plan syndical et entraîner la même faillite.

L'UGTA est le reflet de la profonde transformation qui s'est produite dans le mouvement ouvrier, à la suite d'une longue évolution et surtout après le bouleversement révolutionnaire provoqué par la lutte pour l'indépendance nationale.

La nouvelle centrale algérienne diffère des autres organisations, CGT, FO et CFTC, dans tous les domaines, notamment par l'absence de tutelle, le choix de l'état-major, la structure rationnelle, l'orientation juste et la solidarité fraternelle en Algérie, en Afrique du Nord et dans le monde entier.

1) Le caractère national se traduit non seulement par une indépendance organique, détruisant les contradictions inhérentes à une tutelle étrangère, mais aussi par une liberté totale dans la défense des travailleurs dont les

intérêts vitaux se confondent avec ceux de toute la nation algérienne.

2) La direction est formée non par des éléments issus d'une minorité ethnique n'ayant jamais subi l'oppression coloniale, toujours enclins au paternalisme, mais par des patriotes dont la conscience nationale aiguise la combativité contre la double pression de l'exploitation sociale et de la haine raciale.

3) La « colonne vertébrale » est constituée non par une aristocratie ouvrière (fonctionnaires et cheminots) mais par les couches les plus nombreuses et les plus exploitées (dockers, mineurs, ouvriers agricoles, véritables parias jusqu'ici abandonnés honteusement à la merci des seigneurs de la vigne).

4 Le souffle révolutionnaire purifie le climat syndical non seulement en chassant l'esprit néocolonialiste et le chauvinisme national qu'il engendre, mais en créant les conditions pour l'épanouissement d'une fraternité ouvrière, imperméable au racisme.

5) L'action syndicale, maintenue longtemps dans le cadre étroit des revendications économiques et sociales, isolée de la perspective générale, est devenue non un frein dans la lutte anticolonialiste mais un accélérateur dans le combat pour la liberté et la justice sociale.

6) La population laborieuse algérienne, jugée jusqu'ici comme mineure ne méritant pas l'émancipation, est appelée non à occuper un rang subalterne dans le mouvement social français, mais à coopérer brillamment avec le mouvement ouvrier nord-africain et international.

7) L'UGSA-CGT se verra inévitablement contrainte de se dissoudre à l'exemple des organisations similaires de Tunisie et du Maroc pour céder entièrement la place à l'UGTA, centrale nationale authentique et unique, groupant tous les travailleurs algériens sans distinction.

Le FLN ne doit pas négliger le rôle politique qu'il peut jouer pour aider et compléter l'action syndicale indépendante de l'UGTA en vue de sa consolidation et de son renforcement.

Les militants FLN doivent être parmi les plus dévoués, les plus actifs, toujours soucieux de respecter les règles démocratiques selon la tradition en honneur dans le mouvement ouvrier libre.

Pas de schématisme : tenir compte de chaque situation concrète et adapter les formes d'action aux conditions particulières, subjectives de chaque corporation.

— Développer l'esprit de combativité en organisant sans retard l'action revendicative sous une forme souple et variée selon les conditions concrètes du moment (arrêt de travail, grèves locales, corporatives, de solidarité).

— Entraîner dans l'action les travailleurs européens.

— Concrétiser la sympathie pour l'ALN en transformant en action de soutien la résistance : souscriptions, fournitures aux combattants, actes de sabotage, grèves de solidarité, grèves politiques.

c) Le mouvement des jeunes

La jeunesse algérienne a les qualités naturelles de dynamisme, de dévouement et d'héroïsme.

De plus, elle se caractérise par un fait rare. Très nombreuse, elle représente près de la moitié de la population totale, en raison d'un développement démographique exceptionnel.

En outre elle possède une qualité originale : la maturité précoce. En raison de la misère, de l'oppression coloniale, elle passe rapidement de l'enfance à l'âge adulte ; la période de l'adolescence est singulièrement réduite.

Elle suit avec passion, avec le mépris de la peur et la mort, l'organisation révolutionnaire qui peut la conduire à la conquête de son pur idéal de liberté.

La révolution algérienne, les exploits de l'ALN et l'action clandestine du FLN répondent à sa témérité que nourrit le plus noble sentiment patriotique.

C'est donc pour le FLN un levier inflexible d'une puissance et d'une résistance formidables.

d) Intellectuels et professions libérales

Le ralliement des intellectuels à la patrie algérienne, le fait que la « francisation » n'a pas réussi à étouffer leur conscience nationale, la rupture avec les positions idéalistes individualistes ou réformistes sont les preuves d'une saine orientation politique.

1) Former des comités d'action des intellectuels patriotes.

a) Propagande : indépendance de l'Algérie.

b) Contacts avec libéraux français.

c) Souscriptions.

Le FLN devra assigner aux étudiants et étudiantes, d'une manière rationnelle, des tâches précises dans les domaines où ils peuvent rendre le mieux : politique, administratif, culturel, sanitaire, économique, etc.

2) Organiser des services de santé :

a) chirurgiens, médecins, pharmaciens en liaison avec les hospitaliers (internes et infirmiers) ;

b) soins, médicaments, pansements ;

c) infirmiers de campagne, traitement des malades et convalescents.

e) Commerçants et artisans

À côté du syndicat commercial algérien, dominé par le monopoleur Schiaffino, maître des chambres de commerce, et le mouvement Poujade raciste et colonial-fasciste, se trouvait le vide constitué par l'absence d'une véritable centrale commerciale et artisanale, dirigée par des patriotes pour assurer la défense de l'économie algérienne.

L'UGCA prendra donc une place importante à côté de l'organisation ouvrière sœur de l'UGTA.

Le FLN doit l'aider à se développer rapidement en créant les conditions politiques les plus favorables :

1) lutte contre les impôts ;

2) boycott des grossistes colonialistes, poujadistes, apportant un soutien actif à la guerre impérialiste.

f) Le mouvement des femmes

D'immenses possibilités existent et sont de plus en plus nombreuses dans ce domaine.

Nous saluons avec émotion, avec admiration, l'exaltant courage révolutionnaire des jeunes filles et des jeunes femmes, des épouses et des mères ; de toutes nos sœurs « moudjahidates » qui participent activement, et parfois les armes à la main, à la lutte sacrée pour la libération de la Patrie.

Chacun sait que les Algériennes ont chaque fois participé activement aux insurrections nombreuses et renouvelées qui ont dressé, depuis 1830, l'Algérie contre l'occupation française.

Les explosions principales de 1864 des Ouled Sidi Cheikh du Sud-Oranais, de 1871 en Kabylie, de 1916 dans les Aurès et la région de Mascara ont illustré à jamais l'ardent patriotisme, allant jusqu'au sacrifice suprême de la femme algérienne.

Celle-ci est aujourd'hui convaincue que la révolution actuelle aboutira inexorablement à la conquête de l'indépendance.

L'exemple récent de la jeune fille kabyle qui repousse une demande en mariage, parce que n'émanant pas d'un maquisard, illustre d'une façon magnifique le moral sublime qui anime les Algériennes.

Il est donc possible d'organiser dans ce domaine, avec des méthodes originales propres aux mœurs du pays, un redoutable et efficace moyen de combat :

a) soutien moral des combattants et des résistants ;

b) renseignements, liaisons, ravitaillement, refuges ;

c) aide aux familles et enfants de maquisards, de prisonniers ou d'internés.

4. *La recherche des alliances*

Pour libérer leur patrie enchaînée, les Algériens comptent d'abord sur eux-mêmes.

L'action politique comme la science militaire enseignent qu'il ne faut négliger aucun facteur, même apparemment peu important, pour assurer la victoire.

C'est pourquoi le FLN a entrepris avec succès la mobilisation de toutes les énergies nationales. Mais il ne laissera pas l'ennemi colonialiste s'appuyer sur la totalité de la minorité ethnique en Algérie, dresser contre nous l'opinion en France et nous priver de la solidarité internationale.

a) Les libéraux algériens

À la différence de la Tunisie et du Maroc, la minorité ethnique d'origine européenne a une importance numérique dont il faut tenir compte. Elle est renforcée par une immigration permanente jouissant d'une aide officielle et fournissant au régime colonial une fraction importante de ses soutiens les plus farouches, les plus obstinés, les plus racistes.

Mais en raison de ses privilèges inégaux, du rôle qu'elle joue dans la hiérarchie économique, administrative et politique du système colonialiste, la population d'origine européenne ne constitue pas un bloc indissoluble autour de la grosse colonisation dirigeante.

L'esprit de race supérieure est général. Mais il se manifeste sous des aspects nuancés, allant de la frénésie du type « sudiste » à l'hypocrisie paternaliste.

Le colonialisme français, maître tout-puissant de l'administration algérienne, de la police, du monopole de la presse, de la radio, s'est montré souvent capable d'exercer une pression psychologique pouvant cristalliser l'opinion publique autour d'une idée-force réactionnaire.

Le départ de Soustelle et la manifestation du 6 février ont été les preuves d'une grande habileté dans l'art de la provocation et du complot.

Le résultat fut la capitulation du chef du gouvernement français.

Pour atteindre son but, le colonialisme organisa la panique. Il accusa le gouvernement d'abandonner la minorité ethnique non musulmane à la « barbarie arabe », à la « guerre sainte », à une Saint-Barthélemy plus immonde.

Le slogan fabriqué par le maître-chanteur Reygass et diffusé par le bourreau Benquet-Crevaux, l'odieuse image : « la valise ou le cercueil » semblent aujourd'hui anodins.

Les anciens partis nationalistes n'ont pas toujours accordé à cette question l'importance qu'elle mérite. Ne prêtant d'attention qu'à l'opinion musulmane, ils ont négligé souvent de relever comme il convient des déclarations maladroites de certains charlatans ignorés, apportant en fait de l'eau au moulin de l'ennemi principal.

Actuellement, la contre-offensive est encore faible. La presse libérale de France ne peut enrayer totalement le poison colonialiste. Les moyens d'expression du FLN sont insuffisants.

Heureusement, la résistance algérienne n'a pas fait de faute majeure pouvant justifier les calomnies de la presse colonialiste du service psychologique de l'armée colonialiste, convaincu de mensonges flagrants par les témoignages de journalistes français et étrangers.

Voilà pourquoi le bloc colonialiste et raciste, sans fissure le 6 février, commence à se désagréger. La panique a cédé la place peu à peu à un sentiment plus réaliste. La solution militaire devant rétablir le *statu quo* est un mirage évident. La question dominante aujourd'hui, c'est le retour à une paix négociée : quelle est la place qui sera faite à ceux qui considèrent l'Algérie comme patrie toujours généreuse, même après la disparition du règne de Borgeaud ?

Des tendances diverses apparaissent :

1) le neutralisme est le courant le plus important. Il exprime le souhait de laisser les ultracolonialistes défendre leurs privilèges menacés par les nationalistes « extrémistes » ;

2) les partisans d'une solution « intermédiaire » ; la négociation pour « une communauté algérienne à égale distance entre le colonialisme français et le rétrograde impérialisme arabe » par la création d'une double nationalité ;

3) la tendance la plus audacieuse accepte l'indépendance de l'Algérie et la nationalité algérienne, à la condition de s'opposer à l'ingérence américaine, anglaise et égyptienne.

Cette analyse est sommaire. Elle n'a d'autre but que de souligner la différenciation qui s'opère dans le large éventail de l'opinion publique européenne.

Ce serait donc une erreur impardonnable que de mettre dans le « même sac » tous les Algériens d'origine européenne ou juive.

Comme il serait impardonnable de nourrir l'illusion de pouvoir les gagner entièrement à la cause de la libération nationale.

L'objectif à atteindre, c'est l'isolement de l'ennemi colonialiste qui opprime le peuple algérien.

Le FLN doit donc s'efforcer d'accentuer l'évolution de ce phénomène psychologique en neutralisant une fraction importante de la population européenne.

La révolution algérienne n'a pas pour but de « jeter à la mer » les Algériens d'origine européenne, mais de détruire le joug colonial inhumain.

La révolution algérienne n'est pas une guerre civile ni une guerre de religion.

La révolution algérienne veut conquérir l'indépendance nationale pour installer une république démocratique et sociale garantissant une véritable égalité entre tous les citoyens d'une même patrie, sans discrimination.

b) La minorité juive

Ce principe fondamental, admis par la morale universelle, favorise la naissance dans l'opinion israélite d'un espoir dans le maintien d'une cohabitation pacifique millénaire.

D'abord, la minorité juive a été particulièrement sensible à la campagne de démoralisation du colonialisme. Des représentants de leur communauté ont proclamé au congrès mondial juif de Londres leur attachement à la citoyenneté française, les mettant au-dessus de leurs compatriotes musulmans.

Mais le déchaînement de la haine antisémite qui a suivi les manifestations colonialo-fascistes a provoqué un trouble profond qui fait place à une saine réaction d'autodéfense.

Le premier réflexe fut de se préserver du danger d'être pris entre deux feux. Il se manifeste par la condamnation des Juifs, membres du « 8 Novembre » et du mouvement poujadiste, dont l'activité trop voyante pouvait engendrer le mécontentement vindicatif contre toute la communauté.

La correction inflexible de la résistance algérienne, réservant tous ses coups au colonialisme, apparut aux plus inquiets comme une qualité chevaleresque d'une noble colère des faibles contre les tyrans.

Des intellectuels, des étudiants, des commerçants prirent

l'initiative de susciter un mouvement d'opinion pour se désolidariser des gros colons et des antijuifs.

Ceux-là n'avaient pas la mémoire courte. Ils n'ont pas oublié l'infâme souvenir du régime de Vichy. Pendant quatre ans, 185 lois, décrets ou ordonnances les ont privés de leurs droits, chassés des administrations et des universités, spoliés de leurs immeubles et de leurs fonds de commerce, dépouillés de leurs bijoux.

Leurs coreligionnaires de France étaient frappés d'une amende collective de un milliard. Ils étaient traqués, arrêtés, internés au camp de Drancy et envoyés par wagons plombés en Pologne où beaucoup périrent dans les fours crématoires.

Au lendemain de la libération de la France, la communauté juive algérienne retrouva rapidement ses droits et ses biens grâce à l'appui des élus musulmans, malgré l'hostilité de l'administration pétainiste.

Aura-t-elle la naïveté de croire que la victoire des ultracolonialistes, qui sont précisément les mêmes qui l'ont persécutée naguère, ne ramènera pas le même malheur ?

Les Algériens d'origine juive n'ont pas encore surmonté leur trouble de conscience, ni choisi de quel côté se diriger.

Espérons qu'ils suivront en grand nombre le chemin de ceux qui ont répondu à l'appel de la patrie généreuse, donné leur amitié à la révolution en revendiquant déjà avec fierté leur nationalité algérienne.

Cette option est basée sur l'expérience, le bon sens et la clairvoyance.

En dépit du silence du grand rabbin d'Alger, contrastant avec l'attitude réconfortante de l'archevêque se dressant courageusement et publiquement contre le courant et condamnant l'injustice coloniale, l'immense majorité des Algériens s'est gardée de considérer la communauté juive comme passée définitivement dans le camp ennemi.

Le FLN a étouffé dans l'œuf des provocations nombreuses du gouvernement général. En dehors du châtiment individuel infligé aux policiers et contre-terroristes responsables de crimes contre la population innocente, l'Algérie a été préservée de tout pogrom. Le boycottage des commerçants juifs, devant suivre le boycottage des Mozabites, a été enrayé avant même d'exploser.

Voila pourquoi le conflit arabo-israélien n'a pas eu, en Algérie, de répercussions graves, ce qui aurait comblé le vœu des ennemis du peuple algérien.

Sans puiser dans l'histoire de notre pays les preuves de tolérance religieuse, de collaboration dans les plus hauts postes de l'État, de cohabitation sincère, la révolution algérienne a montré, par les actes, qu'elle mérite la confiance de la minorité juive pour lui garantir sa part de bonheur dans l'Algérie indépendante.

En effet, la disparition du régime colonial qui s'est servi de la minorité juive comme tampon pour atténuer les chocs anti-impérialistes ne signifie pas forcément sa paupérisation.

C'est une hypothèse absurde que de s'imaginer que « l'Algérie ne serait rien sans la France ».

La prospérité économique des peuples affranchis est évidente.

Le revenu national, plus important, assurera à tous les Algériens une vie plus confortable.

Tenant compte de ce qui précède, le FLN recommande :

1) d'encourager et aider à la formation de comités et mouvements de libéraux algériens, même ceux ayant au départ des objectifs limités.

a) Comité d'action contre la guerre d'Algérie,

b) Comité pour la négociation et la paix,

c) Comité pour la nationalité algérienne,

d) Comité de soutien des victimes de la répression,

e) Comité d'études du problème algérien,

f) Comité pour la défense des libertés démocratiques,

g) Comité pour le désarmement des milices civiles,

h) Comité d'aide aux ouvriers agricoles (parrainage des syndicats, soutien des grèves, défense des enfants et des femmes exploités) ;

2) d'intensifier la propagande auprès des rappelés et des soldats du contingent.

a) Envoi de livres, revues, journaux, tracts anticolonialistes,

b) Comité d'accueil des permissionnaires,

c) Théâtre : pièces exaltant la lutte patriotique pour l'indépendance ;

3) de multiplier les comités de femmes de mobilisés pour exiger le rappel de leurs maris.

c. L'action du FLN en France

1) Développer l'appui de l'opinion libérale

L'analyse de l'éventail politique chez les libéraux en Algérie peut être valable pour saisir les nuances de l'opinion publique en France, sujette à des fluctuations rapides en raison de la sensibilité populaire.

Il est certain que le FLN attache une certaine importance à l'aide que peut apporter à la juste cause de la résistance algérienne la partie éclairée du peuple français, insuffisamment informé des horreurs indicibles perpétrées en son nom.

Nous apprécions la contribution des représentants du mouvement libéral français tendant à faire triompher la solution politique pour éviter une effusion de sang inutile.

La Fédération FLN en France, dont la direction est aujourd'hui renforcée à Paris, a une tâche politique de premier plan pour annuler l'effet négatif de la pression réactionnaire et colonialiste.

a) Contacts politiques avec les organisations, mouvements et comités contre la guerre coloniale.

b) Presse, meetings, manifestations et grèves contre le départ des soldats, la manutention et le transport du matériel de guerre.

c) Soutien financier par la solidarité aux résistants et aux combattants pour la liberté.

2) Organiser l'émigration algérienne

La population algérienne émigrée en France est un capital précieux en raison de son importance numérique, de son caractère jeune et combatif, de son potentiel politique.

La tâche du FLN est d'autant plus importante pour mobiliser la totalité de ces forces qu'elle nécessite, en même temps, la lutte à outrance contre les tentatives de survivance du messalisme.

a) Éclairer l'opinion publique française et étrangère en donnant informations, articles de journaux et revues. Grouper à cet effet les militants expérimentés, les intellectuels et les étudiants.

b) Dénoncer d'une façon infatigable et patiente la faillite du messalisme comme courant politique, sa compromission avec les milieux proches du gouvernement français, ce qui explique l'orientation dirigée non contre le colonialisme, mais contre le FLN et l'ALN.

d) La solidarité nord-africaine

L'intransigeance révolutionnaire du FLN, la poursuite farouche de la lutte armée par l'ALN, l'unanimité nationale du peuple algérien soudée par l'idéal d'indépendance nationale ont mis en échec les plans colonialistes.

Les gouvernements tunisien et marocain ont, en particulier (sous la pression des peuples frères), pris nettement position sur le problème qui conditionne l'équilibre nord-africain.

Le FLN doit encourager :

1) la coordination de l'action gouvernementale des deux pays du Maghreb, dans le but de faire pression sur le gouvernement français : action diplomatique ;

2) l'unification de l'action politique par la création d'un comité de coordination des partis frères nationaux avec le FLN.

a) Création de comités populaires de soutien de la résistance algérienne,

b) Intervention multiforme dans tous les secteurs ;

3) la liaison permanente avec les Algériens résidant au Maroc et en Tunisie (action concrète auprès de l'opinion publique, de la presse et du gouvernement) ;

4) la solidarité des centrales ouvrières UGTT, UMT, UGTA ;

5) l'entraide des trois unions estudiantines ;

6) la coordination de l'action des trois centrales économiques.

5. L'Algérie devant le monde

La diplomatie française a entrepris sur le plan international un travail interne pour obtenir partout où c'est possible, ne serait-ce que très provisoirement, une aide morale et matérielle ou une neutralité bienveillante et passive. Les seuls résultats plus ou moins positifs sont les déclarations gênées, arrachées aux représentants des États-Unis, de l'Angleterre et de l'OTAN.

Mais la presse mondiale, notamment la presse américaine, condamne impitoyablement les crimes de guerre, plus particulièrement la Légion et les paras, le génocide des vieillards, des femmes, des enfants, le massacre des intellectuels et des civils innocents, la torture des emprisonnés.

Elle exige du colonialisme français la reconnaissance solennelle du droit du peuple algérien à disposer librement de son sort.

La lutte gigantesque engagée par l'Armée de libération nationale, son invincibilité garantie par l'adhésion unanime de la nation algérienne à l'idéal de liberté ont sorti le problème algérien du cadre français dans lequel l'impérialisme l'a tenu jusqu'alors prisonnier.

La conférence de Bandoeng et surtout la Xe session de l'ONU ont eu particulièrement le mérite historique de détruire la fiction juridique de « l'Algérie française ».

L'invasion et l'occupation d'un pays par une armée étrangère ne sauraient en aucun cas modifier la nationalité de ses habitants. Les Algériens n'ont jamais accepté la « francisation », d'autant plus que cette « étiquette » ne les a jamais empêchés d'être dans leur patrie moins libres et moins considérés que les étrangers.

La langue arabe, langue nationale de l'immense majorité, a été systématiquement étouffée. Son enseignement supérieur a disparu dès la conquête par la dispersion des maîtres et des élèves, la fermeture des universités, la destruction des bibliothèques, le vol des donations pieuses.

La religion islamique est bafouée, son personnel est domestiqué, choisi et paré par l'administration colonialiste.

L'impérialisme français a combattu le mouvement progressiste des Oulémas pour donner son appui total au maraboutisme, domestiqué par la corruption de certains chefs de confréries.

Combien apparaît dégradante la malhonnêteté des Bidault, Lacoste, Soustelle et du cardinal Feltin lorsqu'ils tentent de tromper l'opinion publique française et étrangère en définissant la résistance algérienne comme un mouvement religieux fanatique au service du panislamisme.

La ligne de démarcation de la révolution ne passe pas entre les communautés religieuses qui peuplent l'Algérie, mais entre, d'une part, les partisans de la liberté, de la justice, de la dignité humaine et, d'autre part, les colonialistes et leurs soutiens, quelles que soient leur religion ou leur condition sociale.

La meilleure des preuves n'est-elle pas le châtiment suprême infligé à des traîtres officiants du culte, dans l'enceinte même des mosquées ?

Par contre, grâce à la maturité politique du peuple algérien et la sage et lucide direction du Front de libération nationale, les provocations traditionnelles et renouvelées du colonialisme : pogroms, troubles antichrétiens, xénophobie, ont été déjouées et étouffées dans l'œuf.

La révolution algérienne, malgré les calomnies de la propagande colonialiste, est un combat patriotique, dont la base est incontestablement de caractère national, politique et social.

Elle n'est inféodée ni au Caire, ni à Londres, ni à Moscou, ni à Washington.

Elle s'inscrit dans le cours normal de l'évolution historique de l'humanité qui n'admet plus l'existence de nations captives.

Voilà pourquoi l'indépendance de l'Algérie martyre est devenue une affaire internationale et le problème clé de l'Afrique du Nord.

De nouveau, l'affaire algérienne sera posée devant l'ONU par les pays afro-asiatiques.

Si, lors de la dernière session de l'Assemblée générale de l'ONU, on constata chez ces pays amis le souci tactique exagérément conciliateur, allant jusqu'à retirer de l'ordre du jour la discussion de l'affaire algérienne, il n'en est pas de même aujourd'hui car les promesses de la France n'ont nullement été tenues.

Ce manque de hardiesse était déterminé par l'attitude des pays arabes en général et de l'Égypte en particulier. Leur soutien à la lutte du peuple algérien demeurait limité ; il était assujetti aux fluctuations de leur diplomatie. La France exerçait une pression particulière sur le Moyen-Orient en monnayant son aide économique et militaire et son opposition au Pacte de Bagdad. Elle avait notamment essayé de peser de toutes ses forces pour paralyser les urnes psychologiques et morales dont le FLN dispose.

L'attitude des pays non arabes du bloc afro-asiatique était conditionnée, semble-t-il, par le souci d'une part de ne jamais dépasser celle des pays arabes, par le désir d'autre part de jouer un rôle déterminant dans les problèmes tels que ceux du désarmement et de la coexistence pacifique.

Ainsi, l'internationalisation du problème algérien dans sa phase actuelle a renforcé la prise de conscience universelle sur l'urgence du règlement d'un conflit armé pouvant affecter le bassin méditerranéen et l'Afrique, le Moyen-Orient et le monde entier.

COMMENT DIRIGER NOTRE ACTIVITÉ INTERNATIONALE ?

Nos contacts avec les dirigeants des pays frères n'ont jamais été autre chose que des contacts d'alliés et non d'instruments.

Nous devons veiller d'une façon systématique à conserver intacte l'indépendance de la révolution algérienne. Il convient de réduire à néant la calomnie lancée par le gouvernement français, sa diplomatie, sa grande presse pour nous présenter comme une rébellion artificiellement fomentée de l'étranger, n'ayant pas de racines dans la Nation algérienne captive.

1) Provoquer chez les gouvernements du Congrès de Bandoeng, en plus de l'intervention à l'ONU, des pressions diplomatiques, voire économiques directes sur la France.

2) Rechercher l'appui des États et des peuples d'Europe, y compris les pays nordiques et les démocraties populaires ainsi que les pays d'Amérique latine.

3) S'appuyer sur l'émigration arabe dans les pays de l'Amérique latine.

Dans ce but, le FLN a renforcé la délégation algérienne en mission à l'extérieur. Il devra avoir :

a) bureau permanent auprès de l'ONU et aux USA ;

b) délégation dans les pays d'Asie ;

c) délégations itinérantes pour la visite des capitales et la participation aux rassemblements mondiaux culturels, estudiantins, syndicaux, etc. ;

d) propagande écrite créée par nos propres moyens : bureaux de presse, éditions de rapports, documents par la photo et le film.

CONCLUSION

Il y a dix ans, au lendemain de la fin de la Seconde Guerre mondiale, une formidable explosion a ébranlé l'impérialisme.

L'irrésistible mouvement de libération nationale, longtemps comprimé, secoua les peuples captifs. Une réaction en chaîne entraîna les pays colonisés, l'un après l'autre, dans la conquête d'un avenir flamboyant de liberté et de bonheur.

En cette courte période, dix-huit nations sont sorties des ténèbres de l'esclavage colonial et ont pris place au soleil de l'indépendance nationale.

Les peuples de Syrie et du Liban, du Vietnam et du Fezzan ont brisé les barreaux de leurs cellules et réussi à quitter l'immense prison du colonialisme français.

Les trois peuples du Maghreb ont manifesté à leur tour leur volonté et leur capacité de prendre leur place dans le concert des nations libres.

La révolution algérienne du 1er novembre 1954 est sur la bonne voie.

La lutte sera encore difficile, âpre, cruelle.

Mais sous la ferme direction du Front de libération nationale, la victoire couronnera la longue lutte armée menée par le peuple algérien indompté.

La date humiliante du 5 juillet 1830 sera effacée avec la disparition de l'odieux régime colonial.

Le moment est proche où le peuple algérien recueillera les doux fruits de son douloureux sacrifice et de son courage sublime :

l'indépendance de la Patrie sur laquelle flottera souverainement le drapeau national algérien.

APPENDICES

Note sur les sources

Pour ne pas alourdir inutilement cette « note », signalons d'abord que les ouvrages ou documents ayant servi de source pour tel ou tel passage de cet ouvrage ne sont mentionnés le plus souvent que par leur titre et/ou par leur auteur, sachant qu'on trouvera dans ce cas des références complètes dans la bibliographie. Par ailleurs, et pour la même raison, sachant que nous en avons consulté des centaines, nous ne mentionnerons pas toujours les innombrables ouvrages ou documents déjà cités ou présents dans la bibliographie qui ont servi à croiser, vérifier ou préciser une ou plusieurs autres sources dans telle ou telle circonstance. Enfin, avant de signaler nos sources principales, parfois des documents non publiés ou provenant d'archives privées ou uniquement consultables par les historiens, chapitre par chapitre et quand cela nous a paru utile point par point, nous mentionnerons ci-après, sans souci de l'exhaustivité, quelques livres qui, couvrant la totalité ou l'essentiel de la période que nous évoquons, sont des sources générales pour l'ensemble de l'ouvrage.

Parmi ces dernières, la première qu'il nous faut mentionner est évidemment le travail pionnier d'Yves Courrière, *La Guerre d'Algérie*, paru en quatre tomes entre 1968 et 1971. Parfois dépassé en raison des avancées de la recherche historique depuis sa publication, celui-ci, bien que donnant rarement directement ses propres sources — faciles cependant à deviner, notamment en consultant ses « remerciements » — et privilégiant souvent l'intérêt du récit en gommant les incertitudes ou les insuffisances de la documentation, reste un auxiliaire précieux, parfois même quasiment le seul, pour évoquer maints épisodes de la guerre, y compris du seul côté algérien. L'*Histoire de la guerre d'Algérie* de l'historien anglais Alistair Horne, publiée à Londres en 1977 et en France en 1980 (Albin Michel), a également le mérite de « couvrir » l'ensemble de la guerre mais n'apporte guère d'éléments originaux par rapport aux autres sources disponibles et comporte quelques erreurs de date. S'agissant des historiens étrangers à ce conflit, on préférera l'ouvrage d'Hartmut Elsenhans *La Guerre d'Algérie, 1954-1962. La transition d'une France à une autre : le passage de la IVe à la Ve République* (Publisud, 2000). Les ouvrages de Mohammed Harbi, et en particulier son fondamental *FLN, mirage et réalité*, édité en 1980 par l'un des auteurs de cet ouvrage, sont en revanche des références incontournables. L'imposante *Histoire intérieure du FLN* de Gilbert Meynier, publiée en 2002, est également, bien sûr, une source majeure pour un ouvrage tel que le nôtre. Impossible de citer ici par ailleurs tous les travaux de Charles-Robert Ageron auxquels on s'est référé à diverses étapes de notre entreprise. On trouve l'essentiel de son œuvre immense dans les cinq volumes de l'*Hommage à Charles-Robert Ageron* publiés par les éditions Bouchène en 2005 et plus particulièrement dans les deux tomes intitulés *Genèse de l'Algérie algérienne* et *De l'Algérie « française » à l'Algérie algérienne*. Inutile, bien sûr, de préciser que l'on s'est appuyé en maintes circonstances sur les travaux précédents de l'un des auteurs, Benjamin Stora, notamment ceux consacrés à Messali Hadj et Ferhat Abbas, son *Dictionnaire biographique de militants nationalistes* et sa thèse d'État soutenue en 1991 consacrée à l'histoire de l'immigration algérienne en France. Pour repérer une vision algérienne de la guerre, des ouvrages comme ceux de Mahfoud Kaddache ou de Mohamed Teguia sont évidemment fort utiles. De même, les documents algériens réunis dans *Les Archives de la Révolution algérienne* par Mohammed Harbi en 1981 puis, par le même auteur et Gilbert Meynier, dans *Le FLN, documents et histoire* en

2004 éclairent nombre d'épisodes de la guerre. Nous nous devons enfin de citer ici deux ouvrages collectifs d'une très grande richesse, publiés respectivement en 2004 et 1997, dont les diverses contributions, originaires des deux rives de la Méditerranée, sont marquantes et en général richement documentées : *La Guerre d'Algérie (1954-2004). La fin de l'amnésie*, sous la direction de Mohammed Harbi et Benjamin Stora, et, avec ses textes issus de deux journées d'études en mars 1996, *La Guerre d'Algérie et les Algériens, 1954-1952*, sous la direction de Charles-Robert Ageron. Nous ne citerons en revanche pas ici les innombrables mémoires, témoignages, études, biographies ou autobiographies algériennes ou françaises qui couvrent tout ou partie de la guerre et nous ont permis de recueillir maintes informations ou points de vue car, outre leur présence sauf exception dans la bibliographie ci-après, ils seront en général mentionnés ici ou là dans les sources des divers chapitres quand leur apport a été décisif. Mentionnons malgré tout, à cet égard, l'intérêt majeur des mémoires hélas encore inédits de Lakhdar Bentobbal, un texte rapportant des entretiens d'une des figures majeures du FLN tout au long de la guerre avec l'historien Daho Djerbal (par ailleurs auteur de nombreuses contributions précieuses pour notre sujet), dont nous avons pu consulter de larges extraits. Quant aux journaux et autres publications de l'époque, ils sont surtout mentionnés, quand leur apport s'est avéré utile, au fil du texte de l'ouvrage.

INTRODUCTION

Les citations de Mouloud Feraoun sont extraites de son *Journal* publié en 1962 aux Éditions du Seuil. Un livre précieux qui permet de suivre le « vécu » de la guerre par un témoin algérien on ne peut plus « éclairé » tout au long de son déroulement, notamment en Kabylie où il réside le plus souvent.

CHAPITRE I
LES CENT VINGT PREMIÈRES ANNÉES DE LA GUERRE D'ALGÉRIE

Le récit détaillé de l'attaque de la poste d'Oran en 1949 par un commando de l'OS a été reconstitué à l'aide de tous les témoignages disponibles à ce sujet. Les principaux sont ceux de deux des protagonistes essentiels de l'affaire, Hocine Aït Ahmed, qui raconte avec précision la préparation et les suites du « hold-up » dans ses *Mémoires d'un combattant*, et Belhadj Bouchaïb, l'un des acteurs de l'opération. Ce dernier a décrit en détail les circonstances du « coup » et les péripéties de sa réalisation dans un texte polycopié par l'office des publications universitaires d'Alger intitulé « Itinéraire de Belhadj Bouchaïb, militant nationaliste activiste — 1937-1965 », qui rapporte un récit recueilli par Karim Rouina et Boucif Boukorra. Les comptes rendus des interrogatoires des participants ou organisateurs de l'opération arrêtés en 1950 par la police française lors du démantèlement de l'OS, et en particulier celui d'Ahmed Ben Bella, apportent pour leur part des précisions utiles. Ben Bella a évoqué par ailleurs à plusieurs reprises son rôle dans cette opération dans des ouvrages qui lui étaient consacrés — en particulier celui de Robert Merle en 1965 — et lors d'interviews, notamment encore peu avant sa mort avec l'un des auteurs de ce livre.

Pour retracer rapidement l'histoire de la colonisation de l'Algérie et celle de la résistance qu'elle a suscitée jusqu'aux premières décennies du XXe siècle, nous avons pu nous appuyer sur un grand nombre d'ouvrages généraux ou d'articles d'historiens ou de livres de mémoires qui relatent cette histoire, aussi bien du côté algérien que du côté français. En citer seulement quelques-uns n'aurait guère de sens. Signalons qu'une analyse critique des diverses sources recensant les victimes algériennes de la colonisation est proposée dans *Algérie. L'histoire en héritage* de Smaïl Goumeziane (Edif 2000-Non lieu, 2011). Et que le livre de référence sur le Code de l'indigénat est celui d'Olivier Le

Cour Grandmaison (*De l'indigénat*, Zones-La Découverte, 2010). La thèse de Laure Blévis soutenue en 2004, « Sociologie d'un droit colonial — Citoyenneté et nationalité en Algérie (1865-1947), une exception républicaine », est également précieuse sur ce sujet. Pour évoquer le « vécu » de la colonisation pendant la première moitié du XXe siècle, nous avons pu disposer de quantité de témoignages et tout particulièrement de ceux de Messali Hadj (*Mémoires*), de Mohammed Harbi (*Une vie debout*), de Ferhat Abbas (à commencer par *La Nuit coloniale*) ou de Bachir Hadjadj (*Les Voleurs de rêves*), pour n'en citer qu'un petit nombre. L'exode de Tlemcen au début du XXe siècle est évoqué par Messali Hadj dans ses *Mémoires* et fait l'objet d'une analyse dans un article de Charles-Robert Ageron dans *Les Annales* en 1967. Le parcours de l'émir Khaled et des Jeunes Algériens est rapporté brièvement par beaucoup d'auteurs et il a été analysé de façon détaillée par Ahmed Koulakssis et Gilbert Meynier (*L'Émir Khaled, premier zaïm ?*, L'Harmattan, 1986), ainsi que par Charles-Robert Ageron en 1966 dans un article de la *Revue de l'Occident musulman et de la Méditerranée* (« L'émir Khaled, petit-fils d'Abd el-Kader, fut-il le premier nationaliste algérien ? ») et en 1964 dans un autre paru dans *Études maghrébines* (« Le mouvement "Jeune Algérien" »).

Sur les débuts du mouvement nationaliste radical au milieu des années 1920 avec la naissance de l'Étoile nord-africaine puis son essor pendant la première moitié du XXe siècle, on dispose bien sûr du témoignage de Messali Hadj dans ses *Mémoires* ainsi que de nombreux livres ou articles consacrés pour tout ou partie à ce sujet par des historiens — notamment Mohammed Harbi, Charles-Robert Ageron, Charles-André Julien, Omar Carlier ou Benjamin Stora. Pour les autres mouvements nationalistes, on dispose de livres ou textes écrits par ou sur leurs animateurs — Ferhat Abbas, le docteur Bendjelloul, Cheikh Ben Badis, etc. Pour la section coloniale du Parti communiste français et le Parti communiste algérien, les sources sont également nombreuses car autant les historiens, comme René Gallissot, que ses dirigeants de l'époque et leurs successeurs ont écrit des analyses ou des témoignages. Pour le « Manifeste du Peuple algérien » puis le mouvement des « Amis du manifeste de la liberté », on dispose, outre les récits ou analyses de nombreux historiens, du témoignage de Ferhat Abbas et de nombreux nationalistes qui ont évoqué leur « vécu » de ce moment dans leurs mémoires (notamment Ahmed Mahsas dans *Le Mouvement révolutionnaire en Algérie de la Première Guerre mondiale à 1954*). On peut signaler aussi l'ouvrage sur le *Manifeste du peuple algérien* de Youcef Beghoul (Dahlab, 2007) qui contient de nombreux témoignages.

Les massacres de Sétif et Guelma ont été racontés et analysés par tous les historiens ayant évoqué l'avant-guerre d'Algérie, notamment Annie Rey-Goldzeiguer (*Aux origines de la guerre d'Algérie*), et par tous les auteurs de textes sur les massacres liés à la colonisation (notamment *Massacres coloniaux*, d'Yves Benot, La Découverte, 1994) ou à la seule guerre d'Algérie (le travail de Jean-Pierre Peyroulou sur les massacres de Guelma dans *Guelma, 1945. Une subversion française dans l'Algérie coloniale*, réédité en 2011 à La Découverte ; *Le Livre noir de la guerre d'Algérie*, de Philippe Bourdrel, Plon, 2003). Mais ils font aussi l'objet d'ouvrages spécifiques comme l'enquête « à chaud » de Marcel Reggui (*Les Massacres de Guelma*), le livre documenté de Jean-Louis Planche (*Sétif, 1945*, Perrin, 2006) ou le récit fondé sur des témoignages de Boucif Mekhaled (*Chroniques d'un massacre*, Syros, 1995). Le livre de mémoires déjà cité d'Aït Ahmed évoque l'ordre et le contrordre d'insurrection du PPA à cette occasion et la biographie d'Houari Boumediene d'Ania Francos et Jean-Pierre Séréni les sentiments du jeune Mohamed Boukharouba face à ces événements. Le rapport de la Commission Tubert est devenu public. Le documentaire de Mehdi Lallaoui et Bernard Langlois *Les Massacres de Sétif, un certain 8 mai 1945* (1995) propose beaucoup de témoignages, dont celui de Kateb Yacine que nous citons. Les journaux de l'époque en Algérie — et également en métropole — ne sont pour leur part guère utiles pour trouver des informations sur les événements de Sétif et Guelma, sinon pour repérer à quel point ils ont été pour l'essentiel déformés quand ils n'étaient pas occultés.

La création et les activités de l'Organisation spéciale (OS) sont décrites par de nombreux auteurs, notamment par plusieurs de ses « animateurs » (Boudiaf, Bouchaïb, etc.). Le témoignage le plus précis semble être celui, dans son livre de mémoires, d'Aït Ahmed, responsable pendant un temps assez long de ce mouvement préparant la lutte armée après le rapide retrait de son premier chef — Mohamed Belouizdad — et avant la nomination de Ben Bella pour le remplacer.

CHAPITRE II
LA GUERRE COMMENCE À MOINS LE QUART

Tous les auteurs de livres sur la guerre d'Algérie et plusieurs acteurs des événements ont évoqué au fil du temps, de façon plus ou moins développée, les actions armées du FLN le 1er novembre 1954. Le meilleur récit des opérations menées par les indépendantistes activistes au cours de la nuit du 1er novembre et lors des jours qui ont suivi reste cependant aujourd'hui encore, à condition de le recouper autant que possible, celui d'Yves Courrière. Notamment pour le 1er novembre à Alger puisqu'il a bénéficié du récit exclusif du principal responsable des opérations du FLN dans la ville, Zoubir Bouadjadj, lequel n'a ensuite plus jamais voulu témoigner, estimant avoir déjà tout dit. On a pu compléter ou préciser ce récit en consultant les PV des auditions des militants du FLN d'Alger actifs le 1er novembre et pratiquement tous arrêtés les jours suivants. Pour le 1er novembre dans la région d'Oran, on doit se référer à l'article d'Omar Carlier (« Le 1er novembre 1954 à Oran : action symbolique, histoire périphérique et marqueur historiographique ») dans *La Guerre d'Algérie et les Algériens*. Pour le Nord-Constantinois, on trouve dans *La Guerre d'Algérie. La fin de l'amnésie* un texte d'Abdelmadjid Merdaci très éclairant sur la quasi-non-participation de Constantine aux actions du 1er novembre. On trouve surtout dans les mémoires inédits de Bentobbal des précisions sur ce qui s'est passé à ce moment-là dans toute la région. Pour la Kabylie, le témoignage d'Ali Zamoum dans *Le Pays des hommes libres* complète celui de Belkacem Krim, recueilli essentiellement par Yves Courrière. Par ailleurs plusieurs articles publiés par le journal *Algérie actualités* en 1984, lors du trentième anniversaire du 1er novembre, livrent des témoignages intéressants sur le déclenchement de la lutte armée, notamment dans les Aurès et en particulier à Khenchela. Le numéro spécial du quotidien algérien *La Tribune* en 2004 contient surtout pour sa part des contributions évoquant la préparation du 1er novembre et non pas les actions menées ce jour-là. Deux films, l'un peu diffusé jusqu'à ce jour, *1er novembre 54. À vous qui êtes appelés à nous juger* (2008) de Boualem Gueritli et Nordine Inoughi, l'autre, dont la sortie sur les écrans en France en 2009 a été remarquée, *La Chine est encore loin* de Malek Bensmaïl, proposent des témoignages précieux sur le 1er novembre. Le premier en évoquant surtout sa préparation, le second grâce à une enquête dans les Aurès, notamment sur le lieu où fut montée l'embuscade qui aboutit à la mort de l'instituteur Monnerot.

Pour raconter et comprendre ce qui s'est passé dans le mouvement nationaliste entre 1949, peu après la création de l'OS, et le 1er novembre 1954, les récits, témoignages et analyses abondent, autant de la part des acteurs des événements que des historiens. Nous ne citerons donc ici que quelques-unes des sources. Pour la crise « berbériste » au sein du MTLD, on peut notamment se référer aux analyses de Mohammed Harbi dans un chapitre entier du *FLN, mirage et réalité*, de Gilbert Meynier dans l'*Histoire intérieure du FLN* et aux mémoires d'Aït Ahmed. Ce dernier ouvrage, ainsi que le récit de Bouchaïb, dit comment la police française a fini par apprendre la vérité sur l'attaque de la poste d'Oran. Au sujet de la découverte de l'OS par la police française, de la réaction du MTLD et de l'arrêt de ses activités, les deux mêmes auteurs mais aussi bien d'autres, dont Ben Bella, Mohamed Méchati (*Parcours d'un militant*) et Mahsas, donnent des informations à ce sujet, qu'on peut compléter par une consultation des auditions des militants de l'organisation paramilitaire arrêtés et interrogés et des minutes de leur procès. Pour la crise puis la scission du MTLD et la création puis la mise en sommeil du CRUA, outre les ouvrages de Mohammed Harbi (*Aux origines du FLN*) et de divers autres historiens sur la genèse du FLN et le divorce entre activistes, centralistes et messalistes (notamment Benjamin Stora, « La différenciation entre le FLN et le courant messaliste », *Cahiers de la Méditerranée*, juin 1983), on peut aussi se référer à des témoignages ou analyses d'acteurs de ces événements, de Mohamed Boudiaf (« La préparation du 1er novembre », *El Jarida*, n° 15, 1974, texte dont est issue la phrase en exergue de ce chapitre) à Messali Hadj (textes publiés par Jacques Simon, Bouchène, 2000) et à Benyoucef Ben Khedda (*Les Origines du 1er novembre 1954*), ainsi qu'aux nombreux documents publiés à ce propos dans des livres ou des recueils de textes (notamment *Les Archives de la Révolution algérienne*). Sur l'élection et la nomination comme adjoint au maire d'Alger du responsable du MTLD Abderrahmane Kiouane, on peut consulter son ouvrage *Moments du mouvement national*, qui comporte notamment par ailleurs nombre de textes importants sur le MTLD à l'époque.

Sur la réunion du « Comité des 22 », on dispose, là encore, outre les études des historiens, de plusieurs témoignages précieux de membres de ce Comité ayant assisté à la réunion historique où fut décidé le lancement de la lutte armée. Notamment Mohamed Boudiaf, Mohamed Méchati, que nous avons rencontré à Alger et à Paris, Belhadj Bouchaïb et Mohamed Merzougui (longue intervention dans le documentaire de Boualem Gueritli et Nordine Inoughi). Malgré la multiplicité des sources, il reste impossible de dater avec une totale certitude cette réunion, que d'aucuns situent même en juillet, voire après, alors que tout indique qu'elle eut lieu fin juin 1954, le 23, assure Boualem Gueritli d'après un document qu'il aurait pu consulter, le 25, le 26 ou le 27 selon d'autres. La date la plus probable : le 26, car c'était un samedi, jour cité par des participants.

Sur la préparation proprement dite du 1er novembre, pendant les semaines puis les jours précédant le déclenchement de la lutte armée, on peut renvoyer à toutes les sources déjà citées pour le récit des actions du 1er novembre et la genèse du CRUA et du FLN pendant la crise du MTLD. Le témoignage de Jean Vaujour provient de son ouvrage *De la révolte à la révolution. Aux premiers jours de la guerre d'Algérie* paru chez Albin Michel en 1985. Mohammed Harbi dresse dans *La Guerre commence en Algérie* l'inventaire des diverses forces politiques algériennes au moment où s'ouvre la guerre.

CHAPITRE III
LE DEUXIÈME 1er NOVEMBRE

Le court texte en exergue de ce chapitre est extrait d'un roman épique d'Abdelkader Benazzeddine Ghouar manifestement inspiré des événements d'août 1955. Intitulé *Cinq fidayine ouvrent le feu à Constantine*, débutant par cette phrase : « Une histoire qui rappelle simultanément toutes les larmes versées par un peuple ambitieux », cet ouvrage a été édité par l'Entreprise nationale du livre en 1986 à Alger.

L'offensive du FLN le 20 août dans le Nord-Constantinois, et la terrible répression qui l'a suivie, a été beaucoup plus relatée pendant longtemps du côté « européen » — notamment dans la presse de l'époque en Algérie comme en métropole qui dénonce des massacres de civils par le FLN puis dans les premiers ouvrages sur la guerre — que du côté algérien. Tous les historiens de la guerre ont évoqué bien sûr l'événement, mais rarement en détail. On dispose cependant aujourd'hui de plusieurs travaux précis et sérieux permettant de reconstituer et analyser ce qui s'est passé, notamment dans le camp des assaillants puis des victimes de la répression. Charles-Robert Ageron fait partie de ceux qui se demandent si la guerre d'Algérie n'a pas véritablement commencé de fait en août 1955, quand le FLN a réussi à transformer le conflit en une « guerre du peuple ». C'est avec cette interrogation qu'il introduit son étude intitulée « L'insurrection du 20 août 1955 dans le Nord-Constantinois — De la résistance armée à la guerre du peuple », publiée dans *La Guerre d'Algérie et les Algériens*. Un article de Mahfoud Kaddache dans le même ouvrage traite aussi du 20 août, « Les tournants de la guerre de libération au niveau des masses populaires ». Tout récemment, en 2011, l'historienne Claire Mauss-Copeaux a proposé dans *Algérie, 20 août 1955. Insurrection, répression, massacres* une enquête approfondie, aussi bien auprès d'Algériens qui ont participé à l'offensive — comme responsables de l'ALN ou comme « simples » insurgés — qu'auprès de survivants « européens » dans les lieux où des pieds-noirs ont été tués. Ce travail de terrain des deux côtés de la Méditerranée lui a permis de reconstituer assez bien tous les événements d'août 1955 et surtout de démontrer la fausseté d'une bonne partie des rumeurs sur les atrocités commises par l'ALN et la population qu'elle a mobilisée à cette occasion. Du côté des acteurs, on dispose des mémoires d'Ali Kafi, qui fut l'un des organisateurs de l'offensive, et on trouve évidemment des informations essentielles dans les mémoires inédits de Lakhdar Bentobbal, principal adjoint du concepteur de l'offensive du 20 août, Youssef Zighout. Le même Bentobbal a aussi confié un récit et une analyse du 20 août dans une longue interview parue dans un dossier spécial d'*Algérie Actualité* consacré à cet événement et publié pour son trentième anniversaire en août 1985. Tout comme Ali Kafi. Salah Boubniber, alias Saout El Arab, alors l'un des responsables de l'ALN dans la région, a de son côté fourni un témoignage sur le 20 août 1955 dans un numéro d'*El Moudjahid* du 20 août 1992. Le cinéaste Jean-Pierre Lledo a par ailleurs recueilli des éléments et des témoignages intéressants sur l'offensive du 20 août qu'on peut voir dans son film *Algérie, histoires à ne pas dire* (2008).

La période qui a suivi le 1er novembre 1954 est évoquée dans tous les ouvrages généraux consacrés à la guerre ou les articles sur les actions de ce jour-là des historiens déjà mentionnés (notamment Omar Carlier pour l'Oranie) et dans les mémoires ou les autobiographies des acteurs algériens des événements de ce jour-là également déjà cités (Ali Zamoum, Belhadj Bouchaïb, Ali Kafi, Lakhdar Bentobbal, etc.). Le numéro spécial d'*Algérie Actualité* consacré au 1er novembre fournit lui aussi des témoignages sur cette période. La remarque de Ben Bella sur l'après-1er novembre se trouve dans le livre que lui a consacré Robert Merle. Celle de Yacef Saadi provient du premier tome de son ouvrage, *La Bataille d'Alger*, lequel évoque par ailleurs assez longuement l'après-1er novembre aussi bien à Alger que dans l'Algérois. Pour la réaction immédiate de Messali Hadj, ainsi que pour son attitude par la suite et les rapports FLN-MNA jusqu'en août 1955, on peut se reporter au texte déjà cité de Benjamin Stora dans les *Cahiers de la Méditerranée*.

Le portrait d'Abane Ramdane doit beaucoup à la biographie — certes hagiographique — que lui a consacrée Khalfa Mameri, dont le livre est utile pour suivre l'ensemble du parcours et des initiatives de son « héros ». De même qu'au long texte qui lui a été consacré dans l'ouvrage *Les Grands Révolutionnaires* des Éditions Martinsart (1985) par Kader Ammour et Benjamin Stora. Et qu'aux éléments apportés par Benyoucef Ben Khedda dans son ouvrage sur Abane-Ben M'Hidi. La période de préparation de l'offensive d'août 1955 est relatée par Ali Kafi et Salah Boubnider mais aussi et surtout par Lakhdar Bentobbal. Les conversations de Vincent Monteil avec Ben Khedda et Ali Zamoum et le rendez-vous entre Ferhat Abbas et Jacques Soustelle sont évoqués dans les écrits déjà cités des différents protagonistes algériens de ces rencontres. Le récit de « l'odyssée du *Dina* » doit beaucoup au livre de souvenirs, sous ce titre, d'un des participants à cette « odyssée », Nadir Bouzar. La remarque de Ben Bella sur la fréquence de ses rendez-vous avec Fathi Dib provient d'un entretien de celui-ci avec un des auteurs de cet ouvrage. Le texte du tract du FLN appelant en juin 1955, après une initiative semblable du MNA, à boycotter le tabac et l'alcool est reproduit dans *Les Archives de la Révolution algérienne*.

CHAPITRE IV
LA VICTOIRE D'ABANE RAMDANE

La phrase en exergue de Larbi Ben M'Hidi a été rapportée par de nombreux historiens, et notamment Mohammed Harbi. Leur source est Lakhdar Bentobbal. Dans ses mémoires inédits, Bentobbal confirme avoir entendu Ben

M'Hidi tenir un tel propos mais de manière un peu moins affirmative. Il lui aurait dit qu'« il n'est pas impossible que nous nous rencontrions à la fin de cette année ou à la fin de l'année prochaine rue d'Isly ».

Les informations sur le « voyage » à pied vers le congrès de la Soummam des deux « colonnes » venues d'Alger et du Constantinois proviennent de plusieurs sources. Yves Courrière a raconté très en détail comment se sont déroulées ces marches. Mais on dispose aussi pour établir les faits de témoignages d'Ali Kafi, Lakhdar Bentobbal et Amar Ouamrane — dans leurs mémoires ou lors d'interviews, surtout à l'occasion d'anniversaires du congrès ou du 1er novembre dans des numéros d'*Algérie Actualité* déjà cités — ainsi que, parfois, des sources militaires françaises. L'épisode du mulet « secrétaire de Krim Belkacem », par exemple, est ainsi raconté à la fois par Courrière, Ouamrane — témoin direct — et Ali Kafi et évoqué dans plusieurs ouvrages, dont la biographie de Belkacem Krim d'Amar Hamdani. La presse française elle-même, quand elle a appris la nouvelle auprès de sources militaires, s'est fait l'écho de cette prise, et la *Dépêche quotidienne d'Algérie* titrera ironiquement le 26 septembre 1956 « Un bourricot fait prisonnier — Il transportait les archives de Krim Belkacem ». Sur la protection du congrès par Amirouche et ses combattants, on peut se référer, bien que le témoignage soit indirect, à l'ouvrage de Djoudi Attoumi, ancien officier de l'ALN en Kabylie, *Le Colonel Amirouche entre légende et histoire*. Pour le congrès lui-même, les sources déjà citées, s'agissant de ceux qui y ont assisté, donnent de précieux renseignements sur la teneur des débats entre les participants. Divers textes, notamment ceux consacrés à Abane Ramdane déjà cités et des passages de tous les ouvrages généraux déjà mentionnés, proposent d'utiles éclairages sur le déroulement de la rencontre. Les controverses sur les actions du commando Ali Khodja et sur la « nuit rouge » portent sur des événements qu'ont évoqués, outre les historiens, *Le Livre noir de la guerre d'Algérie* mais aussi, dans le premier cas, le commandant Azzedine (*On nous appelait fellaghas*). Les décisions finalement prises et le texte de la plate-forme de la Soummam (reproduit en annexe) ont donné lieu à une publication dans le numéro 4 d'*El Moudjahid*. Dont, précédemment, le numéro 1 évoquait le choix de son titre, qui avait fait débat.

Le processus de l'adoption de la « motion des 61 » et celui des ralliements des nationalistes « modérés » au FLN sont décrits et analysés par tous les ouvrages généraux des historiens et dans divers mémoires, dont ceux de Ferhat Abbas (*Autopsie d'une guerre*). Ils sont aussi évoqués dans les textes sur Abane Ramdane et dans les derniers volumes du tome III, *La République des tourmentes, 1954-1959*, de l'ouvrage de Georgette Elgey *Histoire de la IV*[e] *République* : vol. 2, *Malentendu et passion* et vol. 3, *La Fin*. Pour le ralliement du Parti communiste algérien, on peut ajouter aux sources précédentes les ouvrages d'Henri Alleg, du docteur Timsit et de Benyoucef Ben Khedda. Sur l'action des supplétifs algériens contre le maquis communiste de l'Oranais, on trouve des éléments dans les mémoires du *bachagha* Boualem (ou Boualam), *Mon pays, la France*, paru aux Éditions France-Empire en 1962. Pour le « front syndical », Mohammed Harbi (*Le FLN, mirage et réalité*) et Gilbert Meynier (*Histoire intérieure du FLN*) ont analysé la gestation et les activités de l'UGTA et Mohammed Lebjaoui, notamment vis-à-vis des commerçants, rend compte de son action dans *Vérités sur la révolution algérienne*. Côté messaliste, Benjamin Stora évoque la création et l'activité de l'USTA dans sa biographie de Messali Hadj. Le processus de création de l'UGEMA fait l'objet de longs développements dans les mémoires de Mohammed Harbi (*Une vie debout*) et dans ceux de Belaïd Abdesslam ainsi que dans l'ouvrage de Gilbert Meynier, *Histoire intérieure du FLN*. Plusieurs journaux algériens ont par ailleurs consacré des articles à la grève des étudiants et à la création et aux activités de l'UGEMA, témoignages à l'appui (notamment le périodique *L'Université* dans un numéro spécial consacré à la grève des étudiants de mai 1986, *Algérie Actualité* du 23 mai 1985, *Libre Algérie* de mai 1988, *El Moudjahid* du 19 mai 1992). Guy Pervillé, dans *Les Étudiants algériens de l'université française 1880-1962* (CNRS, 1984) a décrit le « complexe populiste » des étudiants algériens et leur engagement dans la guerre d'indépendance. Malika Rahal, dans sa thèse sur l'Union démocratique du Manifeste algérien soutenue à l'INALCO en 2007, a évoqué les conditions du ralliement des partisans de Ferhat Abbas au FLN.

Pour les actions de Bellounis et les maquis messalistes en Kabylie, on se reportera surtout à l'ouvrage de Philippe Gaillard *L'Alliance*, aux récits d'Yves Courrière et au témoignage de Belkacem Krim (« Je suis un maquisard », *Témoignages et documents sur la guerre d'Algérie*, n° 6, juillet 1958 — Centre d'information et de coordination pour la défense des libertés). Pour l'émergence du FLN en France, outre les ouvrages généraux, on dispose des mémoires de Mohammed Harbi et de Mohamed Méchati, ainsi que des ouvrages d'Ali Haroun et Salah Louanchi. Quant à la « journée des tomates », les historiens et les témoins ne se sont pas encore accordés sur le fait de savoir si les projectiles lancés sur la délégation conduite par Guy Mollet comprenaient effectivement des tomates. Divers témoignages, dont celui de Jacques Chevallier (archives privées), et un compte rendu de presse « à chaud » du *Journal d'Alger* semblent confirmer l'existence de ce légume ce jour-là — il était d'ailleurs en vente dans un magasin de primeurs — mais Georgette Elgey et d'autres en doutent. Pour l'accrochage de Palestro, on peut désormais se référer à l'ouvrage de Raphaëlle Branche *L'Embuscade de Palestro* (Armand Colin, 2010). L'opération « Oiseau bleu », révélée par Yves Courrière, a été décrite par beaucoup d'auteurs, dont Camille Lacoste-Dujardin (*Opération Oiseau bleu*), Philippe Gaillard (*L'Alliance*), Amar Hamdani (*Krim Belkacem, le Lion des Djebels*) et Éric Huitric (*Le 11ᵉ choc*, La Pensée moderne, 1976). Pour l'internationalisation du conflit et les négociations secrètes FLN-gouvernement français, on peut se référer notamment à Georgette Elgey (*Histoire de la IVᵉ République*, tome III, 3ᵉ volume) et à Matthew Connelly (*L'Arme secrète du FLN*, Payot, 2011). Pour « Une première guerre des chefs ? », la référence principale est *Le Courrier Alger-Le Caire* de Mabrouk Belhocine.

CHAPITRE V
ALGER, 1957 : LE FLN A PERDU UNE BATAILLE...

Les sources pour rendre compte de ce qu'on appelle la « bataille d'Alger » des deux côtés de la Méditerranée, même si les Algériens contestent le plus souvent qu'il y eut une bataille à proprement parler, sont innombrables. Du côté français en particulier, sans doute parce qu'on a considéré qu'il s'agissait là d'une victoire, les récits et témoignages dans divers ouvrages sont légion, que leurs auteurs soient des chroniqueurs comme Pierre Pélissier (*La Bataille d'Alger*, Perrin, 1995) ou des acteurs des événements comme le général Jacques Massu (*La Vraie Bataille d'Alger*, Plon, 1971), le colonel Bigeard (*Ma guerre d'Algérie*, réédité en 2003 aux Éditions du Rocher, et des passages importants dans nombre d'autres ouvrages parmi les seize qu'il a écrits) et bien d'autres. Un ouvrage collectif, *Alger 1940-1962. Une ville en guerre* (Autrement, 1999, sous la direction de Jean-Jacques Jordi et Guy Pervillé), donne beaucoup d'éléments de contexte sur l'événement. Pour évoquer la « bataille d'Alger » du côté algérien, tous les ouvrages généraux déjà cités ainsi que la plupart des livres de mémoires donnent des informations et des points de vue intéressants. Mais la source la plus importante pour raconter ce moment essentiel de la guerre tel qu'il a été vécu « sur le terrain » est évidemment l'homme qui a mené la lutte au plan militaire, à la tête des combattants, Yacef Saadi. Dans un livre en trois tomes, *La Bataille d'Alger*, pas toujours fiable au niveau des détails mais contenant de nombreuses informations de première main et de témoignages directs ou indirects, il raconte presque au jour le jour les événements qui se sont déroulés de juin 1956 au début de l'automne 1957, soit des prémices de cette « bataille » jusqu'à sa fin. De façon moins précise et quelque peu « romancée » mais en respectant les principaux faits, on retrouve ce même récit dans le célèbre film de Gillo Pontecorvo *La Bataille d'Alger* (1966), dont Yacef Saadi fut le coscénariste et l'acteur principal. Les auteurs du présent ouvrage, pour lui faire préciser certains points, ont rencontré à plusieurs reprises séparément Yacef Saadi à Alger et à Cannes. Le récit qui est au cœur de ce chapitre lui doit beaucoup. Par ailleurs, avec pour motif immédiat de répondre à Massu après la parution de l'ouvrage de ce dernier cité ci-dessus, Mohammed Lebjaoui évoque dans *Bataille d'Alger ou bataille d'Algérie ?* beaucoup d'épisodes de ce moment de la guerre du point de vue du FLN. Saad Dahlab, dans ses mémoires, raconte pour sa part comment cette période a été vécue par les membres du CCE.

Pour l'attentat de la rue de Thèbes, outre le récit de Yacef Saadi et celui de Courrière, on peut lire le témoignage de celui qui a fabriqué et transporté la bombe, Philippe Castille, dans l'ouvrage de Bob Maloubier *L'Affaire du bazooka. La confession de Philippe Castille* (Filipacchi, 1988). Pour les condamnations à mort et les exécutions de militants du FLN, l'ouvrage de François Malye et Benjamin Stora *François Mitterrand et la guerre d'Algérie* est le plus documenté, notamment grâce à une consultation des archives judiciaires françaises. Les propos de Pierre Nicolaÿ sur le choix des premiers exécutés ont été recueillis par Sylvie Thénault, auteur du livre qui fait autorité sur la justice pendant la guerre (*Une drôle de justice*). Les propos d'Abdelkader Guerroudj et de Louisette Ighilahriz ont été recueillis par les auteurs de *François Mitterrand et la guerre d'Algérie*. Le recensement des attentats « contre-terroristes » à la bombe, préalables à ceux que réalisera le FLN à Alger, a été effectué par Mohammed Lebjaoui dans *Bataille d'Alger ou bataille d'Algérie ?* et par Yacef Saadi dans le tome II de *La Bataille d'Alger*. Georgette Elgey évoque aussi le « contre-terrorisme » dans son ouvrage déjà cité, où elle traite en détail de l'attitude des « ultras » européens et du rapport entre ceux-ci et l'armée française. Le débat au sein du FLN sur le terrorisme urbain est notamment analysé par Gilbert Meynier dans son *Histoire intérieure du FLN* et par Mohammed Harbi dans *Le FLN, mirage et réalité*. Cette question est évoquée aussi par Mohammed Lebjaoui et par Guy Pervillé (« Le terrorisme urbain dans la guerre d'Algérie », *Militaires et guérilla dans la guerre d'Algérie*, Complexe, 2001). Matthew Connelly dans *L'Arme secrète du*

FLN cite une « directive » d'Abane Ramdane de l'automne 1956 incitant au terrorisme urbain. La plupart des informations sur le « réseau bombes » d'Alger proviennent de l'ouvrage de Yacef Saadi, des mémoires de Daniel Timsit et de témoignages des poseuses de bombes — celui de Zohra Drif ici utilisé résulte d'une interview publiée dans un numéro spécial de *Science & Vie* pour le cinquantenaire du 1er novembre en 2004. Les controverses autour de l'assassinat d'Amédée Froger ne permettent pas de déterminer de façon absolument certaine la responsabilité de son assassinat, attribué au FLN sans réserve par la plupart des auteurs (notamment Lebjaoui, Elgey, Courrière, Meynier, etc.) mais pas par tous. Claude Paillat l'attribue soit à des « ultras » — comme le fait Yacef Saadi —, soit à « des activistes gaullistes » dans *Vingt Ans qui déchirèrent la France* (tome II, *La Liquidation 1954-1962*, Robert Laffont, 1972). Le bilan des tués lors des ratonnades après l'enterrement d'Amédée Froger est celui, peu susceptible d'être exagéré, de Pierre Pélissier. Le témoignage de Pierre Chaussade est rapporté par Georgette Elgey. La remarque d'Abdelkader Guerroudj sur les exécutions des « pauvres bougres » provient de l'ouvrage de Malye et Stora.

Le débat autour de la grève des huit jours — sa date, sa durée, ses conséquences — est évoqué par plusieurs auteurs. Les réticences d'Ali Yahia sont rapportées par Gilbert Meynier (*Histoire intérieure du FLN*), celles de Krim Belkacem par Yacef Saadi, celles d'Ouamrane par lui-même dans l'interview à *Algérie Actualité* d'octobre 1984 déjà citée. Les massacres commis par l'armée française sont notamment décrits par Georgette Elgey dans son ouvrage déjà cité. Les citations de Massu sont extraites de son livre déjà cité. Les considérations sur la torture pratiquée par les militaires français s'appuient sur les très nombreuses sources algériennes et françaises qui l'évoquent. Le livre de référence sur le sujet a d'abord été celui de Pierre Vidal-Naquet, *La Torture dans la République* (Minuit, 1972 ; Maspero, 1975) puis, plus tard, celui de Raphaëlle Branche, *La Torture et l'armée pendant la guerre d'Algérie* (Gallimard, 2001 et 2016). L'assassinat de l'avocat Ali Boumendjel est évoqué dans le livre de Malika Rahal *Ali*

Boumendjel, 1919-1957. Une affaire française, une histoire algérienne (Les Belles Lettres, 2010). L'arrestation de Larbi Ben M'Hidi, relatée par un grand nombre d'auteurs, garde une part de mystère (jusqu'à sa date, même si la plus probable est le 23 ou le 25 février), comme le constate dans son ouvrage déjà cité Khalfa Mameri. Saad Dahlab dans ses mémoires et Benyoucef Ben Khedda dans *Mon témoignage sur l'arrestation de L. Ben M'Hidi* (Alger, ENAG, 1988) ont tenté d'éclaircir autant que possible ses circonstances. Son exécution sommaire déguisée en suicide a été racontée par son auteur, le général Aussaresses, alors commandant. Il a récemment évoqué dans des interviews — en particulier au *Monde* après des entretiens avec Florence Beaugé — et des livres (*Services spéciaux. Algérie 1955-1957*, Perrin, 2001, et *Je n'ai pas tout dit*, Éditions du Rocher, 2008), sans le moindre remords ou même le moindre regret, son travail de tortionnaire et de tueur au service de l'armée à Philippeville puis à Alger. C'est dans le second livre cité qu'il a révélé dans le détail les modalités de l'assassinat de Ben M'Hidi. Certains contestent sa version, mais elle paraît corroborée par un témoignage d'un Algérien qui aurait vu son corps à la morgue et que rapporte Khalfa Mameri. Selon Massu, Bigeard lui aurait raconté que Ben M'Hidi pensait, voire souhaitait, mourir « en combattant » — ce que confirme Yacef Saadi.

Les circonstances du départ d'Alger du CCE, puis du voyage à pied vers les frontières du Maroc et de la Tunisie, sont rapportées par Saad Dahlab et, très probablement à partir du témoignage de Belkacem Krim, par Courrière. C'est dans le troisième tome de *La Bataille d'Alger* que Yacef Saadi rapporte les explications qu'il a obtenues de Belkacem Krim en 1962. Germaine Tillion a raconté ses rencontres et ses négociations avec Yacef Saadi — ce dernier fournissant sa propre version dans *La Bataille d'Alger* — dans *Les Ennemis complémentaires* (Éditions de Minuit, 1960).

Le rapt de l'avion transportant les responsables de l'extérieur du FLN a été rapporté par beaucoup d'auteurs. Côté français, le récit de Georgette Elgey dans son ouvrage déjà cité est assez détaillé. Côté algérien, il est évoqué notamment par Ben Bella (livre autobiographique avec Robert Merle) et Aït Ahmed (longue interview accordée au journaliste Hamid Barrada et jamais publiée, dans laquelle il suppose que ce « rapt » a été probablement « bénéfique à la révolution », et même une « bénédiction », en évitant une guerre des chefs « sur le point d'éclater »). Le massacre de Melouza est commenté par tous les auteurs de livres sur la guerre. Il est raconté de façon précise notamment par Philippe Gaillard, dans son ouvrage déjà cité. Il est également évoqué de façon précise, avec une interview de Mohammedi Saïd et plusieurs entretiens avec des témoins directs de la tuerie, dans le documentaire *Les Années algériennes* de Philippe Alfonsi, Bernard Favre, Patrick Pesnot et Benjamin Stora. Le commentaire de Yacef Saadi sur la « victoire des paras » provient d'un entretien avec l'un des auteurs.

Chronologie algérienne de la guerre d'Algérie

(1830-1962)

1830

14 juin : une armée française forte de 37 000 hommes débarque dans la baie de Sidi Ferruch.

5 juillet : le dey d'Alger appose son sceau sur la convention qui livre Alger aux Français.

1831

5 janvier : prise d'Oran par les Français.

1832

22 novembre : Abd el-Kader est présenté par son père aux tribus Hachem Beni-Amer. Il a 24 ans. Il proclame le premier *djihad* contre les infidèles.

1833

29 septembre : prise de Bougie par le général Trezel.

1834

26 février : signature de deux traités entre Abd el-Kader et le général Desmichels qui reconnaît la souveraineté de « l'émir des croyants ».

22 juillet : ordonnance qui confirme le caractère définitif de la conquête française. Un gouverneur général est nommé pour administrer « les possessions françaises dans le nord de l'Afrique ».

1835
28 juin : Abd el-Kader inflige une défaite au général Trezel à la Macta.

1836
13 janvier : prise de Tlemcen.
septembre : le général Clauzel loue des lots de colonisation dans la Mitidja.

1837
30 mai : le traité de la Tafna, signé par Bugeaud, reconnaît Abd el-Kader comme le souverain des deux tiers de l'Algérie.
13 octobre : prise de Constantine par les Français.

1839
18 novembre : Abd el-Kader déclare la guerre. L'ordre est donné d'évacuer la Mitidja.

1841
22 février : Bugeaud est nommé gouverneur général de l'Algérie. Fin de « l'occupation restreinte » et guerre totale.

1843
14 mai : prise de la *smala* d'Abd el-Kader par le duc d'Aumale. Massacres des populations environnantes. Abd el-Kader se réfugie au Maroc.

1844
14 août : bataille d'Isly près d'Oujda.

1847
23 décembre : reddition d'Abd el-Kader.

1848
12 novembre : l'Algérie est proclamée dans la Constitution partie intégrante de la France.

1850
Insurrection dans les Aurès et les Zibans, à l'appel de

Bou Ziane. Toute la tribu des Zaatcha (entre Biskra et Ouarbla) est massacrée.

1851

Insurrection en Kabylie sous la direction de Bou Baghla. Trente villages détruits en représailles.

1852

Révolte de Laghouat dirigée contre les khalifats nommés par les Français.

1860

17-19 septembre : voyage de Napoléon III à Alger. Il évoquera la possibilité d'un « royaume arabe ».

1863

22 avril : sénatus-consulte au sujet de la propriété collective des tribus. Création des communes mixtes.

1864

11 mars : insurrection des Flittas dans la région de Relizane, et des Ouled Sidi Cheykh, prêchée par Si-Lalla.

1865

3 juin : 100 000 hectares à la Société générale algérienne dirigée par Paulin Talabot.

14 juillet : le droit à la naturalisation sur demande est accordé aux indigènes juifs et musulmans.

1867

novembre : famines épouvantables jusqu'en juin 1868.

1870

24 octobre : décrets Crémieux qui accordent la nationalité française aux Juifs d'Algérie.

1871

14 mars : début de l'insurrection dirigée par le *bachagha* Mokrani et ses frères contre les projets de confiscation des terres. Elle touche principalement la Kabylie.

8 avril : la guerre sainte est proclamée par El Haddad, cheikh des Khouan Rahntaniya.

5 mai : Mokrani est tué par les troupes françaises.

13 septembre : reddition des Zouara. La Kabylie est soumise.

Décembre : 500 000 hectares des meilleures terres sont confisqués en Kabylie.

1872

2 juillet : consécration de la basilique Notre-Dame-d'Afrique.

1873

26 juillet : loi Warnier sur les terres indivises.

1881

Pour le système des rattachements, l'Algérie est intégrée directement à la France. Les territoires civils (104 830 km) sont répartis entre 196 communes de plein exercice et 77 communes mixtes. Sous la direction de Bou Amama, les Ouled Sidi Cheykh se révoltent une nouvelle fois. Instauration du Code de l'indigénat qui fixe une série de pénalités exorbitantes du droit commun pour les Algériens musulmans.

1886

10 septembre : un décret enlève aux cadis dans l'Algérie tout entière la connaissance de toutes les questions immobilières.

1889

26 juin : une loi impose la citoyenneté française à tous les fils d'étrangers qui ne la refusent pas. Cette naturalisation automatique ne concerne pas les Algériens musulmans.

1898

25 août : l'Algérie reçoit la promesse de l'autonomie financière, la création immédiate d'une Assemblée coloniale élue, les délégations financières.

1900

29 décembre : une loi confère à l'Algérie la personnalité civile et un budget spécial.

1901

26 avril : un village de colonisation, Margueritte, est assailli par une centaine d'Algériens musulmans révoltés.

1903

5 septembre : passage en Algérie du cheikh Abdouh, muphti du Caire et principal dirigeant du mouvement réformateur de la Nahda. Il se déclare frappé par le conservatisme et le rigorisme religieux dans les populations musulmanes d'Algérie.

1908

Publication d'un projet d'extension de la conscription obligatoire aux Algériens musulmans.

1911

31 janvier-3 février : parution des décrets instituant le service militaire obligatoire pour les Algériens musulmans. « Exode de Tlemcen » : des centaines de familles musulmanes quittent l'Algérie pour échapper au projet de conscription.

1914-1918

Pour la guerre, le recrutement indigène fournit 173 000 militaires dont 87 500 engagés ; 25 000 soldats musulmans et 22 000 Français d'Algérie tombent sur les champs de bataille. 119 000 travailleurs algériens viennent, en plus, travailler en métropole.

1919

4 février : promulgation de lois et décrets qui accordent une représentation élue à un plus grand nombre de musulmans pour toutes les assemblées d'Algérie (100 000 pour les conseils généraux et les délégations financières ; 400 000 pour les conseils de *douar*).

mars : fondation de l'*Ikdam* (résolution, audace) par l'émir Khaled, descendant de l'émir Abd el-Kader.

mai : pétition de l'émir Khaled au président Wilson.

novembre : victoire écrasante d'une liste conduite par l'émir Khaled aux élections municipales d'Alger (élections annulées en 1920).

1920

octobre : grande famine en Algérie.

1922

avril : parution du premier numéro du *Paria*, créé à l'initiative des communistes, pour l'indépendance des colonies.

octobre : victoire de l'émir Khaled aux élections départementales partielles d'Alger.

1924

juillet : meetings de l'émir Khaled à Paris.

décembre : congrès des travailleurs nord-africains à Paris, organisé par le PCF.

1925

juillet : parution du premier numéro d'*Al Moutaquid,* « La Critique », journal fondé par Abdelhamid Ben Badis, exprimant les idées du courant réformiste musulman.

1926

20 juin : fondation de l'Étoile nord-africaine (ENA), à Paris, qui réclame « l'indépendance de l'Afrique du Nord ».

1927

septembre : création de la Fédération des élus musulmans d'Algérie, avec à sa tête le docteur Bendjelloul, un des représentants du mouvement des Jeunes Algériens.

1929

20 novembre : dissolution de l'Étoile nord-africaine.

1931

5 mai : Abdelhamid Ben Badis fonde l'Association des oulémas réformistes d'Algérie. Avec pour devise : « L'arabe est ma langue, l'Algérie est mon pays, l'islam est ma religion. » Ferhat Abbas publie *Le Jeune Algérien.*

1933

28 mai : reconstitution de l'Étoile nord-africaine, avec à sa tête Messali Hadj.

1934

5 août : affrontements sanglants entre populations musulmane et juive de Constantine.

1936

7 juin : la Fédération des élus, l'Association des oulémas et les communistes fondent le Congrès musulman algérien, dans le cadre du Front populaire.

novembre : discussions autour du projet Blum-Viollette (la pleine citoyenneté pour 21 000 Français musulmans). Refus du projet dans les « milieux ultras » européens, et chez les indépendantistes de l'Étoile.

1937

26 janvier : dissolution de l'ENA par le gouvernement de Front populaire.

11 mars : les nationalistes algériens proclament le Parti du peuple algérien (PPA), qui prend la suite de l'ENA.

1939

11 février : Thorez présente l'Algérie comme « une nation en formation ».

26 septembre : dissolution des formations démocratiques en Algérie. Arrestations des principaux dirigeants nationalistes algériens.

1940

7 octobre : le ministre de l'Intérieur Peyrouton abolit le décret Crémieux de naturalisation des Juifs d'Algérie.

1942

8 novembre : débarquement anglo-américain à Alger.

1943

26 mai : présentation du « Manifeste algérien ».

30 mai : arrivée du général de Gaulle à Alger.

12 décembre : dans son discours de Constantine, le général de Gaulle annonce des réformes pour l'Algérie.

1944

7 mars : de Gaulle signe une ordonnance qui abolit toutes les mesures d'exception applicables aux musulmans. L'ancien collège électoral musulman est ouvert à tous les Algériens âgés de 21 ans.

1945

2 avril : premier « congrès des Amis du manifeste de la liberté ».

8 mai : manifestations, émeutes et début des violentes répressions dans le Constantinois, à Sétif et Guelma. 103 morts parmi les Européens, de très nombreux morts algériens musulmans (15 000 selon le général Tubert, 45 000 selon les indépendantistes).

17 août : une ordonnance accorde aux musulmans du deuxième collège la possibilité d'envoyer au Parlement un nombre de représentants égal à celui des Français du premier collège.

1946

16 mars : la Constituante vote une loi d'amnistie à propos de l'Algérie.

avril : fondation de l'Union démocratique du manifeste algérien (UDMA) de Ferhat Abbas.

15 octobre : « plan d'industrialisation » pour l'Algérie.

20 octobre : fondation du Mouvement pour le triomphe des libertés démocratiques (MTLD), de Messali Hadj, façade légale du PPA interdit.

10 novembre : élections législatives. Le MTLD a cinq députés.

1947

15 février : le congrès du PPA-MTLD décide la création d'une organisation clandestine pour la lutte armée en Algérie (« l'Organisation spéciale » ou OS).

27 août : adoption du « statut de l'Algérie » par le Conseil des ministres.

20 septembre : adoption par l'Assemblée nationale du « statut de l'Algérie ». Tous les députés musulmans algériens le récusent.

1er-26 octobre : élections municipales. Au deuxième collège, le MTLD s'empare de la totalité des sièges dans les grandes villes algériennes.

1949

avril : crise « berbériste » dans la Fédération de France du MTLD. L'OS attaque la poste d'Oran.

1950

La police procède au démantèlement de l'OS en Algérie.

1952

2 février : création à Paris d'un Front d'unité et d'action entre les partis nationalistes d'Afrique du Nord.

3-8 décembre : soulèvement au Maroc, contre l'assassinat en Tunisie du syndicaliste Ferhat Hached.

1953

20 avril : congrès du MTLD. Les partisans de Messali Hadj sont éliminés du Comité central. Crise entre « centralistes » et « messalistes ».

20 août : déposition du sultan du Maroc.

1954

mars-avril : création du Comité révolutionnaire d'unité et d'action (CRUA) qui veut réunifier les différentes tendances du mouvement indépendantiste algérien et entend préparer l'insurrection en Algérie.

7 mai : défaite militaire française à Diên Biên Phu.

juin : formation du « Comité des 22 » par des anciens membres de l'Organisation spéciale (OS, branche armée du PPA-MTLD, créée en 1947) qui décident de se lancer dans la lutte armée.

13-15 juillet : le congrès des partisans de Messali Hadj à Hornu (Belgique) consacre la scission du MTLD.

13 juillet : entretien Ben Bella-Boudiaf en Suisse.

juillet : dissolution du CRUA.

31 juillet : dans un discours prononcé à Carthage, le président du Conseil Mendès France reconnaît le principe d'autodétermination en Tunisie.

13-16 août : congrès à Alger des partisans du Comité central (« centralistes »), opposé à Messali Hadj.

août : accord entre le « Comité des 22 » et Krim Belkacem.

1er novembre : création du Front de libération nationale (FLN) et de l'Armée de libération nationale (ALN). La guerre commence en Algérie.

5 novembre : le MTLD est dissous par les autorités françaises. Arrestation de nombreux dirigeants du MTLD.

9 novembre : le PCF condamne l'action armée du FLN.

20 novembre : accord franco-tunisien pour l'arrêt de la lutte armée.

3 décembre : proclamation par Messali Hadj de la création du MNA (Mouvement national algérien).

1955

5 janvier : François Mitterrand, ministre de l'Intérieur français, prône le recours à la force et présente un programme de réformes pour l'Algérie.

15 janvier : mort de Didouche Mourad au combat.

janvier-février : tractations entre représentants du FLN et du MNA au Caire et à Alger.

20 janvier : premières grandes opérations de l'armée française dans les Aurès.

1er février : Jacques Soustelle est nommé gouverneur général par le gouvernement Mendès France, en remplacement de Roger Léonard.

11 février : arrestation de Mostefa Ben Boulaïd, dirigeant des Aurès.

16 mars : arrestation de Rabah Bitat.

20 mars : rapport Mairey sur le comportement de la police française à Edgar Faure.

28 mars : contacts entre Jacques Soustelle et des nationalistes algériens qui ne sont pas au FLN.

1er avril : vote de l'état d'urgence en Algérie pour six mois.

avril : l'UDMA de Ferhat Abbas et le Parti communiste algérien participent aux élections cantonales.

18-24 avril : le FLN participe à la conférence afro-asiatique de Bandoeng. Naissance du « tiers-monde » politique.
23 avril : établissement en Algérie de la censure préalable.
13 mai : le général Cherrière, commandant en chef en Algérie, définit le principe de la responsabilité collective.
3 juin : signature des accords franco-tunisiens.
15 juin : dans un tract, le FLN dénonce les nationalistes modérés.
juin : le Comité central du PCA se prononce en faveur de la lutte armée, à la différence du PCF.
juin : échec des tractations entre FLN et MNA.
13 juillet : création de l'Union générale des étudiants musulmans algériens (UGEMA).
20 août : grande offensive de l'ALN dans le Nord-Constantinois. 71 victimes civiles européennes. Répression française : 1 273 tués officiellement, 12 000 selon le FLN. Émeutes au Maroc.
30 août : rappel de 60 000 « disponibles » en France.
12 septembre : interdiction du PCA. Suspension d'*Alger républicain*.
15 septembre : le journaliste Robert Barrat publie dans *France Observateur* une interview dans les maquis de « chefs rebelles ». Il est arrêté.
26 septembre : motion de 61 députés musulmans refusant l'intégration.
30 septembre : inscription de la « question algérienne » à l'ONU.
octobre : mouvement de soldats français pour la paix en Algérie. Échec de l'action armée du MNA en Oranie. Action conjuguée algéro-marocaine dans le Rif et au Maroc.
16 novembre : retour triomphal de Mohammed V au Maroc.
2 décembre : dissolution de l'Assemblée nationale française.
10 décembre : les élections en Algérie sont ajournées *sine die*. Formation du Front républicain en France qui se prononce pour « la Paix en Algérie ».
23 décembre : les élus UDMA démissionnent de leurs mandats et demandent la création d'une République algérienne.

1956

2 janvier : victoire du Front républicain aux élections législatives françaises.

janvier : l'UDMA rejoint le FLN

16 janvier : motion de 61 élus musulmans, « nationalistes modérés », demandant la nationalité algérienne.

1er février : en France, investiture du gouvernement Guy Mollet.

2 février : Jacques Soustelle quitte Alger, acclamé par la population européenne.

6 février : Guy Mollet conspué à Alger par les ultras européens. Démission du général Catroux, ministre résident en Algérie.

9 février : Robert Lacoste est nommé ministre résident en Algérie.

12 février : ralliement des Oulémas au FLN.

février : le FLN rejette toute alliance avec le MNA.

16 février : naissance, en France, de l'Union syndicale des travailleurs algériens (USTA), messaliste.

20 février : naissance, en Algérie, de l'Union générale des travailleurs algériens (UGTA), frontiste.

2 mars : indépendance du Maroc.

12 mars : l'Assemblée nationale française vote les « pouvoirs spéciaux ». Envoi du contingent en Algérie. La SFIO et le PCF votent « pour ».

mars : création des « Combattants de la libération » par le PCA.

20 mars : indépendance de la Tunisie.

27 mars : mort de Mostefa Ben Boulaïd, victime d'un colis piégé parachuté par l'armée française.

28 mars : le leader nationaliste marocain Allal El-Fassi réclame le Sahara occidental.

11 avril : dissolution de l'Assemblée algérienne.

12 avril : première rencontre secrète, à la demande de Guy Mollet, entre des représentants de la SFIO et le FLN au Caire.

16 avril : mort de Souidani Boudjemaa, membre du « Comité des 22 ».

22 avril : Ferhat Abbas rallie officiellement le FLN.

18 mai : massacre de soldats français du contingent, à

Palestro, par le commando « Ali Khodja ». Émotion de l'opinion publique française.

27-28 mai : premier ratissage par l'armée française de la Casbah d'Alger.

2 juin : mort de l'aspirant Maillot (PCA).

19 juin : exécutions — les premières — de militants du FLN, Ahmed Zahana et Abdelkader Ferradj, guillotinés à la prison de Barberousse à Alger.

20-22 juin : vague d'attentats individuels à Alger.

26 juin : le pétrole jaillit à Hassi-Messaoud.

1er juillet : les « Combattants de la libération » (PCA) intègrent le FLN.

5 juillet : Grève anniversaire, organisée par le FLN, de la prise d'Alger du 5 juillet 1830.

10 août : bombe « contre-terroriste », déposée par des Européens rue de Thèbes dans la Casbah d'Alger. Plusieurs dizaines de victimes musulmanes.

20 août : congrès du FLN dans la vallée de la Soummam : création du Conseil national de la révolution algérienne (CNRA) et du Comité de coordination et d'exécution (CCE).

1er septembre : nouvelle rencontre secrète à Rome entre des représentants de la SFIO et du FLN.

23 septembre : mort de Zighout Youssef.

30 septembre : premiers attentats FLN à la bombe à Alger.

septembre : plus de 400 000 soldats français en Algérie.

été : affrontements entre maquis du MNA et troupes du FLN qui tournent à l'avantage de ces dernières.

22 octobre : détournement, par l'aviation française, sur Alger de l'avion marocain avec à son bord Ben Bella et ses compagnons, qui sont arrêtés.

1er novembre : début de l'expédition franco-britannique de Suez.

13 novembre : le général Raoul Salan est nommé commandant en chef des troupes françaises en Algérie.

décembre : Mohammed Lebjaoui responsable de la Fédération de France du FLN.

27 décembre : assassinat d'Amédée Froger, responsable de l'Association des maires d'Algérie. « Ratonnades » lors de ses obsèques.

1957

7 janvier : une ordonnance confie au général français Massu et à la 10e division parachutiste les pouvoirs de police sur le Grand Alger.

28 janvier : début d'une grève de huit jours organisée par le FLN.

10 février : bombes dans des stades à Alger.

12 février : exécutions de militants algériens et de Fernand Iveton.

18 février : à la suite de ses prises de position sur la torture, le général français Jacques Pâris de Bollardière est relevé de son commandement.

18 février : le président tunisien Habib Bourguiba demande l'évacuation des troupes françaises de son pays.

23 ou 25 février : arrestation de Larbi Ben M'Hidi.

fin février : arrestation de Mohammed Lebjaoui puis de Salah Louanchi à Paris.

5 mars : assassinat de Ben M'Hidi maquillé en suicide.

23 mars : assassinat d'Ali Boumendjel maquillé en suicide.

mars : le CCE quitte Alger.

24 mars : première lettre de démission de Paul Teitgen, préfet de police d'Alger.

2I mai : chute du gouvernement de Guy Mollet.

28 mai : massacre de Melouza perpétré par une unité de l'ALN.

11 juin : « ratonnades » aux obsèques des victimes des bombes du Casino de la Corniche. Arrestation de Maurice Audin. Son corps ne sera jamais retrouvé.

1er-7 juin : investiture du gouvernement français Bourgès-Maunoury.

juin : le CCE s'installe à l'étranger, à Tunis.

juillet : Omar Boudaoud responsable de la Fédération de France du FLN.

20 août : réunion du CNRA au Caire. Remaniement du CCE.

1er septembre : appel de Messali Hadj pour une trêve avec le FLN.

12 septembre : démission de Paul Teitgen.

24 septembre : arrestation de Yacef Saadi, responsable de la zone autonome d'Alger du FLN.

8 octobre : mort d'Ali la Pointe, adjoint de Yacef Saadi.
octobre : démantèlement complet de la zone autonome d'Alger.
25 octobre : dans une déclaration, le FLN maintient le préalable de l'indépendance pour l'ouverture de négociations avec le gouvernement français.
octobre-novembre : la direction du MNA est décapitée par l'assassinat de ses principaux dirigeants. Le FLN prend le dessus en France.
novembre : accord entre Mohamed Bellounis, responsable des maquis du MNA en Algérie, et l'armée française.
22 novembre : le roi du Maroc et Habib Bourguiba proposent leurs « bons offices » pour régler la question algérienne.
26 décembre : Abane Ramdane est assassiné au Maroc par d'autres responsables du FLN.

1958
28 janvier : dissolution à Paris de l'Union générale des étudiants musulmans d'Algérie.
8 février : l'aviation française bombarde le village tunisien frontalier de l'Algérie, Sakhiet Sidi Youcef. Nombreuses victimes tunisiennes et algériennes.
14 février : réunion du CCE au Caire.
30 mars : journée de solidarité mondiale avec l'Algérie.
27-30 avril : conférence maghrébine de Tanger.
29 avril : ralliement des forces de « Kobus » au FLN.
avril : la direction de la Fédération de France du FLN s'installe en Allemagne.
9 mai : le FLN annonce l'exécution de trois militaires français.
13 mai : à Alger, les manifestants européens s'emparent du Gouvernement général. Formation d'un Comité de salut public présidé par le général Massu.
14 mai : appel de Massu au général de Gaulle. Déclaration du général Salan : « Je prends en main provisoirement les destinées de l'Algérie française. »
15 mai : le général de Gaulle se déclare prêt « à assumer les pouvoirs de la République ».

16 mai : « fraternisation » franco-musulmane sur le Forum d'Alger.

1er juin : investiture du gouvernement de Gaulle.

4 juin : le général de Gaulle à Alger : « Je vous ai compris. »

2 juillet : nouveau voyage du général de Gaulle en Algérie.

14 juillet : assassinat de Mohamed Bellounis par une unité d'élite de l'armée française (11e Choc).

22 juillet : saisie du journal du FLN, *El Moudjahid*, par les autorités tunisiennes.

25 août : actions armées du FLN en France.

19 septembre : constitution du Gouvernement provisoire de la République algérienne (GPRA) présidé par Ferhat Abbas.

3 octobre : discours du général de Gaulle annonçant le plan de Constantine.

23 octobre : conférence de presse du général de Gaulle, qui offre « la paix des braves ».

25 octobre : le GPRA repousse la proposition de « paix des braves » du général de Gaulle.

23-30 novembre : élections législatives. Succès de l'UNR, le parti du général de Gaulle.

4 décembre : le général de Gaulle se rend à nouveau en Algérie.

8 décembre : conférence des peuples africains à Accra.

13 décembre : l'Assemblée générale de l'ONU repousse par 18 voix et 28 abstentions contre 35 une résolution reconnaissant le droit de l'Algérie à l'indépendance.

19 décembre : le général Salan est remplacé par le délégué général Paul Delouvrier et le général Challe.

21 décembre : le général de Gaulle est élu président de la République française et de la Communauté.

fin décembre : réunion interwilayas de l'ALN. Absence des wilayas 2 et 5.

1959

janvier : mesures de grâce en faveur de condamnés algériens, libération de Messali Hadj.

7 mars : Ahmed Ben Bella et ses compagnons de captivité sont transférés à l'île d'Aix.

9 mars : Ali Hambli se rend avec ses troupes à l'armée française.
28 mars : les colonels des wilayas 3 et 4, Amirouche et Si Haouès, sont tués au combat.
mars : crise au sein du GPRA après le suicide d'Amira au Caire.
29 avril : le général de Gaulle au député Pierre Laffont : « L'Algérie de papa est morte. »
mai : rencontre en Suisse des responsables de réseaux de soutien au FLN.
21 juillet : début de l'opération « Jumelles » en Kabylie, qui va décimer les maquis de l'intérieur.
29 juillet : mort d'Aïssat Idir, le fondateur de l'UGTA.
juillet : début de la réunion des dix colonels de l'ALN.
début août : première « tournée des popotes » du général de Gaulle.
16 septembre : dans un discours télévisé, le général de Gaulle annonce le principe du recours à l'autodétermination pour les Algériens par voie de référendum.
28 septembre : réponse du GPRA au discours du 16 septembre du général de Gaulle. Les Algériens demandent des garanties sur l'autodétermination.
20 novembre : le GPRA désigne les prisonniers de l'île d'Aix pour négocier avec la France. Refus du général de Gaulle.
décembre : fin de la réunion des colonels. Désignation d'un nouveau CNRA.
16 décembre : début de la réunion à Tripoli du CNRA.

1960

18 janvier : fin de la réunion du CNRA. Reconduction du « gouvernement » dirigé par Ferhat Abbas. Houari Boumediene chef d'état-major de l'ALN.
24 janvier : début de la « semaine des barricades ».
1er février : le camp retranché des Facultés, dirigé par Pierre Lagaillarde, se rend. Fin des « barricades ».
19 février : appel de Ferhat Abbas aux Européens pour édifier une « République algérienne ».
24 février : découverte du réseau Jeanson de soutien au FLN.
3-5 mars : deuxième « tournée des popotes ». De Gaulle parle d'« Algérie algérienne ».

30 avril : voyage de Belkacem Krim à Pékin.
mai : parution du premier numéro de *Vérité-Liberté*, journal qui dénonce la guerre d'Algérie.
6 juin : l'UGEMA et l'UNEF signent un communiqué commun à Lausanne appelant à trouver « une solution politique » à la guerre.
10 juin : Si Salah, chef de la wilaya 4, est reçu à l'Élysée, à l'insu du GPRA.
14 juin : dans une déclaration, de Gaulle offre aux chefs de l'insurrection de négocier.
25-29 juin : pourparlers de Melun, entre le FLN et le gouvernement français, qui échouent.
5 septembre : procès du réseau Jeanson. Publication du *Manifeste des 121* sur le droit à l'insoumission.
7 octobre : l'URSS reconnaît *de facto* le GPRA.
22 octobre : attaque de postes de harkis à Paris.
27 octobre : manifestations en France à l'initiative de l'UNEF contre la guerre d'Algérie.
4 novembre : discours du général de Gaulle ; allusion à une « République algérienne, qui existera un jour ».
22 novembre : Louis Joxe est nommé ministre des Affaires algériennes.
9-13 décembre : voyage du général de Gaulle en Algérie. Violentes manifestations européennes. Premières manifestations de masse de rue, depuis la « bataille d'Alger », organisées par le FLN à Alger.
19 décembre : l'Assemblée générale de l'ONU reconnaît le droit de l'Algérie à l'indépendance.

1961
8 janvier : référendum en France sur la politique algérienne du général de Gaulle. Large succès du « oui ».
25 janvier : assassinat de Me Popie par un commando du Front de l'Algérie française. Le général français Maurice Challe contre la politique du général de Gaulle.
février : création de l'Organisation armée secrète (OAS).
20-22 février : Ahmed Boumendjel rencontre Georges Pompidou à Lucerne et à Neuchâtel.
17 mars : annonce de pourparlers entre la France et le GPRA.
31 mars : le maire d'Évian est assassiné par l'OAS.

11 avril : conférence de presse du général de Gaulle. Allusion à un « État algérien souverain ».

22 avril : les généraux français Challe, Jouhaud et Zeller, peu après rejoints par le général Salan, s'emparent du pouvoir à Alger.

23 avril : Oran est aux mains des putschistes, mais le coup échoue à Constantine. Le gouvernement français décrète l'état d'urgence, et le recours à l'article 16 de la Constitution.

25 avril : échec du putsch. Reddition du général Challe. Salan, Jouhaud et Zeller entrent dans la clandestinité.

5 mai : première réunion secrète de l'OAS à Alger, sous la direction du colonel Godard. L'organisation est mise sur pied.

20 mai : ouverture des négociations d'Évian.

mai : Messali Hadj refuse de participer aux négociations d'Évian.

13 juin : les négociations d'Évian sont suspendues.

21-23 juin : Bizerte investie par l'armée française.

5 juillet : « journée contre la partition » organisée par le FLN. Répression de manifestations à Alger : au moins 70 morts.

15 juillet : démission de l'état-major de l'ALN.

19 juillet : ouverture des conversations de Lugrin, suspendues le 28.

23 juillet : mort du commandant Si Salah.

9-28 août : réunion du CNRA à Tripoli.

26 août : Benyoucef Ben Khedda succède à Ferhat Abbas à la tête du GPRA.

8 septembre : attentat manqué de Pont-sur-Seine contre le général de Gaulle.

17 octobre : violentes répressions des manifestations d'Algériens à Paris.

1er novembre : journée pour l'indépendance de l'Algérie organisée par le FLN.

4 novembre : arrestation d'Abderrahmane Farès.

9-13 novembre : manifestations et contre-manifestations à Alger.

6 décembre : la gauche française organise une « journée anti-OAS ».

1962

5 février : conférence de presse du général de Gaulle : il annonce que l'issue en Algérie est proche.

février : multiplication des attentats de l'OAS en Algérie et en France.

8 février : manifestations anti-OAS à Paris. Intervention brutale de la police au métro Charonne : 9 morts.

10 février : ouverture des conversations entre le GPRA et le gouvernement français aux Rousses.

19 février : protocole d'accord entre les deux parties.

26 février : vague d'attentats sans précédent contre les musulmans à Alger.

7 mars : ouverture de la deuxième conférence d'Évian.

18 mars : signature des accords d'Évian.

19 mars : cessez-le-feu.

26 mars : fusillade de la rue d'Isly à Alger. L'armée française tire sur les manifestants européens : 46 morts.

8 avril : référendum très favorable à la politique algérienne du gouvernement français.

14 avril : Georges Pompidou est nommé Premier ministre en remplacement de Michel Debré. Condamnation à mort du général Jouhaud.

20 avril : arrestation du chef de l'OAS, Raoul Salan.

3 mai : à Alger, explosion d'une voiture piégée : 62 morts musulmans.

27 mai : réunion du CNRA à tripoli. Crise du FLN.

15 juin : conversations entre l'OAS et le FLN pour une cessation des attentats.

26 juin : le conseil interwilayas, composé en grande partie des responsables des maquis de l'intérieur, demande au GPRA la dégradation des membres de l'état-major.

30 juin : le GPRA dégrade les membres de l'état-major.

1er juillet : référendum d'autodétermination en Algérie : 5 975 581 voix pour le « oui », 16 534 pour le « non ».

3 juillet : reconnaissance officielle, par la France, de l'indépendance de l'Algérie. Le GPRA arrive à Alger.

5 juillet : l'indépendance est proclamée. Enlèvements et exécutions de « pieds-noirs » à Oran.

juillet : luttes intestines dans l'Algérie indépendante. Ahmed

Ben Bella et ses amis annoncent à Tlemcen la formation d'un « bureau politique » qui s'oppose au GPRA.

22 août : le général de Gaulle échappe à un attentat au Petit-Clamart, organisé par un commando de l'OAS.

fin août : incidents sanglants entre wilayas rivales en Algérie. Début de représailles contre les harkis.

9 septembre : l'Armée nationale populaire (ANP), commandée par le colonel Houari Boumediene, fait son entrée à Alger.

20 septembre : élection d'une Assemblée constituante algérienne.

27 septembre : Mohamed Boudiaf, l'un des « chefs historiques du FLN », crée le Parti de la révolution socialiste (PRS).

29 novembre : le Parti communiste algérien est interdit.

Glossaire des mots arabes cités

Agha, bachagha (ou *bachaga*) : titre supérieur à celui de *caïd*, selon une appellation turque.

Allah : nom de Dieu, Dieu.

Bey : titre, d'origine turque, d'un haut dignitaire détenteur du pouvoir.

Cadi : juge.

Caïd : responsable administratif et militaire arabe.

Chahid, Chouhada (plur.) : martyr, mort au combat. On parle souvent au pluriel de *chahids*.

Chaouch : huissier, appariteur, par extension serviteur.

Chaouia : langue de l'Aurès, habitant de l'Aurès.

Cheikh : maître, chef de tribu, titre de respectabilité.

Daïra : district, circonscription.

Dechra : hameau.

Dey : titre des régents d'Alger, mot d'origine turque.

Djazair : Algérie.

Djebel : massif montagneux.

Djemâa : assemblée.

Djihad : guerre sainte.

Djounoud (plur.) : soldats, combattants.

Douar : village, partie d'une commune.

Fidaï, fedayin (plur.) : membre d'un commando prêt au sacrifice.

Goumier : soldat « indigène » de l'armée française membre d'un goum.

Harki : supplétif algérien de l'armée française, membre d'une *harka* (qui signifie « mouvement »).

Kafer : mécréant.

Khalifat : territoire sous l'autorité du calife (souverain musulman successeur de Mahomet).

Khemas : ouvrier saisonnier.

Mahdi : envoyé de Dieu.

Mechta : petit village, hameau.

Medersa : établissement d'enseignement musulman.

Moudjahid, moudjahidine (plur.) : combattant de l'ALN, combattant de la foi, soldat du *djihad*. Bien qu'il s'agisse d'un pluriel, on met souvent un « s » à *moudjahidines*.

Moussebel, moussebeline : auxiliaire de l'ALN, résistant « civil ». Bien qu'il s'agisse d'un pluriel, on met souvent un « s » à *moussebelines*.

Nidham : nom arabe pour l'organisation politico-administrative du FLN.

Ouléma : savant religieux musulman, docteur de la foi musulmane (on dit aussi *Oulama*, qui est un pluriel).

Pacha : gouverneur d'une province, mot d'origine turque.

Roumi : nom donné aux chrétiens par les musulmans, infidèle.

Taleb : étudiant en théologie musulmane, lettré.

Umma : communauté des musulmans.

Watan : nation, patrie.

Zaïm : chef charismatique, leader politique.

Bibliographie de la guerre d'indépendance algérienne

Étant donné la masse des ouvrages traitant de la guerre d'Algérie (déjà près de 3 000 publiés entre 1955 et 1995[1]), la bibliographie qui suit est loin d'être exhaustive. Simplement indicative pour être utile, elle privilégie les ouvrages les plus récents et/ou les plus accessibles, essentiellement en langue française, qui contribuent à faire avancer la connaissance historique sur la guerre d'indépendance livrée par les nationalistes algériens.

Sachant que la plupart des ouvrages traitent de l'ensemble de la guerre, et souvent même de l'avant-guerre ou de l'après-guerre, il ne nous a pas paru judicieux de proposer ici une bibliographie spécifique au premier tome de l'ouvrage. Celle-ci vaut donc pour l'ensemble des deux tomes de *La Guerre d'Algérie vue par les Algériens*, y compris celui à paraître prochainement. Au-delà des livres, essais et documents ici recensés, une sélection des principales œuvres audiovisuelles consacrées à la guerre d'indépendance sera publiée dans le deuxième tome de l'ouvrage.

Pour rendre plus commode la consultation de cette bibliographie, notamment pour le lecteur voulant connaître les principales sources utilisables pour approfondir sa connais-

1. Benjamin Stora, *Le Dictionnaire des livres de la guerre d'Algérie. Romans, nouvelles, poésie, photos, histoire, essais, récits historiques, témoignages, biographies, mémoires, autobiographies 1955-1995*, Paris-Montréal, L'Harmattan, 1996.

sance de tel ou tel aspect de la guerre d'indépendance, elle est divisée en « chapitres ». Dans l'ordre : I. Ouvrages généraux sur les Algériens, la guerre d'indépendance, les nationalistes ; II. Autobiographies, mémoires, récits de vie d'acteurs algériens de la guerre ; III. Biographies d'acteurs algériens de la guerre d'indépendance ; IV. Les femmes algériennes dans la guerre ; V. Les immigrés algériens en France et le 17 octobre 1961 ; VI. Ouvrages généraux sur la guerre d'Algérie ; VII. Ouvrages sur l'armée française, les officiers, les soldats, les appelés ; VIII. Sur l'opposition française à la guerre ; IX. Sur les principaux acteurs français de la guerre.

I. OUVRAGES GÉNÉRAUX SUR LES ALGÉRIENS, LA GUERRE D'INDÉPENDANCE, LES NATIONALISTES

AGERON, Charles-Robert (dir.), *La Guerre d'Algérie et les Algériens, 1954-1962*, Paris, Armand Colin, 1997, rééd. 2001.

AÏT DJOUDI, Dalila, *La Guerre d'Algérie vue par l'ALN. L'armée française sous le regard des combattants algériens*, Paris, Éditions Autrement, 1986.

AL DIB, Fathi, *Abdel Nasser et la révolution algérienne*, Paris, L'Harmattan, 1985.

BEDJAOUI, Mohammed, *La Révolution algérienne et le droit*, Bruxelles, Éditions de l'Association internationale des juristes démocrates, 1961.

BELHOCINE, Mabrouk, *Le Courrier Alger-Le Caire. Le congrès de la Soummam dans la révolution*, Alger, Casbah Éditions, 2000.

BENABDALLAH, Abdessamad, COURRÉGÉ, Maurice, OUSSEDIK, Mourad, VERGÈS, Jacques et ZAVRIAN, Michel, *Défense politique*, Paris, Maspero, 1961.

BENABDALLAH, Saïd, *La Justice du FLN pendant la Guerre de Libération*, Alger, SNED, 1970.

BENCHIKH-BOULANOUAR, Saïda, *L'Algérie par ses archives (VIIe-XXe siècle)*, Alger, Casbah Éditions, 2015.

BOUCHÈNE, Abderrahmane, PEYROULOU, Jean-Pierre et SIARI-TENGOUR, Ouanassa et THÉNAULT, Sylvie, *Histoire de l'Algérie à la période coloniale. 1830-1962*, Paris, La Découverte, 2014.

BRANCHE, Raphaëlle (éd.), *La Guerre d'indépendance des Algériens. 1954-1962*, Paris, Perrin, coll. Tempus, 2009.

BROMBERGER, Serge, *Les Rebelles algériens*, Paris, Plon, 1958.

CARLIER, Omar, *Entre nation et Jihad. Histoire sociale des radicalismes algériens*, Paris, Presse de la FNSP, 1995.

CHIKH, Slimane, *L'Algérie en armes ou Le temps des certitudes*, Paris/Alger, Economica/OPU, 1981.

DARMON, Pierre, *L'Algérie des passions. 1870-1939*, Paris, Perrin, coll. Tempus, 2012.

DAUM, Pierre, *Ni valise ni cercueil. Les pieds-noirs restés en Algérie après l'indépendance*, Arles/Paris, Actes Sud/Solin, 2012.

DAUM, Pierre, *Le Dernier Tabou. Les harkis restés en Algérie après l'indépendance*, Arles, Actes Sud/Solin, 2015.

DEROUICHE, Mohamed, *Le Scoutisme, école du patriotisme*, Alger, ENAL, 1985 ; rééd. Casbah Éditions, 2009.

DUCHEMIN, Jacques, *Histoire du FLN*, Paris, La Table ronde, 1962.

ED DIN, Chems, *L'Affaire Bellounis. Histoire d'un général fellagha* précédé de *Retour sur la guerre d'Algérie* par Edgar Morin, La Tour-d'Aigues, Éditions de l'Aube, 1998.

FANON, Frantz, *L'An V de la révolution algérienne*, Paris, Maspero, 1959 ; rééd. La Découverte, 2001.

FANON, Frantz, *Les Damnés de la terre*, préface de Jean-Paul Sartre, Paris, Maspero, 1961 ; nouv. éd. La Découverte, 2002 (postface de Mohammed Harbi).

FITTE, Albert, *Spectroscopie d'une propagande révolutionnaire.* El Moudjahid *des temps de guerre, juin 1956-mars 1962*, Montpellier, Université Paul-Valéry/Centre d'histoire militaire, 1973.

GADANT, Monique, *Islam et nationalisme en Algérie d'après* El Moudjahid, *organe central du FLN de 1956 à 1962*, préface de Benjamin Stora, Paris, L'Harmattan, 1988.

GAID, Mouloud, *Les Beni Yala*, Alger, OPU, 1990.

GAILLARD, Philippe, *L'Alliance. La guerre d'Algérie du général Bellounis, 1957-1958*, Paris, L'Harmattan, 2009.

GOUMEZIANE, Smaïl, *Algérie. L'histoire en héritage*, Alger/Paris, Edif 2000/Non lieu, 2011.

GUEMRICHE, Salah, *Alger la blanche. Biographies d'une ville*, Paris, Perrin, 2012.

HARBI, Mohammed, *Aux origines du FLN : la scission du PPA-MTLD. Contribution à l'histoire du populisme révolutionnaire en Algérie*, Paris, Christian Bourgois, 1975.

HARBI, Mohammed, *Le FLN, mirage et réalité. Des origines à la prise du pouvoir (1945-1962)*, Paris, Éditions Jeune Afrique, 1980, nouv. éd. 1985.

HARBI, Mohammed, *Les Archives de la Révolution algérienne*, postface de Charles-Robert Ageron, Paris, Éditions Jeune Afrique, 1981.

HARBI, Mohammed, *1954, la guerre commence en Algérie*, Bruxelles, Éditions Complexe, 1984, nouv. éd. 1988.

HARBI, Mohammed et MEYNIER, Gilbert (éd.), *Le FLN, documents et histoire. 1954-1962*, Paris, Fayard, 2004.

HAROUN, Ali, *L'Été de la discorde*, Alger, Casbah Éditions, 2000.

HASSANI, Abdelkrim, *Guérilla sans visage. Les premiers réseaux*, Alger, OPU/ENAL, 1988.

HAUTREUX, François-Xavier, *La Guerre d'Algérie des harkis. 1954-1962*, Paris, Perrin, 2013.

HELLAL, Abderrezak, *Image d'une révolution. La révolution algérienne dans les textes français durant la période du conflit*, préface d'Ahmed Bedjaoui, Alger, OPU, 1988.

HEYKAL, Mohamed Hassanein, *Nasser. Les documents du Caire*, Paris, Flammarion, 1972.

HUBERT, Nicolas, *Éditeurs et éditions pendant la guerre d'Algérie. 1954-1962*, Saint-Denis, Bouchène, 2012.

Images et visages du cinéma algérien, Alger, Ministère de la Culture et du Tourisme/ONCIC, 1984.

L'Information durant la guerre de libération, Alger, Ministère de l'Information, 1984.

JEANSON, Colette et Francis, *L'Algérie hors la loi*, Paris, Éditions du Seuil, 1955.

JEANSON, Francis, *La Révolution algérienne. Problèmes et perspectives*, Milan, Feltrinelli, 1962.

KADDACHE, Mahfoud, *Histoire du nationalisme algérien. 1919-1951*, 2 vol., Alger, SNED, 1980 ; nouv. éd.

Paris / Alger, Paris Méditerranée / EDIF, 2 vol., 2003 (I. *1919-1939* ; II. *1939-1951*).

KESSEL, Patrick et PIRELLI, Giovanni, *Le Peuple algérien et la guerre. Lettres et témoignages d'Algériens, 1954-1962*, Paris, Maspero, 1963.

KHALFOUNE, Tahar et MEYNIER, Gilbert, *Repenser l'Algérie dans l'histoire. Essai de réflexion*, Paris, L'Harmattan, 2013.

KHATIB, Hafid, *L'Accord FLN-PCA*, Alger, OPU, 1991.

KHELIFA, Laroussi, *Manuel du militant algérien*, Lausanne, La Cité éditeur, 1962 ; nouv. éd. Alger, Dahlab, 1997.

LACHERAF, Mostefa, *L'Algérie. Nation et société*, Paris, Maspero, 1965 ; rééd. Alger, Casbah Éditions, 2004.

LACHERAF, Mostefa, *Des noms et des lieux. Mémoires d'une Algérie oubliée*, Alger, Casbah Éditions, 1998.

LEBJAOUI, Mohamed, *Vérités sur la révolution algérienne*, Paris, Gallimard, 1970.

LEBJAOUI, Mohamed, *Bataille d'Alger ou bataille d'Algérie ?*, Paris, Gallimard, 1972.

LYOTARD, Jean-François, *La Guerre des Algériens. Écrits 1956-1963*, éd. Mohammed Ramdani, Paris, Galilée, 1989.

MAADAD, Messaoud, *Guerre d'Algérie. Chronologie et commentaires*, Alger, ENAG, 1992.

MAHSAS, Ahmed, *Le Mouvement révolutionnaire en Algérie de la Première Guerre mondiale à 1954. Essai sur la formation du mouvement national*, Paris, L'Harmattan, 1979.

MALEK, Redha, *L'Algérie à Évian. Histoire des négociations secrètes 1956-1962*, Paris, Éditions du Seuil, 1995.

MAMERI, Khalfa, *Les Nations unies face à la « question algérienne » (1954-1962)*, Alger, SNED, 1969.

MANDOUZE, André (éd.), *La Révolution algérienne par les textes. Documents du FLN*, Paris, Maspero, 1961.

MAUSS-COPEAUX, Claire, *Algérie, 20 août 1955. Insurrection, répression, massacres*, Paris, Payot & Rivages, 2013.

MAUSS-COPEAUX, Claire, *La Source. Mémoires d'un massacre, Oudjehane, 11 mai 1956*, Paris, Payot, 2013.

MEYNIER, Gilbert, *Histoire intérieure du FLN. 1954-1962*, préface de Mohammed Harbi, Paris, Fayard, 2002.

MILKOVITCH-RIOUX, Catherine, *Mémoire vive d'Algérie. Littératures de la guerre d'indépendance*, Paris, Buchet-Chastel, 2012.

MIMOUN, Mouloud, *France-Algérie, images d'une guerre*, Paris, Institut du monde arabe, 1992.

MUSÉE NATIONAL DU MOUDJAHID, *Nora. Témoignages, nouvelles*, Alger, ENAL, 1984.

PEČAR, Zdravko, *Algérie. Témoignage d'un reporter yougoslave sur la guerre d'Algérie*, Alger, ENAL, 1987.

PELLETIER, Jean, *Alger 1955. Essai d'une géographie sociale*, présentation actualisée et commentée par Rachid Sidi Boumedine, Alger, APIC, 2015.

PERVILLÉ, Guy, *Les Étudiants algériens de l'université française 1880-1962. Populisme et nationalisme chez les étudiants et intellectuels musulmans algériens de formation française*, Paris, Éditions du CNRS, 1984 ; rééd. Alger, Rahma, 1992.

PERVILLÉ, Guy, *Oran, 5 juillet 1962. Leçon d'histoire sur un massacre,* Paris, Vendémiaire, 2014.

PONCET, Charles, *Camus et l'impossible Trêve civile suivi de Correspondance avec Amar Ouzegane*, Paris, Gallimard, 2015.

QUEMENEUR, Tramor et ZEGHIDOUR, Slimane, *L'Algérie en couleurs 1954-1962. Photographies d'appelés pendant la guerre,* Paris, Les Arènes, 2011.

SAADALLAH, Rabah et BENFARS, Djamel, *La Glorieuse Équipe du FLN. Le football algérien à la conquête des continents*, Alger/Bruxelles, ENAL/GAM, 1985.

SARI, Djilali, *Huit jours de la bataille d'Alger. 28 janvier-4 février 1957*, Alger, ENAL, 1987.

SIMON, Jacques (éd.), *Messali Hadj par les textes*, Saint-Denis, Bouchène, 2000, éd. num. 2015.

STORA, Benjamin, *La Gangrène et l'Oubli. La mémoire de la guerre d'Algérie*, Paris, La Découverte, 1991, rééd. coll. La Découverte-poche Essais, 1998.

STORA, Benjamin, *La Guerre d'Algérie expliquée à tous*, Paris, Éditions du Seuil, 2012.

STORA, Benjamin, *Les Mémoires dangereuses. De l'Algérie coloniale à la France d'aujourd'hui* (avec Alexis JENNI) *suivi de Transfert d'une mémoire. De l'Algérie française*

au racisme anti-arabe (nouv. éd.), Paris, Albin Michel, 2016.
TEGUIA, Mohamed, *L'Algérie en guerre*, Alger, OPU, 1982.
THÉNAULT, Sylvie, *Violence ordinaire dans l'Algérie coloniale. Camps, internements, assignations à résidence*, Paris, Odile Jacob, 2012.

II. AUTOBIOGRAPHIES, MÉMOIRES, RÉCITS DE VIE D'ACTEURS ALGÉRIENS DE LA GUERRE

ABBAS, Ferhat, *Autopsie d'une guerre. L'aurore*, Paris, Garnier, 1980.
ABBAS, Ferhat, *L'Indépendance confisquée. 1962-1978*, Paris, Flammarion, 1984 ; nouv. éd. Alger, Alger-livres éditions, 2011 (présentation d'Abderrahmane Rebahi).
ABDICHE, Boussad, *Pages glorieuses*, Alger, SNED, 1982.
ABDOUN, Mahmoud, *Témoignage d'un militant du mouvement nationaliste*, Alger, Dahlab, 1990.
ACHOUR, Mouloud, *Le Survivant et autres nouvelles*, Alger, SNED, 1977.
AÏT AHMED, Hocine, *La Guerre et l'après-guerre*, Paris, Éditions de Minuit, 1964.
AÏT AHMED, Hocine, *Mémoires d'un combattant. L'esprit d'indépendance, 1942-1952 : document*, Paris, Messinger, 1983.
ALLEG, Henri, *La Question*, Paris, Éditions de Minuit, 1958.
ALLEG, Henri, *Prisonniers de guerre*, Paris, Éditions de Minuit, 1961.
ALLEG, Henri, *Mémoire algérienne*, Alger, Casbah Éditions, 2006.
AMRANI, Djamal, *Le Témoin*, Paris, Éditions de Minuit, 1960.
AMROUCHE, Jean-El Mouhoub, *Un Algérien s'adresse aux Français (1943-1961)*, Paris, L'Harmattan, 1994.
AZZEDINE (commandant), *On nous appelait fellaghas*, Paris, Stock, 1976.
AZZEDINE (commandant), *Et Alger ne brûla pas*, Paris, Stock, 1980.
ATTOUMI, Djoudi, *Avoir 20 ans dans les maquis. Journal de*

la guerre d'un combattant de l'ALN en wilaya III (Kabylie), 1956-1962, Alger, Hasnaoui, 2008.

BACHETARZI, Mahieddine, *Mémoires II*, Alger, ENAL, 1984.

BACHIR, Bediya (pseudonyme de Baya Bouhoune et de Jacques Jurquet), *L'Oued en crue*, Paris, Éditions du Centenaire, 1979.

BAITAR, Abdelhamid, *Je suis algérien. Chants et récits d'un moudjahid*, Alger, SNED, 1982.

BAITAR, Abdelhamid, *Afin que nul n'oublie ou La révolte des bidonvilles*, Alger, ENAL, 1983.

BALI, Bellahsène, *Le Rescapé de la ligne Morice*, Alger, Casbah Éditions, 2004.

BELAMRI, Rabah, *Regard blessé*, Paris, Gallimard, 1987, rééd. coll. Folio, 2002.

BELHALFAOUI, Mohammed, *Victoire assurée. Souvenirs, Algérie 1920-1954*, Paris, Publisud, 1983.

BENACHENHOU, Mohamed Seghir, *Liberté, j'écris ton sang*, Alger, Éditions El Maarifa, 2015.

BENAZZEDINE GHOUAR, Abdelkader, *Cinq fidayine ouvrent le feu à Constantine*, Alger, ENAL, 1986.

BENCHERIF, Ahmed, *L'Aurore des Mechtas. Quelques épisodes de la guerre d'Algérie*, Alger, SNED, 1969.

BENCHERIF, Ahmed, *Parole de baroudeur*, préface de Mohammed Bedjaoui, Alger, ANEP, 2003.

BEN KHEDDA, Benyoucef, *Les Accords d'Évian. La fin de la guerre d'Algérie*, Alger, OPU, 1986, nouv. éd. 1987.

BEN KHEDDA, Benyoucef, *Les Origines du 1er novembre 1954*, Alger, Dahlab, 1989.

BEN KHEDDA, Benyoucef, *L'Algérie à l'indépendance. La crise de 1962*, Alger, Dahlab, 1997.

BENMAALEM, Hocine, *Mémoires I. La Guerre de libération nationale*, Alger, Casbah Éditions, 2014.

BENNABI, Malek, *Mémoires d'un témoin du siècle*, Alger, ENAL, 1965 ; nouv. éd. Alger, Samar, 2006 (sous le titre *Mémoires d'un témoin du siècle. L'enfant, l'étudiant, l'écrivain, les carnets*).

BENNABI, Malek, *Témoignage sur la guerre de Libération*, préface de Sadek Sellam, Alger, Alem el Afkar, 2010.

BENNOUNE, Mahfoud et EL KENZ, Ali, *Le Hasard et l'Histoire. Entretiens avec Belaïd Abdesslam*, 2 vol., Alger, ENAG, 1990, nouv. éd. 2007.

BENSALEM, Djamel-Eddine, *Voyez nos armes, voyez nos médecins. Chronique de la Zone I, Wilaya III suivi de L'épopée de Si H'mimi*, Alger, ENAL, 1985, nouv. éd. 2009.

BENYAHIA, Mohammed, *La Conjuration au pouvoir. Récit d'un maquisard de l'ALN*, Paris, Éditions de l'Arcantère, 1988.

BENZINE, Abdelhamid, *Le Camp*, préface d'Henri Alleg, Paris, Éditions sociales, 1962.

BENZINE, Abdelhamid, *Journal de marche*, Alger, ENAL, 1965.

BÉRENGUER, Alfred, *Un curé d'Algérie en Amérique latine, 1959-1960*, Alger, SNED, 1966.

BESSAOUD, Mohamed Arab, *Heureux les martyrs qui n'ont rien vu. La vérité sur la mort du colonel Amirouche et de Abbane Ramdane*, Paris, Éditions berbères, 1991.

BOUDAOUD, Omar, *Du PPA au FLN. Mémoires d'un combattant*, Alger, Casbah Éditions, 2007.

BOUDIAF, Mohamed, *Où va l'Algérie ?*, Paris, Éditions de l'Étoile, 1964.

BOUDIAF, Mohamed, *La Préparation du 1er novembre*, Paris, Éditions de l'Étoile, 1976.

BOUHARA, Abderrezak, *Du djebel aux rizières*, Alger, ANEP, 2005.

BOUHARA, Abderrezak, *Les Viviers de la libération*, Alger, Casbah Éditions, 2012.

BOUMAHDI, Azzedine, *Le Village des asphodèles*, Paris, Robert Laffont, 1970.

BOUMAZA, Béchir, FRANCIS, Mustapha, SOUAMI, Benaïssa, BELHADJ, Abd el Kader *et al.*, *La Gangrène*, Paris, Éditions de Minuit, 1959.

BOUREGAÂ, Lakhdar, *Témoin de l'assassinat de la révolution* (en arabe), Alger, Dar el Hikma, 2000.

BOUZAR, Nadir, *L'Odyssée du Dina*, Alger, Bouchène/ENAL, 1983.

BOUZAR, Nadir, *Abus de confiance*, Alger, ENAL, 1989.

CHADLI, Bendjedid, *Mémoires I. 1929-1979*, Alger, Casbah Éditions, 2012.

CHAÏB, Mohamed, *La Dernière Épreuve*, Alger, ENAL, 1983.

CHAULET, Claudine et Pierre, *Le Choix de l'Algérie. Deux*

voix, une mémoire, préface de Redha Malek, Alger, Barzakh, 2013.

CHERGUI, Brahim, avec la collaboration de Mouloud BEN MOHAMED et Hamid TAHRI, *Au cœur de la Bataille d'Alger. La grève des huit jours et l'arrestation de Larbi Ben M'hidi*, préface de Zahir Ihadaden, Alger, Dahlab, 2012.

DAHLAB, Saad, *Pour l'indépendance de l'Algérie. Mission accomplie*, Alger, Dahlab, 1990.

DENDANE, Sid Ahmed, *Chronique d'un citoyen ordinaire*, préface de Nadir Marouf, Paris, L'Harmattan, 2001.

DERDOUR, Djamel Eddine, *De l'Étoile nord-africaine à l'indépendance. Itinéraire d'un homme politique engagé*, Paris, L'Harmattan, 2002.

DJABI, Nasser, *Kaidi Lakhdar. Une histoire du syndicalisme algérien*, Alger, Chihab Éditions, 2005.

DJEMAÏ, Abdelkader, *Une ville en temps de guerre*, Paris, Éditions du Seuil, 2013.

EL HASSANI, Abdelhafid Amokrane, *Mémoires de combat*, Alger, Dar el Houma, 1998 (en arabe).

EL MADANI, Ahmed Tewfik, *Une vie de combat* (*Hayat Kifah*), Alger, SNED, 1977 (en arabe).

FARÈS, Abderrahmane, *La Cruelle Vérité. L'Algérie de 1945 à l'indépendance*, Paris, Plon 1982.

FARHI, Mohamed, *Le Rêve et le Testament*, Alger, ENAL, 1988.

FELLAH, Salah, *Les Barbelés de l'existence*, Alger, SNED, 1969.

FERAOUN, Mouloud, *Journal 1955-1962*, Paris, Éditions du Seuil, 1962.

FERDI, Saïd, *Un enfant dans la guerre*, Paris, Éditions du Seuil, 1981, rééd. coll. Points, 2002.

FLICI, Laadi, *Le Temps des cicatrices*, Alger, ENAL, 1986.

HADJADJ, Bachir, *Les Voleurs de rêves. Cent cinquante ans d'histoire d'une famille algérienne*, Paris, Albin Michel, 2007.

HAMMOUTÈNE, Ali, *Réflexions sur la guerre d'Algérie*, Alger, SNED, 1983.

HARBI, Mohammed, *Une vie debout. Mémoires politiques 1945-1962*, Paris, La Découverte, 2001.

HAROUN, Ali, *L'Été de la discorde. Algérie, 1962*, Alger, Casbah Éditions, 2000.

HASSANI, Abdelkrim, *Guerilla sans visage. Les premiers réseaux*, Alger, ENAL/OPU, 1988.

IBRAHIMI, Ahmed Taleb, *Lettres de prison. 1957-1961*, Alger, SNED, 1966.

IMACHE, Amar, *L'Algérie au carrefour. La marche vers l'inconnu,* préface de Benjamin Stora, Alger, L'Odyssée, 2012.

KAFI, Ali, *Du militant politique au dirigeant militaire. Mémoires 1946-1962*, Alger, Casbah Éditions, 2002.

KECHIDA, Aïssa, *Les Architectes de la révolution. Témoignage*, Alger, Chihab Éditions, 2001.

KEDDAD, Abderrahmane, *Itinéraire d'un boxeur*, Alger, ENAL, 1991.

KHALDI, Mohamed, *Pourquoi j'ai répondu oui au FLN. D'une oasis algérienne à un jardin rochelais,* Saintes, Le Croît vif, 2014.

KHELLIL, Mohand, *L'Odyssée d'Ali*, Paris, Éditions France-Empire, 1994.

KHIDER, Ameur, *La Vie d'un orphelin. Mémoire d'un grand militant*, Alger, Éditions Ihaddaden, 2006.

LACHTAR, Moussa, *La Guillotine*, Paris, Maspero, 1962.

LEMKAMI, Mohamed, *Les Hommes de l'ombre. Mémoires d'un officier du MALG*, Alger, ANEP, 2004.

MADACI, Mohamed Larbi, *Les Tamiseurs de sable. Aurès-Nememcha 1954-1959*, Alger, ANEP, 2001.

MÉCHATI, Mohamed, *Parcours d'un militant*, Alger, Chihab Éditions, 2009.

MEDJAOUI, Abdel'alim, *Ce pays est le nôtre*, Alger, Casbah Éditions, 2000.

MEDJBEUR, Tami, *Face au mur, ou Journal d'un condamné à mort,* Alger, SNED, 1981.

MEDJBEUR, Tami, *Les Jumeaux du maquis. Guerre d'Algérie*, Paris, La Pensée universelle, 1983.

MERARDA, Mostefa (dit Bennoui), *Sept Ans de maquis en Aurès. Témoignages et positions sur la marche de la révolution dans la wilaya I*, Batna, Pic des cèdres, 2004.

MESSALI HADJ, Ahmed, *Mémoires. 1898-1938*, texte établi par Renaud de Rochebrune, Paris, Jean-Claude Lattès, 1982.

MESSALI-BENKELFAT, Djanina, *Une vie partagée avec Messali Hadj, mon père*, Paris, Riveneuve, 2013.

MEZIANI, Abdelhakim, *Le 1er novembre dans la Mitidja*, Alger, SNED/Publisud, 1983.

MICHEL, Serge, *Nour le voilé. De la Casbah au Congo, du Congo au désert, la révolution*. Paris, Éditions du Seuil, 1982.

NACEUR, Abderrahmane, *Les Enfants des frontières*, Alger, ENAL, 1983.

NEZZAR, Khaled (général), *Mémoires*, Batna, Chihab Éditions, 1999.

NEZZAR, Khaled (général), *Récits de combat. Guerre de libération nationale, 1958-1962*, Alger, Chihab Éditions, 2002.

OUAHIOUNE, Chabane, *Itinéraires brûlants. Récits faits par Saïd Akrour*, Alger, ENAL, 1986.

OUZEGANE, Amar, *Le Meilleur Combat*, Paris, Julliard, 1962.

RAHAL, Mansour, *Les Maquisards. Pages du maquis des Aurès durant la guerre de libération*, Alger, Ech Chourouk, 2000.

REGGUI, Marcel, *Les Massacres de Guelma. Algérie, mai 1945, une enquête inédite sur la furie des milices coloniales*, Paris, La Découverte, 2005, rééd. coll. La Découverte-poche Essais, 2008.

SAADI, Yacef, *La Bataille d'Alger*. I. *L'Embrasement*, II. *L'Affrontement*, III. *Le Démantèlement*, Alger, Casbah Éditions, 1997 ; rééd. Paris, Publisud, 3 vol., 2002-2004.

SAIKI, Mohamed, *Chronique des années de gloire. Les mémoires d'un capitaine de l'Armée de libération nationale*, Oran, Dar el Gharb, 2004.

SEBBAR, Leïla (dir.), *Une enfance dans la guerre. Algérie 1954-1962*, Saint-Pourçain-sur-Sioule, Bleu autour, 2016.

TIMSIT, Daniel, *Suite baroque. Histoires de Joseph, Slimane et des nuages*, Saint-Denis, Bouchène, 1999.

TIMSIT, Daniel, *Récits de la longue patience. Journal de prison 1956-1962*, Paris, Flammarion/Bouchène, 2002.

YOUSFI, M'hamed, *L'Algérie en marche*, Alger, ENAL, 1985.

YOUSFI, M'hamed, *Les Otages de la liberté. Quelques aspects des dessous de la guerre d'Algérie*, Alger, Mimouni, 1990.

ZAMOUM, Ali, *Tamurt Imazighen. Mémoires d'un survivant 1940-1962*, Alger, Rahma, 1993.

ZAMOUM, Ali, *Le Pays des hommes libres. Tamurt Imazighen*,

mémoires d'un combattant algérien, 1940-1962, Grenoble, La Pensée sauvage, 1998.

ZERGUINI, Mohamed (colonel), *Une vie de combats et de lutte. Témoignages et appréciations*, Alger, En Nahdha, 2000.

III. BIOGRAPHIES D'ACTEURS ALGÉRIENS DE LA GUERRE D'INDÉPENDANCE

ABDELKADER, Hamid, *Ferhat Abbas, l'homme de la République*, Alger, Dar al-Marifa, 2001 (en arabe).

ALI YAHIA, Abdennour, *La Crise berbère de 1949. Portrait de deux militants : Ouali Bennaï et Amar Ould-Hamouda*, Alger, Barzakh, 2013.

ATTOUMI, Djoudi, *Le Colonel Amirouche entre légende et histoire, la longue marche du lion de la Soummam. Témoignage authentique d'un ancier officier de l'ALN en Kabylie, 1956-1962*, Alger, Ryma, 2004.

BAGHLI, Abdelwahab, *L'Itinéraire d'un chef de meute. Scouts musulmans algériens. Groupe el-Mansourah de Tlemcen, 1936-1962*, Tlemcen, Imprimerie Daoud Brixi, 2000.

BELKHODJA, Amar, *L'Affaire Hamdani Adda, 1926-1962*, Alger, Mekhloufi, 1991.

BENATIA, Farouk, *Si Mohamed Khettab, précurseur du Maghreb*, préface de Ferhat Abbas, Alger, OPU, 1991.

BEN KHEDDA, Benyoucef, *Abane-Ben M'Hidi. Leur apport à la révolution algérienne*, Alger, Dahlab, 2000.

BOUROUIBA, Boualem, *Les Syndicalistes algériens. Leur combat, de l'éveil à la libération*, Paris, L'Harmattan, 1998.

CARLIER, Omar, *Le Cri du révolté. Imache Amar, un itinéraire militant*, Alger, ENAL, 1986.

CHABANE, Nordine, *Colonel Amirouche. L'aigle du Djurdjura*, Alger, ENAG, 2006.

CHERKI, Alice, *Frantz Fanon. Portrait*, Paris, Éditions du Seuil, 2000, nouv. éd. 2011.

FARÈS, Mohamed, *Aïssat Idir, documents et témoignages sur le syndicalisme algérien. Du PPA à l'UGTA*, Alger, ENAP/ENAL, 1991.

FRANCOS, Ania et SÉRÉNI, Jean-Pierre, *Un Algérien nommé Boumediene*, Paris, Stock, 1976.

HAMDANI, Amar, *Krim Belkacem, le lion des Djebels,* Paris, Balland, 1973.

ILLOUL, Mohamed Tayeb et AROUA, Ali, *Le Groupe Émir Khaled de Belcourt. Un maillon des scouts musulmans algériens 1946-1962*, Alger, Dahlab, 1991.

LENZINI, José, *Mouloud Feraoun. Un écrivain engagé,* Arles, Actes Sud/Solin, 2013.

MAMERI, Khalfa, *Abane Ramdane. Héros de la guerre d'Algérie*, Paris, L'Harmattan, 1988.

MAMERI, Khalfa, *Lharbi Ben M'Hidi. Un symbole national*, Alger, Thala Éditions, 2010.

MASSALI, Rachid, *Houari Boumediène, l'homme énigme*, Constantine, el-Baath, 1990.

MAZO, Bernard, *Jean Sénac, poète et martyr. Biographie*, Paris, Éditions du Seuil, 2013.

MEDJBEUR BENYELLES, Soraya, *Un médecin d'Oran dans la guerre de libération,* Paris, L'Harmattan, 2012.

MERLE, Robert, *Ahmed Ben Bella*, Paris, Gallimard, 1965.

NACIB, Youssef, *Mouloud Feraoun*, Paris, Fernand Nathan, 1982.

NAROUN, Amar, *Ferhat Abbas ou Les chemins de la souveraineté*, Paris, Denoël, 1961.

RAHAL, Malika, *Ali Boumendjel, 1919-1957. Une affaire française, une histoire algérienne*, Paris, Les Belles Lettres, 2010.

RIGHI, Abdellah, *Ahmed Francis (1910-1968). Le docteur en politique*, Alger, ANEP, 2007.

ROUINA, Karim et BOUKORRA, Boucif, *Itinéraire de Belhadj Bouchaib, militant nationaliste activiste (1937-1965*), Alger, OPU, 1986.

STORA, Benjamin, *Dictionnaire biographique de militants nationalistes algériens. 600 biographies*, Paris, L'Harmattan, 1985.

STORA, Benjamin, *Messali Hadj (1898-1974), pionnier du nationalisme algérien*, Paris, L'Harmattan, 1986 ; Alger, Casbah Éditions, 2000 (en arabe) ; Paris, Hachette, coll. Pluriel, 2004.

STORA, Benjamin et DAOUD, Zakya, *Ferhat Abbas. Une utopie algérienne*, Paris, Denoël, 1995.

TRODI, El Hachemi, *Larbi Ben M'Hidi. L'homme des grands rendez-vous*, Alger, ENAG, 1991.

IV. LES FEMMES ALGÉRIENNES DANS LA GUERRE

ACHOUR, Christiane, *Myriam Ben*, Paris, L'Harmattan, 1989.
AMRANE, Djamila, *Les Femmes algériennes dans la guerre*, préface de Pierre Vidal-Naquet, Paris, Plon, 1991.
BAKHAÏ, Fatima, *La Scalera*, Paris, L'Harmattan, 1993.
BEAUVOIR, Simone de et HALIMI, Gisèle, *Djamila Boupacha*, Paris, Gallimard, 1962.
BEN, Myriam, *Ainsi naquit un homme*, présentation de Christiane Achour, Alger, La Maison des livres, 1982 ; rééd. L'Harmattan, 1993.
BRAC DE LA PERRIÈRE, Caroline, *Derrière les héros. Les employées de maison musulmanes en service chez les Européens à Alger pendant la guerre d'Algérie, 1954-1962*, Paris, L'Harmattan, 1987.
DORE-AUDIBERT, Andrée, *Des Françaises d'Algérie dans la guerre de libération. Des oubliées de l'histoire*, Paris, Karthala, 1995.
DRIF, Zohra, *La Mort de mes frères*, Paris, Maspero, 1960.
DRIF, Zohra, *Mémoires d'une combattante de l'ALN*, Alger, Chihab Éditions, 2013.
GADANT, Monique, *Le Nationalisme algérien et les femmes*, préface de Mohammed Harbi, Paris, L'Harmattan, 1995.
GARANGER, Marc, *Femmes algériennes 1960*, Paris, Contre-jour, 1982.
GARANGER, Marc et SEBBAR, Leïla, *Femmes des Hauts-Plateaux. Algérie 1960*, Paris, La Boîte à documents, 1990.
GREKI, Anna (pseudonyme de Colette Grégoire), *Algérie, capitale Alger*, préface de Mostefa Lacheraf, Alger, SNED, 1963.
GUERROUDJ, Jacqueline, *Des douars et des prisons*, Alger/Paris, Bouchène/Le Temps des cerises, 1993.
HADDADI, Mohamed, *Le Combat des veuves*, Alger, Laphomic, 1981.

IGHILAHRIZ, Louisette, *Algérienne*, propos recueillis par Anne Nivat, Paris, Fayard/Calmann-Lévy, 2001.
MECHAKRA, Yamina, *La Grotte éclatée*, Alger, ENAL, 1986.
MERDACI, Abdelmadjid, *Tata, une femme dans la ville*, Constantine, Éditions du Champ Libre, 2008.
MOKEDDEM, Malika, *Les Hommes qui marchent*, Paris, Ramsay, 1990 ; rééd. LGF, coll. Le Livre de poche, 1999.
MOSTEGHANEMI, Ahlem, *Algérie. Femme et écritures*, Paris, L'Harmattan, 1985.
SAMBRON, Diane, *Femmes musulmanes. Guerre d'Algérie, 1954-1962*, Paris, Éditions Autrement, 2007, éd. num. 2013.
SERAY, Heidi, *La Trahison. Le roman d'une porteuse de valises du FLN*, Lausanne, Pierre-Marcel Favre, 1984.
TIDDIS, Anne, *Terre plurielle. Maryam, une mémoire déracinée*, Paris, Présence africaine, 1995.

V. LES IMMIGRÉS ALGÉRIENS EN FRANCE ET LE 17 OCTOBRE 1961

AMIRI, Linda, *La Bataille de France. La guerre d'Algérie en métropole*, préface de Benjamin Stora, Paris, Robert Laffont, 2004.
BELAÏD, Lakhdar, *Mon père, ce terroriste*, préface de Benjamin Stora, Paris, Éditions du Seuil, 2008.
BELLOULA, Tayeb, *Les Algériens en France. Leur passé, leur participation à la lutte de libération nationale, leurs perspectives*, Alger, Éditions nationales algériennes, 1965.
BENAÏCHA, Brahim, *Vivre au paradis. D'une oasis à un bidonville*, Paris, Desclée de Brouwer, 1992.
BENAMRANE, Djilali, *L'Émigration algérienne en France. Passé, présent et devenir*, Alger, SNED, 1983.
CHRAÏBI, Driss, *Les Boucs*, Paris, Denoël, 1955.
DAENINCKX, Didier, *Meurtres pour mémoire*, Paris, Gallimard, coll. Série Noire, 1984.
EINAUDI, Jean-Luc, *La Bataille de Paris. 17 octobre 1961*, Paris, Éditions du Seuil, 1991, nouv. éd. 2001.
FREY, Yves, *La Guerre d'Algérie en Alsace. Enquête sur les*

combattants de l'ombre 1945-1965, Paris, La Nuée bleue, 2013.

GILLETTE, Alain et SAYAD, Abdelmalek, *L'Immigration algérienne en France*, Paris, Entente, 1984.

HAROUN, Ali, *La 7e Wilaya. La guerre du FLN en France, 1954-1962*, Paris, Éditions du Seuil, 1986.

HIFI, Belkacem, *L'Immigration algérienne en France. Origines et perspectives de non-retour*, Paris, L'Harmattan, 1985.

KETTANE, Nacer, *Le Sourire de Brahim*, Paris, Denoël, 1984.

LE COUR GRANDMAISON, Olivier (dir.), *Le 17 octobre 1961. Un crime d'État à Paris*, Paris, La Dispute, 2001.

LEVINE, Michel, *Les Ratonnades d'octobre. Un meurtre collectif à Paris en 1961*, Paris, Ramsay, 1985.

MICHEL, Andrée, *Les Travailleurs algériens en France*, Paris, CNRS, 1956.

PÉJU, Paulette, *Ratonnades à Paris précédé de Les Harkis à Paris*, préface de Pierre Vidal-Naquet, Paris, La Découverte, 2000.

STORA, Benjamin, *Les Immigrés algériens en France. Une histoire politique, 1912-1962*, Paris, Hachette Littératures, coll. Pluriel, 2009. Précédemment paru sous le titre *Ils venaient d'Algérie. L'immigration algérienne en France 1912-1962* aux Éditions Fayard en 1992.

TRISTAN, Anne, *Le Silence du fleuve. Ce crime que nous n'avons toujours pas nommé*, Bezons/Paris, Au nom de la mémoire/Syros, 1991.

VI. OUVRAGES GÉNÉRAUX SUR LA GUERRE D'ALGÉRIE

AGERON, Charles-Robert, *« L'Algérie algérienne » de Napoléon III à de Gaulle*, Paris, Sindbad, 1980.

ALLEG, Henri, *La Guerre d'Algérie*, Paris, Temps actuels, 3 vol., 1981 (I. *De l'Algérie des origines à l'insurrection* ; II. *Des promesses de paix à la guerre ouverte* ; III. *Des complots du 13 mai à l'indépendance : un État vient au monde*).

BEAUGÉ, Florence, *Algérie, une guerre sans gloire. Histoire d'une enquête*, Paris, Calmann-Lévy, 2005, éd. num. 2009.

BRANCHE, Raphaëlle, *L'Embuscade de Palestro. Algérie 1956*, Paris, Armand Colin, 2010.

BRANCHE, Raphaëlle et THÉNAULT, Sylvie (dir.), *La France en guerre, 1954-1962. Expériences métropolitaines de la guerre d'indépendance algérienne*, Paris, Éditions Autrement, 2008.

COURRIÈRE, Yves, *La Guerre d'Algérie*, Paris, Fayard, 2 vol., 2001 : I. *1954-1957. Les fils de la Toussaint. Le Temps des léopards* ; II. *1957-1962. L'Heure des colonels, Les Feux du désespoir. La fin d'un empire*. Paru originellement en 4 tomes : *Les Fils de la Toussaint* (1968), *Le Temps des léopards* (1969), *L'Heure des colonels* (1970), *Les Feux du désespoir. La fin d'un empire* (1971).

DROZ, Bernard et LEVER, Évelyne, *Histoire de la guerre d'Algérie. 1954-1962*, Paris, Éditions du Seuil, 1982, nouv. éd. 2012.

ELGEY, Georgette, *Histoire de la IVe République III. La République des tourmentes, 1954-1959*, vol. 2, *Malentendu et passion*, vol. 3, *La Fin*, Paris, Fayard, 1997, nouv. éd. 2008.

EL MACHAT, Samya, *Les États-Unis et l'Algérie. De la méconnaissance à la reconnaissance, 1945-1962*, Paris, L'Harmattan, 1996.

ELSENHANS, Hartmut, *La Guerre d'Algérie, 1954-1962. La transition d'une France à une autre : le passage de la IVe à la Ve République*, Paris, Publisud, 2000.

ÉVENO, Patrick et PLANCHAIS, Jean, *La Guerre d'Algérie*, Paris, La Découverte/*Le Monde*, 1989.

FRÉMEAUX, Jacques, *La France et l'Algérie en guerre. 1830-1870, 1954-1962*, Paris, Commission française d'histoire militaire/Institut de stratégie comparée/Economica, 2002.

GERVEREAU, Laurent, RIOUX, Jean-Pierre et STORA, Benjamin (dir.), *La France en guerre d'Algérie. Novembre 1954-juillet 1962*, Nanterre, Musée d'histoire contemporaine-BDIC, 1992.

HEYMANN, Arlette, *Les Libertés publiques et la guerre d'Algérie*, Paris, LGDJ, 1972.

JAUFFRET, Jean-Charles et VAÏSSE, Maurice (dir.), *Militaires et guérilla dans la guerre d'Algérie*, Bruxelles, Éditions Complexe, 2001 ; nouv. éd. André Versaille, 2012.

LACOSTE-DUJARDIN, Camille, *Opération Oiseau bleu. Des Kabyles, des ethnologues et la guerre en Algérie*, Paris, La Découverte, 1997.

LACOUTURE, Jean, *L'Algérie algérienne. Fin d'un empire, naissance d'une nation*, Paris, Gallimard, coll. Témoins, 2008.

LE DOUSSAL, Roger, *Commissaire de police en Algérie. Une grenouille dans son puits ne voit qu'un coin du ciel*, Paris, Riveneuve éditions, 2011.

LEFEUVRE, Daniel et PATHÉ, Anne-Marie (dir.), *La Guerre d'Algérie au miroir des décolonisations françaises*, Paris, Société française d'histoire d'outre-mer, 2000.

MAUSS-COPEAUX, Claire, *Algérie, 20 août 1955. Insurrection, répression, massacres*, Paris, Payot, 2011.

PAILLAT, Claude, *Dossier secret de l'Algérie. 13 mai 1958-28 avril 1961*, Paris, Le Livre contemporain, 1961.

PAILLAT, Claude, *Dossier secret de l'Algérie. 1954-1958*, Paris, Presses de la Cité, 1962.

PERVILLÉ, Guy, *De l'Empire français à la décolonisation*, Paris, Hachette, 1991, nouv. éd. 1993.

RIOUX, Jean-Pierre (dir.), *La Guerre d'Algérie et les Français*, Paris, Fayard, 1990. Colloque international de l'IHTP tenu à Paris du 15 au 17 décembre 1988.

RIOUX, Jean-Pierre et SIRINELLI, Jean-François, *La Guerre d'Algérie et les intellectuels français*, Bruxelles, Éditions Complexe, 1991.

STORA, Benjamin, *Histoire de la guerre d'Algérie. 1954-1962*, Paris, La Découverte, 1992, nouv. éd. 2004.

STORA, Benjamin, *Les Mots de la guerre d'Algérie*, Toulouse, Presses universitaires du Mirail, 2005.

STORA, Benjamin, *Les Guerres sans fin. Un historien, la France et l'Algérie*, Paris, Stock, 2008.

STORA, Benjamin et QUEMENEUR, Tramor, *Algérie, 1954-1962. Lettres, carnets et récits des Français et des Algériens dans la guerre* (livre-objet), Paris, Les Arènes, 2012 ; Librio, 2014 (sous le titre *Mémoires d'Algérie. Lettres, carnets et récits des Français et des Algériens dans la guerre, 1954-1962*).

THÉNAULT, Sylvie, *Une drôle de justice. Les magistrats dans la guerre d'Algérie*, postface de Pierre Vidal-Naquet, Paris, La Découverte, 2001.

THÉNAULT, Sylvie, *Histoire de la guerre d'indépendance algérienne*, Paris, Flammarion, 2005, nouv. éd. 2012.

TRIPIER, Philippe, *Autopsie de la guerre d'Algérie*, Paris, Éditions France-Empire, 1972.

VAÏSSE, Maurice, *1961, Alger, le putsch*, Bruxelles, Éditions Complexe, 1983.

WINOCK, Michel, *La République se meurt. 1956-1958*, Paris, Gallimard, coll. Folio histoire, 1985.

VII. OUVRAGES SUR L'ARMÉE FRANÇAISE, LES OFFICIERS, LES SOLDATS, LES APPELÉS

AÏT-EL-DJOUDI, Dalila, *La Guerre d'Algérie vue par l'ALN, 1954-1962. L'armée française sous le regard des combattants algériens*, Paris, Éditions Autrement, 2007.

BRANCHE, Raphaëlle, *La Torture et l'armée pendant la guerre d'Algérie. 1954-1962*, Paris, Gallimard, 2001, nouv. éd. coll. Folio histoire, 2016.

BRANCHE, Raphaëlle, *Prisonniers du FLN*, Paris, Payot, 2014.

DRAVET, Bernard, *J'avais vingt ans dans la guerre d'Algérie*, préfaces de Michel Rocard et Simone de Bollardière, Paris, L'Harmattan, 2014.

EL-KORSO, Malika, *Algérie, 1954-1962, la torture en question. Témoignage chrétien : le dossier Jean Muller*, préface de Pierre Chaulet, Alger, Dahlab, 2013.

JAUFFRET, Jean-Charles, *Soldats en Algérie, 1954-1962. Expériences contrastées des hommes du contingent*, Paris, Éditions Autrement, coll. Mémoires, 2000.

LEMALET, Martine, *Lettres d'Algérie, 1954-1962. La guerre des appelés, la mémoire d'une génération*, Paris, Jean-Claude Lattès, 1992.

LE MIRE, Henri, *Histoire militaire de la guerre d'Algérie*, Paris, Albin Michel, 1982, nouv. éd. 1995.

MATEOS-RUIZ, Maurice, *L'Algérie des appelés*, Biarritz, Atlantica, 1998.

NOCQ, Gaétan, *Soleil brûlant en Algérie,* d'après le récit d'Alexandre Tikhomiroff, Paris, La Boîte à Bulles, 2016.

ORR, Andrew (éd.), *Ceux d'Algérie. Le silence et la honte,* Paris, Payot, 1990.

ROTMAN, Patrick et TAVERNIER, Bertrand, *La Guerre sans nom. Les appelés d'Algérie, 1954-1962*, Paris, Éditions du Seuil, 1992.

STORA, Benjamin, *Appelés en guerre d'Algérie*, Paris, Gallimard, coll. Découvertes Gallimard, série Histoire, 1997, nouv. éd. 2008.

VITTORI, Jean-Pierre, *La Vraie Histoire des appelés d'Algérie,* Paris, Ramsay, 2001 ; rééd. J'ai lu, 2002. Réimpression de l'édition de 1977 parue chez Stock sous le titre *Nous, les appelés d'Algérie*.

VIII. SUR L'OPPOSITION FRANÇAISE À LA GUERRE

ALLEG, Henri, *La Question*, Paris, Éditions de Minuit, 1958, nouv. éd. 2008 (suivi de *La Torture au cœur de la République* par Jean-Pierre Rioux).

ANDRIEU, René, *La Guerre d'Algérie n'a pas eu lieu. 8 ans et 600 000 morts*, Paris, Messidor/Éditions sociales, 1992.

AUDIN, Michèle, *Une vie brève,* Paris, Gallimard, coll. L'Arbalète, 2013, rééd. coll. Folio, 2016.

BARRAT, Denise et Robert (éd.), *Algérie, 1956. Livre blanc sur la répression*, La Tour-d'Aigues, Éditions de l'Aube, 2001.

BRACCO, Hélène, *Pour avoir dit non*, Paris, Paris-Méditerranée, 2003.

CHAPEU, Sybille, *Des chrétiens dans la guerre d'Algérie. L'action de la Mission de France*, Paris, Éditions de l'Atelier, 2004.

DUVAL, Léon-Étienne, *Au nom de la vérité. Algérie, 1954-1962*, textes présentés par Denis Gonzalez et André Nozière, Paris, Cana, 1982 ; nouv. éd. Albin Michel, 2001 (préface de Jean Offredo).

EINAUDI, Jean-Luc, *La Ferme Améziane. Enquête sur un centre de torture pendant la guerre d'Algérie*, Paris, L'Harmattan, 1991.

EINAUDI, Jean-Luc, *Franc-tireur. Georges Mattéi, de la guerre d'Algérie à la guérilla*, Paris, Éditions du Sextant, 2004.

FRATERS, Erica, *Réfractaires à la guerre d'Algérie. 1959-1963 : avec l'Action civique non-violente*, Paris, Syllepse, 2005.

FUNÈS, Nathalie, *Le Camp de Lodi. Algérie, 1954-1962*, Paris, Stock, 2012.

HAMON, Hervé et ROTMAN, Jean-Pierre, *Les Porteurs de valises. La résistance française à la guerre d'Algérie*, Paris, Albin Michel, 1979 ; nouv. éd. Éditions du Seuil, 1990.

JAUFFRET, Jean-Charles, *Ces officiers qui ont dit non à la torture. Algérie 1954-1962*, Paris, Autrement, 2005, éd. num. 2012.

JEANSON, Francis, *Notre guerre*, Paris, Éditions de Minuit, 1960 ; nouv. éd. Berg, 2001 (édition de Robert Belot).

LIECHTI, Alban, *Le Refus*, Paris, Le Temps des cerises, 2012.

MOUSSAOUI, Rosa, et RUSCIO, Alain (dir.), L'Humanité *censuré 1954-1962. Un quotidien dans la guerre d'Algérie*, Paris, Le Cherche Midi, 2012.

REVEL, Gaston, *Un instituteur communiste en Algérie. L'engagement et le combat (1936-1963)*, préface de Jacques Cantier, Paris, La Louve éditions, 2013.

RIVET, Monique, *Le Glacis*, Paris, Métailié, 2012.

ROUSSEL, Vincent, *Jacques de Bollardière. De l'armée à la non-violence*, Paris, Desclée de Brouwer, 1997.

THIERY, Pierre, *Mémoires d'un chrétien libéral d'Algérie. 1930-1960*, Saint-Denis, Bouchène, 2012.

VIDAL-NAQUET, Pierre, *L'Affaire Audin. 1957-1978*, Paris, Éditions de Minuit, 1958, nouv. éd. 1989.

VIDAL-NAQUET, Pierre, *La Torture dans la République. Essai d'histoire et de politique contemporaines*, Paris, Éditions de Minuit, 1972, nouv. éd. 1998.

VIDAL-NAQUET, Pierre, *Les Crimes de l'armée française. Algérie 1954-1962*, Paris, Maspero, 1975 ; nouv. éd. La Découverte, coll. La Découverte-poche Essais, 2001 (préface de l'auteur).

VIDAL-NAQUET, Pierre, *Face à la raison d'État. Un historien dans la guerre d'Algérie*, Paris, La Découverte, 1989.

VITTORI, Jean-Pierre, *On a torturé en Algérie*, Paris, Ramsay, 2000. Témoignage recueilli par l'auteur.

WALLON, Dominique, *Combats étudiants pour l'indépen-*

dance de l'Algérie. UNEF-UGEMA, 1955-1962, Alger, Casbah éditions, 2014 ; Paris, L'Harmattan, 2016.

IX. SUR LES PRINCIPAUX ACTEURS FRANÇAIS DE LA GUERRE

FRALON, José-Alain, *Jacques Chevallier. L'homme qui voulait empêcher la guerre d'Algérie*, Paris, Fayard, 2012.

GAULLE, Charles de, *Discours et messages. Avec le renouveau, mai 1958-juillet 1962*, Paris, Plon, 1970.

GAULLE, Charles de, *Mémoires d'espoir I. Le Renouveau, 1858-1962*, Paris, Plon, 1970.

HERBETH, Alain, *Jacques Soustelle. L'homme de l'intégration*, Paris, L'Harmattan, 2015.

KATZ, Joseph, *L'Honneur d'un général. Oran, 1962*, Paris, L'Harmattan, 1993.

MASSU, Jacques, *La Vraie Bataille d'Alger*, Paris, Plon, 1971 ; nouv. éd. Monaco/Paris, Éditions du Rocher/Jean-Paul Bertrand, 1997 (choix de documents en appendice).

LACOUTURE, Jean, *Pierre Mendès France*, Paris, Éditions du Seuil, 1981.

LACOUTURE, Jean, *De Gaulle III. Le Souverain, 1959-1970*, Paris, Éditions du Seuil, 1986.

LAFON, François, *Guy Mollet. Itinéraire d'un socialiste controversé (1905-1975)*, Paris, Fayard, 2006.

MAURIAC, François, *Le Nouveau Bloc-notes. 1961-1964*, Paris, Flammarion, 1968.

ROY, Jules, *Mémoires barbares*, Paris, Albin Michel, 1989 ; rééd. LGF, coll. Le Livre de poche, 1991.

RUSCIO, Alain, *Nostalgérie. L'interminable histoire de l'OAS*, Paris, La Découverte, 2015.

SOUSTELLE, Jacques, *Vingt-Huit Ans de gaullisme*, Paris, La Table ronde, 1968 ; nouv. éd. J'ai lu, 1971 (postface de l'auteur).

STORA, Benjamin, *Le Mystère de Gaulle. Son choix pour l'Algérie*, Paris, Robert Laffont, 2009.

STORA, Benjamin, *De Gaulle et la guerre d'Algérie*, Pluriel, 2012.

Stora, Benjamin et Malye, François, *François Mitterrand et la guerre d'Algérie*, Paris, Calmann-Lévy, 2010 ; rééd. Pluriel, 2012.

Tricot, Bernard, *Les Sentiers de la paix. Algérie 1958-1972*, Paris, Plon, 1972.

Zeller, André, *Dialogues avec un général*, Paris, Presses de la Cité, 1974.

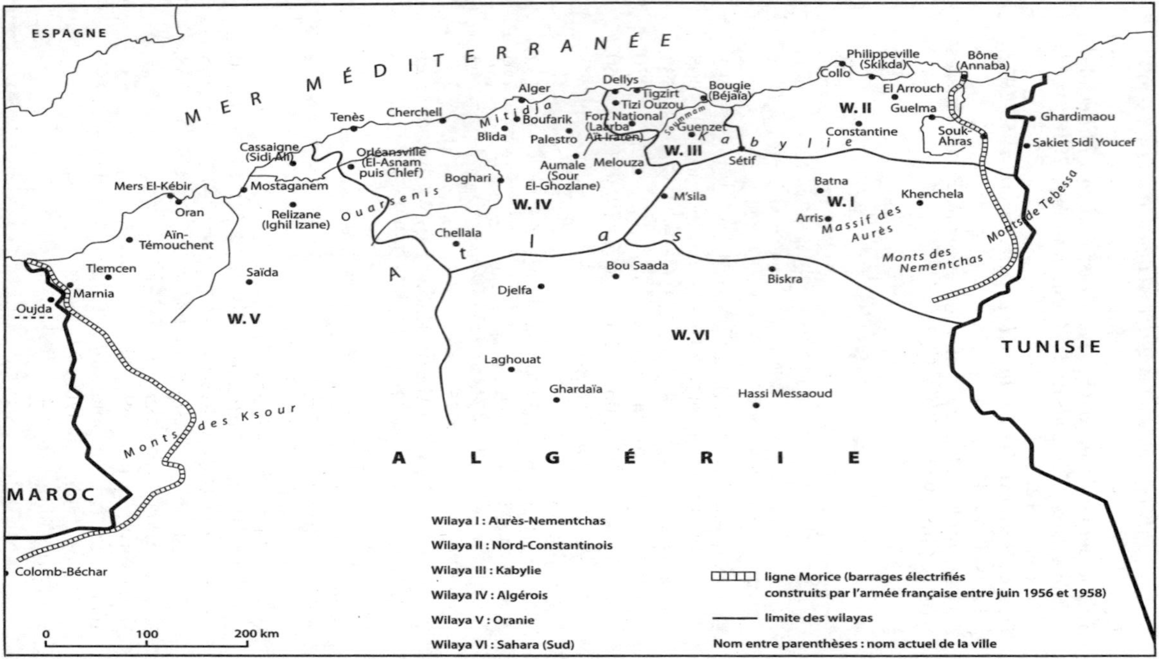

L'Algérie en guerre

Index des noms

ABANE ou ABBANE, Ramdane : 16, 145, 217-221, 227, 262-263, 271, 275, 280, 283-285, 287, 297-300, 302-303, 305, 308, 310-313, 316-318, 320, 323-324, 326-328, 331-333, 335, 337-338, 340, 345-347, 351, 355, 359, 365, 367-370, 378, 385-390, 392, 406, 412-413, 427, 429, 451, 455-460, 472, 481, 550-552, 556, 573.

ABBAS, Allaoua : 192.

ABBAS, Ferhat : 29, 53-54, 60, 66-69, 81, 83, 88-89, 91, 132, 192-193, 255, 261-264, 309, 323, 325, 331, 334-335, 339-340, 354, 388, 408, 471, 540, 543-544, 550, 552-553, 564, 566, 568, 570, 574-575.

ABD EL-KADER, émir (Abd el-Kader ben Muhieddine el-Hassani) : 39-40, 49, 102, 415, 559-560, 563.

ABDELI, Aïssa : 166.

ABDESSLAM, Belaïd : 353-358, 552.

ABDOUH, Mohamed : 54, 563.

ACHIARY, André : 77, 80, 86, 396.

AÏSSAT, Idir : 324, 349, 351, 575.

AÏT AHMED, Hocine (« Madjid ») : 29-37, 65, 71, 84-85, 88, 90, 92, 96, 98-103, 123, 138-140, 142, 145-152, 177, 183, 268, 299, 323, 362, 382, 389-390, 460, 472, 542, 544-546, 558.

AÏT ALI, Ahmed (*bachagha*) : 103, 422.

AL-IBRAHIMI, Bachir : 69, 341.

ALI LA POINTE, Ali Ammar, dit : 393-394, 425, 438-439, 447, 452, 461, 465, 468-470, 573.

ALI YAHIA, Abdenour : 430, 556.

ALI Z'YEUX BLEUS, Mohamed Oudelha, dit : 409, 439.
ALILOU, Amara : 467-468.
ALLARD, Jacques (général) : 250.
ALLEG, Henri : 464, 552.
AMIRA, Amar : 192, 575.
AMIROUCHE, Aït Hamouda, dit : 229-230, 287, 289, 295, 302, 309-310, 328, 364, 376, 479, 481, 551, 575.
AMRANE, Djamila (Danièle Minne) : 428.
ARAB : voir OUDDAK, Mohand.
ARGOUD, Antoine : 445.
ASSELAH, Hocine : 67, 73, 95.
AUDIN, Maurice : 464, 572.
AUMALE, Henri d'Orléans, duc d' : 560.
AUSSARESSES, Paul (général) : 251, 435, 438, 449, 451, 453-454, 464, 557.
AZZEDINE, Rabah ZERARI, dit (commandant) : 348, 551.

BACIC, Milan (« Capitaine Jean ») : 266.
BADJI, Mokhtar : 244-245.
BARIKI, Abdelkader (« Sahnoun ») : 476-477.
BARRAT, Robert : 569.
BEAUFRE, André (général) : 231-232, 363.
BEDJAOUI, Mohamed : 426.
BEGARRA, Joseph : 382-384.
BELHADJ, Saïd : 100, 192.
BELHADJ-DJILALI, Abdelkader : 99-100, 144, 211.
BELLOUNIS, Mohammed : 361-362, 364, 476, 479, 553, 573-574.
BELOUIZDAD, Mohammed : 65, 98-99, 113, 211, 219, 545.
BELOUIZDAD, Othmane : 113-115.
BENABDELMALEK, Ramdane (souvent appelé « Abdelmalek ») : 116, 149, 156, 206-207.
BEN ALLA, Hadj Mohamed : 168, 208.
BENAOUDA, Amar : 289, 300, 302, 328.
BEN BADIS, Cheikh Abdelhamid : 29, 54, 60, 66, 543, 564.
BEN BELLA, Ahmed : 29, 31-34, 37, 47, 94, 98-99, 138, 144-152, 174-178, 183, 202-203, 215, 265, 267, 275-276, 299, 303, 307, 317, 319, 323, 340-341, 362, 369, 381, 384, 389-392, 460, 471-473, 542, 545-546, 549-550, 558, 567, 571, 574, 579.

BEN BOULAÏD, Mostefa : 19, 120, 122-125, 127-128, 131, 133, 147, 157, 163, 168, 170, 173, 176-182, 184, 214, 232-233, 235-239, 249, 255, 259, 261, 297, 299-300, 323, 327, 359, 389, 450, 460, 568, 570.
BEN BOULAÏD, Omar : 299-300.
BENDJELLOUL, Mohammed Salah : 53-54, 66, 68, 89, 333, 335, 337, 543, 564.
BEN HADJ : 64.
BEN HAMDI, Badèche : 424-426.
BEN KHEDDA, Benyoucef : 65, 148, 158-159, 166, 201, 218, 255, 259-260, 262, 316, 324, 331, 346, 351, 355, 370, 385, 450, 455, 458-460, 547, 550, 552, 557, 577.
BEN M'HIDI, Larbi (« Hakim ») : 19, 116-117, 120, 133, 149, 156, 163, 168, 177-182, 184, 206-207, 214-216, 255, 280, 283, 285-286, 297-298, 300, 302-303, 305-308, 312-313, 317, 323-325, 388, 391, 411-412, 429-430, 440, 442, 445-446, 450-451, 453-454, 456-458, 460, 550, 557, 572.
BEN MOHAMED, Mustapha : 361.
BENQUET-CREVAUX, Paul-Dominique : 195, 524.
BENSALEM, Aïssa : 336.
BENSALEM, Fodil : 367.
BENT BOUALI, Hassiba : 393, 449, 468-469.
BENTOBBAL, Abdelkader : 106, 108-109, 168, 187, 412, 460.
BENTOBBAL, Lakhdar : 106, 119, 242-243, 245-248, 250, 254, 257, 277-280, 283, 289-294, 297, 300-303, 309-310, 312, 318, 320, 324-327, 386, 541, 545, 549-551.
BEN YOUSSEF, Salah : 269, 380.
BEN ZAÏM, Hocine : 143.
BÉRINGUEZ, Vincent : 409.
BIDAULT, Georges : 532.
BIGEARD, Marcel (général) : 397, 437, 448, 450-451, 453-454, 460, 464, 467, 554, 557.
BISKER, Ahmed : 115.
BITAT, Rabah (« Si Mohamed ») : 19, 107, 109-110, 112, 120, 133, 147, 163-164, 168, 173, 177-182, 184, 209, 211-216, 220, 227, 249, 255, 287, 297, 302, 323, 450, 460, 568.
BLANC, Camille (maire d'Évian) : 576.
BLUM, Léon : 59, 62-63, 68, 565.
BOLLARDIÈRE, Jacques PÂRIS de (général) : 572.
BORGEAUD, Henri : 111, 503, 525.

BOUADJADJ, Zoubir : 110-112, 114, 118, 168, 211-213, 545.
BOUALEM, Saïd Benaisse (*bachagha*) : 348, 552.
BOU AMAMA : 562.
BOUAZZA, Djamila : 463.
BOU BAGHLA : 561.
BOUCHAFA, Mokhtar : 365-366, 393, 406, 413.
BOUCHAÏB, Belhadj : 32-34, 36, 107, 109-110, 140, 151-152, 168-170, 173, 181, 209-210, 214, 217, 542, 545-547, 549.
BOUCHEMAL, Ahmed : 233.
BOUDAOUD, Moh Arezki : 101.
BOUDAOUD, Omar : 572.
BOUDIAF, Mohamed : 19, 99, 102, 105, 118, 120, 123, 147, 149, 152, 155, 162-165, 168-170, 173-184, 214-215, 219, 255, 266, 268, 275-277, 297, 299, 323, 367, 369, 388, 390-391, 450, 460, 471-472, 545, 547, 567, 579.
BOUGUERRA, Ahmed (« Si M'Hamed ») : 302.
BOUHAMIDI, Mahmoud : 468.
BOUHIRED, Djamila : 412, 414-416, 449, 463, 467-468.
BOUHIRED, Fathia : 468.
BOULHAROUF, Tayeb : 367.
BOULLOCHE, André : 465.
BOUMEDIENE, Mohamed Boukharouba, dit Houari : 39-40, 85, 266, 358, 544, 575, 579.
BOUMENDJEL, Ahmed : 340, 576.
BOUMENDJEL, Ali : 449, 464, 556, 572.
BOURGÈS-MAUNOURY, Maurice : 398, 403, 465, 508, 572.
BOURGUIBA, Habib : 380, 572-573.
BOUROUIBA, Boualem : 351.
BOUSSOUF, Abdelhafid : 116, 149, 208.
BOUTALEB (*bachagha*) : 441, 446, 449.
BOUTEFLIKA, Abdelaziz : 79, 358.
BOUTLILIS, Hammou : 33.
BOUZAR, Nadir : 266, 550.
BOU ZIANE : 561.
BOUZID, Salah : 76.
BOUZRINA, Arezki (« H'Didouche ») : 217, 387, 410, 461.
BUGEAUD, Thomas (maréchal) : 40, 43, 560.
BUSQUANT, Émilie : 58.

CAMUS, Albert : 13, 15, 339, 425.
CASTILLE, Philippe : 396, 423, 475, 555.
CATROUX, Georges (général) : 68, 371-373, 570.
CHALLE, Maurice (général) : 574, 576-577.
CHAOUCH, Mustapha : 417.
CHATAIGNEAU, Yves : 82, 93.
CHAULET, Claudine : 455, 457.
CHAULET, Pierre : 455, 457.
CHAUSSADE, Pierre : 424, 556.
CHENTOUF, Abderrazak : 387.
CHERCHALI, Hadj Mohammed : 260.
CHÉRIF, Débih (« Si Mourad ») : 438, 462, 467.
CHÉRIFI (caïd) : 362.
CHERRIÈRE, Paul (général) : 233-234, 569.
CHEVALLIER, Jacques : 158, 202, 233, 553.
CHIHANI, Bachir (« Si Messaoud ») : 128-132, 239, 261, 277, 299, 327.
CHOU EN-LAI : 268.
CLAUSEWITZ, Carl von : 100.
CLAUZEL, Bertrand, comte : 560.
CLEMENCEAU, Georges : 47.
COMMIN, Pierre : 382, 384.
COTY, René : 397, 399, 401, 403, 425.
COURRIÈRE, Yves : 168, 281, 407, 462, 478, 539, 545-546, 551, 553, 555-557.
CRÉMIEUX, Adolphe (décrets) : 561, 565.
CULLET (inspecteur) : 144.

DAHLAB, Saad : 218, 262, 324, 331, 386, 429-431, 452, 457-459, 481, 555, 557.
DARNEAU, Roland : 124, 128.
DAUDET, Justin : 463.
DEBAGHINE, Lamine : 65, 67, 91, 95, 97, 101, 136, 139, 177-178, 218, 381, 391.
DEBRÉ, Michel : 524, 578.
DECHEZELLES, Yves : 425.
DEHILÈS, Slimane (« colonel Sadek », « Si Sadek ») : 229, 231, 283, 302, 363, 412, 457.
DELOUVRIER, Paul : 574.
DELUCA, Édouard : 77.

DENIER, Albert : 77.
DERRICHE, Lyès : 168.
DESMICHELS, Louis Alexis : 559.
Dey d'Alger : voir HUSSEIN, dey d'Alger.
DIB, Fathi : 267, 273, 550.
DIDOUCHE, Mourad (« Si Abdelkader ») : 19, 103, 118-120, 133-134, 147, 149, 163, 168, 177-182, 184, 186, 213-214, 242-247, 254-256, 297, 323, 450, 460, 568.
DINA de Jordanie : 265-266.
DI-ROZA, Jean : 409.
DI-ROZA, Vincent : 409.
DJELLOUL : voir HACHEMI, Hamoud.
DOUAR, Mohammed : 64.
DOUM, Ahmed : 367-369.
DRIF, Zohra : 413-414, 416, 449, 468, 556.
DUCOURNAU, Paul (colonel) : 234-236, 246, 249.
DUFOUR, Pierre (opération Dufour) : 282.
DUVAL, Léon-Étienne (Mgr) : 403.
DUVAL, Raymond (général) : 86.

EL-BERRADI, Rabah : 363-366.
EL-DJOUDAN : voir SLIMANE.
EL-FASSI, Allal : 269, 379, 570.
EL HADDAD (Mohand Amezyan Aheddad) : 562.
EL-HEDJIN, Kaddour : 112.
EL KAMA, Amar : 263.
EL MADANI, Tewfik : 325, 341.
ENGELS, Friedrich : 100.
ÉTIENNE, Gérard : 409.

FANON, Frantz : 478.
FARÈS, Abderrahmane : 577.
FARÈS, Saïd : 467.
FAURE, Edgar : 337, 568.
FAURE, Jacques (général) : 423, 474.
FELLOUH, Mohamed : 32, 35, 140-141.
FELTIN, Maurice : 532.
FERAOUN, Mouloud : 13, 15, 337, 541.
FERHAT, Ali : 139.
FERRADJ, Abdelkader : 9, 399-400, 406-407, 421, 571.

FESSOZ, Michel : 396.
FETTAL, Mostefa : 365.
FILALI, Abdallah : 66, 159, 166, 174, 273.
FRANCIS, Ahmed : 260, 325, 335, 340, 384.
FROGER, Amédée : 20, 398, 421-426, 431, 466, 556, 571.

GAULLE, Charles de (général) : 71, 86, 94, 405, 469, 565-566, 573-579.
GHOUAR, Abdelkader Benazzedine : 185, 548.
GIDE, André : 235.
GIRAUD, Henri : 66-68.
GODARD, Yves (colonel) : 469, 577.
GORSE, Georges : 382.
Grand mufti d'Alger : voir KAHOUL.
GRINE, Belkacem : 123, 129, 235.
GUENDRICHE, Hassan (« Zerrouk ») : 461, 467-469.
GUERRAS, Abderrahmane : 276, 367.
GUERROUDJ, Abdelkader : 405, 418, 425, 428, 555-556.

H'DIDOUCHE : voir BOUZRINA, Arezki.
HACHED, Ferhat : 567.
HACHEMI, Djemal : 130.
HACHEMI, Hamoud (« Djelloul ») : 451.
HACHICHE, Tahar : 376.
HADDAD (cheikh) : 40.
HADDAD, Omar (« Yeux bleus ») : 35.
HADJ AHMED, bey de Constantine : 39.
HADJ ALI (cousin de Bachir) : 270.
HADJ-ALI, Abd el-Kader : 56-57.
HADJ ALI, Bachir : 270, 345, 347.
HADJ LAKHDAR : voir LABIDI, Mohamed Tahar.
HADJ SADOK : 130-132.
HADJERES, Sadek : 345, 347.
HADJI, Othmane (« Kamel ») : 461-462, 467.
HAFFAF, frères (Arezki, Mokrane et Nafaa) : 438, 445.
HAKIM : voir BEN M'HIDI, Larbi.
HALIMI, Gisèle : 425.
HAMBLI, Ali : 575.
HARBI, Mohammed : 12, 19, 43, 70, 84, 86, 102, 153, 271, 302, 458, 540-541, 543, 546-548, 550, 552-553, 555.

HENTIC, Pierre : 378.
HERBAUT, Pierre : 384.
HITLER, Adolf : 228.
HÔ CHI MINH, Nguyen Tat Thanh, dit : 268.
HUSSEIN, dey d'Alger : 38, 559.
HUSSEIN de Jordanie : 265.

IGHILAHRIZ, Louisette : 405, 555.
IVETON ou YVETON, Fernand : 418-420, 572.

JEAN : voir BACIC, Milan.
JEANSON, Francis (réseau) : 575-576.
JOUHAUD, Edmond (général) : 577-578.
JOXE, Louis : 576.
JUIN, Alphonse (général puis maréchal) : 264.

KACI, Abderrahmane : 112-113, 211.
KACI, Hamaï Mohand Oukaci, dit : 290-294, 302.
KACI, Mokhtar : 112-113, 211.
KAFI, Ali : 193, 197, 258, 278, 281, 289, 302, 386, 460, 549-551.
KAHOUL, Mahfoud Ben Dali, dit (grand mufti d'Alger) : 403.
KALB ELLOUZ, Kerrar Smaïl, dit : 422.
KAMEL : voir HADJI, Othmane.
KÉCHIDA, Abdallah : 213, 215.
KHALED, El-Hassani Ben El-Hachemi (émir) : 46-53, 89, 543, 563-564.
KHALFALLAH, Abdelaziz : 187.
KHEIREDDINE, Cheikh Mohammed : 260.
KHETTAB, Amar : 32, 103.
KHETTAB, Lounes : 32, 87, 103.
KHIARI, Abdelkader : 143.
KHIDER, Mohamed Ali (chauffeur) : 32-34, 36, 141-142, 267-268.
KHIDER, Mohammed (député) : 36, 91, 138, 145-152, 162, 174, 177, 183, 273-274, 299, 303, 323, 381-385, 389-390, 460, 472.
KHODJA, Ali : 284-285, 311-312, 399, 551, 571.
KHODJA, Mustapha : 284.
KHOUDI, Saïd (caporal) : 107.
KIOUANE, Abderrahmane : 158, 166, 201, 259, 262, 547.

Kobus, Djillali Belhadj, dit : 573.
Korichi, Tayeb : 407.
Krim, Belkacem : 19, 94, 103, 120-121, 133, 138-139, 176-182, 184, 214-217, 220, 222, 224-225, 227-231, 255, 261, 263, 270-271, 280, 282, 287-288, 290, 297-298, 302, 305, 310, 312-313, 317-318, 320, 323-324, 328, 341, 359, 362-364, 376-379, 388, 430, 450, 452, 455-457, 459-460, 481, 546, 551, 553, 556-557, 568, 576.

Laban, Maurice : 348.
Labidi, Mohamed Tahar (« Hadj Lakhdar ») : 126-127.
Lacheraf, Mostefa : 41.
Lacoste, Robert : 355, 373-374, 397-398, 403, 432, 462, 466, 473, 503, 508, 517, 532, 570.
Laffont, Pierre : 575.
Lagaillarde, Pierre : 575.
Laghrour, Abbas : 124.
Lahouel, Hocine : 30, 33, 64, 90, 95-96, 136, 148, 158, 163, 165-166, 174, 176, 183, 201, 273, 362, 390.
Lakhdari, Samia : 413-416.
Laknèche, Mohamed Ben Ziane : 420.
Lebjaoui, Mohammed : 333, 339, 351, 353, 386-387, 405, 408, 457, 552, 555-556, 571-572.
Le Cour Grandmaison, Olivier : 45, 543.
Le Doussal, Roger : 278.
Lejeune, Max : 373, 398, 472.
Lénine, Vladimir Ilitch Oulianov, dit : 57-58.
Léonard, Roger : 238, 568.
Le Prévost, Jacques : 428.
Louanchi, Salah : 367-368, 457, 553, 572.

Madani, Abassi : 115.
Madjid : voir Aït Ahmed, Hocine.
Mahsas, Ahmed : 37, 52, 70, 76, 87, 98-99, 102, 144, 147, 149, 151, 162, 276, 389-390, 544, 546.
Maillot, Henri : 346-348, 418, 571.
Mairey, Jean : 568.
Makhlouf, Saïd Mohamed Amokrane, dit : 295.
Malraux, André : 416.
Maroc, Mohamed : 99.

MARX, Karl : 100.
MASSIGNON, Louis : 503.
MASSU, Jacques (général) : 397, 424, 432-439, 442-446, 449, 451, 453-454, 462, 465, 469, 474, 554-557, 572-573.
MÉCHATI, Mohamed : 168-169, 367, 546-547, 553.
MELLAH, Ali (« Si Chérif ») : 303, 306, 321.
MEMCHAOUI, Mohamed : 166, 201.
MENDÈS FRANCE, Pierre : 241, 508, 568.
MERBAH, Moulay : 157-159, 166-167, 176, 200-201.
MERLE, Robert : 202, 542, 549, 558.
MERZOUGUI, Mohamed : 114-115, 211, 547.
MESSALI, Ali : 58.
MESSALI HADJ, Ahmed : 23, 28, 42, 44-45, 49, 51, 56-66, 68, 70-73, 75, 84, 89-91, 94-97, 101, 135-136, 138-139, 146, 148, 150, 153, 155, 157-161, 163-167, 176, 200, 204-205, 221, 270-271, 273-274, 291, 326, 331, 340, 350, 354, 359-362, 366, 394, 476, 485, 502-503, 540, 543, 547, 550, 552, 565-568, 572, 574, 577.
MEYSSONNIER, Fernand : 403, 463.
MEYSSONNIER, Maurice (père de Fernand) : 403, 463.
MEZERNA, Ahmed : 66, 73, 91, 158-159, 166-167, 174, 273-274, 362.
MEZHOUDI, Brahim : 289, 293, 302, 328.
MINNE, Danièle : voir AMRANE, Djamila.
MISTIRI, Amar : 237.
MITTERRAND, François : 398-399, 403, 568.
MOHAMMED V, roi du Maroc (sultan Sidi Mohammed, devenu) : 67, 171, 186, 256, 309, 380, 473, 567, 569, 573.
MOKRANI, Boumezrag (frère de Mohand) : 561.
MOKRANI, Mohand : 40, 70, 561-562.
MOKRI, Hocine : 67.
MOLLET, Guy : 342-343, 355, 371-373, 381-385, 398, 401, 431, 465, 473-474, 508-509, 553, 570, 572.
MONNEROT, époux (Guy et Jacqueline) : 130-132, 546.
MONTEIL, Vincent : 238-239, 255, 259-260, 264, 550.
MÔQUET, Guy : 404.
MOSTEFAÏ, Chawki : 84, 148.
MOUSSAOUI, Boualem : 140-141, 387.
MOUTIER, Pierre : 36.
MURPHY, Robert : 66.

NAEGELEN, Edmond : 93, 493, 509.
NAPOLÉON III : 561.
NASSER, Gamal Abdel : 171, 178, 187, 203, 267-268, 274, 317-318, 340, 381, 432, 473-474.
NEHRU, Jawaharlal : 268.
NEMICHE, Djelloul : 29.
NICOLAŸ, Pierre : 399, 555.

OLIVIER, Lucien : 76.
ORTIZ, Joseph : 372.
OUAGOUAG, Abdelkader : 260.
OUAGUENOUN, Ahmed : 73.
OUAMARA, Rachid : 451, 457.
OUAMRANE, Amar : 94, 106-108, 110, 119, 176-177, 209, 214, 216-217, 220, 225, 227, 261, 263, 281, 283-288, 297-298, 302, 305-306, 310-313, 318, 320, 324-325, 346, 363, 365, 376, 378, 406, 430, 457, 551, 556.
OUDDAK, Mohand (« Arab ») : 477-479.
OUENNOURI, Mohamed Ben Khiar : 420.
OULD HAMOUDA, Amar : 99.
OURABAH, Abdelmadjid : 310.
OUSMER, Mohand (inspecteur) : 376, 449.
OUSSEDIK, Boualem : 416.
OUSSEDIK, Omar : 348.
OUZEGANE, Amar : 61, 64, 288, 313, 339, 387.

PARLANGE, Georges (général) : 240.
PETIT OMAR, Yacef Omar Ben Ahmed, dit : 393, 438, 468.
PEYROUTON, Marcel : 67-68, 565.
PIERROT LE FOU, Pierre Loutrel, dit : 27, 37.
PINEAU, Christian : 381, 509.
PLANCHE, Jean-Louis : 82, 544.
POMPIDOU, Georges : 576, 578.
POPIE, Pierre : 576.
POUJADE, Pierre : 522.

RABAH, Hassan : 438, 448.
RACHID : voir YAHIA, Mohand Sid Ali.
REGUIMI, Djilali : 99, 102, 144.

REHANI, Sadek : 366.
ROBLÈS, Emmanuel : 14.
ROOSEVELT, Franklin Delano : 66-67.
ROUIBAH, Hocine : 289, 293, 302.
ROUSSET, Jean-Jacques : 367.
ROUX, Georges : 398.

SAADI, Yacef : 204, 212-215, 217, 297, 366, 393-396, 405-415, 418, 421-423, 425, 427-430, 434, 436-443, 445-447, 449-450, 452, 455, 458, 460-462, 464-469, 480, 549, 554-558, 572-573.
SADEK : voir DEHILÈS, Slimane.
SADEK, Nabti : 112.
SAHNOUN : voir BARIKI, Abdelkader.
SAÏD, Mohammedi (« Si Nacer ») : 228, 287, 302, 459, 477, 558.
SAÏM, Hadj : 468.
SALAN, Raoul (général) : 423, 432, 438, 443, 465, 475, 478, 571, 573-574, 577-578.
SAOUD d'Arabie Saoudite (Saoud ben Abdelaziz Al Saoud) : 380.
SBAÏHI, Mohamed : 130-131.
SCHIAFFINO, Charles : 522.
SCHŒN, Paul (colonel) : 81.
SEKAT, Abdelkader : 113.
SERVIER, Jean : 132, 378.
SI ABDELKADER : voir DIDOUCHE, Mourad.
SI CHÉRIF : voir MELLAH, Ali.
SI EL HACHEMI BEN CHENOUF : 233.
SI HAOUÈS : 575.
SI-LALLA : 561.
SI MESSAOUD : voir CHIHANI, Bachir.
SI M'HAMED : voir BOUGUERRA, Ahmed.
SI MOHAMED : voir BITAT, Rabah.
SI MOURAD : voir CHÉRIF, Débih.
SI NACER : voir SAÏD, Mohammedi.
SI SADEK : voir DEHILÈS, Slimane.
SI SALAH : voir ZAMOUM, Mohammed.
SLIMANE (« El Djoudan », « Djouden ») : 215-217.
SMAÏL : voir ZAMOUM, Ali.

SOEKARNO : 268.
SOUIDANI, Boudjemaa : 31, 34, 36, 106-108, 110, 141-142, 144, 151, 168-169, 173, 209, 214, 217, 570.
SOUSTELLE, Jacques : 194-195, 237, 239, 241, 250-251, 255, 259-264, 329-330, 332-334, 341, 372, 503, 524, 532, 550, 568, 570.
SPILLMANN, Georges (général) : 234, 240.
STALINE, Iossif Vissarionovitch Djougachvili, dit Joseph : 161.

TABANI (transporteur algérien) : 223-224, 226.
TALABOT, Paulin : 561.
TALEB, Abderrahmane : 410, 412-414, 427, 462, 467.
TARBOUCHE, Mourad : 276, 367-368.
TEBESSI, Larbi : 341.
TEITGEN, Paul : 436, 466, 572.
TEMMAM, Abdelmalek : 387.
THOREZ, Maurice : 565.
TILLION, Germaine : 15, 465-466, 557.
TIMSIT, Daniel : 347, 410, 415, 417, 552, 556.
TREZEL, Camille Alphonse : 559-560.
TUBERT, Paul (général) : 82, 87, 544, 566.

VAILLANT-COUTURIER, Paul : 55.
VAUJOUR, Jean : 182-183, 547.
VINCENT le Marseillais (« La Rascasse ») : 409.
VIOLLETTE, Maurice : 62, 68, 565.

WARNIER, Auguste (loi) : 562.
WILSON, Thomas Woodrow : 51-52, 563.

YACINE, Kateb : 86, 544.
YAHIA, Mohand Sid Ali (« Rachid ») : 137-138.
YAZID, M'Hammed : 142, 166, 174, 183, 201, 218, 268, 384, 390.
YAZOURÈNE, Mohammed : 377, 459.
YEUX BLEUS : voir HADDAD, Omar.

ZABANA ou ZAHANA, Ahmed : 9, 118, 207, 399, 401-404, 406-407, 420-421, 571.

ZAÏDED, Ahmed : 376-377.
ZAMOUM, Ali (« Smaïl ») : 120-121, 176, 207, 222-223, 225-226, 239, 545, 549-550.
ZAMOUM, Mohammed (« Si Salah ») : 120, 225, 576-577.
ZELLER, André (général) : 577.
ZERARI, Rabah : voir AZZEDINE (commandant).
ZERROUK : voir GUENDRICHE, Hassan.
ZERROUK, Mahieddine : 64.
ZIGHOUT, Youssef : 119, 168, 186, 188, 192-193, 197, 243, 245-250, 253-258, 265, 277, 280, 282, 288-289, 291-292, 294, 297, 299-302, 306, 309, 313, 318, 320-321, 386, 460, 549, 571.

PRÉFACE : *Le Paradis et l'Enfer,* par Mohammed Harbi 9

INTRODUCTION : « *Ce pays n'est pas à eux* » 13

CHAPITRE I. *Les cent vingt premières années de la guerre d'Algérie* 23

« Le » gros coup de l'organisation spéciale 27

Cent ans de résistance armée face à la conquête militaire 38

En attendant l'arrivée des Turcs 41

L'émir Khaled, le précurseur 46

1927 : le président de l'Étoile nord-africaine réclame l'indépendance de l'Algérie 53

1937 : « cette terre bénie qui est la nôtre » 59

Mai 1943 : un « manifeste » pour réclamer un État algérien 66

Sétif, mai 1945 : « La police a tiré ! » 74

« Ce jour-là, le monde a basculé » 85

1947 : raz-de-marée électoral pour le PPA 88

Les urnes ou les armes ? 94

L'OS prépare l'insurrection... pour 1949 98

CHAPITRE II. *La guerre commence à moins le quart* 105

Alger, dimanche 31 octobre 1954, 17 heures : « C'est pour cette nuit, à une heure ! » 110

Oran, Constantine : quelques dizaines d'hommes, quelques escarmouches... et c'est tout 116

Kabylie : la radio n'annonce rien 119

Les Aurès : tout un territoire coupé du monde par des maquisards ! 122

« On a allumé la mèche » 132

Sus aux berbéro-matérialistes du MTLD 135

Un clandestin au caractère emporté, une malencontreuse expédition punitive... et la police découvre l'OS 140

Aït Ahmed, Khider, Ben Bella : exfiltrations vers Le Caire 145

1953 : un élu indépendantiste adjoint au maire d'Alger ! 152

De la scission du MTLD à la création d'une « troisième force » 160

Juin 1954 : les « vingt-deux » décident de passer à la lutte armée 167

Cinq, six puis neuf « chefs historiques » 172

Trois semaines pour préparer le jour J 178

CHAPITRE III. *Le deuxième 1er novembre* 185

Août 1955 : à l'assaut de Philippeville 186

12 000 morts algériens ? 193

Mais qui est responsable du 1er novembre ? 199

L'Oranie privée de combattants 206

Alger : tous arrêtés... 208

... mais la relève arrive 216

Kabylie : les difficiles lendemains du 1er novembre 221

Les Aurès en première ligne 232

Nord-Constantinois : le calme avant la tempête 241

Quand le FLN devient incontournable 259
FLN-MNA : le début de la guerre dans la guerre 269
Et tout a basculé 277

CHAPITRE IV. *La victoire d'Abane Ramdane* 280
Été 1956 : la « longue marche » des Algérois vers la Soummam 283
Où certains découvrent l'existence de commissaires politiques 288
Les surprises des Constantinois 296
Des décisions qui donnent un nouveau visage au FLN 304
Et le FLN tend à devenir hégémonique 329
Un coup de maître : Ferhat Abbas se rallie au FLN 339
Les communistes hors jeu 343
Sur le front syndical 349
Les messalistes perdent leur pari militaire 359
La difficile émergence du FLN en métropole 366
L'ALN plus puissante que jamais 370
Percée internationale et négociations secrètes 380
Une première guerre des chefs ? 385

CHAPITRE V. *Alger, 1957 : le FLN a perdu une bataille...* 393
La véritable origine de la bataille d'Alger 395
Le choix du terrorisme urbain 408
Qui a tué Amédée Froger ? 421
Grève générale : Alger sous la terreur 426
Le repli face aux paras 445
Une « deuxième bataille d'Alger » ? 460
Rapt en plein ciel 470
Une victoire à la Pyrrhus ? 479

ANNEXES

Annexe I. Février 1927 : Messali Hadj revendique l'indépendance 485
Annexe II. Proclamation du FLN et Appel de l'ALN du 1er novembre 1954 488
Annexe III. Plate-forme de la Soummam 495

APPENDICES

Note sur les sources 539
Chronologie algérienne de la guerre d'Algérie (1830-1962) 559
Glossaire des mots arabes cités 580
Bibliographie de la guerre d' indépendance algérienne 582
Carte de l'Algérie en guerre 606
Index des noms 607

DES MÊMES AUTEURS

Renaud de Rochebrune

Ahmed Messali Hadj, MÉMOIRES. 1898-1938 (éd.), Jean-Claude Lattès, 1982.

LES PATRONS SOUS L'OCCUPATION (avec Jean-Claude Hazera), Odile Jacob, 1995, nouv. éd. 2013.

Benjamin Stora

(ouvrages sur le nationalisme algérien
et concernant la guerre d'Algérie)

DICTIONNAIRE BIOGRAPHIQUE DE MILITANTS NATIONALISTES ALGÉRIENS. 600 biographies, L'Harmattan, 1985.

NATIONALISTES ALGÉRIENS ET RÉVOLUTIONNAIRES FRANÇAIS AU TEMPS DU FRONT POPULAIRE, L'Harmattan, 1987.

LES SOURCES DU NATIONALISME ALGÉRIEN. Parcours idéologiques, origines des acteurs, L'Harmattan, 1989.

LA FRANCE EN GUERRE D'ALGÉRIE. Novembre 1954-juillet 1962 (dir. avec Laurent Gervereau et Jean-Pierre Rioux) Nanterre, Musée d'histoire contemporaine/BDIC, 1992.

FERHAT ABBAS. Une utopie algérienne (avec Zakya Daoud), Denoël, 1995.

LE DICTIONNAIRE DES LIVRES DE LA GUERRE D'ALGÉRIE. Romans, nouvelles, poésie, photos, histoire, essais, récits historiques, témoignages, biographies, mémoires, autobiographies 1955-1995, L'Harmattan, 1996.

LA GANGRÈNE ET L'OUBLI. La mémoire de la guerre d'Algérie, La Découverte, 1991, rééd. 1998.

LA GUERRE INVISIBLE. Algérie, années 90, Presses de Sciences Po, 2001.

HISTOIRE DE L'ALGÉRIE COLONIALE. 1830-1954, La Découverte, 1991, nouv. éd. 2004.

HISTOIRE DE LA GUERRE D'ALGÉRIE. 1954-1962, La Découverte, 1992, nouv. éd. 2004.

MESSALI HADJ (1898-1974), PIONNIER DU NATIONALISME ALGÉRIEN, L'Harmattan, 1986 ; Casbah Éditions, 2000 ; Hachette Littératures, coll. Pluriel, 2004.

PHOTOGRAPHIER LA GUERRE D'ALGÉRIE (dir. avec Laurent Gervereau), Marval, 2004.

LE LIVRE, MÉMOIRE DE L'HISTOIRE. Réflexions sur le livre et la guerre d'Algérie, Le Préau des collines, 2005.

LES MOTS DE LA GUERRE D'ALGÉRIE, Toulouse, Presses universitaires du Mirail, 2005.

LES IMMIGRÉS ALGÉRIENS EN FRANCE. Une histoire politique, 1912-1962, Hachette Littératures, coll. Pluriel, 2009.

LE MYSTÈRE DE GAULLE. Son choix pour l'Algérie, Robert Laffont, 2009.

LA GUERRE D'ALGÉRIE (dir. avec Mohammed Harbi), Hachette Littératures, 2005 ; Fayard, 2010.

LE NATIONALISME ALGÉRIEN AVANT 1954, CNRS Éditions, 2010.

ALGÉRIE 1954. Une chute au ralenti, Éditions de l'Aube, 2011.

LES TROIS EXILS. Juifs d'Algérie, Stock, 2006 ; Hachette Littératures, 2008 ; Pluriel, 2011.

ALGÉRIE, 1954-1962. Lettres, carnets et récits des Français et des Algériens dans la guerre (avec Tramor Quemeneur), Les Arènes, 2012.

ALGÉRIENS EN FRANCE 1954-1962. La guerre, l'exil, la vie (dir. avec Linda Amiri), Éditions Autrement, 2012.

DE GAULLE ET LA GUERRE D'ALGÉRIE, Pluriel, 2012.

FRANÇOIS MITTERRAND ET LA GUERRE D'ALGÉRIE (avec François Malye), Calmann-Lévy, 2010 ; rééd. Pluriel, 2012.

LA GUERRE D'ALGÉRIE EXPLIQUÉE À TOUS, Éditions du Seuil, 2012.

LES GUERRES SANS FIN. Un historien, la France et l'Algérie, Stock, 2008 ; rééd. Pluriel, 2013.

LA GUERRE D'ALGÉRIE EXPLIQUÉE EN IMAGES, Éditions du Seuil, 2014.

MÉMOIRES D'ALGÉRIE. Lettres, carnets et récits des Français et des Algériens dans la guerre, 1954-1962 (avec Tramor Quemeneur), Librio, 2014.

LES CLÉS RETROUVÉES. Une enfance juive à Constantine, Stock, 2015.

LA GUERRE DES MÉMOIRES. La France face à son passé colonial, entretiens avec Thierry Leclère, Éditions de l'Aube, 2007, nouv. éd. 2015.

LES MÉMOIRES DANGEREUSES. De l'Algérie coloniale à la France d'aujourd'hui (avec Alexis Jenni) suivi de TRANSFERT D'UNE MÉMOIRE. De l'Algérie française au racisme anti-arabe (nouv. éd.), Albin Michel, 2016.

Pour une bibliographie complète des ouvrages
de Benjamin Stora, consulter le site
www.univ-paris13.fr/benjaminstora/

DANS LA COLLECTION FOLIO / HISTOIRE

51 Léon Blum : *Souvenirs sur l'Affaire.*
52 Georges Duby : *L'An Mil.*
53 Jean-Louis Flandrin : *Les amours paysannes (XVIe-XIXe siècle).*
54 Bernard Lewis : *Le retour de l'Islam.*
55 Marc Ferro : *Cinéma et Histoire.*
56 Colette Beaune : *Naissance de la nation France.*
57 Présenté par Michel Foucault : *Moi, Pierre Rivière, ayant égorgé ma mère, ma sœur et mon frère...*
58 Zeev Sternhell, Mario Sznajder, Maia Ashéri : *Naissance de l'idéologie fasciste.*
59 José Cabanis : *Le Sacre de Napoléon.*
60 Philippe Joutard : *Les Camisards.*
61 John Kenneth Galbraith : *L'argent.*
62 Marc Fumaroli : *Trois institutions littéraires.*
63 Collectif : *Les droites françaises (De la Révolution à nos jours).* Édité sous la direction de Jean-François Sirinelli.
64 Jean Baechler : *Le capitalisme I. Les origines.*
65 Jean Baechler : *Le capitalisme II. L'économie capitaliste.*
66 Gérard Monnier : *L'art et ses institutions en France (De la Révolution à nos jours).*
67 Pascal Ory : *La France allemande (1933-1945).*
68 Geneviève Fraisse : *Muse de la Raison (Démocratie et exclusion des femmes en France).*
69 Georges et Andrée Duby : *Les procès de Jeanne d'Arc.*
70 Henri Mendras : *Les sociétés paysannes.*
71 Éric Conan et Henry Rousso : *Vichy, un passé qui ne passe pas.*
72 Jean-François Sirinelli : *Intellectuels et passions françaises.*
73 Jean-Pierre Vernant : *L'individu, la mort, l'amour.*
74 Lucien Febvre : *Amour sacré, amour profane.*
75 Michel Borwicz : *Écrits des condamnés à mort sous l'occupation nazie (1939-1945).*

76 Alphonse Dupront : *Qu'est-ce que les Lumières ?*
77 Patrick Verley : *La Révolution industrielle.*
78 Paul Bairoch : *Victoires et déboires (Histoire économique et sociale du monde du XVIe siècle à nos jours) I.*
79 Paul Bairoch : *Victoires et déboires (Histoire économique et sociale du monde du XVIe siècle à nos jours) II.*
80 Paul Bairoch : *Victoires et déboires (Histoire économique et sociale du monde du XVIe siècle à nos jours) III.*
81 Jean Bottéro : *Mésopotamie (L'écriture, la raison et les dieux).*
82 Jean Bottéro : *La plus vieille religion (En Mésopotamie).*
83 Ian Kershaw : *Qu'est-ce que le nazisme ? (Problèmes et perspectives d'interprétations).*
84 Georges Duby : *Dames du XIIe siècle. I, Héloïse, Aliénor, Iseut et quelques autres.*
85 Zeev Sternhell : *La droite révolutionnaire 1885-1914 (Les origines françaises du fascisme).*
86 Bino Olivi : *L'Europe difficile (Histoire politique de la Communauté européenne).*
87 Élisabeth Laffont : *Les livres de sagesses des pharaons.*
88 Collectif : *Le monde de la Bible.*
89 Georges Duby : *Dames du XIIe siècle. II, Le souvenir des aïeules.*
90 Geneviève Fraisse : *Les femmes et leur histoire.*
91 Collectif : *1789 La Commémoration.*
92 François Furet : *La Révolution en débat.*
94 Alexis de Tocqueville : *Souvenirs.*
95 Jean-Marie Donegani et Marc Sadoun : *La Ve République (Naissance et mort).*
96 Georges Duby : *Dames du XIIe siècle. III, Ève et les prêtres.*
97 Krzysztof Pomian : *Sur l'histoire.*
98 Collectif : *Aux origines du christianisme.*
99 Éric Hobsbawn : *Nations et nationalisme depuis 1780 (Programme, mythe, réalité).*

100 Pierre Rosanvallon : *Le sacre du citoyen (Histoire du suffrage universel en France).*
101 François Hartog : *Le miroir d'Hérodote (Essai sur la représentation de l'autre).*
102 Henry Rousso : *Vichy. L'événement, la mémoire, l'histoire.*
103 Bino Olivi : *L'Europe difficile.*
104 Ian Kershaw : *Hitler (Essai sur le charisme en politique).*
105 Jean-Louis Crémieux-Brilhac : *La France Libre (De l'appel du 18 juin à la libération) I.*
106 Jean-Louis Crémieux-Brilhac : *La France Libre (De l'appel du 18 juin à la libération) II.*
107 Henri Wesseling : *Le partage de l'Afrique 1880-1914.*
108 Karl Marx : *Les Luttes de classes en France,* suivi de *La Constitution de la République française adoptée le 4 novembre 1848,* suivi de *Le 18 Brumaire de Louis Bonaparte* et de « *Karl Marx devant le bonapartisme* » *par Maximilien Rubel.*
109 Collectif : *Histoire des mœurs I vol. 1. Les coordonnées de l'homme et la culture matérielle.* Édité sous la direction de Jean Poirier.
110 Collectif : *Histoire des mœurs I vol. 2. Les coordonnées de l'homme et la culture matérielle.* Édité sous la direction de Jean Poirier.
111 Collectif : *Histoire des mœurs II vol. 1. Modes et modèles.* Édité sous la direction de Jean Poirier.
112 Collectif : *Histoire des mœurs II vol. 2. Modes et modèles.* Édité sous la direction de Jean Poirier.
113 Collectif : *Histoire des mœurs III vol. 1. Thèmes et systèmes culturels.* Édité sous la direction de Jean Poirier.
114 Collectif : *Histoire des mœurs III vol. 2. Thèmes et systèmes culturels.* Édité sous la direction de Jean Poirier.
115 Michel de Certeau : *L'écriture de l'histoire.*
116 Michel de Certeau : *Histoire et psychanalyse entre science et fiction* précédé d'« *Un chemin non tracé* » par Luce Giard.

117 Michel de Certeau, Dominique Julia et Jacques Revel : *Une politique de la langue (La Révolution française et les patois : l'enquête de Grégoire).*
118 Pierre Rosanvallon : *Le peuple introuvable (Histoire de la représentation démocratique en France).*
119 Pierre Bouretz : *La République et l'universel.*
120 Collectif : *Corps des dieux.* Édité sous la direction de Charles Malamoud et Jean-Pierre Vernant.
121 Marie-Françoise Baslez : *Bible et Histoire (Judaïsme, hellénisme, christianisme).*
122 Pierre Bordeuil et Françoise Briquel-Chatonnet : *Le temps de la Bible.*
123 Pierre Birnbaum : *La France imaginée (Déclin des rêves unitaires ?).*
124 Collectif : *Les premiers temps de l'Église (De saint Paul à saint Augustin).*
125 Stéphane Audouin-Rouzeau et Annette Becker : *14-18, retrouver la Guerre.*
126 Pierre Rosanvallon : *La démocratie inachevée (Histoire de la souveraineté du peuple en France).*
127 Israel Finkelstein et Neil Asher Silberman : *La Bible dévoilée (Les nouvelles révélations de l'archéologie).*
128 Emilio Gentile : *Qu'est-ce que le fascisme ? (Histoire et interprétation).*
129 Christian Delage et Vincent Guigneno : *L'historien et le film.*
130 Dominique Colas : *Citoyenneté et nationalité.*
131 Antoine-Louis de Saint-Just : *Œuvres complètes.*
132 Zeev Sternhell : *Aux origines d'Israël (Entre nationalisme et socialisme).*
133 Raul Hilberg : *Exécuteurs, victimes, témoins (La catastrophe juive, 1933-1945).*
134 Patrick Weil : *Qu'est-ce qu'un français ? (Histoire de la nationalité française depuis la Révolution).*
135 Patrick Weil : *La France et ses étrangers (L'aventure d'une politique de l'immigration de 1938 à nos jours).*
136 Gérard Noiriel : *Sur la « crise » de l'histoire.*

137 Gérard Noiriel : *État, nation et immigration (Vers une histoire du pouvoir).*
138 Collectif : *Le massacre, objet d'histoire.* Édité sous la direction de David El Kenz.
139 Michel de Certeau : *La possession de Loudun.*
140 Robert Gauthier : *« Dreyfusards ! » (Souvenirs de Mathieu Dreyfus et autres inédits).*
141 Alain Dewerpe : *Charonne 8 février 1962 (Anthropologie historique d'un massacre d'État).*
142 Raul Hilberg : *La destruction des Juifs d'Europe I.*
143 Raul Hilberg : *La destruction des Juifs d'Europe II.*
144 Raul Hilberg : *La destruction des Juifs d'Europe III.*
145 Léon Poliakov : *Auschwitz.*
146 Javier Teixidor : *Le Judéo-christianisme.*
147 Lucien Bianco : *Les origines de la révolution chinoise, 1915-1949.*
148 Olivier Pétré-Grenouilleau : *Les traites négrières (Essai d'histoire globale).*
149 Marcel Detienne : *Les jardins d'Adonis (La mythologie des parfums et des aromates en Grèce).*
150 Marcel Detienne : *Les dieux d'Orphée.*
151 Jules Michelet : *Histoire de la Révolution française I, vol. 1.*
152 Jules Michelet : *Histoire de la Révolution française I, vol. 2.*
153 Jules Michelet : *Histoire de la Révolution française II, vol. 1.*
154 Jules Michelet : *Histoire de la Révolution française II, vol. 2.*
155 Georges Corm : *Le Proche-Orient éclaté (1956-2007).*
156 Bino Olivi et Alessandro Giacone : *L'Europe difficile (Histoire politique de la construction européenne),* nouvelle édition refondue, mise à jour et augmentée.
157 François Hartog : *Évidence de l'histoire (Ce que voient les historiens).*
158 Christian Delacroix, François Dosse et Patrick Garcia : *Les courants historiques en France* (*XIX*e*-XX*e *siècle*).

159 Israel Finkelstein et Neil Asher Silberman : *Les rois sacrés de la Bible (À la recherche de David et Salomon)*.
160 Anne Applebaum : *Goulag (Une histoire)*.
161 Jérôme Baschet : *L'iconographie médiévale*.
162 Bronislaw Baczko : *Politiques de la Révolution française*.
163 Jacques Solé : *Révolutions et révolutionnaires en Europe 1789-1918*.
164 Hichem Djaït : *La Grande Discorde (Religion et politique dans l'Islam des origines)*.
165 Jean Nicolas : *La rébellion française (Mouvements populaires et conscience sociale 1661-1789)*.
166 Henri Wesseling : *Les empires coloniaux européens 1815-1919*.
167 Christian Jouhaud, Dinah Ribard, Nicolas Schapira : *Histoire, Littérature, Témoignage (Écrire les malheurs du temps)*.
168 Patrick Weil : *Liberté, égalité, discriminations (L'« identité nationale » au regard de l'histoire)*.
169 Annie Crépin : *Histoire de la conscription*.
170 Orlando Figes : *La révolution russe (1891-1924 : la tragédie d'un peuple) I*.
171 Orlando Figes : *La révolution russe (1891-1924 : la tragédie d'un peuple) II*.
172 Zoé Oldenbourg : *Les croisades*.
173 Benoît Garnot : *Histoire de la justice (France, XVIe-XXIe siècle)*.
174 André Loez : *14-18. Les refus de la guerre (Une histoire des mutins)*.
175 Véronique Grandpierre : *Histoire de la Mésopotamie*.
176 Zeev Sternhell : *Les anti-Lumières (Une tradition du XVIIIe siècle à la guerre froide)*.
177 Marcel Detienne : *L'identité nationale, une énigme*.
178 Mario Liverani : *La Bible et l'invention de l'histoire (Histoire ancienne d'Israël)*.
179 Collectif : *Historiographies (Concepts et débats) I*. Édité sous la direction de Christian Delacroix, François Dosse, Patrick Garcia et Nicolas Offenstadt.

180 Collectif : *Historiographies (Concepts et débats) II*. Édité sous la direction de Christian Delacroix, François Dosse, Patrick Garcia et Nicolas Offenstadt.
181 Roger Dupuy : *La Garde nationale (1789-1872)*.
182 Jung Chang et Jon Halliday : *Mao (L'histoire inconnue) I*.
183 Jung Chang et Jon Halliday : *Mao (L'histoire inconnue) II*.
184 Daniel Cordier : *Jean Moulin (La République des catacombes) I*.
185 Daniel Cordier : *Jean Moulin (La République des catacombes) II*.
186 Jean-Philippe Domecq : *Robespierre, derniers temps (Robespierre, derniers temps — La fête de l'Être suprême et son interprétation — La littérature comme acupuncture)*.
187 Grégoire de Tours : *L'Histoire des rois francs*.
188 Collectif : *Faire de l'histoire (Nouveaux problèmes, nouvelles approches, nouveaux objets)*. Édité sous la direction de Jacques Le Goff et Pierre Nora.
189 Collectif : *Les lieux de l'histoire de France (De la Préhistoire à 1945)*.
190 Philippe Pelletier : *L'Extrême-Orient (L'invention d'une histoire et d'une géographie)*.
191 Francis Démier : *La France de la Restauration 1814-1830 (L'impossible retour du passé)*.
192 Kazimierz Moczarski : *Entretiens avec le bourreau*.
193 Mona Ozouf : *Varennes (La mort de la royauté, 21 juin 1791)*.
194 Gilles Kepel : *Le Prophète et Pharaon (Les mouvements islamistes dans l'Égypte contemporaine)*.
195 Véronique Grandpierre : *Sexe et amour de Sumer à Babylone*.
196 Wassyla Tamzali : *Une éducation algérienne (De la révolution à la décennie noire)*.
197 Hector Feliciano : *Le musée disparu (Enquête sur le pillage d'œuvres d'art en France par les nazis)*.
198 Christian Chevandier : *Policiers dans la ville (Une histoire des gardiens de la paix)*.

199 Georges Corm : *Le Proche-Orient éclaté (1956-2012) I.*

200 Georges Corm : *Le Proche-Orient éclaté (1956-2012) II.*

201 Taner Akçam : *Un acte honteux (Le génocide arménien et la question de la responsabilité turque).*

202 Jean-Pierre Bat : *Le syndrome Foccart (La politique française en Afrique, de 1959 à nos jours).*

203 Zeev Sternhell : *Ni droite ni gauche (L'idéologie fasciste en France).*

204 Jean Giono : *Le désastre de Pavie (24 février 1525).*

205 Jacques Le Goff : *Saint Louis.*

206 Michel Winock : *L'agonie de la IVe République (13 mai 1958).*

207 Alexandre Sumpf : *De Lénine à Gagarine (Une histoire sociale de l'Union soviétique).*

208 Emmanuel Berl : *La fin de la IIIe République.*

209 Philippe Contamine : *Azincourt.*

210 Michel Denis et Pierre Goubert : *1789. Les Français ont la parole (Cahiers de doléances des États généraux).*

211 Michel Lesure : *Lépante (La crise de l'Empire ottoman).*

212 David O'Connell : *Les propos de Saint Louis.*

213 Miguel Rodríguez : *Le 1er mai.*

214 Jean Tulard : *L'anti-Napoléon (La légende noire de l'Empereur).*

215 Jean-Paul Bertaud : *Valmy (La démocratie en armes).*

216 Geoffrey Parker : *La révolution militaire (La guerre et l'essor de l'Occident, 1500-1800).*

217 Yves-Marc Ajchenbaum : *Combat, 1941-1974 (Une utopie de la Résistance, une aventure de presse).*

218 André Kaspi : *La révolution américaine (1763-1789).*

219 Bernard Cottret : *La Glorieuse Révolution d'Angleterre (1688).*

220 Olivier Delorme : *La Grèce et les Balkans (Du Ve siècle à nos jours) I.*

221 Olivier Delorme : *La Grèce et les Balkans (Du Ve siècle à nos jours) II.*

222 Olivier Delorme : *La Grèce et les Balkans (Du Ve siècle à nos jours) III.*
223 Jean-Pierre Hirsch : *La nuit du 4 août.*
224 Martine Poulain : *Livres pillés, lectures surveillées (Les bibliothèques françaises sous l'Occupation).*
225 Jean-Paul Demoule : *On a retrouvé l'histoire de France (Comment l'archéologie raconte notre passé).*
226 Jean-Louis Crémieux-Brilhac : *La France Libre (De l'appel du 18 Juin à la Libération) I.*
227 Jean-Louis Crémieux-Brilhac : *La France Libre (De l'appel du 18 Juin à la Libération) II.*
228 Élise Marienstras : *La résistance indienne aux États-Unis.*
229 Antoine Prost : *Les Anciens Combattants (1914-1940).*
230 Orlando Figes : *Les chuchoteurs (Vivre et survivre sous Staline) I.*
231 Orlando Figes : *Les chuchoteurs (Vivre et survivre sous Staline) II.*
232 Pierre Laborie : *Le chagrin et le venin (Occupation. Résistance. Idées reçues).*
233 Claude Nicolet : *Les Gracques (Crise agraire et révolution à Rome).*
234 Jacques Le Goff : *Saint François d'Assise.*
235 Bronislaw Geremek : *Truands et misérables dans l'Europe moderne (1350-1600).*
236 Albert Soboul : *Le procès de Louis XVI.*
237 Arlette Farge et Michel Foucault : *Le désordre des familles (Lettres de cachet des Archives de la Bastille au XVIIIe siècle).*
238 Pierre Goubert : *L'avènement du Roi-Soleil (1661).*
239 François-Xavier Fauvelle : *Le rhinocéros d'or (Histoires du Moyen Âge africain).*
240 Michèle Fogel : *Roi de France (De Charles VIII à Louis XVI).*
241 Philippe Sénac : *Charlemagne et Mahomet (En Espagne. VIIIe-IXe siècles).*
242 Claude Petitfrère : *La Vendée et les Vendéens.*
243 Roger Chartier : *La main de l'auteur et l'esprit de l'imprimeur (XVIe-XVIIIe siècles).*

244 Collectif : *1937-1947 : la guerre-monde I.*
245 Collectif : *1937-1947 : la guerre-monde II.*
246 Jean-Louis Margolin et Claude Markovits : *Les Indes et l'Europe (Histoires connectées, XVe-XXIe siècles).*
247 François Azouvi : *Le mythe du grand silence (Auschwitz, les Français, la mémoire).*
248 Jack Goody : *Le vol de l'Histoire (Comment l'Europe a imposé le récit de son passé au reste du monde).*
249 Béatrice Joyeux-Prunel : *Les avant-gardes artistiques, 1848-1918. (Une histoire transnationale).*
250 Anne Applebaum : *Rideau de fer (L'Europe de l'Est écrasée. 1944-1956).*
251 Sophie A. de Beaune : *Qu'est-ce que la Préhistoire ?*
252 Michel Kaplan : *Pourquoi Byzance ?*
253 Raphaëlle Branche : *La torture et l'armée pendant la guerre d'Algérie (1954-1962).*
254 Renaud de Rochebrune, Benjamin Stora : *La guerre d'Algérie vue par les Algériens (tome I : Le temps des armes. Des origines à la bataille d'Alger).*
255 Michel Winock : *François Mitterrand.*
256 Patrice Gueniffey : *Bonaparte (1769-1802).*
257 Laurent Turcot : *Sports et Loisirs (Une histoire des origines à nos jours).*
258 Michel de Certeau : *Histoire et psychanalyse entre science et fiction.*
259 Pierre Briant : *Alexandre (Exégèse des lieux communs).*
260 Éric Michaud : *Un art de l'éternité (L'image et le temps du national-socialisme).*
261 Jean-Paul Demoule : *Naissance de la figure (L'art du Paléolithique à l'âge du Fer).*
262 Jean-Pierre Le Goff : *La fin du village (Une histoire française).*
263 Béatrice Joyeux-Prunel : *Les avant-gardes artistiques (1918-1945) (Une histoire transnationale).*
264 Marshall Sahlins : *Âge de pierre, âge d'abondance (L'économie des sociétés primitives).*
265 Annie Cohen-Solal : *« Un jour, ils auront des*

peintres » (L'avènement des peintres américains — Paris 1867 — New York 1948).

266 Marc Ferro : *Des soviets au communisme bureaucratique (Les mécanismes d'une subversion).*

267 Nicolas Werth : *Être communiste en U.R.S.S. sous Staline.*

268 Arlette Jouanna : *La Saint-Barthélemy (Les mystères d'un crime d'État — 24 août 1572).*

269 Collectif : *Le soldat. XXe-XXIe siècle.* Édité sous la direction de François Lecointre. Préface de Jean-Pierre Rioux.

270 Elena Musiani : *Faire une nation (Les Italiens et l'unité — XIXe-XXIe siècle).*

271 Jacques Rougerie : *La Commune et les communards.*

272 Nicolas Le Roux : *Un Régicide au nom de Dieu (L'assassinat d'Henri III — 1er août 1589).*

273 Philippe Joutard : *La révocation de l'édit de Nantes ou Les faiblesses d'un État.*

274 François Rouquet et Fabrice Virgili : *Les Françaises, les Français et l'Épuration (De 1940 à nos jours).*

275 Patrice Gueniffey : *Le Dix-huit Brumaire (L'épilogue de la Révolution française — 9-10 novembre 1799).*

276 Christian Delage et Vincent Guigueno : *L'historien et le film.*

277 Frédéric Rousseau : *14-18, penser le patriotisme.*

278 Antoine de Baecque : *La Traversée des Alpes (Essai d'histoire marchée).*

279 Nadine Picaudou : *Visages du politique au Proche-Orient.*

280 Timothy Snyder : *Terres de sang (L'Europe entre Hitler et Staline).*

281 Oleg Khlevniuk : *Staline.*

282 Enrico Norelli : *La naissance du christianisme (Comment tout a commencé).*

283 Laurent de Wilde : *Les fous du son.*

284 Jacques-Olivier Boudon : *Le plancher de Joachim (L'histoire retrouvée d'un village français).*

Composition Nord Compo
Impression Grafica Veneta
à Trebaseleghe, le 6 avril 2021
Dépôt légal : avril 2021
1er dépôt légal dans la collection: août 2016

ISBN : 978-2-07-079374-7./Imprimé en Italie

394522